FILŌ   autêntica

PAUL RICŒUR
A ideologia e a utopia

1ª edição
1ª reimpressão

TRADUÇÃO Sílvio Rosa Filho, Thiago Martins

Copyright © 1986 Columbia University Press
Copyright © 2014 Autêntica Editora

Esta edição em português é uma tradução na íntegra da edição estadunidense, especialmente autorizada pela editora original, Columbia University Press.

Título original: *Lectures on Ideology and Utopia*

Todos os direitos reservados pela Autêntica Editora. Nenhuma parte desta publicação poderá ser reproduzida, seja por meios mecânicos, eletrônicos, seja via cópia xerográfica, sem a autorização prévia da Editora.

COORDENADOR DA COLEÇÃO FILÔ
Gilson Iannini

CONSELHO EDITORIAL
Gilson Iannini (UFOP); *Barbara Cassin* (Paris); *Carla Rodrigues* (UFRJ); *Cláudio Oliveira* (UFF); *Danilo Marcondes* (PUC-Rio); *Ernani Chaves* (UFPA); *Guilherme Castelo Branco* (UFRJ); *João Carlos Salles* (UFBA); *Monique David-Ménard* (Paris); *Olímpio Pimenta* (UFOP); *Pedro Süssekind* (UFF); *Rogério Lopes* (UFMG); *Rodrigo Duarte* (UFMG); *Romero Alves Freitas* (UFOP); *Slavoj Žižek* (Liubliana); *Vladimir Safatle* (USP)

EDITORA RESPONSÁVEL
Rejane Dias

EDITORA ASSISTENTE
Cecília Martins

REVISÃO
Dila Bragança de Mendonça

LEITURA FINAL
Jean D. Soares

PROJETO GRÁFICO
Diogo Droschi

CAPA
Alberto Bittencourt
(sobre foto de Louis Monier [Paris])

DIAGRAMAÇÃO
Ricardo Furtado

Dados Internacionais de Catalogação na Publicação (CIP)
(Câmara Brasileira do Livro, SP, Brasil)

Ricœur, Paul

 A ideologia e a utopia / Paul Ricœur ; tradução de Sílvio Rosa Filho e Thiago Martins – 1. ed. – 1. reimp – Belo Horizonte : Autêntica Editora, 2017. – (Coleção Filô)

 Título original: Lectures on Ideology and Utopia
 ISBN 978-85-8217-604-7

 1. Ideologia 2. Utopias I. Título.

15-02455   CDD-320.5

Índices para catálogo sistemático:
1. Ciência política   320.5

Belo Horizonte
Rua Carlos Turner, 420
Silveira . 31140-520
Belo Horizonte . MG
Tel.: (55 31) 3465 4500

São Paulo
Av. Paulista, 2.073 . Conjunto Nacional
Horsa I. 23º andar . Conj. 2310-2312
Cerqueira César . 01311-940 . São Paulo . SP
Tel.: (55 11) 3034 4468

www.grupoautentica.com.br

7. **Apresentação**
   Abrahão Costa Andrade

15. **Aula introdutória**

Primeira parte - Ideologia
   37. **Aula nº 2** Marx: a *Crítica da filosofia do direito de Hegel* e os *Manuscritos de 1844*
   54. **Aula nº 3** Marx: o primeiro *Manuscrito*
   70. **Aula nº 4** Marx: o terceiro *Manuscrito*
   91. **Aula nº 5** Marx: *A ideologia alemã* (1)
  113. **Aula nº 6** Marx: *A ideologia alemã* (2)
  132. **Aula nº 7** Althusser (1)
  153. **Aula nº 8** Althusser (2)
  173. **Aula nº 9** Althusser (3)
  190. **Aula nº 10** Mannheim
  214. **Aula nº 11** Weber (1)
  234. **Aula nº 12** Weber (2)
  254. **Aula nº 13** Habermas (1)
  273. **Aula nº 14** Habermas (2)
  298. **Aula nº 15** Geertz

Segunda parte - Utopia
  315. **Aula nº 16** Mannheim
  332. **Aula nº 17** Saint-Simon
  351. **Aula nº 18** Fourier

367. **Agradecimentos**

Apresentação

Abrahão Costa Andrade[1]

Contribuição a uma filosofia da imaginação cultural – eis o que se traça por baixo dessas lições de filosofia social oferecidas pelo filósofo francês Paul Ricoeur (1913-2005),[2] que, vindo da escola de Husserl, procurou estabelecer uma versão da chamada "redução fenomenológica" capaz de chegar, não a um *a priori* puramente noético-noemático, subjetivista, idealista, mas ao próprio chão do mundo vivido onde se fermenta a experiência humana de formar significações. Ao dizê-lo assim, pomos em perspectiva dois lugares comuns e complementares, mas vazios quando associados à figura de Ricoeur: o de que ele seria um pensador eclético; o de que não haveria unidade de base no conjunto de seus pensamentos e escritos.

Do eclético se diz: ele fala de tudo, toma para si um pouco de cada coisa dos outros, sem conseguir sustentar um discurso em cujo fio se mantenha a unidade de um pensamento coerente, e próprio.

---

[1] Doutor em filosofia pela USP, é professor-associado do Departamento de Filosofia da UFPB. Autor dos livros *Modernidade, crítica e filosofia prática* (estudos kantianos); *O sujeito na história*. Ética e leitura em Paul Ricoeur (ambos saídos em 2012 pela Opção Editora) e *Si mesmo como história*. Ensaios sobre a identidade narrativa (publicado em 2014 pelas Edições Loyola). Está preparando a publicação de *Mímesis, a unidade plural* (Ensaios para uma filosofia da literatura) e *O atual* (Ensaio sobre a instauração filosófica da realidade), contribuições filosóficas, sob a influência de Ricoeur, ao tema central deste prefácio.

[2] Trata-se de um curso oferecido pelo filósofo francês na Universidade de Chicago, no ano 1975, que teve sua primeira edição em inglês, por G. Taylor, no ano 1986 (pela Columbia University Press); sua edição francesa publicada na coleção *Couleur des idées*, das Edições Du Seuil, no ano 1997; e é agora disponibilizado para nós do Brasil mediante a oportuna tradução feita pelas hábeis mãos de Sílvio Rosa Filho e de Thiago Martins.

Entremetes, e contra declarações expressas do próprio Ricoeur, que nunca ligou muito para rótulos e, por isso, jamais se incomodou com ser erroneamente chamado de "eclético", há uma profunda unidade em toda a sua obra, e estaremos para sempre impedidos de ter acesso a essa unidade se fincarmos pés em representações sedimentadas que proíbem fazer dançarem as significações fixas com as quais tomamos certos objetos.

A própria noção de unidade, em nome da qual se pode insultar nosso Autor com o epíteto "eclético", sofre de monossemia (= a anemia da significação) nas mãos ressecadas (ou na língua pálida) de quem julga adivinhar o essencial do seu trabalho com esse apelido. E se, porventura, a unidade puder ser concebida como "um" plural? Quem deixa mofarem na cabeça noções aprendidas de cor não pode contar com essa imprevisível possibilidade. Mas é o mesmo Ricoeur, já no longínquo ano 1953, num curso sobre Platão e Aristóteles, quem assegura essa possibilidade, e isto numa leitura da obra de Platão. "O ser é imediatamente descontínuo; ele se dá de imediato em realidades múltiplas, em seres, no plural. Por causa dessa reflexão sobre a linguagem, a partir daqui Platão se afasta de Parmênides, para quem o não-ser é impensável porque o ser é *uno*. Em Platão ele é imediatamente um plural."[3] Adivinhar a estrutura interna, no lastro da qual uma constelação de significações moventes e díspares ganha a unidade de uma voz cujo *logos* dispersa e reúne, como em uma dança, um sentido só alcançável depois de suas muitas voltas por quem se dispõe, com ele, a se arrancar do pegajoso lamaçal do já sempre assentado, esse o desafio.

Isto posto, chegamos ao segundo lugar comum a ser desfeito. A alegação de não haver unidade em seu pensamento. Ao trabalhar sempre com um número enorme de autores, ele não dá testemunho apenas de ingente generosidade intelectual, ao procurar reconhecer a cada um daqueles estudados por ele seu quinhão de validade. Em jogo está, antes, e além disso, nesse método de pensamento com a generosidade ladeando a forma de uma dança de salão, onde se tomam e se soltam vários parceiros e se deixa tomar por cada um sem, todavia, agarrar unilateralmente e com avidez nenhum deles, nem deixar-se tomar também por nenhum outro, sob pena de estragar a alegria do dançar

---

[3] Cf. RICOEUR, P. *Ser, essência e substância em Platão e Aristóteles*. Tradução de R. C. Abílio. São Paulo: WMF-Martins Fontes, 2014. p. 16.

como ato de pensamento ou do pensar como ato dançante; em jogo está aqui a riqueza semântica do próprio objeto visado pelo pensamento do filósofo; e esse objeto não é outro senão a multifacetada experiência humana, estruturada de um modo temporal, axiológico e, sobretudo, simbolicamente. Senão, vejamos.

Enquanto assim estruturada, isto é, sempre a mesma e sempre vária (um poliedro vivo de tempo, valor e símbolo; trabalho, interação, linguagem), a experiência humana coloca um desafio frontal ao pensamento filosófico: de que modo pensá-la sem dispensar nenhum dos que dela pôde ver um de seus lados essenciais? Mas de que modo pensá-la a contento sem fixar-se apenas numa das perspectivas unilineares dos autores que já trataram dela, mas não por completo, já que de poliedro se trata? Como estabelecer uma estrutura de acolhimento do diverso para constituir o conceito concreto do que pede ser pensado? Atravessar o marxismo sem permanecer nele, mas também atravessar Max Weber, Karl Manheim e outros, sem se tornar "marxista", "weberiano" e etc., eis o convite irrecusável, porque na dança do pensamento o foco não são os parceiros ou adversários, mas a verdade, e esta é o centro pulsante do ser com o qual se circunscreve (não sem arestas) aquilo que chamamos de "experiência humana": a aventura em busca de algo cujo nome também não pode ser lido (e concebido) sem a mediação dos autores e sem aquele método de desestabilização semântica, sob pena de jamais se poder entendê-lo (ou entendê-lo apenas sob a representação "religiosa"): o "divino".

A experiência humana é, de partida, afirmação de si; mas a afirmação humana de si é, de partida, negação da natureza, logo, relação com a natureza e, nessa relação negativa, pelo trabalho (do tempo, da produção de símbolos, da produção de valores) que a modifica e a transpõe, confirmação do que, no humano, é o mais natural: sua potência criadora (a imaginação). Mas, por outro lado (e há sempre mais de um lado), esse dom natural do ser humano, seu ser-criador, não é uma natureza, não é como na natureza (que muda o tempo todo sem nada mudar), não está inscrito em um padrão determinista de necessidade, de modo que o ser humano pode e não pode fazê-lo valer, e pode fazê-lo valer para o bem e para o mal: a potência criadora do ser humano inscreve-se nele como liberdade. A experiência humana é essa dialética de liberdade e necessidade, onde o bem, o divino (o *sym-bólico*, o que junta e reúne) apenas se divisa (de cada vez, variado) sob as muitas névoas do mal (o que dispersa, o *dia-bólico*, também ele de muitas faces e máscaras e disfarces). A estrutura de acolhimento procurada é, pois, o próprio objeto antevisto na riqueza de seus aspectos. O primado do objeto sobre suas considerações isoladas, e isso livra o nosso Autor também de toda pecha de idealismo, impõe que se mostre o alcance e o limite de cada uma das asserções já feitas acerca do objeto em pauta, reforçando o sentido de abertura e de inacabado do afazer filosófico, sem perder, todavia, a paixão pelo todo.

Para Ricoeur, neste sentido, a verdade do marxismo está nisto de ele ter feito ver que a liberdade humana se desfaz e se perde em ilusão quando posta fora de sua necessária relação com seu outro, a natureza, a necessidade. O diferente não o é para ser repudiado, conjurado, mas para dar ao outro de si a verdadeira dimensão da identidade a si desse outro. Aqui, porém, o leitor não pode se deixar surpreender. Do mesmo modo como Ricoeur trata a experiência humana, ou seja, por todos os lados a ele possíveis, em diálogo aberto com quem, de cada vez, divisou uma de suas muitas dimensões (seja pelo flanco da utopia, seja pelo da ideologia, etc.), também assim trata o próprio marxismo, como "objeto" de seu método: não se contenta em fazer ver dele apenas uma formulação sua, a de seus fundadores, por exemplo (ou dos detratores, por outro exemplo), mas acompanha, *considera* um conjunto de autores, de vozes (mesmo dissonantes, como a de Max Weber, a de C. Geertz, a de K. Manheim), para que, por marxismo, se deixe de pensar em algo monolítico (e facilmente refutável); e, graças à sua pena, à sua voz cravejada de tantos timbres (Marx, Engels, mas também Altusser, um certo Habermas, Fourier, Saint-Simon), se possa alcançar dele uma *compreensão* mais rica, mais variegada, mais conforme ao verdadeiro sentido dessa outra ineludível experiência humana, que o marxismo cuidou de condensar, a experiência da crítica como crítica das ideologias (pois a "crítica" também é uma forma simbólica, esse arrancar touceiras de mato dogmático para tornar fértil o chão do pensamento livre), pois: "Quando escavamos mais profundamente, tocamos em nosso interesse último, que ultrapassa o nível da designação recíproca e mesmo o do poder, para atingir a profundidade onde *a imaginação é constituinte*".[4]

---

[4] Grifo nosso (Cf. p. 362-363).

Ou seja, ao lidar com o marxismo como lida com seu objeto maior, a experiência humana como imaginação cultural, segundo a redução fenomenológica pelo lado do objeto, é também esta última que sai da empreitada um pouco melhor concebida (já que o marxismo se faz, por seu lado crítico, um ponto incontornável na faina de se constituir a experiência de mundo), um pouco melhor pensada, portanto, uma vez que o nó apto a doar unidade a essa experiência, para além de toda designação imediata, é justamente essa *imaginação constituinte*, de onde surgem todas as formas de dar forma à experiência, mas que não se esgota em nenhuma "fôrma" dessas formas experienciais, e que a "crítica" ajuda a desencavar.

É dessa imaginação constituinte, o centro e o descentrar da experiência humana, que surgem duas figuras ou expressões do imaginário: a ideologia e a utopia. Ou dito de outro modo, é do exame desses dois produtos da imaginação social que vislumbramos e antevemos a unidade profunda e plural de onde é produzida a própria realidade humana e seus produtos (crítica, ideologia, utopia; mas também mito, religião, arte, filosofia, ciência, história, tecnologia, etc.). Com seu poder de clareza e seu poder de obscuridade. Não uma ou outra, mas uma *e* outra. O livro não deve ser lido como "dividido" em duas partes, mas, nesse sentido, composto por ambas. E é uma só e mesma experiência que é pensada no duplo estudo da utopia e da ideologia: os nossos modos de experimentar ou fazer ser o real que a nós mesmos nos faz. Mas, de novo, ao partir do marxismo e dos outros autores convocados para a compreensão dessas figuras do imaginário cultural, é o mesmo método de desestabilização semântica a entrar em ação, pois a ideologia deixa de ser vista somente como contrapartida, sempre negativa (falsa consciência, dissimulação da realidade, em Marx, ou da ciência, em Althusser); e, para além de Habermas, que vê a própria ciência *como* ideologia, e de Weber, que a concebe como *justificação e legitimação* de certa relação de poder instituído, passa a ser pensada em uma dimensão agora positiva, com Geertz, como interação social, o resguardo da identidade de um sujeito e de um grupo, identidade pela qual ganha corpo e vida quem dela compartilha. O que Ricoeur, por esse meio, entende da "ideologia" força-nos a pensar nos limites do que concebemos como "real", quando, por exemplo, tentamos diferenciar nosso mundo moderno do arcaico mundo mítico; nossa realidade "histórica" da romanesca "ficção", e desvela assim, ou, pelo menos, aponta o lugar para o desvelamento de uma verdade, como toda verdade, por vezes bastante incômoda: a de que toda realidade seja *fake*, não no sentido de "impostura falsificada", mas segundo a acepção de "fabricada", de não haver um lugar não ideológico a partir do qual se poderia reivindicar a superioridade *em termos de realidade* (ou de *cientificidade*) de *nosso* ponto de vista em relação ao dos outros.

A ser dessa forma, não se trata, de fato, de ecletismo, de emendar autores, e perder com isso o fio da meada de um pensamento criativo; é a força mesma do fenômeno visado que exige uma consideração em três camadas, e enquanto cada uma das camadas é apreendida por um autor, sem que Ricoeur diga ostensivamente *sua* palavra, resta que o que é próprio dele é essa apreensão móvel do fenômeno, apreensão pela qual o fenômeno nos é dado a ver na plurivocidade de suas significações e plasticidade de suas configurações: a ideologia é falsificação da realidade (ou da ciência que trata desta, a ciência da *práxis*); é justificação e legitimação dessa realidade; é a experiência de integração social sem a qual nenhuma de suas outras faces faria sentido, pois quando se falsifica uma realidade se o faz para legitimar certa relação de poder que, mantendo-se legitimado, faz-se tradição e, como tradição, insiste e persiste no tempo do real como real, esse mesmo tempo ao qual não teríamos acesso, como o dirá em outro de seus grandes livros, *Temps et récit*,[5] sem o trabalho de tecelagem da imaginação.

Essa multiplicação e constelação semânticas simultâneas da palavra "ideologia" (do fenômeno ideológico) também beneficia a desgastada palavra "utopia". O ponto de encontro entre ambas seria, afinal, o tipo de relação que cada uma mantém com o real. Ricoeur convida a enxergar como, ali onde a ideologia vige para fazer valer e vogar uma tradição, a utopia irrompe enquanto insatisfação; e é no nível onde o real deixa a desejar que o desejo de ruptura com ele se acende, contrastando tradição e esperança. A utopia, nesse nível, é uma ameaça à tradição: uma abertura do campo do possível onde o real posto *tradicionalmente* corre o risco de se dissolver, de desabar. Ora, o risco de baldear o real estabelecido é também uma ameaça aos poderes constituídos. Assim, ali

---

[5] Cf. tradução brasileira, em três volumes, por Claudia Berliner (*Tempo e narrativa*. São Paulo: WMF-Martins Fontes, 2011).

onde a ideologia é uma justificação do poder assentado, a utopia é um questionamento acerbo desse poder. Ali onde a ideologia quer manter a tradição, a utopia quer lançar sementes de esperança em um totalmente outro, o novo absoluto. E é por dentro dessa dupla função positiva (positiva, bem entendido, do ponto de vista de quem está do outro lado do poder e da tradição), dissolver o real e criticar o poder, que emerge, no nível em que a ideologia é integração social e reforço da realidade posta, o nível negativo da utopia: ela faz com que o real, na variação imaginativa do totalmente novo, se evanesça, e o evanescer do real fácil se torna fuga de suas dificuldades. Aqui seu lado possivelmente patológico: a utopia se perde dela mesma, embora isso seja exatamente parte constitutiva de seu ser, porque é por variar imaginativamente que o real de que se foge se mostra de esguelha como o real difícil a ser superado.

Como se verá, Ricoeur parte da dimensão negativa de cada um desses fenômenos do imaginário social e, num movimento duplo de regresso, chega a camadas insuspeitas, onde se guardam e se cruzam suas dimensões positivas. O entrecruzamento, no ponto do encontro (e do desencontro) do real, entre ideologia e utopia, põe, entrementes, uma questão de fundo: qual a função da *imaginação constituinte* na crítica e na construção da realidade? Como pensar *a imaginação* e o *ser*, quando o *ser* desponta como *obra* da imaginação radical? O deslinde dessa questão colocaria a exigência não só de situar o livro *A ideologia e a utopia* no interior da obra ricoeuriana, principalmente na articulação do conceito de "identidade narrativa", como também de situar essa obra no conjunto das tarefas abertas, depois da *Crítica* kantiana e da *Doutrina-da-ciência*, de Fichte, ao pensamento contemporâneo, em face da urgência de uma crítica da razão e do resgate da antiga "louca da casa", casa tentativamente soterrada (com a louca dentro, a imaginação criadora) pelos edifícios filosóficos já tradicionais.

Seria, contudo, no deslinde dessa questão que veríamos despontar, sob novas exigências de concepção e compreensão, aquilo que acima chamamos de "divino", a farta configuração da experiência humana em sua plenitude de criatividade. Receamos, entretanto, ensaiar aqui por conta própria esse deslindamento do divino na explicitação da imaginação constitutiva como "unidade plural", entre ideologia e utopia, por julgarmos ser mais proveitoso não retardar por mais tempo o encontro direto entre o leitor e as aulas de nosso filósofo.

Aula introdutória

Estas aulas são dedicadas à ideologia e à utopia. Eu me proponho a reunir num mesmo quadro conceitual estas duas noções para as quais é usual oferecer tratamento em separado. A hipótese subjacente é que a conjunção de dois aspectos assim opostos, ou de duas funções complementares, constitui um exemplo do que poderíamos denominar uma "imaginação social e cultural". Por isso, vai aparecer aqui a maior parte das dificuldades e ambiguidades encontradas numa filosofia da imaginação; estarão situadas, porém, num quadro particular. Em compensação, a minha convicção, ou ao menos a minha esperança, é que a dialética entre ideologia e utopia poderá trazer alguma luz à questão não resolvida da imaginação como problema filosófico.

Um exame da ideologia e da utopia revela dois traços que são partilhados pelos dois fenômenos. Primeiramente, ambos são fenômenos ambíguos, eminentemente situados. Cada um deles tem um lado negativo e um lado positivo, um papel construtivo e um papel destruidor, uma dimensão constitutiva e uma dimensão patológica. O segundo traço comum é que, dos dois lados, o aspecto patológico aparece de saída, o que faz com que devamos proceder de maneira regressiva, partindo da superfície das coisas. Assim, a ideologia designa inicialmente um processo de distorção ou de dissimulação pelo qual um indivíduo ou um grupo exprime sua situação, mas sem conhecê-la ou sem reconhecê-la. Uma ideologia pode, por exemplo, refletir a situação de classe de um indivíduo, sem que ele tenha consciência disso. Por esse motivo, o processo de dissimulação só faz exprimir tal perspectiva de classe, ele a conforta. Do mesmo modo, o conceito de utopia goza frequentemente de má reputação. É considerado representante de uma espécie de sonho social que não se preocupa com as etapas reais e necessárias à construção de uma nova sociedade. A visão utópica é frequentemente tratada como um tipo de atitude esquizofrênica perante a sociedade: uma maneira de escapar à lógica da ação por meio de uma construção exterior à história e, ao mesmo tempo, uma forma de proteção contra toda espécie de verificação levada a cabo por meio de uma ação concreta.

Minha hipótese é que existe, não obstante, uma vertente positiva de ambas as noções e que, no coração de cada uma delas, a polaridade ou a tensão entre esses dois aspectos podem ser postas à luz por meio do exame de uma polaridade ou de uma tensão análogas entre as próprias noções. Pretendo que essa dupla polaridade entre a utopia e a ideologia e no seio de cada uma dessas noções pode ser posta na conta de traços estruturais daquilo que eu denomino *imaginação cultural*. Essa dupla polaridade recobre, a meu ver, as principais tensões que encontraremos em nosso estudo da ideologia e da utopia.

A polaridade entre ideologia e utopia foi raramente levada em consideração desde o célebre livro de Karl Mannheim, *Ideologia e utopia*. Esse livro, ao qual farei referência frequentemente, foi publicado em sua versão original no ano 1929. Creio que Mannheim é a única pessoa, ao menos até um passado recente, que tentou pensar a ideologia e a utopia conjuntamente. Ele o fez considerando ambas como fenômenos desviantes em relação à realidade. Elas divergem no seio de uma mesma defasagem, de uma mesma distorção em relação à realidade.

Desde Mannheim, a atenção dedicada a tais fenômenos se concentrou sobretudo em uma ou em outra, porém, jamais em ambas ao mesmo tempo. De um lado, temos uma crítica da ideologia, principalmente devida aos sociólogos marxistas ou pós-marxistas. Penso, particularmente, na Escola de Frankfurt, representada por Habermas, Karl-Otto Apel e outros. Perante essa crítica sociológica da ideologia, temos uma história e uma sociologia da utopia. Este último campo não se preocupa com trabalhos sobre a ideologia conduzidos pelos primeiros. Todavia, a separação entre os dois domínios de pesquisa seria talvez levada a amenizar-se; nota-se, ao menos, um interesse pela conexão entre eles.

No entanto, a dificuldade em religar ideologia e utopia pode ser compreendida se se presta atenção à maneira extremamente diferente pela qual as duas noções nos são apresentadas. A ideologia sempre é um conceito polêmico. Ela nunca é assumida em primeira pessoa; ela é sempre a ideologia de um outro qualquer. Ninguém se reconhece como apanhado na ideologia. Em compensação, as utopias são pleiteadas por seus próprios autores e constituem até um gênero literário específico. Os livros denominados utopias são assumidos pelos seus autores, ao passo que as ideologias são recusadas pelos seus. Por isso é tão difícil, à primeira vista, estudar conjuntamente as duas manifestações. Precisamos escavar sob a sua expressão literal e sob os seus campos semânticos próprios para descobrir as suas funções e estabelecer relações em tal nível de análise.

Ao prestar atenção a esse nível de correlação funcional, mais profundo, eu partirei da sugestão de Mannheim: a sua comum não-congruência com a realidade. A possibilidade da não-congruência da distorção perante a realidade já pressupõe, de muitas maneiras, que os indivíduos, assim como os grupos, se relacionam com suas próprias vidas e com a realidade social de um modo que não é somente o da participação sem distanciamento, mas precisamente o modo da não-congruência. Todas as figuras da não-congruência devem ser parte integrante de nosso pertencimento à sociedade. Isso me parece a tal ponto verdadeiro que a imaginação social é constitutiva da realidade social. Assim, tudo se passa como se a imaginação social, ou a imaginação cultural, operando simultaneamente de maneira construtiva e de maneira destrutiva, fosse simultaneamente uma confirmação e uma contestação da situação presente. Talvez seja fecunda uma hipótese segundo a qual a polaridade da ideologia e da utopia está relacionada com as diferentes figuras da não-congruência, características da imaginação social. E que talvez os lados respectivamente negativos e positivos de cada uma das duas noções estejam em relação mútua.

Mas antes de ir mais longe no exame dessa complementaridade cruzada, que é o horizonte de minha pesquisa, apresentarei, breve e separadamente, ambos os fenômenos. Começarei pelo polo da ideologia antes de considerar, num segundo tempo, o da utopia.

A concepção dominante da ideologia na tradição ocidental resultou dos escritos de Marx e, mais precisamente, os do jovem Marx: a *Crítica da filosofia do direito de Hegel*, os *Manuscritos de 1844*, *A ideologia alemã*. O conceito de ideologia comparece já no primeiro plano, no título e no conteúdo deste último livro.

Vou mencionar de passagem apenas um sentido mais antigo e mais positivo da palavra "ideologia", anterior ao seu desaparecimento da cena filosófica. É o que se encontra em uma corrente de pensamento da filosofia francesa no século XVIII, onde os "ideólogos", (é assim que chamavam a si mesmos) professavam construir uma teoria das ideias. Era, por assim dizer, uma filosofia semântica cuja tese principal era que a filosofia não tem a ver com as coisas, com a realidade, mas com as ideias. Tal escola de pensamento conserva o interesse de ter visto aparecer, contra ela, o uso negativo da noção de ideologia. Oponentes do Primeiro Império, os membros dessa escola foram tratados de "ideólogos". Coube a Napoleão inaugurar o sentido negativo da palavra, aplicando-o a esse grupo de pensadores. Isso deve nos colocar em guarda: em cada um de nós, aquele que tratar o outro de ideólogo, talvez seja, à sua maneira, um Napoleão. É possível que a acusação de ideologia tenha a ver com uma vontade de poder; voltaremos a isso ulteriormente. Quanto às relações entre esse conceito de ideologia e o uso negativo que dele será feito pela esquerda hegeliana, nos círculos de que Marx provém, eu não sei como se fez a mediação: outros talvez terão mais luzes a lançar sobre tal assunto.

Passando agora ao próprio Marx: como o termo "ideologia" foi introduzido em seus primeiros escritos? Voltarei a isso na próxima aula, apoiando-me então em textos; aqui, porém, me permitam um breve sobrevoo, um esboço da cartografia dois diferentes sentidos tomados pela palavra "ideologia". Interessante notar que o termo é introduzido por Marx mediante uma metáfora emprestada à física ou à fisiologia: a da imagem fotográfica ou retiniana invertida. De tal metáfora e da experiência física que lhe é subjacente, extraímos um paradigma ou um modelo: a distorção como inversão. O paradigma de uma imagem invertida da realidade é fundamental para esse primeiro conceito de ideologia: a primeira função da ideologia é a produção de uma imagem invertida.

Esse conceito ainda formal da ideologia é completado pela descrição específica de atividades intelectuais e espirituais que repousam em tais imagens invertidas da realidade. Como veremos, Marx segue o modelo antecipado por Feuerbach, que descreveu a religião precisamente como um reflexo invertido da realidade. No cristianismo, diz Feuerbach, o sujeito e o predicado são invertidos. Enquanto na realidade os seres humanos são os sujeitos que projetaram no divino os seus próprios atributos (os predicados propriamente humanos), o divino é de fato percebido pelos homens como um sujeito de que eles se tornaram os predicados (é preciso notar que tudo isso é expresso por Feuerbach nas categorias hegelianas). Tal paradigma da inversão, característico de Feuerbach, implica, portanto, um intercâmbio entre sujeito e sujeito, o sujeito humano e o predicado divino, que, aos olhos de sujeitos humanos, possui os predicados humanos. Como Feuerbach, Marx considera a religião como o paradigma, o principal exemplo de uma reflexão invertida da realidade, que põe todas as coisas no avesso. Feuerbach e Marx reagem contra o modelo hegeliano, que lhes aparece pondo as coisas no avesso: trata-se de traduzi-las no bom senso, colocá-las sobre os seus próprios pés. A imagem da inversão é impressionante, e é a imagem seminal do conceito de ideologia de Marx. Ampliando o conceito de religião emprestado a Feuerbach, Marx estende o funcionamento paradigmático da inversão entre sujeito e predicado para a totalidade do mundo das ideias.

Por isso, o conceito francês de ideologia talvez seja reintroduzido neste ponto, em um contexto pós-hegeliano. As ideias, quando separadas do processo da vida, do processo do trabalho em comum, tendem a aparecer como uma realidade autônoma; isso conduz o idealismo a ser uma ideologia. Há uma continuidade semântica entre a afirmação de que as ideias constituem um domínio de realidade autônoma e que quer que as ideias forneçam guias, modelos ou paradigmas para a construção da experiência. Todavia, não é somente a religião, mas a filosofia idealista que aparece, assim, como o modelo da ideologia. A título de precaução, precisamos notar que a imagem do idealismo alemão aqui apresentada – a saber, a afirmação de que a realidade procede do pensamento – é mais exata como descrição da compreensão popular do idealismo que do pretenso lugar desse idealismo, a própria filosofia hegeliana. A filosofia de Hegel sublinha que a racionalidade do real é conhecida através de suas manifestações na história, o que se opõe a toda reconstrução platônica da realidade segundo modelos ideais. A filosofia de Hegel é bem mais neoaristotélica do que neoplatônica. Em todo caso, tal interpretação popular do idealismo era predominante na cultura do tempo de Marx e resultou que não somente a religião mas também o idealismo, religião para leigos, foram elevados à função de ideologia.

A conotação negativa da ideologia é fundamental porque, segundo esse primeiro modelo, a ideologia aparece como o meio geral graças ao qual o processo da vida real é obscurecido. Para Marx, nesse momento, a oposição principal não é entre a ciência e a ideologia, como será o caso mais tarde, mas entre a realidade e a ideologia. Para o jovem Marx, o contrário da ideologia não é a ciência, mas a realidade, a realidade como práxis. As pessoas agem, depois imaginam o que fazem numa espécie de domínio nebuloso. Por isso, dizemos que existe inicialmente uma realidade social em que as pessoas lutam para ganhar a vida, etc. e que isso é a realidade efetiva, enquanto práxis. Tal realidade é representada, em seguida, no céu das ideias; nele, porém, ela é falsamente representada, como tendo uma significação autônoma, fazendo sentido com base em coisas que podem ser pensadas, mas não agidas nem vividas. A crítica da ideologia provém, portanto, de uma espécie de realismo da vida, um realismo prático para o qual a práxis é o conceito oposto à ideologia. O sistema de Marx é materialista no sentido de que ele sublinha que a materialidade da práxis precede a idealidade das ideias. A crítica das ideologias por Marx procede da afirmação de que a filosofia inverteu a sucessão efetiva, a ordem da gênese real, e a tarefa consiste em recolocar as coisas do avesso no direito, em sua ordem verdadeira. A tarefa é inverter uma inversão.

Partindo do primeiro conceito da ideologia – no qual, insisto, a ideologia não é oposta à ciência, mas à práxis –, a segunda etapa do conceito marxista nasce quando o marxismo tomou a forma de uma teoria e mesmo de um sistema. Essa etapa começa em *O capital* e nos escritos marxistas ulteriores, particularmente na obra de Engels, quando o próprio marxismo aparece como um corpo de saber científico. Uma transformação interessante do conceito de ideologia decorre desse desenvolvimento. A ideologia tem agora por significação a sua oposição à ciência, ela própria identificada com um corpo de conhecimentos e com *O capital*, identificado com o seu paradigma. Por isso, a ideologia não mais recobre somente a religião no sentido de Feuerbach, ou a filosofia do idealismo alemão tal como era visto pelo jovem Marx, mas inclui também todas as abordagens pré-científicas da vida social. A ideologia se identifica a tudo o que é pré-científico em nossa própria abordagem da realidade social.

Neste ponto, o conceito de ideologia engloba o de utopia. Todas as utopias – em particular, as utopias socialistas do século XIX, as de Saint-Simon, Fourier, Cabet, Proudhon, etc. – são tratadas pelo marxismo como ideologias. Como veremos, Engels traça uma oposição radical entre socialismo utópico e socialismo científico. Por isso, nessa abordagem, a utopia é ideológica na razão de sua oposição à ciência. A utopia é ideologia na medida em que ela é não científica, pré-científica ou mesmo anticientífica.

Esse conceito marxista da ideologia conhece outro desenvolvimento em razão da significação concedida à ciência pelos marxistas tardios ou pelos pós-marxistas. É possível ressaltar duas correntes de interpretação do conceito de ciência. O primeiro tem por origem a Escola de Frankfurt e busca desenvolver a ciência no sentido kantiano ou fichtiano de crítica, de modo que o estudo da ideologia esteja ligado a um projeto de libertação. Tal conexão entre um projeto de libertação e uma abordagem científica é dirigida contra o tratamento da realidade social que se pode encontrar em toda sociologia positivista que se contenta com descrever. O conceito de crítica da ideologia pressupõe uma tomada de posição contra uma sociologia que fosse apenas ciência empírica. A própria sociologia empírica é tratada como uma espécie de ideologia, a do sistema capitalista liberal, que desenvolve a sociologia descritiva a fim de não colocar em questão os seus próprios pressupostos. Parece, então, que progressivamente tudo se torna ideológico.

Creio que o mais interessante nessa escola alemã, representada por Horkheimer, Adorno, Habermas, etc., é a tentativa de ligar a crítica da ideologia (*Ideologiekritik*) à psicanálise. A Escola de Frankfurt pretende que o projeto de libertação que a sua sociologia crítica propõe à sociedade é paralelo ao projeto que a psicanálise realiza para o indivíduo. Um intercâmbio de quadros conceituais se produz entre sociologia e psicanálise. Isso caracteriza a escola alemã resultante do marxismo.

O segundo conceito de ciência desenvolvido pelo marxismo não elabora uma ligação com a psicanálise, que se preocupa com o indivíduo, mas com o estruturalismo, que rejeita toda referência à subjetividade. Esse tipo de marxismo estruturalista, desenvolvido principalmente na França por Louis Althusser (a quem voltaremos pormenorizadamente), tende a colocar do lado da ideologia todo protesto humanista. Segundo Althusser, a pretensão do sujeito de ser aquele que dá sentido à realidade (*Sinngebung*) é precisamente a ilusão de base. Ele ataca as pretensões do sujeito na versão idealista da fenomenologia, cujo exemplo típico é o Husserl das *Meditações cartesianas*. A comparação é feita com a crítica do capitalismo de Marx, que procedia menos ao ataque dos capitalistas e mais à análise da estrutura do próprio capital. Por isso, para Althusser, os escritos do jovem Marx não devem ser levados em consideração: de preferência, é o Marx da maturidade quem propõe a principal noção da ideologia. O jovem Marx ainda é ideológico, pois defende as pretensões do sujeito como pessoa individual, como trabalhador individual. Althusser estima que o conceito de alienação no jovem Marx é um conceito ideológico, típico do pré-marxismo. É por isso que toda a obra do jovem Marx é tratada como ideológica. Segundo Althusser, o corte, a linha de partilha entre o que é ideológico e o que é científico deve ser traçada no seio da obra do próprio Marx. O conceito de ideologia é estendido a ponto de englobar uma parte da obra do próprio Marx.

Vemos, assim, os curiosos resultados dessa extensão progressiva do conceito de ideologia. Partindo da religião para Feuerbach, o conceito de ideologia englobou progressivamente o idealismo alemão, a sociologia pré-científica, a psicologia objetivista e a sociologia em suas formas positivistas e, enfim, todas as pretensões humanistas e os lamentos do marxismo "emocional". A consequência parece ser que tudo é ideológico, embora isso não seja exatamente a pura doutrina marxista! Discutirei alguns artigos tardios de Althusser, que apresentam finalmente uma espécie de apologia da ideologia. Como pouquíssimas pessoas fundamentam sua vida em um sistema científico, particularmente se reduzirmos o sistema científico ao que é dito em *O capital*, então podemos dizer que cada um vive fundamentando-se em uma ideologia. A própria extensão do conceito de ideologia age como uma legitimação progressiva e uma justificação do próprio conceito.

Minha própria tentativa, como talvez já tenham suspeitado, não é negar ao marxismo a pertinência de seu conceito de ideologia, mas vinculá-lo a algumas das funções menos negativas da ideologia. Devemos integrar o conceito de ideologia como uma distorção num quadro que reconhece a estrutura simbólica da vida social. Se não for concedido que a vida social tem uma estrutura simbólica, não haverá nenhum meio de compreender como vivemos, fazemos coisas e projetamos essas atividades em ideias, nenhum meio de compreender como a realidade pode tornar-se uma ideia ou como a vida real pode produzir ilusões; todas serão apenas eventos místicos e incompreensíveis. Tal estrutura simbólica pode ser pervertida, precisamente por interesses de classe, etc. como Marx mostrou, mas, se não houvesse uma função simbólica sendo elaborada já na ação mais primitiva, eu não poderia compreender, de minha parte, como a realidade poderia produzir sombras desse tipo. É por isso que eu busco uma função da ideologia mais radical que a de distorção ou de dissimulação. A função de distorção cobre somente uma pequena superfície da imaginação social, assim como as alucinações e as ilusões constituem somente uma parte de nossa atividade imaginativa em geral.

Um dos meios de preparar essa extensão radical é voltar-se para o que certos autores americanos chamaram o paradoxo de Mannheim, que resulta de sua observação do desenvolvimento do conceito marxista de ideologia. O paradoxo reside na impossibilidade de aplicar o conceito de ideologia a ele mesmo. Em outros termos, se tudo o que dizemos é enviesado, se tudo o que dissermos representa interesses que não conhecemos, como elaborar uma teoria da ideologia que não seja, ela própria, ideológica? A reflexão do conceito de ideologia sobre si mesmo é a fonte do paradoxo.

Coisa importante, esse paradoxo não é de modo algum um puro jogo intelectual; o próprio Mannheim viveu e sentiu esse paradoxo da maneira mais viva. Considero Mannheim um modelo de integridade intelectual pela maneira como enfrentou o problema. Ele começou com o conceito marxista de ideologia e disse então a si mesmo: se isso for verdade, então eu também estou fazendo ideologia, a ideologia dos intelectuais ou da classe liberal, algo que toma a forma da sociologia na qual estou agora empenhado. A extensão do próprio conceito marxista de ideologia fornece o paradoxo da reflexividade do conceito, segundo o qual a teoria se torna uma parte de seu próprio referente. Ser absorvido, ser engolido por seu próprio referente, este talvez seja o destino do conceito de ideologia.

É preciso notar que tal extensão, tal generalização não está ligada principalmente à história interna do marxismo e que ela encontra correspondências naquilo que os marxistas denominam sociologia burguesa, particularmente a sociologia americana. Tomem o exemplo de Talcott Parsons em seu artigo "Abordagem da sociologia do conhecimento", ou em seu livro *O sistema das sociedades modernas*;[1] ou leiam o artigo-chave de Edward Shils, "Ideology and civility".[2] Parsons e Shils defendem uma teoria da disposição, segundo a qual a função de um sistema social é corrigir os desequilíbrios sociopsicológicos. Segundo essa hipótese, cada teoria faz parte do sistema de disposição que ela descreve. Mas tal como no caso da teoria marxista, o conceito de "disposição", que primitivamente dominou a sociologia americana, também acabou por engolir os seus próprios componentes.

São precisamente tais excessos teóricos que alimentam o paradoxo discernido por Mannheim, o que ele próprio atingiu antes por meio de uma simples extensão epistemológica do marxismo. Formulado mais geralmente em termos epistemológicos, o paradoxo de Mannheim se enuncia assim: qual é o estatuto epistemológico de um discurso sobre a ideologia, se todo discurso é ideológico? Como tal discurso pode escapar à sua própria exposição, à sua própria descrição? Se o próprio pensamento sociopolítico está comprometido pela vida e pela situação do pensador, o conceito de ideologia não é absorvido em seu próprio referente? O próprio Mannheim, como veremos mais tarde,[3] combateu por um conceito não avaliativo de ideologia, mas terminou em um relativismo ético e epistemológico. Pretendia oferecer a verdade a propósito da ideologia e nos deixa com

---

[1] PARSONS, Talcott. *Le système des sociétés modernes*. Paris: Dunod, 1974.

[2] SHILS, Edward. Ideology and civility: on the politics of the intellectuals. *Sewanee Review*, 1958.

[3] Cf. infra, aula n. 10, p. 186-210.

um paradoxo difícil. Destrói o dogmatismo da teoria, ao estabelecer as suas implicações relativistas (como o nexo de situação), mas não aplica essa relatividade autorreferencial à sua própria teoria. A própria pretensão de Mannheim de dizer a verdade sobre a ideologia é relativa. Tal é o difícil paradoxo que somos obrigados a enfrentar.

Uma das maneiras de se haver com tal paradoxo, entretanto, seria pôr em questão as premissas sobre as quais ele está fundado. Talvez o problema de Mannheim se deva à extensão epistemológica por ele conferida a um marxismo que se funda na distinção entre a ciência e a ideologia. Se o pensamento sociopolítico estiver fundado em outro lugar, talvez possamos sair do paradoxo de Mannheim. Eu me pergunto, então, se não teríamos a necessidade de colocar de lado o conceito de ideologia como oposto à ciência, para voltar ao que seria o conceito mais primitivo de ideologia, que o opõe à práxis. Essa será a minha própria linha de análise: estabelecer que a oposição entre a ciência e a ideologia é secundária em comparação com a oposição mais fundamental entre a ideologia e a vida social efetiva, entre a ideologia e a práxis. De fato, não procuro somente mostrar que tal relação com a práxis é anterior à relação com a ciência, mas que a própria natureza da relação entre a ideologia e a práxis deve ser refundada. O mais fundamental no contraste da ideologia e da práxis não é a oposição, não é a distorção ou a dissimulação da práxis pela ideologia. É, antes, uma conexão interna entre os dois termos.

Já antecipei essas observações ao tomar o exemplo concreto de pessoas vivendo em situações de conflito de classe. Como podem elas viver tais conflitos – a propósito do trabalho, da propriedade, do dinheiro, etc. –, se não possuem já sistemas simbólicos que as auxiliam a interpretar tais conflitos? Não seria a interpretação tão primitiva quanto constitutiva da práxis? Se a realidade social não tem já uma dimensão ideológica e, por conseguinte, se a ideologia, em um sentido menos polêmico e menos negativo, não é já constitutiva da existência social, mas pura distorção ou dissimulação, então o processo de distorção não poderia ser desencadeado. Tal processo está enxertado em uma função simbólica. Somente porque é simbólica, a estrutura da vida social dos homens é suscetível de distorções. Se não fosse simbólica desde o início, não seria distorcida. A possibilidade da distorção é uma possibilidade aberta por essa função.

Que tipo de função precede a distorção? Sobre esta questão, devo confessar que tive uma profunda impressão do ensaio de Clifford Geertz, "Ideology as a cultural system".[4] Só li esse ensaio pela primeira vez após ter escrito, eu mesmo,[5] sobre a ideologia e, portanto, estou muito interessado por esse encontro de nossos pensamentos. Geertz estima que os sociólogos marxistas e não marxistas têm em comum uma atenção concentrada apenas nas determinações da ideologia, isto é, em suas causas e origens. Mas o que evitam interrogar é como a ideologia opera. Não se perguntam como funciona a ideologia, não se interrogam sobre que aquilo que, por exemplo, faz que um interesse social possa "expressar-se" em um pensamento, em uma imagem ou em uma concepção da vida. Para Geertz, a decifração dessa estranha alquimia, que transforma um interesse em ideia, é, então, o problema esquecido ou esvaziado pelos sociólogos, marxistas e não marxistas. O comentário explícito que ele faz de uma dessas abordagens pode ser aplicado a ambas: se a teoria marxista da luta de classes e a concepção americana da disposição podem ser um diagnóstico convincente, elas não são explicações funcionais. Penso que a distinção de Geertz é pertinente. Esses sociólogos podem oferecer bons diagnósticos das doenças sociais. Mas a questão da função, isto é, da maneira como uma doença funciona realmente é, no fim das contas, a questão mais importante. Tais teorias fracassam, diz Geertz, porque não deram conta do "processo autônomo da formulação simbólica" (p. 207). Assim, é preciso colocar novamente a questão: como pode uma ideia emergir da práxis, se a práxis tiver imediatamente uma função simbólica?

Como discutirei mais a fundo em uma aula ulterior, o próprio Geertz tenta enfrentar esse problema introduzindo o quadro conceitual da retórica na sociologia da cultura, como diria a tradição alemã da sociologia do conhecimento. Ele pensa que o que falta à sociologia da cultura é uma apreciação significativa da retórica das figuras, isto é, dos elementos de estilo – metáforas, analogias, ironias, ambiguidades, jogos de palavras, paradoxos, hipérboles – que se elaboram na

---

[4] GEERTZ, Clifford. Ideology as a cultural system. In: *The Interpretation of Cultures*. Nova Iorque: Basic Books, 1973.

[5] RICŒUR, Paul. Science et idéologie. *Revue philosophique de Louvain*, Louvain, n. 72, p. 326-356, 1974.

sociedade tanto quanto nos textos literários. O propósito de Geertz é transferir algumas dessas aquisições importantes do campo da crítica literária para o da sociologia da cultura. Talvez só prestando atenção ao processo cultural de formulação simbólica é que poderemos evitar nos desgarrarmos nas descrições pejorativas da ideologia, que a reduzem a ser apenas "viés, simplificação abusiva, linguagem emotiva e adaptação aos preconceitos do público", descrição que visa não aos marxistas, mas aos sociólogos americanos.

A cegueira dos marxistas assim como dos não marxistas para o que precede os efeitos de distorção da ideologia é uma cegueira para o que Geertz denomina "a ação simbólica" (p. 208). Geertz toma essa expressão de empréstimo a Kenneth Burke[6] e, como vimos, não é por acaso que ela provém da crítica literária, antes de ser aplicada à ação social. O conceito de ação simbólica é notável porque se propõe a descrever os processos sociais não por categorias, mas por figuras estilísticas, tropos. Geertz adverte que, se não dominarmos a retórica do discurso público, não poderemos articular o poder expressivo e a força retórica dos símbolos sociais.

Maneiras análogas de compreender foram antecipadas em outros campos, por exemplo, na teoria dos modelos. Todos esses desenvolvimentos tiveram no fundo um mesmo sentido, a saber, que não podemos perceber nada sem projetar ao mesmo tempo um conjunto de formas (*patterns*), uma rede, diria Geertz, de matrizes e de quadros (p. 216), através dos quais articulamos a nossa experiência. Precisamos articular nossa experiência social da mesma maneira que devemos articular nossa experiência perceptiva. Assim como o modelo da linguagem científica nos permite ver o que são as coisas, reconhecê-las como isto ou aquilo, assim também nossos quadros sociais articulam os nossos papéis sociais, a nossa posição na sociedade, como isto ou aquilo. E talvez não seja possível remontar aquém dessa estruturação primitiva. A própria flexibilidade de nossa existência biológica torna necessário outro tipo de sistema informacional, o sistema cultural. Porque não temos sistema genético de informação para compreender o comportamento humano, carecemos de um sistema cultural.

---

[6] BURKE, Kenneth. *The Philosophy of Literary Form*. Baton Rouge: Louisiana State University, 1941.

Nenhuma cultura existe sem tal sistema. A hipótese, portanto, é que, ali onde houver seres humanos, não se pode encontrar modo de existência não simbólico e, menos ainda, ação não simbólica. A ação é imediatamente regulada por formas culturais, que proporcionam matrizes e quadros para a organização de processos sociais ou psicológicos, da mesma maneira talvez que os códigos genéticos – disso eu não estou certo – proporcionam os quadros para os processos orgânicos (p. 216). Assim como nossa experiência do mundo natural requer um enquadramento, um enquadramento é também necessário para a nossa experiência da realidade social.

A atenção que dedicamos ao funcionamento da ideologia, nesse nível mais fundamental e mais simbólico, demonstra o papel realmente constitutivo que ela assume na existência social. Ainda nos resta, todavia, uma etapa em nosso exame da natureza da ideologia. Seguimos o conceito marxista da ideologia até o paradoxo de Mannheim e tentamos então nos subtrair ao paradoxo, voltando a uma função mais primitiva da ideologia. Ainda precisamos determinar a linha de conexão entre o conceito marxista da ideologia como distorção e o de ideologia integradora que encontramos em Geertz. Como é possível que a ideologia desempenhe esses dois papéis, aquele inteiramente primitivo de integração de uma comunidade e aquele de uma distorção do pensamento pelos interesses?

Eu me pergunto se o ponto crucial a esse respeito não é, como foi sugerido por Max Weber, o uso da autoridade em uma dada comunidade. Devemos conceder a Geertz, ao menos sob o título de hipótese, que os processos orgânicos da vida são regulados por sistemas genéticos (p. 216). Como vimos, a flexibilidade de nossa existência biológica torna necessário um sistema cultural para ajudar a organizar os nossos processos sociais. A direção do sistema genético é das mais lacunares e, portanto, a necessidade de um sistema cultural é das mais urgentes, precisamente no ponto em que a ordem social coloca o problema da legitimação do sistema de dominação existente. A legitimação de uma dominação nos confronta com o problema da autoridade reclamada pela dominação e pelo poder, o problema da hierarquização da vida social. A ideologia tem aqui um papel dos mais significativos. Enquanto é possível considerá-la como difusa se ela for vista como simplesmente integradora, o seu lugar na vida social é marcado por uma concentração especial. Esse lugar privilegiado de um pensamento ideológico se produz no político: é ali que se colocam as questões de legitimação. O papel da ideologia é tornar possível uma política autônoma, proporcionando os conceitos de autoridade necessários para que ela se torne sensata (p. 218).

Ao analisar a questão da legitimação da autoridade, utilizo as palavras de Max Weber. Não há outro sociólogo que tenha meditado com tamanho alcance sobre o problema da autoridade. A discussão de Weber se concentra na questão da dominação (*Herrschaft*). Tal conceito foi traduzido em inglês, ao mesmo tempo por autoridade e por dominação, e sua potência provém precisamente de que ele tem as duas significações. Em dado grupo, diz Weber, desde que apareça uma diferenciação entre um corpo governante e o resto do grupo, o corpo governante tem ao mesmo tempo o poder de comandar e impor uma ordem por meio da força. (Weber tipifica este último poder em particular como o atributo essencial do Estado.) A ideologia intervém neste ponto porque nenhum sistema de dominação, por mais brutal que seja, governa somente pela força, pela dominação. Cada sistema de dominação exige não somente a nossa submissão física, mas o nosso consentimento e a nossa cooperação. Cada sistema de dominação quer, a partir de então, que o seu poder não repouse unicamente na dominação; quer também que o seu poder esteja fundamentado porque a sua autoridade é legítima. O papel da ideologia é legitimar a autoridade. Mais precisamente, enquanto a ideologia serve, como acabamos de ver, de código de interpretação que assegura a integração, ela o faz justificando o sistema presente de autoridade.

O papel da ideologia como força de legitimação persiste porque, como Weber mostrou, não existe sistema absolutamente racional de legitimidade. Isto é verdade até para aqueles sistemas que pretendem ter rompido completamente com a autoridade da tradição e com a de algum chefe carismático. É possível que nenhum sistema de autoridade possa romper completamente com tais figuras primitivas e arcaicas da autoridade. Mesmo o sistema de autoridade mais burocratizado constitui um código para satisfazer a nossa crença em sua legitimidade. Em outra aula mostrarei com exemplos específicos como Weber descreve a tipologia da autoridade segundo os diferentes sistemas de legitimidade.

Pretender que não exista nenhum sistema de autoridade totalmente racional, todavia, não é emitir um juízo histórico nem fazer uma predição para o futuro. A própria estrutura de legitimação implica o papel necessário da ideologia. A ideologia deve balizar as tensões que caracterizam o processo de legitimação, isto é, as tensões entre a pretensão à legitimidade reivindicada pelo poder e a crença nessa legitimidade que os cidadãos propõem. Essa tensão provém de que, enquanto a crença dos cidadãos e a pretensão da autoridade (do poder) deveriam se situar no mesmo nível, de fato tal equivalência nunca está dada, mas antes é sempre aproximadamente uma fabricação cultural. Com efeito, sempre há mais na pretensão do poder à legitimidade do que nas crenças efetivas dos membros do grupo.

Tal distorção entre crença e pretensão poderia indicar a fonte efetiva daquilo que Marx denominava mais-valia. A mais-valia não é intrínseca à estrutura de produção, mas é intrínseca à estrutura do poder. Nos sistemas socialistas, por exemplo, embora não haja apropriação privada dos meios de produção, a mais-valia existe sempre em razão da estrutura do poder. Essa estrutura coloca a mesma questão que todas as outras, a saber, a questão da crença. Acreditem em mim, exige o líder político. A diferença entre essa pretensão e a crença oferecida significa a mais-valia comum a todas as estruturas de poder. Em sua pretensão à legitimidade, toda autoridade (poder) demanda mais do que aquilo que os membros oferecem em termos de crença. O papel, qualquer que seja ele, desempenhado pela mais-valia na produção não é negado com isso: o ponto é antes abrir a sua acepção e demonstrar que o seu uso mais insistente bem poderia estar na estrutura do poder.

O problema que enfrentamos provém de Hobbes: qual é a racionalidade ou a irracionalidade do contrato social? O que concedemos a ele e o que dele recebemos? Nesse intercâmbio, o sistema de justificação ou de legitimação desempenha um papel continuamente ideológico. O problema da legitimação da autoridade nos coloca no ponto de virada entre um conceito neutro de integração e um conceito político de distorção. A degradação, a alteração e as doenças da ideologia encontram a sua origem em nossa relação com o sistema de autoridade existente em nossa sociedade. A ideologia ultrapassa a pura integração no rumo da distorção e da patologia, na medida em que busca reduzir a tensão entre autoridade e dominação. A ideologia tenta assegurar a integração entre a reivindicação de legitimidade e a crença, mas o faz justificando o sistema de autoridade tal como ele é. A análise weberiana da legitimação da autoridade revela um terceiro papel, de mediação, para a ideologia. A função da legitimação da ideologia é meio-termo entre o conceito marxista da ideologia como distorção e o de Geertz como integração.

Para o meu exame do problema da ideologia, vou proceder na ordem seguinte: o meu ponto de partida será o papel da ideologia como distorção, tal como ela aparece na ideologia do jovem Marx. Tal pesquisa está balizada pelo estudo das passagens da *Crítica da filosofia do direito de Hegel*, dos *Manuscritos econômico-filosóficos* e d'*A ideologia alemã*. Vou explorar, em seguida, os escritos de um marxista francês contemporâneo, Louis Althusser (sobretudo *A favor de Marx* e o artigo "Ideologia e aparelhos ideológicos de Estado"). Em seguida, eu me voltarei para aquela parte do livro de Mannheim, *Ideologia e utopia*, consagrada à ideologia, aguardando pelo exame da questão da utopia, e por uma discussão definitiva do livro de Mannheim. Depois, ao me voltar para Max Weber e *Economia e sociedade*, a minha principal consideração será sobre o papel da ideologia na legitimação dos sistemas de autoridade. Uma discussão com Habermas, sobretudo com o livro *Conhecimento e interesse*, dará prosseguimento ao exame de Weber. A seção consagrada à ideologia terminará com a análise da função integradora da ideologia. Farei referência ao artigo de Geertz, "Ideology as cultural system" e proporei algumas apreciações pessoais.

Passando agora à utopia, eu gostaria também de esboçar a paisagem conceitual, para começar. Como disse no início desta introdução, parece não haver passagem possível da ideologia à utopia. Somente uma sociologia com pretensão científica, como a da versão marxista-ortodoxa, pode reuni-las, qualificando de ideológica a utopia. Tal redução, porém, é atípica. Fenomenologicamente consideradas, a partir de um ponto de vista descritivo que leve em conta as significações específicas de cada uma delas, a ideologia e a utopia dizem respeito a dois gêneros semânticos distintos.

A utopia, em particular, se distingue por um gênero semântico próprio. Talvez seja uma boa maneira de engajar a nossa comparação da ideologia e da utopia: existem obras que se proclamam utopias, ao passo que nenhuma delas pensa em reivindicar o epíteto de ideologia. Thomas Morus forja a palavra "utopia" para fazer dela o título de seu livro famoso, publicado em 1516. Como sabemos, a palavra significa "de lugar nenhum". É a ilha que não se encontra em nenhum local, um lugar que não conhece nenhuma localização real. Em sua própria autodescrição, a utopia se conhece como tal e reivindica sê-lo. É uma obra inteiramente pessoal e idiossincrática, a criação específica de seu autor. Perante isso, a ideologia não é afetada por nenhum nome próprio. O seu autor é anônimo: o seu sujeito é simplesmente impessoal, *on* dos franceses, *das Man* dos alemães.

Eu me pergunto, todavia, se não podemos estruturar o problema da utopia exatamente como o fizemos para a ideologia. Em outros termos, não podemos partir de um conceito da utopia quase patológico, percorrer em seguida as suas funções, no rumo de algo comparável à função integradora que descortinamos para a ideologia? A meu ver, tal função é preenchida pela noção de "lugar nenhum".[7] Talvez seja essa uma estrutura fundamental da reflexividade pela qual podemos captar os nossos papéis sociais, poder conceber assim um lugar vazio de onde podemos refletir sobre nós mesmos.

Para extrair essa estrutura funcional da utopia, precisamos, no entanto, ir além ou aquém do conteúdo das utopias particulares. As utopias falam de questões tão diferentes quanto o estatuto da família, o consumo dos bens, a propriedade das coisas, a organização da vida pública, o papel da religião, etc., e é extremamente difícil tratá-las em um único quadro. De fato, se considerarmos o conteúdo das utopias, sempre encontraremos utopias contrárias. Se tomarmos a família, por exemplo, certas utopias defendem todo tipo de comunidades sexuais, ao passo que outras escolhem o monaquismo. No que diz respeito ao consumo, algumas desejam o ascetismo, ao passo que outras promovem um estilo de vida mais suntuoso. Assim, não podemos definir as utopias por suas noções específicas. Na ausência de uma unidade temática da utopia, precisamos buscar a sua unidade em sua função.

---

[7] A expressão "lugar nenhum" aparece sem aspas no original francês; todavia, com aspas e uma delimitação semântica, dois parágrafos abaixo; logo em seguida, Paul Ricœur voltará a empregar a expressão sem aspas. Optamos por reproduzir o emprego das aspas sempre que Ricœur o fizer. (N.T.)

Sugiro, portanto, que partamos da ideia central do "lugar nenhum", implicado pela própria palavra "utopia" e pelas descrições de Thomas Morus: um lugar que não existe em nenhum lugar real, uma cidade fantasma, um rio sem águas, um príncipe sem súditos, etc. O que é preciso notar é o benefício dessa extraterritorialidade. Desse não-lugar, uma réstia de luz é lançada sobre a nossa própria realidade, que de súbito se torna estranha; doravante, nada mais estará estabelecido. O campo dos possíveis se abre amplamente para além do existente e permite encarar maneiras de viver radicalmente outras.

Tal desenvolvimento de perspectivas novas, de alternativas, define a função básica da utopia. Não podemos dizer que a própria imaginação — através de sua função utópica — tem um papel constitutivo ao nos auxiliar a repensar a natureza de nossa vida social? Não é pela utopia — esse passo dado ao lado — que podemos repensar radicalmente o que é a família, o que é o consumo, o que é a autoridade, o que é a religião, etc.? A imaginação de outra sociedade situada em lugar nenhum não permite a mais fantástica contestação daquilo que é? Se eu devesse relacionar essa estrutura da utopia com a filosofia da imaginação, diria que ela se aproxima das variações imaginárias em torno de uma essência proposta por Husserl. A utopia permite variações imaginárias em torno de questões como a sociedade, o poder, o governo, a família, a religião. O tipo de neutralização que constitui a imaginação como ficção se elabora na utopia. É por isso que eu proponho considerar a utopia, tomada radicalmente em sua função de introduzir um "lugar nenhum" na constituição da ação social ou da ação simbólica, como a contrapartida de nossa primeira concepção da ideologia. Poderíamos dizer que não há integração social sem subversão social. A reflexividade do processo de integração se efetua através de um processo de subversão. O ponto de vista de lugar nenhum permite colocar o sistema cultural a distância; nós o vemos do exterior, precisamente por causa desse "lugar nenhum".

O que confirma a hipótese de que a função mais radical da utopia é inseparável da função mais radical da ideologia é que ambas encontram o mesmo ponto crucial, o da autoridade. Se toda ideologia tende em última análise a legitimar um sistema de autoridade, toda utopia, o momento do outro, não deve enfrentar o problema do poder? O que, no final das contas, está em causa na utopia não é tanto o consumo, a família ou a religião, mas o uso do poder em cada uma dessas instituições. E a utopia não teria se tornado possível porque existe um problema de credibilidade em todos os sistemas de legitimação e de autoridade? Não seria, em outros termos, a função da utopia expor o problema de credibilidade que surge ali onde os sistemas de autoridade excedem simultaneamente a nossa confiança neles e a nossa crença em sua legitimidade? O ponto de inflexão da ideologia, aquele em que a sua função integradora se reverte em distorção, é também, portanto, o ponto de inflexão da utopia. É por isso que prestarei grande atenção às questões do poder, da autoridade e da dominação na utopia, perguntando quem detém o poder em tal utopia e como, nela, a questão do poder é subvertida.

Embora se trate de hipótese mais incerta, é igualmente possível que a ideologia e a utopia desenvolvam patologias análogas, no sentido de que a patologia da ideologia é a dissimulação, ao passo que a da utopia é a fuga. O "lugar nenhum" da utopia pode tornar-se pretexto para fugir, uma maneira de escapar às contradições e à ambiguidade do uso do poder e do exercício da autoridade em uma dada situação. Em tais condutas de fuga, a utopia obedece a uma lógica do tudo ou nada. Não existe mais passagem possível entre o "aqui e agora" de tal realidade social e o "alhures" da utopia.[8] Tal disjunção autoriza a utopia a evitar toda confrontação com as dificuldades reais de uma dada sociedade. Todos os traços regressivos, tão frequentemente denunciados pelos pensadores utópicos – tais como a nostalgia do passado, a busca de um paraíso perdido –, procedem desse desvio do "nenhum lugar" frente ao "aqui e agora". Sem mais oferecer antecipações, eu vou então resumir a minha problemática da seguinte maneira: não é a função excêntrica da imaginação (a possibilidade do "lugar nenhum") que implica todos os paradoxos da utopia? Além disso, tal excentricidade da imaginação utópica não é o remédio para a patologia do pensamento ideológico, aquele que se encontra cego e estreito precisamente em razão de sua incapacidade para conceber um "lugar nenhum"?

---

[8] Tal como nesta tradução, no original *"ailleurs"* está entre aspas. (N.T.)

PRIMEIRA PARTE
Ideologia

Aula nº 2

Marx: a *Crítica da filosofia do direito de Hegel*, e os *Manuscritos de 1844*

Nesta aula, eu gostaria de iniciar a discussão do primeiro conceito de ideologia no jovem Marx. Vou desenvolver a seguinte temática geral: em Marx, o primeiro conceito de ideologia é determinado não por sua oposição à ciência – como será o caso nos desenvolvimentos ulteriores da teoria marxista –, mas por sua oposição à *realidade* (poderíamos dizer que toda oposição à ciência marxista é de fato impossível nesse momento porque, nesse período de 1843-1844, do qual nos ocupamos, a ciência marxista ainda não existe!). Nessas primeiras obras, Marx se dá a tarefa de determinar o que é o real. Tal determinação vai afetar o conceito de ideologia, visto que a ideologia é tudo o que recai fora dessa realidade. Por isso, a elaboração das primeiras obras engloba a difícil progressão – acabada somente em *A ideologia alemã* – que conduzirá à identificação da *realidade* e da *práxis* humana. O movimento dos primeiros escritos de Marx se faz, portanto, no rumo dessa identificação da realidade e da práxis e, por conseguinte, no rumo da oposição da práxis e da ideologia.

Um elemento fundamental da elaboração do primeiro conceito marxista de ideologia é que ele se liberta da antropologia de Feuerbach. Feuerbach havia centrado sua antropologia em torno do conceito de *Gattungswesen*, o que se traduz por "essência genérica" ou "ser genérico". Marx faz esforços consideráveis para subtrair-se à antropologia de Feuerbach, e isso é muito significativo. Com efeito, durante o tempo em que o conceito de realidade humana como *Gattungswesen*, como "ser genérico", não for reduzido à práxis efetiva, o próprio conceito de ideologia não poderá admitir um conteúdo que lhe seja apropriado, e, por conseguinte, ele próprio não poderá receber um conceito adequado. Assim, os escritos do jovem Marx podem ser lidos como uma redução progressiva do "Espírito" hegeliano (do *Geist*), pelo viés feuerbachiano de "ser genérico" e disto até o verdadeiro conceito marxista de práxis. Aqui está, desde logo, um bom exemplo daquilo que Marx toma pela crítica ideológica de um conceito: a crítica é uma redução. A redução de um conceito ao seu fundamento, à sua base concreta de existência. Determinar o que é tal base concreta, eis o que está em jogo nos primeiros escritos. A ideologia vai aparecer como a cena de sombras que a práxis, ao mesmo tempo, expulsa para fora de sua esfera e engendra a partir do interior de si mesma. Como veremos, é precisamente neste ponto que reside a dificuldade do conceito marxista de ideologia: de um lado, a ideologia é excluída da base concreta da existência, mas, de outro lado, ela é, de algum modo, inelutavelmente engendrada por essa base.

As minhas primeiras aulas vão propor uma visão geral do andamento que, nos textos de Marx, conduz à elaboração de seu conceito de ideologia, conceito que não é estabelecido verdadeiramente antes d'*A ideologia alemã*. Para essa análise, a primeira obra importante é a *Crítica da filosofia do direito de Hegel* (1843). Esse texto tem uma história estranha: foi conhecido apenas em 1922 e publicado apenas em 1927. Consiste, essencialmente, em uma discussão dos parágrafos 261 a 313 dos *Princípios da filosofia do direito* de Hegel.

Em acréscimo ao manuscrito original e não publicado, Marx escreveu uma importante introdução à revisão que ele se propunha a fazer da *Crítica*, e este texto foi publicado enquanto Marx estava vivo, em 1844, nos *Anais franco-alemães*, sob o título de "Contribuição à crítica da filosofia do direito de Hegel – Introdução". A introdução é bem conhecida e conta como um dos textos mais célebres de Marx. É por ela que vou começar para, em seguida, voltar ao próprio texto, pois ela nos oferece o fio condutor do projeto filosófico de Marx.

Marx abre a introdução com a célebre frase: "Para a Alemanha, a crítica da religião está essencialmente terminada, e a crítica da religião é a condição de toda a crítica" (p. 51).[9] Tal afirmação se apoia em obra já

---

[9] Os números entre parênteses indicam as páginas da tradução francesa, publicada pela Aubier em 1971. Essa edição bilíngue é apresentada por François Châtelet e

existente, a de Feuerbach. Ao declarar que "a crítica da religião está essencialmente terminada", Marx se reclama diretamente de Feuerbach. Por isso, em Marx, a própria crítica da religião é algo importado. Ele a considera consumada e a ela não é necessário voltar. O que é ainda mais importante, todavia, é a sequência dessa primeira frase: "A crítica da religião é a condição de toda a crítica". Essa fórmula instigante nos fornece um ponto de partida que não poderia ser mais apropriado: estamos aqui em presença do modelo de toda crítica da ideologia. Pois a religião é, para Feuerbach, o paradigma de todas as inversões e, como indiquei em minha aula introdutória, o primeiro conceito de ideologia em Marx é precisamente constituído segundo esse modelo. Algo foi invertido na consciência do homem, e precisamos inverter essa inversão: é nisso que reside o procedimento crítico.

Tal paradigma da consciência invertida aparece claramente na primeira página da introdução:

> O fundamento da crítica irreligiosa é o seguinte: *o homem faz a religião*, a religião não faz o homem. Mais precisamente: a religião é a consciência de si e de seu valor do homem que ou ainda não conquistou a si mesmo, ou já se perdeu novamente. Mas o *homem* não é um ser abstrato, instalado fora do mundo. O homem é o *mundo do homem*, o Estado, a sociedade. Tal Estado, tal sociedade produzem a religião, uma *consciência do mundo às* avessas [...] (p. 51-53).

Insisto nestas últimas palavras. Enquanto a própria palavra "ideologia" ainda não está pronunciada e não será utilizada por Marx antes d'*A ideologia alemã*, o esquema do raciocínio já está presente. Marx prossegue:

> Tal Estado, tal sociedade produzem a religião, uma *consciência do mundo às avessas*, porque eles são um *mundo às avessas*. A religião é a teoria geral desse mundo, seu compêndio enciclopédico, sua lógica sob uma forma popular, seu ponto de honra espiritualista, seu entusiasmo, sua sanção moral, seu complemento solene, o fundamento geral de sua consolação e de sua justificação. Ela é a *realização fantástica* do ser humano [...] (p. 53).

traduzida por M. Simon. (Nota da tradução francesa.) As passagens entre colchetes são interpolações de Paul Ricœur. (Nota da edição norte-americana.)

Notem essa ideia de "realização fantástica". Mas do quê? "Do ser humano". Nesse momento, Marx ainda tem uma concepção muito abstrata da realidade humana.

> [A religião] é a *realização fantástica* do ser humano porque o ser humano não possui realidade verdadeira. A luta contra a religião é, portanto, mediatamente a luta contra *este mundo* do qual a religião é o *aroma* espiritual (p. 53).

Esse texto é tipicamente feuerbachiano. Ainda não é marxista, exceto em sua conclusão prática: um "apelo para renunciar a uma situação que carece da ilusão". Ademais, já se mostra um deslocamento no rumo das condições sociais que tornam a realidade humana verdadeiramente possível.

Aqui é preciso insistirmos no vocabulário, nos deslizamentos semânticos desse texto, que afirma: "O homem *faz* a religião". Marx já dispõe do modelo da práxis que se inverteu. No entanto, durante o tempo em que ele desloca o problema da esfera da representação à da produção, a produção ainda é uma espécie de "consciência de si", de "consciência do mundo", de "consciência de seu valor": tudo isso implica uma concepção idealista da consciência, uma sobrevivência do Espírito hegeliano. Resta que, nesse estágio de sua obra, a "consciência" é bem o lugar apropriado porque ela é, diz Marx, o lugar onde se produz a ficção, a "realização fantástica do ser humano".

Logo, no interior desse quadro, Marx já traçou as suas oposições fundamentais utilizando um modo de pensamento e mesmo uma retórica muito impressionantes. Notem o contraste muito marcado, no texto, entre "o homem [...] [como] ser abstrato" e "o homem [como] o mundo do homem, do Estado, da sociedade", entre a "realização fantástica" e a "realidade verdadeira". Tais antíteses ainda são reforçadas, algumas linhas adiante, na célebre metáfora: "a crítica desfolhou as flores imaginárias que enfeitavam as cadeias, não para que o homem carregue a sinistra cadeia desprovida de fantasia, mas para que ele rejeite a cadeia e colha a flor viva". A flor viva da vida real e as flores imaginárias (cuja função é puramente decorativa) dos símbolos religiosos são colocadas lado a lado.

Por vezes, tal inversão chega a ser enunciada em termos kantianos, como uma espécie de continuação ou de desenvolvimento da revolução copernicana. É assim que Marx escreve: "A crítica da religião decepciona o homem a fim de que ele reflita, aja, elabore a sua realidade como o fato de um homem decepcionado, tornado racional, a fim de que ele gravite ao redor de si mesmo e, com isso, ao redor de seu verdadeiro sol" (p. 55). A razão faz, por isso, contrapeso à imaginação; a invocação da razão é um apelo ao racionalismo. É uma linguagem tipicamente kantiana. A citação termina assim: "A religião é apenas o sol ilusório, que se move ao redor do homem enquanto este último não se move ao redor de si mesmo".

Os indivíduos devem, uma vez mais, centrar-se novamente sobre si mesmos. O procedimento de Marx ainda se inscreve na filiação do idealismo alemão, que instala a consciência do homem e sua autonomia no cimo do universo. De fato, a etapa última dessa reconquista da autonomia e da autoafirmação da consciência é uma forma de ateísmo. É um ateísmo idealista, visto que a consciência de si do homem é o núcleo da reafirmação desse ser do homem. Podemos dizer que uma antropologia humanista está em vias de se constituir. O conceito de "ser humano" tal como está aqui apresentado permanece em uma abstração que *A ideologia alemã* qualificará de ideológico.

Tal é, portanto, o ponto de partida de Marx; e ele lhe foi fornecido por Feuerbach. Aborda um problema que ele não foi o primeiro a cernir, mas concebe a sua própria tarefa como uma extensão da crítica da religião ao domínio do direito e da política.

> Logo, é a *tarefa da história* [em outros termos, a tarefa que Marx assume após Feuerbach] estabelecer a *verdade deste mundo*, depois que desapareceu o *além da verdade*. É, em primeiro lugar, a *tarefa da filosofia*, que está a serviço da história, desmascarar a autoalienação em suas *formas não sagradas*, uma vez que foi desmascarada a *forma sagrada* da alienação humana. A crítica do céu se transforma, assim, em crítica da terra, a *crítica da religião* em *crítica do direito*, a *crítica da teologia* em *crítica da política* (p. 55).

Por que então essa mutação da crítica da teologia em crítica da política, esse deslocamento do céu para a terra? Porque, aos olhos de Marx, a política alemã é anacrônica, sobretudo se comparada às da França e da Inglaterra, onde já tiveram lugar as revoluções burguesas. Na situação política da Alemanha, onde o povo não transformou – e aparentemente não podia fazê-lo – nem a sua política nem a sua economia, a filosofia se tornou o refúgio no seio do qual os alemães operaram o seu trabalho de reflexão. Elaboraram uma filosofia que era, ao mesmo tempo, a expressão e a confirmação desse anacronismo:

> Assim como os povos antigos viveram sua pré-história em imaginação [é a palavra "imaginação" que me interessa aqui], na *mitologia*, nós, alemães, vivemos nossa pós-história em pensamento, na *filosofia*. Somos os contemporâneos *filosóficos* do presente, sem sermos os seus contemporâneos *históricos*. A filosofia alemã é o *prolongamento ideal* da história alemã (p. 71).

Observemos a fórmula "prolongamento ideal". Novamente, embora a palavra "ideologia" não apareça, os elementos do conceito já estão reunidos.

Marx aplica essa ideia de "prolongamento ideal" às relações que os alemães mantêm com sua história. Feuerbach recorrera à mesma estrutura para analisar a relação entre o cristianismo e a totalidade do mundo ocidental. O germe do anacronismo filosófico alemão, diz Marx, é a filosofia do Estado, a filosofia política e, em particular, a de Hegel. Essa filosofia política é a fonte que nutriu o que Marx denomina a "história sonhada" da Alemanha: "É preciso, portanto, que o povo alemão reúna ao estado de coisas existente essa história sonhada, e que ele submeta à crítica não somente tal história existente, mas, ao mesmo tempo, o seu prolongamento abstrato" (p. 73). Embora o vocabulário filosófico de Marx perca algo de seu rigor, se colocado ao mesmo pé das expressões "mitologia", "história sonhada", "imaginação" e "prolongamento ideal", tais termos se reforçam mutuamente. São significativos, não em razão de suas diferenças, mas em razão de seu inegável poder cumulativo.

A filosofia política de Marx ataca uma filosofia do direito especulativa, na qual se procede da ideia do Estado até os seus componentes. Para Marx, trata-se de um esquema de pensamento ideológico, um andamento que vai da ideia à realidade, e não da realidade rumo à ideia.

> Somente na Alemanha era possível a filosofia especulativa do direito, essa maneira abstrata e *transcendente* de *pensar* o Estado moderno, cuja realidade é um além, mesmo se esse além se encontra apenas do outro lado do Reno [Marx faz, aqui, referência à

> Revolução Francesa]; inversamente, a concepção [*Gendankenbild*] *alemã* do Estado moderno, que faz abstração do *homem real*, só era possível porque e enquanto o próprio Estado moderno fazia abstração do homem real, ou só conferia ao homem *total* uma satisfação imaginativa. Em política os alemães *conceberam* o que os outros povos *fizeram*. A Alemanha era a consciência teórica desses povos (p. 77-78).

A formulação de Marx fornece uma excelente abordagem do conceito de ideologia, visto que a abstração do Estado em uma filosofia especulativa do direito exprime o fato de que o próprio Estado existente é uma abstração fora da vida. O que está em obra é uma espécie de ideologia histórica, algo que o filósofo se contenta em refletir em sua teoria do Estado. Uma vez mais, as oposições são claras: "pensamento abstrato" contra "realidade", "concepção" (*Gedankenbild*) contra "homem real"; abstração imaginária contra o que Marx denomina "homem real" ou "homem total". Como veremos, a noção de "homem total" é essencialmente derivada do conceito de *Gattungswesen* em Feuerbach.

Não comentarei em pormenor o final dessa introdução. Mas importa notar o modo pelo qual se resolve o ponto decisivo da análise. Marx conclui que a única crítica suscetível de mudar a realidade não opera pela via das palavras e das ideias (é o que haviam feito os hegelianos de esquerda), mas que ela é uma crítica que engloba a práxis concreta. Em particular, afirma Marx, essa crítica concreta e prática só se torna efetiva quando ela se apoia em uma classe social que representa o Universal. A dimensão do Universal é transportada da esfera do pensamento para uma classe real, a que é universal porque não é nada; e porque não tem nada, ela é tudo. O primeiro conceito marxista de proletariado é assim constituído. Nós observaremos que esse conceito é abstrato: o proletariado é qualificado como a classe desprovida de interesses particulares (porque privada de tudo), aquela que, por conseguinte, representa os interesses reais da sociedade em sua totalidade.

O conceito de proletariado é abstrato no sentido de que ele aparecerá como ideológico aos olhos do Marx da maturidade. Neste estágio, o proletariado é uma construção; Marx reivindica um lugar para as necessidades da classe universal, a qual, assim, toma o lugar que estava ocupado pelo pensamento universal. "As revoluções têm necessidade de um elemento *passivo*, de um fundamento *material*. Uma teoria nunca está concretizada em um povo senão na medida em que é a concretização de suas necessidades" (p. 85). E duas páginas adiante: "Uma revolução radical não pode ser senão a revolução das necessidades radicais, na qual faltam as condições e o lugar de nascimento parecem justamente fazer falta" (p. 87). A concepção de necessidade, que já tinha um sentido hegeliano, toma o lugar do "pensamento universal". A necessidade radical se substitui ao pensamento radical. Uma vez mais, a ênfase é posta na oposição entre a atividade abstrata do pensamento e a luta real. Tal ênfase conduz ao célebre desenvolvimento sobre a classe "cujas *cadeias* são *radicais* [...] classe da sociedade burguesa que é a dissolução de todas as categorias, uma esfera que possui um caráter universal [...]" (p. 99). Vemos que o conceito é fundamentalmente uma construção e, de modo algum, uma descrição sociológica. Embora tenha sido reivindicado pelo proletariado o lugar devolvido ao pensamento universal, o proletariado ainda é um conceito filosófico. Marx termina a sua densa e vigorosa introdução religando a emancipação real de toda a sociedade, sua "possibilidade positiva", a uma classe cujas cadeias seriam radicais, uma classe que "não pode mais reclamar-se um título de *histórica*, mas somente o título de *homem*". A ideia abstrata de humanidade, resultante de Feuerbach, é o substrato antropológico permanente de toda a análise.

Podemos deduzir dessa introdução o método de conjunto que Marx colocará em operação no corpo da própria *Crítica*. Joseph O'Malley qualifica esse método de "substitutivo".[10] A expressão é judiciosa. O método de Marx é próximo ao que Feuerbach aplicara à religião: é um método redutivo, uma redução do mundo abstrato da representação e das ideias à sua base concreta e empírica. É uma inversão da especulação mística. A redução é a inversão de uma inversão, visto que procede da seguinte maneira: ela se apodera de todas aquelas entidades que foram falsamente projetadas no alto – o eterno, o lógico, o transcendente, o abstrato, o divino, quaisquer que sejam eles – e ela reconduz tais projeções ao seu fundamento inicial.

---

[10] Em sua introdução à tradução inglesa da *Crítica da filosofia do direito de Hegel*.

O esquema é feuerbachiano: ele se enuncia nos termos da lógica de Hegel como a substituição do sujeito ao predicado. Enquanto a realidade humana é o sujeito e o divino é um predicado (ou seja, uma projeção do pensamento humano), a religião transforma esse predicado divino em um sujeito, em um deus, e o humano se torna um predicado desse sujeito absoluto. O processo de redução transforma esse sujeito falsificado em um predicado do sujeito real. Determinar exatamente *quem* é o sujeito real: tal é o problema com o qual se enfrenta o jovem Marx. Todo o seu trabalho consiste em reconquistar o sujeito real desse predicado que foi projetado no alto. Veremos mais adiante que o conceito marxista de ideologia está precisamente suspenso nesse esquema projetivo. A inversão se torna o método global de dissolução das ilusões, e o método de "subversão" colocará a ideologia como uma inversão ilusória que, por sua vez, necessita ser invertida e dissolvida. Marx, em sua crítica da filosofia, assume a tarefa de dar acabamento ao que Feuerbach realizou em sua crítica da teologia: o restabelecimento do primado do finito, do concreto, do real.

Voltando-me agora para aquele longo texto de Marx que não fora publicado, vou me ater a uma pequena parte, que considero paradigmática da crítica marxista de Hegel, e vou me concentrar na crítica, por Marx, do parágrafo 262 dos *Princípios da filosofia do direito*. Marx comenta esse parágrafo em que Hegel escreve:

> A ideia efetiva, o próprio Espírito, se divide em duas esferas que são o lado de sua finitude, as duas esferas ideais de seu conceito, a família e a sociedade civil; mas ele só o faz para sair de sua idealidade e tornar-se para si espírito infinito efetivo. [Há um movimento da ideia na expressão de sua finitude. A "ideia efetiva" dá acabamento a seu círculo e retorna a si mesma em sua constituição e na consciência de si dos cidadãos que aderem ao espírito da constituição]. Por conseguinte, ele reparte nessas esferas o material dessa realidade finita, os indivíduos considerados como massa, de tal modo que, no que concerne ao indivíduo, tal repartição é visivelmente mediatizada pelas circunstâncias, pelo livre-arbítrio e pela escolha pessoal de sua destinação deixada a cada um.[11]

---

[11] Tradução de R. Derathé e J.-P Frick. 2. ed. Paris: Vrin, 1982.

Este parágrafo é fácil de refutar na medida em que está isolado do desenvolvimento do texto de Hegel. Ele pareceu a Marx, no entanto, o modelo de todo o pensamento especulativo, visto que, para Hegel, a instituição dos corpos políticos existentes emana de uma ideia. Não obstante, bom seria se fôssemos mais prudentes que Marx quanto à determinação daquilo que Hegel entende por "ideia real" (deliberadamente, contrariando o que é usual, transcrevo "ideia" sem maiúsculas. Não estou certo de que isso mereça uma maiúscula). Deveríamos, em particular, decifrar o sentido do termo "real". Hegel qualifica a ideia de *wirkliche*, de "real": mas em que sentido? Não no sentido empírico, mas no sentido de que ela está "a trabalho", no sentido de que ela é efetiva. Em alemão, *wirklich* provém de *wirken*, que quer dizer ser ativo, ser eficaz. Isso não significa "ser aí" (teríamos, nesse caso, *Daseiende*), mas ser operando na história. Portanto, em Hegel, a "ideia efetiva" não é nem um ideal, como em Platão, nem um dado de experiência como em Maquiavel: é, antes, algo que opera na história ao modo de um germe, algo que está simultaneamente dotado de realidade e de racionalidade. A ideia não é um ideal; inversamente, como a citação indica, apenas a família e a sociedade civil são "ideais" no sentido de que são abstrações de uma entidade concreta: para Hegel, essa entidade é o Estado, encarnação institucional do *Volksgeist*.

Marx, todavia, não reconhecia esse estatuto extremamente complexo da ideia hegeliana. Para ele, falar de *wirkliche Idee*, de ideia efetiva, era projetar algo em algum lugar acima de nós (para Feuerbach, o deus da religião) como um espírito real infinito (*Geist*). Por conseguinte, segundo Marx, as instituições *reais* da vida humana *efetiva* – a família e a sociedade civil – se tornam puros e simples receptáculos ou aparências da ideia, encarnações de uma realidade estranha que flutua acima delas. Vejamos esta passagem onde se aprecia todo o sabor da crítica de Marx:

> A ideia qualificada de "real" (o espírito enquanto infinito e real) é descrita como se agisse em conformidade com um princípio determinado e em direção de um fim determinado. Ela própria se cinde em esferas finitas e o faz "para retornar a si mesma e tornar-se para si"; por isso, ela o faz precisamente, de tal maneira que ela é exatamente como realmente é. Nesta passagem, o misticismo lógico, panteísta, aparece muito claramente.

Acrescentarei que a crítica de Marx começa com esta frase: "Vamos traduzir isto em prosa". Ele toma o texto de Hegel por um tipo de texto poético, algo que é necessário traduzir (a ênfase posta na necessidade da tradução volta frequentemente, por exemplo, na página 16: "Vamos traduzir agora o parágrafo inteiro em linguagem corrente..."). Marx empreende reduzir a especulação. Neste momento, todavia, a redução não se faz pela economia política, mas pela experiência comum. É a própria experiência comum que nos diz que o Estado não é (como em Hegel) uma encarnação da "ideia real", mas aquilo que, de fato, os cidadãos vivem nos Estados que exercem a censura, a tortura, etc. O movimento vai da ideia à experiência comum, mesmo se esta última não está ainda inserida no seio do novo quadro teórico. A objeção de Marx ao encontro do "misticismo panteísta" (outra palavra para designar a ideologia) é, então, a seguinte:

> A realidade não se exprime enquanto tal, mas como uma realidade outra. A existência empírica comum não tem por lei o seu próprio espírito (*Geist*), mas, antes, um espírito estranho, ao passo que, do outro lado, a Ideia real não tem realidade desenvolvida fora de si mesma, mas, antes, ela tem a existência comum empírica como sua existência.

A palavra para designar a existência é, aqui, *Dasein*, que significa "o que está aí", *Da-sein*. Em oposição àquilo que é somente do pensamento, Marx enfatiza o que está realmente *aí*.

O parentesco com Feuerbach é manifesto. Marx não tem nenhuma dificuldade em transpor a sua própria linguagem naquela da relação sujeito-predicado:

> A ideia recebe o estatuto de sujeito [i.e., aquilo que sustenta o predicado], e a relação real da família e da sociedade civil com o Estado é concebida como sua atividade imaginativa interna. A família e a sociedade civil são os pressupostos do Estado; são coisas reais e ativas; mas, na filosofia especulativa, isto é invertido.

Notem novamente o conceito de "inversão", que considero central, para fio condutor de todas estas análises: "mas, na filosofia especulativa, isto é invertido". Uma vez mais, temos a inversão da inversão. A citação conclui:

Mas se a ideia é sujeito [para Hegel], então os sujeitos reais – a sociedade civil, a família, as circunstâncias, a escolha pessoal, etc. – se tornam irreais e tomam uma significação que difere dos momentos objetivos da Ideia.

Embora o termo não apareça, a ideologia já significa a inversão da realidade. No entanto, as consequências, no que concerne à nossa pesquisa sobre o conceito de ideologia, ainda não são evidentes, na medida em que o contrapeso da própria ideologia permanece algo de abstrato: aqui, a família e a sociedade civil aparecem como forças ativas. Nesse estágio, Marx se concentra de preferência na noção de inversão enquanto tal:

> As condições são postas como aquilo que é condicionado, o determinante como o que é determinado, o produtor como o que é produzido por seu próprio produto [...]. O real se torna fenômeno, mas a Ideia não tem outro conteúdo senão este fenômeno.

Marx me permite, então, concluir a minha apresentação de sua *Crítica*, visto que ele termina essa análise pela frase seguinte: "Todo o enigma da *Filosofia do direito* e da filosofia hegeliana em geral está contida nestes parágrafos". Por mais abstrato que possa ser o seu modelo, a *Crítica* põe, ao mesmo tempo, o paradigma da inversão e o método "substitutivo" que Marx utilizará, de maneira mais ou menos concreta, ao longo de sua elaboração do conceito de ideologia. O vocabulário da *Crítica* é talvez imprudente: termos como "mistério", "misticismo", "abstração" e "atividade imaginária" se confundem. Mas o que devemos apreciar aqui é o poder cumulativo, e não a função diferenciadora da análise da Marx.

Depois desta apresentação dos grandes eixos da *Crítica da filosofia do direito de Hegel*, eu gostaria de introduzir o texto que estudaremos nas próximas duas aulas: os *Manuscritos de 1844*. Assim como a *Crítica*, os *Manuscritos* só foram conhecidos recentemente, a primeira publicação data de 1932. E assim como a *Crítica*, eles não abordam diretamente o conceito de ideologia. No índice da edição alemã, sequer aparece o termo "ideologia". O interesse dos *Manuscritos* não reside em alguma descrição do conceito de ideologia, mas, antes, na elaboração do conceito que é o seu antônimo: a base concreta da vida humana oposta à construção ideológica. O conceito de ideologia não será constituído enquanto não soubermos ao que ele se opõe, qual é o seu contrário.

O mais decisivo, aqui, será o combate levado nos *Manuscritos*, simultaneamente com e contra o conceito feuerbachiano de *Gattungswesen*. Eu me limitarei, de fato, ao exame das passagens que enfrentam esse conceito. Esse enfrentamento é muito importante porque, se o conceito de "ser genérico" é uma construção, então ele deve ser tratado como ideológico. É o reconhecimento desse problema que, no final das contas, rege a aparição do conceito de ideologia em *A ideologia alemã*. O ataque levado contra a ideologia alemã não é mais dirigido contra Hegel: essa crítica está acabada e nós estamos para além dela. Marx se atém agora aos Jovens Hegelianos de esquerda e, entre eles, Feuerbach. Logo, uma ruptura advém no interior da ala esquerda do hegelianismo. Examinaremos a maneira pela qual Marx ao mesmo tempo utiliza e dissolve internamente o conceito feuerbachiano de humanidade como gênero universal presente em cada indivíduo (talvez no sentido de que se diz que Deus está presente em todas as criaturas). O conceito de realidade que fundamentalmente enfrenta o de ideologia permanece, todavia, indeterminado por tanto tempo quanto o próprio ser genérico de Feuerbach não foi desmascarado como um conceito fantasma e como sendo, de fato, uma reformulação empobrecida do Espírito hegeliano, o *Geist*.

Em *Miséria da filosofia*, Marx escreve que Feuerbach é definitivamente mais pobre que Hegel. Isso é verdade na medida em que Hegel é certamente mais que Feuerbach em seu conteúdo filosófico. A crítica da religião e a forma de ateísmo invocadas por Feuerbach são fundamentalmente o apogeu do pensamento idealista: o seu resultado último consiste em dar à consciência humana um poder divino. A consciência de si torna-se o substrato de todos os predicados desenvolvidos pela cultura e, sobretudo, de todos os predicados desenvolvidos através da invenção da religião. Sob o título de pedra angular da estrutura e da superestrutura da cultura em seu conjunto, a consciência de si é o conceito idealista por excelência. Em Feuerbach, tudo acontece no seio da consciência humana: tanto a sua alienação quanto a sua emancipação. Tudo advém, por conseguinte, na esfera das ideias e no campo da representação. Não abandonamos, mas antes reforçamos a asserção kantiana e fichtiana da autonomia da consciência.

O combate levado contra a heteronomia, que começou com Kant, encontra aqui o seu apogeu e se mantém, devido a esse fato, na órbita da filosofia kantiana. Reivindicar o fato de que o ser humano seja a medida de todas as coisas – em outros termos, reivindicar a autonomia contra a heteronomia –, tal é, afinal de contas, o que está fundamentalmente em jogo. Em razão dessa insistência, a concepção idealista da consciência de si pode ser interpretada como um conceito "ateu". Quando ela é situada em oposição à afirmação da autonomia radical, a dependência é talvez a única verdade possível da religião, a admissão de um elemento de passividade em minha existência, admissão de que, de algum modo, eu acolho a existência. A partir do momento em que eu instalo a autonomia no cume de um sistema filosófico, a partir do momento em que promovo a tal grau essa dimensão prometeica da autonomia, então, sem dúvida alguma, a própria autonomia se torna divina. Por causa da exaltação feuerbachiana da autonomia, a heteronomia pode ser interpretada como diabólica. Por conseguinte, tudo o que não diz respeito à autonomia diz respeito à alienação. O que constitui aqui o "mistério" (para falar como Marx) é, de início, que uma consciência que põe a si mesma possa perder o domínio de si mesma, possa alienar-se, e, em seguida, que tal poder, uma vez alienado, sempre possa ser retomado. Trata-se de uma história, por assim dizer, enfeitiçada. Nos *Manuscritos*, Marx conserva uma relação ambígua com Feuerbach. A ambiguidade é particularmente marcada no uso feito por Marx do conceito de "ser humano". Insistir nesse uso será a chave de nossa leitura do texto. Por vezes, Marx pinta o ser humano como um vivente individual, mas ele mantém, ao mesmo tempo, as propriedades que Feuerbach atribui ao ser humano: a saber, o universal, o portador de todas as qualidades concebíveis e a sua representação ideal. Para Feuerbach, o ser humano como ser genérico é infinito, ao passo que os indivíduos são apenas a sua expressão finita. Feuerbach, todavia, recolheu e concentrou no conceito de ser humano o conjunto dos predicados da perfeição: ele sustentou que esse conjunto era, ao mesmo tempo, um sujeito que se afirma a si mesmo. Como podemos constatá-lo, tal caracterização não está muito longe do *Geist* hegeliano. A apresentação de Feuerbach é, entretanto, um pouco mais ambígua do que deixa a entender tal descrição. De fato, ele oscila entre um hiperidealismo, que se concentra no ser humano, e uma forma de materialismo filosófico. Por exemplo, quando diz: *Der Mensch ist war er isst*, o jogo de palavras entre *ist* e *isst* – ser e comer – enfatiza a relação material: "O homem é aquilo que come". E, no entanto, o "homem" como ser genérico é também a realidade infinita. Logo, para Feuerbach, o ser humano é ora um deus, ora um ser que se alimenta.

Os *Manuscritos* representam a tentativa de Marx para naturalizar e, nesse sentido, para dissolver internamente o humanismo de Feuerbach com todas as suas inflexões idealistas. A relação entre o ser humano e a natureza, entre o ser humano e o ser humano, vai absorver os predicados idealistas; e Marx vai designar tais relações respectivas como "naturais" e "genéricas" (é preciso tomar cuidado com isto: as relações "naturais" dizem respeito, de preferência, a uma terminologia marxista. Falar de relação "genérica" pertence a um registro mais feuerbachiano). Essa terminologia ambígua permite aos *Manuscritos* salvaguardar a dignidade de um ser natural que é, ao mesmo tempo, portador do universal. O fato de que o "gênero" é imanente ao indivíduo atenua o isolamento dos sujeitos individuais. Ao mesmo tempo, as relações intersubjetivas entre os particulares são o pilar da função genérica de base; elas alimentam o sentido do ser genérico ou da essência genérica. No entanto, essa inter-relação traz consigo um saber naturalista especificamente marxista. Essa mescla curiosa de naturalismo e de humanismo impregna os *Manuscritos*.

Em reação a tal mescla, as críticas que recusam definitivamente a significação marxista dos *Manuscritos* são pertinentes. Algo de profundamente hegeliano rege todo esse processo de pensamento: a saber, o papel da consciência de si na auto-objetivação e, portanto, na autonegação, no seio do próprio produto. Os seres humanos se produzem como objetos. Nós reconhecemos nessa operação o trabalho do negativo por meio do qual o Espírito hegeliano se diferencia, se objetiva e se produz como Si. Tal processo de objetivação e de negatividade efetiva estará cada vez mais identificado ao processo de trabalho. Poderíamos dizer que a obra do jovem Marx traz à luz uma certa reciprocidade: Marx sustenta que a economia é o fundamento das orientações filosóficas e, ao mesmo tempo, a metafísica alemã invade a própria descrição que Marx faz dos processos econômicos.

Para concluir, precisamos observar que persistem no jovem Marx as categorias de seus predecessores. Como se evidencia na passagem a seguir, encontra-se nos *Manuscritos* um fortíssimo (ainda quase indiferenciado) entrelaçamento dos conceitos hegelianos, feuerbachianos e daquilo que será especificamente marxista:

> A grandeza da *Fenomenologia* de Hegel e de seu resultado final – a dialética da negatividade como princípio motor e criador – consiste, portanto, de um lado, no fato de que Hegel apreende a produção do homem por si mesmo como um processo, a objetivação como desobjetivação, como alienação e supressão dessa alienação; apreende, portanto, a essência do *trabalho* e concebe o homem objetivo, verdadeiro porque real, como o resultado de seu *próprio trabalho*. A relação *real*, ativa, do homem consigo mesmo enquanto ser genérico ou a automanifestação como ser genérico real, isto é, como ser humano, só é possível porque o homem exterioriza realmente, pela criação, todas as suas *forças genéricas* – o que, por seu turno, só pode ser devido ao fato de que a ação de conjunto dos homens, como resultado da história – por que ele se comporta perante elas ou perante objetos, o que inicialmente só é possível, por seu turno, sob a forma da alienação (terceiro *Manuscrito*, p. 132).[12]

Os conceitos fundamentais de Hegel (alienação, objetivação) e de Feuerbach (ser genérico, forças genéricas) estão aqui reformulados e recolocados na estrutura do trabalho. O projeto de Marx é uma reconstrução – uma reconstrução filosófica – do conceito de trabalho. Ele não o reconstrói como um fenômeno sujeito à descrição, mas como um processo que se tornou significativo através da auto-objetivação do ser genérico, que objetiva a si mesmo em um objeto, em um produto, e que reconhece a si mesmo nesse produto: tal é o processo de objetivação e de alienação.

Assim, em Marx, um motivo fundamental da filosofia alemã se acha recapitulado. A ideia – esvaziar-se a si mesmo em algo outro a fim de tornar-se si mesmo – remonta de Marx, passando por Hegel, ao menos até à época dos místicos alemães, como Jakob Boehme

---

[12] Os números remetem aos *Manuscritos de 1844*, na tradução francesa de E. Bottigelli, publicada pelas Editions sociales, Paris, 1962.

(é possível até que os antecedentes históricos remontem a São Paulo: a *Epístola aos Filipenses* fala de Deus que esvazia a si mesmo em Cristo[13]). Quando Marx escreve que o homem se comporta diante de *forças genéricas* como "diante de objetos", ele se inscreve em uma grande linhagem da história alemã: aquela que medita sobre a função criadora que implica o fato de esvaziar-se a si mesmo a fim de reafirmar-se e reencontrar-se. A fidelidade *e* a ruptura de Marx perante os seus predecessores são altamente significativos então. Nos *Manuscritos*, ele recorre de modo muito livre a conceitos hegelianos e feuerbachianos – tais como "objetivação", "realização", "alienação", "tornar-se estranho a si mesmo" – a fim de descrever a estrutura subjacente da relação que os seres humanos mantêm com o seu trabalho, com os produtos de seu trabalho, com a sua atividade, com os outros trabalhadores e com o dinheiro que priva os indivíduos do sentido de seu trabalho. Todas as inversões que aqui operam prefiguram a elaboração de nosso tema fundamental: o conceito de ideologia.

O que é preciso elaborar, portanto, é o rastreamento dessa mescla curiosa de uma metafísica do Universal resultante de Hegel, uma visão humanista do ser genérico herdada de Feuerbach e a verdadeira problemática marxista dos seres humanos como trabalhadores alienados em seu trabalho.

---

[13] *Filipenses*, 2.7. *Isaías*, 53.12. (N.T.)

Aula nº 3

Marx: o primeiro *Manuscrito*

No primeiro dos *Manuscritos de 1844 (Economia política e filosofia)*, vou insistir na seção intitulada "O trabalho alienado" (p. 55-70).

Como vincular os *Manuscritos* a uma pesquisa sobre a ideologia? O termo "ideologia" não aparece no texto, e o problema que virá ao primeiro plano em *A ideologia alemã* – a inteira redução à vida do trabalhador individual como contrapartida de todos os sistemas ideológicos – ainda não está elaborado. No entanto, os *Manuscritos* são duplamente importantes para a nossa pesquisa. Inicialmente, o tipo de realidade que se opõe à ideologia se torna cada vez mais específico. A evocação ideológica das entidades abstratas e transcendentes se diferencia, agora, do recurso aos indivíduos humanos enquanto seres vivos e agentes no seio das estruturas sociais. Em seguida, e isto é muito importante, os *Manuscritos* oferecem um quadro suscetível de dar conta da gênese das entidades ideológicas que se veem rejeitadas. Fornecem um modelo para a construção do conceito de ideologia, entendido como inversão da relação com as coisas, com os trabalhos e assim por diante. Como veremos, tal conceito será uma extensão do processo de inversão às esferas do direito, da política, da ética, da arte e da religião: para Marx, esses domínios constituirão precisamente as esferas da ideologia. O modelo fornecido pelos *Manuscritos* é o da inversão do trabalho humano em uma entidade outra, estranha e aparentemente transcendente: a propriedade privada ou, mais especificamente, o capital. Por conseguinte, a transformação – pela qual a essência subjetiva do trabalho (a linguagem ainda é hegeliana) se acha abolida e perdida em um poder que, aparentemente, rege a existência humana – torna-se o paradigma de todos os processos similares. Algo de humano se inverte em algo que parece exterior, superior, mais poderoso e, por vezes, sobrenatural.

Nesse conceito de inversão, que nos *Manuscritos* assumirá uma significação muito técnica, todo tipo de idas e vindas tem lugar entre o conceito feuerbachiano (analisado nos capítulos precedentes) da individualidade que se esvazia a si mesma no divino e no trabalho humano que se inverte no poder estranho do dinheiro. Tudo se passa como se cada tipo de alienação se refletisse e se reforçasse através do outro. Tal relação, nos *Manuscritos*, é mais uma analogia do que uma derivação. A orientação cada vez mais dogmática do marxismo faz que se fale de uma derivação de todas as alienações a partir de uma alienação fundamental: a alienação econômica. Mas nos *Manuscritos*, a argumentação permanece sempre analógica: nunca se trata de uma dedução sistemática, de uma redução ou de uma derivação. Por essa razão, os *Manuscritos* não falam diretamente em lugar algum de ideologia, mas por toda parte isso está em questão de modo indireto.

Desde o início da seção do primeiro *Manuscrito* intitulada "O trabalho alienado", estamos confrontados com uma dificuldade semântica: a tradução do alemão *entfremdete* com sua raiz – *fremd*: estranho, outro. *Entfremdete* é um dos termos-chave do texto. É possível distingui-los em Hegel, mas eles são sinônimos em Marx. O outro termo é *entäusserte* cuja raiz – *aüsserte* – significa "tornado exterior". Traduz-se habitualmente *entäusserte* por "alienado". *Entfremdung* e *Entäusserung*, "tornar estranho a si mesmo" e "alienação" são rigorosamente sinônimos em Marx, ao menos nesses primeiros textos. Veremos que a significação de ambos os termos se tornará muito mais clara, se forem opostos à "objetivação" (*Vergegenständlichung*) – a transformação em um objeto – que é o processo positivo que Marx quer reconquistar.

Em "O trabalho alienado" assim como em todo o primeiro *Manuscrito*, o procedimento de Marx consiste em partir daquilo que ele denomina as premissas da economia política. Ele fala das premissas (em alemão *Voraussetzungen*: pressuposições, hipóteses), ele fala daquilo que é tomado por um fato, etc. E quais são tais premissas? "O fato da propriedade privada". É preciso notar que aqui o termo alemão é muito forte: *Faktum* e não *Tatsache*, algo, portanto, bem estabelecido.

Isso quer dizer que Marx admite a validade da análise já feita pelos economistas ingleses. Ele concede a tais economistas o crédito por uma descoberta capital: a riqueza é criada não pela fertilidade do solo, como haviam pretendido os fisiocratas, mas pelo trabalho do homem. Para Marx, esse *Faktum* da economia política acarreta em particular várias consequências que Adam Smith havia identificado. Inicialmente, a agricultura agora faz parte da indústria: há um deslocamento da produtividade – ou da fertilidade – do solo para a produtividade do trabalho humano. O solo é produtivo unicamente porque o trabalho humano se relaciona com ele. Em seguida, com o aumento do lucro resultante do capital circulante, o lucro extraído da terra enquanto tal desaparece (é o que a economia clássica denominava a renda fundiária). Enfim, a terra – o solo – se torna uma forma de capital, visto que mantém, sob o título de capital móvel, circulante, a mesma relação com os lucros de seu proprietário. Diremos, por conseguinte, ou que o valor da terra enquanto tal desaparece, ou que ele é absorvido como uma instância particular do capital.

Essa transformação, Marx a designa no terceiro *Manuscrito* como a universalização da propriedade privada. Isso não quer dizer que todo o mundo se torne proprietário. Mas a propriedade privada é universalizada no sentido de que, agora, todas as modalidades diferentes de propriedade se tornam abstratas. O movimento dessa argumentação é hegeliano. A propriedade só tem valor por sua capacidade de ser trocada como capital. Assim, a propriedade fundiária perde seu estatuto particular e se torna uma parte, um aspecto da propriedade universal. Marx explicita essa transformação em uma seção do primeiro *Manuscrito* intitulada "Renda fundiária". Citemos algumas frases desse texto importante:

> A consequência final [dessa evolução], portanto, é a resolução da diferença entre capitalista e grande proprietário fundiário de maneira que, no conjunto, há apenas duas classes da população: a classe trabalhadora e a classe dos capitalistas. A comercialização da propriedade fundiária, a transformação da propriedade fundiária em mercadoria é a queda final da antiga aristocracia e o pleno triunfo da aristocracia do dinheiro (p. 50).

O resultado dessa transformação é que o trabalho aparece como a única fonte de todas as formas de propriedade. O conceito de propriedade é unificado com base na noção de trabalho.

É a conclusão mais importante. Marx encerra a seção consagrada à "renda fundiária" indicando que o velho provérbio francês: "o dinheiro não tem senhor" agora encontra a sua verdade prática, visto que "toda dominação da matéria inerte sobre os homens" se realizou. Para Marx, essa inteira "dominação da matéria inerte" é a grande descoberta da economia política inglesa. E, portanto, não resultou dele próprio.

O ponto de partida da seção consagrada ao "trabalho alienado" é que tal "dominação da matéria inerte" é tida como um fato pela economia política inglesa que, no entanto, não a compreende. Mais: tal descoberta se autodestrói. A reivindicação da economia política é que o trabalho humano, a indústria do homem, engendra por si só toda a riqueza e todo o capital. Ora, na realidade, o capital emprega e licencia o trabalho humano. Trata-se, para Marx, de uma grave contradição da economia política: ela descobriu que não há nada de sagrado na propriedade, que a propriedade não é senão trabalho acumulado, e, no entanto, a propriedade – o capital – tem o poder de empregar e de licenciar o trabalho humano. Estas duas descobertas permanecem como efeitos dispersos da análise da economia política. Mas quando associados, tais efeitos engendram uma contradição que obriga a ir mais longe do que os economistas ingleses e a questionar a significação daquilo que foi tido como um fato.

> A economia política parte do fato da propriedade privada. Não o explica. Exprime o processo *material* da propriedade privada, que descreve em geral a propriedade privada, em fórmulas gerais e abstratas, que em seguida lhe servem de *leis*. Não *compreende* tais leis, isto é, não demonstra como elas resultam da essência da propriedade privada. (p. 54).

Ao utilizar o termo "essência" (*Wesen*), Marx quer opor uma análise "essencial" a uma análise "factual". Não há nenhuma dúvida: Marx se serve do termo hegeliano *Wesen*.

A análise do processo do "vir-a-ser estranho a si mesmo" ou da alienação é a sua resposta ao silêncio da economia política inglesa face à contradição entre essas duas teorias: o trabalho como fonte da propriedade – da riqueza – e o salário como o poder do dinheiro sobre o trabalho. Marx se apropria de dois conceitos hegelianos – *Entfremdung* e *Entäusserung*, "vir-a-ser estranho a si mesmo" e "alienação" – e sustenta que precisamente ambos exprimem a inversão que nos interessa sob o título de modelo válido para todos os processos ideológicos.

> Tal fato exprime apenas isto: o objeto que o trabalho produziu, o seu produto, confronta-o como um *ser estranho*, como uma *potência*

independente do produtor. O produto do trabalho é o trabalho que se fixou em um objeto, ele é a *objetivação* [*Vergegenständlichung*] do trabalho (p. 57).

Como indicamos brevemente acima, a objetivação do trabalho se opõe à alienação do trabalho: ela é um resultado desejável. A objetivação em Marx é um conceito-chave, e tal insistência está na linhagem de Hegel. A objetivação é o processo pelo qual algo de interior se projeta no exterior e, neste sentido, torna-se real: é um motivo muito hegeliano. Quando ingresso pela primeira vez no mundo, só tenho uma vida interior. Somente quando *faço* algo é que há um trabalho, um ato, algo de público e partilhado pelos outros, de modo que me realizo ou me atualizo. Somente ao agir é que tenho verdadeiramente acesso à existência. A objetivação é o movimento dessa atualização. "A atualização do trabalho é a sua objetivação" (p. 57). É o conceito fundamental.

"No estágio da economia política", todavia (e isto significa: na esfera da economia capitalista), "tal atualização [*Verwirklichung*] do trabalho aparece, para o operário, como a *perda* [*Entwirklichung*] *de sua realidade* [...]". Nós perdemos, em português, o jogo de palavras entre *Verwirklichung* e *Entwirklichung*: seria possível dizer "realização" e "desrealização". "Perda da realidade", entretanto, é uma boa tradução. "No estágio da economia, tal atualização do trabalho aparece, para o operário, como a *perda* de sua *realidade*, a objetivação como a *perda do objeto* ou a *servidão* a este último, a apropriação como a *alienação, a desapropriação*" (p. 57). Apropriação e alienação se opõem entre si, porque a apropriação não implica tornar-se proprietário, mas tornar-se apropriado a si mesmo, que seja feito seu o que era estranho (tal é igualmente a grande oposição estabelecida por Gadamer em *Verdade e método*, uma vez admitido que se trata de um contexto inteiramente diferente. Ler um texto também é ultrapassar uma forma de alienação, uma distância cultural e apropriar-se do que era estranho). Ademais, tal distinção entre apropriação e despossessão ou alienação tem ressonâncias fortemente filosóficas. Para resumir: o processo de objetivação não é negativo. Ao contrário, é a própria significação do trabalho enquanto nós depomos nossa significação em algo de exterior.

Marx procede, aqui, exatamente à maneira de Hegel: não por diferenciação, mas por acumulação dos termos. É por isso que uma semântica extremamente rica acompanha os conceitos marxistas.

Vir-a-ser "real", "efetivo", "objetivar-se" são termos mais ou menos sinônimos. Tal procedimento cumulativo engendra igualmente um amplo leque de antônimos. Inoperante se opõe a efetivo, apropriação se opõe a estranho, reapropriação a despossessão, etc.

O que a análise extrai é que a inversão (tida como um "fato" pela economia política) é, na realidade, a perda da essência do homem. O que deveria ser a objetivação – a essência – do trabalho humano aparece, no lugar disso, na economia política, como a perda – a despossessão – de sua realização. Se não se passa por tal análise da alienação, os "fatos" de que parte a economia política permanecem desprovidos de sentido. Poderíamos dizer, tomando muitas precauções, que a análise de Marx é uma hermenêutica da economia política. É uma hermenêutica crítica, visto que a economia política dissimula a alienação originária do processo de trabalho. *"A economia política esconde a alienação na essência do trabalho devido ao fato de que ela não considera a relação direta entre o operário* [o trabalho] *e a produção"* (p. 59).

Marx estende ainda o campo de sua análise, ao comparar o que sobrevém na alienação com aquilo que se produz na religião. Ele se serve da religião como de uma metáfora. Marx não pretende que aquilo que acontece na religião proceda daquilo que acontece no trabalho; diz somente que os dois andamentos são paralelos: "O mesmo se passa na religião. Quanto mais o homem atribui a Deus, tanto menos guarda para si mesmo [trata-se de uma proposição muito feuerbachiana]. O operário põe a sua vida no objeto. Agora, porém, ela já não lhe pertence, mas pertence ao objeto" (p. 58). Na religião e no trabalho, os processos de alienação são paralelos: têm em comum a imagem da despossessão, quer se trate de uma despossessão no divino ou no capital.

Marx dá prosseguimento a esse paralelo de diversas maneiras ao longo dos *Manuscritos*. No terceiro *Manuscrito* há um exemplo impressionante: quando Marx fala de Adam Smith, o *Lutero da economia política* (p. 80). Marx faz de Lutero aquele que interiorizou a obediência exterior requerida pela Igreja católica (é assim que então se percebia o catolicismo). Marx prossegue dizendo que Lutero realizou tal transformação sem abolir o fardo da transcendência, o fardo da existência sob o reino do poder transcendente. Esse fardo é simplesmente transferido: de um apelo à obediência externa a um apelo à obediência interna. Assim também, indica Marx, Adam Smith descobriu a essência subjetiva do capital: as engrenagens do capital são interiorizadas no processo de trabalho. Os fardos dessa nova transcendência permanecem em poder do capital. A argumentação de Marx é muito forte: em ambos os casos, temos de nos haver com o movimento de uma transcendência que se interioriza.

Voltaremos mais adiante a esse exemplo de Lutero e de Adam Smith. Agora eu gostaria de insistir em um ponto metodológico. Neste momento de sua obra, Marx não pretende que a alienação religiosa derive da alienação econômica; os efeitos recíprocos dizem respeito à analogia, e não é necessário impelir a interpretação mais adiante. Faríamos bem ao encarar a degradação e a perversão que a alienação constitui através de uma estrutura analógica, bem mais do que através de uma estrutura de derivação. A teoria da derivação constitui aparentemente uma argumentação mais forte, mas ela também é mais fácil de refutar. Por outro lado, o recurso à analogia é um bom instrumento de autocrítica. Observações análogas poderiam ser aplicadas a outros pensadores, por exemplo, Freud. Quando Freud sustenta que a religião é um tipo de neurose privada e que a neurose é uma religião pública, ali também estamos em presença de uma analogia muito poderosa, mas ela não deve ser levada mais adiante no sentido da identidade. A analogia é, de si mesma, mais expressiva.

Voltemos às duas últimas páginas da seção intitulada "Trabalho alienado", com as quais termina o primeiro *Manuscrito*: Marx não acrescenta nada ao conceito geral de alienação, mas o articula em várias figuras. A trama conjunta do conceito de alienação já foi desenhada, e Marx procede agora à maneira de Hegel na *Fenomenologia do espírito*: ele analisa uma figura, uma forma, construindo os seus diferentes "momentos". Marx articula tal progressão no seio do conceito de alienação, em quatro momentos. Eu não vou desenvolver cada um deles nas mesmas proporções, mas somente na medida em que se relacionam com a construção de um paradigma que se revela operatório para o conceito de ideologia. A esse respeito, os momentos mais significativos são o terceiro e o quarto.

A primeira forma de alienação reside na relação do homem com o seu próprio trabalho. A alienação dos produtos do trabalhador é o modelo que vale para a descrição do conceito de alienação em geral. O segundo aspecto é a alienação no seio do ato de produção, na própria atividade produtiva. Reencontrando aqui a Hegel em sua aptidão para inverter as fórmulas, Marx resume essas duas primeiras formas de alienação no seguinte jogo de palavras: elas representam respectivamente "a alienação da atividade" e "a atividade da alienação", *Entäusserung der Tätigkeit* e *Tätigkeit der Entäusserung*:

> Logo, se o produto do trabalho é a alienação, a própria produção deve ser a alienação em ato, a alienação da atividade, a atividade da alienação. A alienação do objeto do trabalho é apenas o resumo da alienação [da despossessão], na própria atividade do trabalho (p. 60).

A alienação do trabalho significa que o trabalho é exterior ao operário; não é trabalho voluntário, mas trabalho coagido ou forçado. A analogia com a religião é novamente explicitada:

> Assim como na religião a atividade própria da imaginação humana, do cérebro e do coração humanos, age sobre o indivíduo independentemente dele [...], da mesma maneira a atividade do operário não é a sua atividade própria. Pertence a outro, ela é a perda de si mesmo (p. 60).

Insisto novamente sobre o termo "imaginação". Aqui, não é *Einbildung*, mas *Phantasie*: em outros termos, a imaginação como fantasia, mais do que como ficção.

O humanismo do jovem Marx, rejeitado pelos estruturalistas (como veremos nas aulas seguintes), aparece muito claramente nesta passagem. Tal descrição não faz nenhum sentido se não for o indivíduo – em sua atividade própria – que se acha afetado, ferido e destruído pela alienação. Ao menos nesse estágio de seus escritos, Marx reivindica um papel fundamental para a atividade própria do indivíduo.

A terceira forma de alienação, não obstante, é mais importante para o nosso objeto do que as duas primeiras figuras. Este momento é o mais revelador para o nosso desígnio inicial: a identificação da base real da qual as ideologias são subtraídas por meio de um processo transcendente. Esta terceira forma vai da alienação no produto e na atividade à alienação da própria humanidade do trabalhador. O trabalhador é afetado e atingido em seu ser genérico (*Gattungswesen*). É preciso insistir novamente na importância desse conceito em Feuerbach. Ele nunca pretendeu que cada ser humano se encaminha rumo ao divino: mas há algo na humanidade – considerada como um todo que porta os predicados do divino. O ser genérico é, portanto, um ser coletivo, e esse ser coletivo tem todos os atributos da universalidade, da infinidade, etc. Uma vez que isso foi tornado preciso, é menos absurdo sustentar que a humanidade inventa os deuses, visto que, de fato, trata-se de uma espécie de deus humano ou de homem divino. Se Feuerbach pode afirmar que a humanidade produz os deuses, é porque ele artificialmente elevou o ser genérico da humanidade à altura dos deuses, e isso não constitui um avanço teórico em nossa compreensão da religião. Como quer que seja, Marx conserva o conceito de ser genérico nos *Manuscritos*. É possível que sua intenção tenha sido reforçar o alcance do conceito de alienação, mas é também, sem dúvida alguma, para conduzir a alienação à altura daquilo que Marx precisamente denominava a *essência*. Tal é a intenção de Marx: ir do fato da economia à *essência* da alienação. Para Marx, a influência da alienação sobre a essência do homem é crucial.

É nestes termos que Marx caracteriza o terceiro aspecto do trabalho alienado:

> O homem é um ser genérico. Não somente porque, no plano prático e teórico, ele faz do gênero [...] seu objeto [...], mas também [...] porque ele se comporta perante si próprio como o atual gênero vivo, como perante um ser *universal*, portanto, livre (p. 61).

A primeira parte da citação é feuerbachiana. Os seres humanos são seres genéricos, não somente porque encaram ou consideram o que é essencial, mas porque eles *são* essenciais. A identidade da essência e da existência no ser genérico é um dos problemas persistentes da leitura de Feuerbach. A essa inflexão feuerbachiana sucede, na última parte do fragmento, um motivo hegeliano. A liberdade humana não advém pela simples afirmação da individualidade, mas no momento em que essa afirmação foi transposta na esfera da universalidade. Antes dessa transposição, a afirmação diz respeito ao arbítrio. A liberdade deve atravessar todos os estágios da universalização. Tal é a tradição da autonomia na filosofia alemã: a afirmação de si no universal. É tal capacidade de ser o universal que é atingida pela alienação. "O trabalho alienado torna estranho ao homem *o gênero*" (p. 62). Marx, em seus textos ulteriores, vai transplantar o conceito de divisão do trabalho para a dispersão do ser genérico. Se eu reajo como trabalhador, como um indivíduo na cidade ou como um indivíduo no país, eu não sou mais um universal. A divisão do trabalho se tornará, em Marx, um elemento dramático em razão de sua relação com o conceito central de ser genérico.

Várias consequências importantes procedem do fato de que os seres humanos são seres genéricos, e tais influências feuerbachianas vão aflorar até mesmo ao longo d'*O capital*. A primeira consequência é a fronteira que separa o animal do homem. Marx sempre sublinha fortemente a diferença. Em *O capital*, dirá, por exemplo, que as abelhas sempre constroem a sua colmeia da mesma maneira: é a razão pela qual a sua atividade não é um trabalho. Somente os seres humanos trabalham. Para Marx, essa diferença permanece uma linha de clivagem fundamental entre a vida animal e a vida humana. A distinção procede, segundo ele, do fato de que os seres humanos não fazem somente conceber o universal: eles têm uma vocação para serem universais, e isso lhes dá certa distância perante as suas necessidades. A consciência do homem é superior simplesmente pelo fato de estar advertido, de estar atento: por sua capacidade fundamental de reflexão, a consciência é identificada ao ser vivo. Nos *Manuscritos*, Marx chegará a afirmar:

> Assim como as plantas, os animais, os minerais, o ar, a luz, etc. constituem, do ponto de vista teórico, uma parte da consciência humana [isto é: o idealismo subjetivo], enquanto objetos da ciência natural e da arte – são a natureza intelectual inorgânica [novamente, expressão fortemente idealista] do homem, os seus meios de subsistência intelectuais, que o homem deve primeiro preparar para deles usufruir e digerir – assim também do ponto de vista prático, constituem uma parte da vida humana e da atividade humana (p. 62).

A capacidade dos seres humanos para submeter a natureza às suas próprias necessidades procede da superioridade "espiritual" dos seres humanos sobre a natureza.

Tal diferença entre a vida humana e a vida animal, entretanto, não é a repercussão mais significativa do fato de que os seres humanos são seres genéricos, essa essência universal. A consequência mais decisiva é a capacidade dos seres humanos para produzir a si mesmos pelo processo de objetivação.

> A vida produtiva, porém, é a vida genérica. É a vida engendrando a vida. O modo de atividade vital encerra todo o caráter de uma espécie, o seu caráter genérico; e a atividade livre, consciente, é o caráter genérico do homem. A vida revela-se simplesmente como *meio de subsistência* (p. 62).

Logo, os seres humanos trabalham não para se alimentar, mas para se tornarem seres genéricos.

> Pela produção prática de um *mundo objetivo*, a *elaboração* da natureza inorgânica, o homem se confirma enquanto ser genérico consciente, isto é, enquanto ser que se comporta perante o gênero como perante a sua própria essência, ou, perante si mesmo, como ser genérico (p. 63).

> É precisamente no fato de elaborar o mundo objetivo que o homem começa, portanto, a confirmar-se realmente como *ser genérico*. Tal produção é a sua vida genérica ativa. Graças a essa produção, a natureza aparece como *sua* obra e sua realidade. O objeto do trabalho é, portanto, a *objetivação da vida genérica do homem* [...] (p. 64).

Superpõem-se o conceito de objetivação e a ideia segundo a qual a vida engendra a vida. A humanidade produz a si mesma ao objetivar-se. Uma vez mais, isto é muito hegeliano, visto que é apenas no fato, apenas na ação, que advém a autoafirmação da humanidade.

Porque a humanidade tem vocação para autocriar-se, autoafirmar-se, o fato da alienação constitui um começo tão profundo. Estar submetido ao poder de outrem é o contrário de criar-se a si mesmo. A alienação é fundamentalmente a inversão da capacidade humana para criar objetivando. O ser genérico da humanidade é o depositário da identidade entre objetivação e criação de si.

Na alienação, tal ser essencial é transformado: ele se torna um puro e simples meio de existência, no sentido da sobrevida. O que outrora era o meio de autoafirmação se torna o seu "fim": a existência física.

> Logo, enquanto o trabalho alienado subtrai ao homem o objeto de sua produção, subtrai igualmente sua *vida genérica*, sua verdadeira objetividade genérica, e ele transforma em desvantagem a vantagem que o homem tem sobre o animal, porquanto lhe é arrebatado o seu corpo inorgânico, a natureza (p. 64).

A estas três primeiras etapas da alienação no produto, da alienação na produção e da alienação no coração do ser genérico, sucede a quarta e última dimensão da alienação: a alienação do homem tornado estranho ao homem, a alienação ao nível da intersubjetividade. Tal dimensão é importante porque confere ao conceito de ser genérico uma inflexão muito mais concreta. A descrição desse aspecto da alienação nos fornece a transição ao terceiro *Manuscrito*. Não há nenhum hiato entre a terceira e a quarta etapa da alienação porque, para Feuerbach, o conceito de *Gattungswesen* já tem esse aspecto relacional. O *Gattungswesen* é o ser humano para o ser humano. Tal orientação rumo ao outro representa, em cada um de nós, nosso pertencimento ao gênero humano. Sou uma parte do gênero humano na medida em que reconheço no outro a mesma humanidade.

> De modo geral [*überhaupt*], a proposição que o ser genérico do homem é estranho ao homem significa que um homem é estranho ao outro, e que cada um deles é igualmente estranho à essência humana.
> A alienação do homem, e em geral toda relação em que o homem se encontra consigo mesmo, atualiza-se e exprime-se apenas na relação em que o homem se encontra com os outros homens (p. 65).

Por que Marx escreve *überhaupt:* "em geral"? A questão é a de saber por que a alienação é "em geral". A atenção dedicada a esse problema fornece a Marx a transição fundamental para a questão: qual a vantagem, qual o interesse da alienação? Até agora, encaramos em relação *a que* os homens se encontraram estranhos – a natureza, etc. Mas se a dimensão intersubjetiva se introduz, então devemos nos perguntar: *em proveito de quem* estamos alienados? "Se o produto do trabalho me é estranho e se contrapõe a mim como poder estranho, a quem pertencerá então? (p. 65)". Esta questão constitui uma charneira decisiva; o problema do salário, da relação entre o capital e o salário, está implicado na questão: alienação para quem? Os dois elementos da contradição da economia política – o trabalho está na fonte de toda propriedade e, no entanto, ele está locado sob a forma salário – são precisamente postos em relação pela resposta a essa questão. Devemos compreender que a alienação é, enquanto tal, um processo intersubjetivo, a fim de reconhecer que, na alienação, o poder de um é transferido, é abandonado ao outro.

Tal modificação em nossa compreensão da alienação é um passo decisivo para a dissolução do prestígio da propriedade privada. A propriedade é algo que aparentemente tem poder sobre os seres humanos. A inversão operada por Marx estabelece que a propriedade privada é de fato o poder de uma pessoa sobre outra. Não somente o trabalho como também o capital se acham totalmente reduzidos à sua dimensão humana. Marx desvela as duas faces daquilo que foi dissimulado: ao mesmo tempo, do lado do trabalhador e do lado daquele que goza os frutos do trabalho. Poderíamos dizer que Marx tenta instalar a relação capital/trabalho no interior da estrutura hegeliana da relação senhor/escravo. A relação econômica entre o dinheiro e o salário (ou entre a propriedade e o salário) é aparentemente uma relação entre coisas ou – como sustentam certos marxistas contemporâneos – entre "processos" e "estruturas". Para o jovem Marx, entretanto, tais enigmas aparentemente "objetivos" devem ser reduzidos a processos subjetivos. A alusão à relação senhor/escravo é significativa, porque o senhor e o escravo não têm a mesma relação com as coisas. O escravo dá forma à coisa, ao passo que o senhor usufrui disso. É exatamente essa relação que vem à luz do dia em nosso texto: "Se a sua atividade é para ele um tormento, ela tem de ser o *gozo* de outro e o prazer para outro. Só o homem, e não os deuses ou a natureza, é que pode ser esse poder estranho sobre o homem" (p. 66).

Tudo, portanto, está doravante contido na relação entre uma pessoa e outra. Todo o mistério da relação entre o salário e o capital é posto a nu. Marx termina a sua análise conduzindo à *prática* a totalidade do processo que aparece como o trabalho dos seres humanos, inclusive a sua alienação. Mesmo a alienação do homem deve aparecer como uma atividade do homem. "O próprio meio graças ao qual opera a alienação é um meio prático" (p. 66). O conceito de "prático" se estende até englobar não apenas simples ações, mas a formação de todo o processo de objetivação e de alienação. Marx insiste no fato de que podemos transformar algo que é o nosso trabalho, porque, se se tratasse de um dado ou de uma lei da natureza, de uma lei que nos escapa, então a própria perspectiva da revolução estaria completamente desprovida de sentido. Mas se a própria alienação é obra nossa, então o mesmo se passa com a sua supressão: tal será o objeto do terceiro *Manuscrito*.

Em sentido quase fichtiano, Marx identifica a prática com um ato criador. A alienação se torna o meio através do qual nós criamos sem reconhecer que criamos. O que realizamos através da alienação é para nós mesmos algo obscuro: por isso devemos desvelá-lo. Devemos, diz Marx, trazer à luz do dia o ato criador e a dissimulação que é a própria economia política:

> Pelo trabalho alienado, portanto, o homem não engendra somente a sua relação com o objeto e com o ato de produção enquanto poderes estranhos e que lhe são hostis [são estes os três termos da alienação];

> ele *engendra* também a relação na qual outros homens estão perante a sua produção e o seu produto e a relação na qual ele está com esses outros homens. Do mesmo modo que ele *faz* de sua própria produção a sua própria privação de realidade, a sua punição, e de seu próprio produto uma perda, um produto que não lhe pertence, assim também ele *cria* a dominação daquele que não produz sobre a produção e sobre o produto. Assim como ele torna estranha a sua própria atividade, assim também ele atribui propriamente ao estranho a atividade que não lhe é própria (p. 66; grifos nossos).

O uso que Marx faz do conceito de criação é muito importante porque ele abre para o conceito de produção um campo muito mais amplo que o da economia política. Eu às vezes me pergunto se a redução dogmática (operada pelo marxismo ortodoxo) de toda coisa à produção não procede de uma lacuna: como se não fosse sabido ou como se fosse ignorado que, ao menos para o jovem Marx, o conceito de produção é determinado pela criação, e não o inverso. É porque os seres humanos criam a sua vida e as condições de sua vida que eles produzem. O conceito de produção não tem aqui, no início, uma significação econômica. O que certas correntes do marxismo – os que mais se opõem a tal redução – denominaram "economicismo" provêm desse nivelamento, desse achatamento do conceito de produção. No entanto, é preciso guardar na memória que em sua origem – em Hegel e em Feuerbach – o conceito de produção guarda uma acepção mais ampla. A separação que mais tarde será operada pelo uso marxista da palavra "produção" não é muito feliz. Por vezes, a produção será oposta ao consumo – e tratar-se-á, então, de um processo estritamente econômico. Por vezes, em outras ocorrências, a produção será oposta à alienação, e terá então uma significação mais extensa. Tal oscilação entre os dois usos da palavra "produção" será uma aventura dramática no seio do marxismo. Essa é uma das razões pelas quais o retorno ao jovem Marx tem um alcance considerável.

Marx dá acabamento à argumentação da seção intitulada "Trabalho alienado" e de todo o primeiro *Manuscrito* escrevendo: "A *propriedade privada* resulta, portanto, por sua análise do conceito de *trabalho alienado* [...]" (p. 67). Ele recapitula assim o seu procedimento: "Assim como, do conceito de *trabalho alienado, tornado estranho,* extraímos analiticamente o conceito de *propriedade privada*, assim também, com o auxílio desses dois fatores, pode-se expor todas as *categorias* da economia [...]" (p. 68). Porque o conceito de propriedade privada foi obtido "por análise", pode-se dizer que o que aparecia como um ponto de partida, como um "fato" da economia política, tornou-se agora o resultado da análise. "Nós obtivemos o conceito de *trabalho alienado* [...] da economia política como o resultado do *movimento da propriedade privada*" (p. 67). O que era um fato aparece agora como um resultado: "Da análise do conceito [de trabalho alienado], resulta que, se a propriedade privada aparece como a razão, a causa do trabalho alienado, ela é, antes, uma consequência dele, assim como os deuses, *na origem*, não são a causa, mas o efeito da aberração do entendimento humano" (p. 67). A um fato estático, Marx opõe um processo dinâmico, o processo de alienação, e o fato estático é determinado como sendo o resultado fixo desse processo dinâmico. Na realidade, a alienação é a fonte, a causa, o fundamento da propriedade privada: não à maneira de uma causa positivista, mas como a significação fundamental que rege o fato. A relação entre a significação e o fato é predominante: "Admitimos como um fato a *alienação do trabalho, sua despossessão*, e analisamos esse fato" (p. 68). Um mistério, um enigma se acha dissolvido pela redução da origem ao estatuto de efeito. É o modelo de toda *Ideologiekritik*.

Esta conclusão possui grande força. Marx estabelece que o fato da propriedade privada, a dominação da matéria inerte – o capital – sobre os seres humanos é na realidade o produto de uma alienação da essência humana, do ser genérico do homem. O primeiro *Manuscrito* delimita as diferentes formas de alienação e demonstra – o que é muito importante – que no fundo a alienação é um resultado da própria atividade humana. No terceiro *Manuscrito*, Marx não se contenta em reafirmar o modelo da inversão, da reversão: ele também estende esse modelo ao propor uma abordagem muito mais precisa da gênese das entidades ideológicas, isto é, analisando mais profundamente a base real de onde são abstraídas as ideologias.

A despeito dessas visadas muito poderosas, Marx exprime, no entanto, no momento derradeiro do primeiro *Manuscrito*, certa insatisfação quanto a seus resultados. A questão "como?" – como é possível que os homens alienem o seu trabalho? – não está resolvida pela análise do "fato" da economia política. Marx decide que é preciso deslocar a atenção de sua análise da essência do homem para a questão da história. Essa transição introduz não somente o terceiro *Manuscrito*, mas também *A ideologia alemã*. Marx constata que deve perseguir as implicações de sua descoberta: a alienação é um *movimento*, um movimento da propriedade privada. O problema consiste em transformar um conceito – a essência – em uma força histórica. Para Hegel, o conceito não era estático, mas dinâmico. Em Hegel, todavia, sempre é difícil religar o que advém no campo das formas, das figuras, a exemplos históricos. Há um hiato entre os exemplos e o conceito, o trabalho do conceito. Em sua própria maneira de suscitar a questão do histórico, é possível que Marx tenha desejado dar provas de prudência, a fim de não ser apanhado na cilada dessa mesma dificuldade. É por isso que o primeiro *Manuscrito* termina com as considerações seguintes.

> Admitimos como um fato a *alienação do trabalho, sua despossessão*, e analisamos esse fato. Como será possível – perguntamos agora – que *o homem aliene o seu trabalho* [que o torne estranho]? Como é que tal alienação se funda na essência do desenvolvimento humano? Já demos um grande passo para a solução do problema ao *transformar* a questão da *origem da propriedade privada* na questão acerca da relação entre o *trabalho alienado* e a marcha do desenvolvimento da humanidade. Pois, ao falar-se da *propriedade privada*, há quem pense ocupar-se de algo exterior ao homem. Mas, quando se fala do trabalho, havemo-nos diretamente com o próprio homem. Esta nova maneira de colocar o problema contém já a sua solução (p. 69).

Infelizmente, o manuscrito está inacabado e se interrompe mais ou menos nessa passagem; doravante, porém, o problema reside na necessidade da passagem de uma análise essencial a uma análise histórica.

Aula nº 4

Marx: o terceiro *Manuscrito*

Nesta aula vou me ater ao terceiro *Manuscrito de 1844*, deixando de lado o segundo *Manuscrito*, do qual grande parte se perdeu: somente algumas páginas chegaram até nós. E, com essa análise, daremos acabamento à apresentação dos *Manuscritos* em seu conjunto.

A especificidade do terceiro *Manuscrito* relativamente ao primeiro é devida muito mais ao método do que ao conteúdo. O terceiro *Manuscrito* não acrescenta nada de importante ao conceito de alienação enquanto tal. A alienação permanece a inversão dos diversos modos de objetivação. Nesse texto Marx concede novamente o seu assentimento às visadas da economia política inglesa, concernentes à inteira redução de toda propriedade (em particular da propriedade fundiária) ao capital. Neste último estágio, a estrutura da propriedade se manifesta em sua relação com o dinheiro, e não com a própria terra. A economia política inglesa não somente reduziu inteiramente toda propriedade ao capital, mas também operou a inteira redução do capital ao trabalho e, portanto, a um fator subjetivo. Nas primeiras linhas do terceiro *Manuscrito*, esta última redução é enunciada como redução à "essência subjetiva": "A *essência subjetiva* da propriedade privada, a propriedade privada, como atividade sendo para si, como *sujeito*, como *pessoa*, é o trabalho" (p. 79). O trabalho é o único princípio da riqueza. É um resumo do que já foi posto pelo primeiro *Manuscrito*. A linguagem é inteiramente hegeliana: a interiorização de algo exterior – no caso, a representação da essência subjetiva da propriedade privada – é um procedimento tipicamente hegeliano.

Marx enuncia ainda de outra maneira o papel da "essência subjetiva": afirma que a economia política se apoderou da indústria moderna e "fez disso uma potência da *consciência*". O termo "consciência" não deve ser aqui tomado no sentido que hoje lhe damos, isto é, "ter consciência de", "saber", "não ignorar".[14] A "consciência" assume aqui o sentido mais marcado que lhe confere a filosofia alemã: ela é o centro, a referência de toda existência. A ênfase filosófica é muito forte. Tal insistência na "potência da *consciência*" marca precisamente a diferença entre os *Manuscritos* e *A ideologia alemã*. Neste último texto, a função da consciência como referente último da análise será substituída pela noção de indivíduo real e vivo, indivíduo trabalhador e oprimido. O conceito de consciência será precisamente situado ao lado da ideologia: ele se tornará um dos conceitos que dizem respeito à esfera da ideologia. Todavia, nos *Manuscritos*, a consciência ainda é a instância à qual se reduz a ideologia. Enquanto em *A ideologia alemã* a consciência será reduzida, por sua vez, a algo de mais originário, mais radical: o indivíduo real e vivo. O indivíduo tomará o lugar da consciência.

A comparação feita por Marx no terceiro *Manuscrito* entre Adam Smith e Lutero é um comentário dessa redução à consciência. Assim como Lutero é tido por quem interiorizou a alienação religiosa, assim também Adam Smith interiorizou o poder da propriedade como sendo, de fato, o do trabalho. Mas Adam Smith não conseguiu, segundo Marx, dar conta do fato de que esse poder do trabalho humano foi alienado.

> [O ser humano] não se encontra em uma situação de tensão exterior com a natureza externa da propriedade privada, mas tornou-se ele próprio o ser liberto dessa essência tensa da propriedade privada. O que antes era *ser-exterior-a-si*, a exterioridade real do homem, transformou-se agora em simples ato de objetivação, de autoalienação (p. 80).

Trata-se novamente de um resumo do primeiro *Manuscrito*. Outra expressão análoga, utilizada por Marx, é que o homem como "essência" se tornou "inessencial". O alemão, aqui, é muito mais forte na oposição entre *Wesen* e *Unwesen*. A alienação do processo de trabalho faz do homem, como essência, algo de inessencial.

O terceiro *Manuscrito* não traz, portanto, nada de novo ao *conceito* de alienação; no entanto, tem grande importância, e isso por várias razões.

---

[14] Ricœur explicita essa distinção a partir dos termos ingleses *consciousness* e *awareness*, ao passo que o francês só dispõe do termo *consciência*. (Nota da tradução francesa).

De início, confere uma dimensão histórica a um conceito que, no primeiro *Manuscrito*, ainda permanecia abstrato e a-histórico. A exposição da história da propriedade e, por conseguinte, da história da divisão do trabalho confere um caráter histórico à própria alienação. A alienação deixa aos poucos de ser um conceito: ela se torna um processo. O manuscrito trata da evolução da renda fundiária em propriedade abstrata, da redução da agricultura em indústria. "Toda riqueza se transformou em riqueza *industrial*, em riqueza do *trabalho*, e a indústria é o trabalho acabado, como o *regime da fábrica* é a essência [...] da *indústria*" (p. 83). A linguagem da essência perdura, mesmo tendo se tornado mais histórica. Como indiquei, o conceito hegeliano de "essência" mostra como uma essência pode ser histórica. Para Hegel, a essência não é estática, mas é antes o germe de uma evolução. A linguagem da essência e a linguagem do desenvolvimento histórico, ambas podem ser mantidas, visto que a própria essência é o germe de um desenvolvimento histórico. Logo, para Marx, "a indústria é o trabalho acabado, como o *regime da fábrica* é a essência desenvolvida da *indústria*, isto é, do trabalho, e o *capital industrial* é a forma objetiva acabada da propriedade privada" (p. 83).

Marx não insiste somente na essência, mas na essência "desenvolvida", donde a possibilidade de outra comparação com Hegel. Como mostrou Emil Fackenheim em *The Religious Dimension in Hegel's Thought*, Hegel pensava que podia filosofar porque certo número de acontecimentos históricos fundamentais teve lugar: o Iluminismo, o protestantismo liberal, a emergência do Estado liberal. Assim também, Marx tem a convicção de que outro momento da história chegou a seu termo. Com o regime da fábrica inglês, a essência da indústria se achou "desenvolvida". A significação de um acontecimento se torna clara, e é possível fazer sua teoria quando foi levado à sua forma acabada na história. Tal insistência de Marx nos permite compreender as notas metodológicas que se seguem e que marcam de modo igualmente significativo a passagem de uma abordagem hegeliana a uma abordagem especificamente marxista: "Vemos como, nesse estágio, a propriedade privada pode dar acabamento à sua dominação sobre o homem e tornar-se, sob sua forma mais universal, uma potência histórica mundial" (p. 83). Exatamente como no sistema de Hegel, apenas quando uma forma chegou a seu desenvolvimento é que podemos falar de sua essência. A essência recolhe o movimento que vai da forma incoativa à forma chegada à maturidade.

Tal é a resposta de Marx à questão que ficou sem resposta no primeiro *Manuscrito*: "Admitimos como um fato a *alienação do trabalho* [...]. Como será possível – perguntamos agora – que *o homem aliene o seu trabalho* [que o torne estranho]?" (p. 68). A resposta é que uma essência – a da indústria – se desenvolve historicamente.

Em seguida, o terceiro *Manuscrito* – e este, para nós, é o ponto mais interessante – introduz uma abordagem visando suprimir a contradição própria à alienação. Poderíamos dizer (e isso igualmente é muito hegeliano) que compreendemos uma contradição quando ela está em vias de ser superada. Nós a consideramos do ponto de vista de sua superação. A *Lógica* de Hegel, por exemplo, começa pelos conceitos de Ser, de Não-ser e de Vir-a-ser: somente por causa do conceito de Vir-a-ser é que o casal Ser/Não-ser se torna uma contradição fecunda e não somente uma oposição morta. O olhar retrospectivo nasce do processo pelo qual a própria contradição é suprimida. Tal perspectiva modifica decisivamente a abordagem dos problemas que era a do primeiro *Manuscrito*. Este partia dos "fatos" – os fatos extraídos pela economia política inglesa – e os analisava a fim de extrair a sua essência. A análise era regressiva: remontava do fato à essência, mas sempre internamente, sempre com base em "fatos". Já no terceiro *Manuscrito* a abordagem vai do movimento de superação, de abolição, até a própria contradição. "A supressão da autoalienação", diz o texto do terceiro *Manuscrito*, "segue a mesma via que autoalienação" (p. 84). Porque "seguem a mesma via", podemos ler o sentido da alienação no sentido de sua supressão.

No terceiro *Manuscrito*, portanto, Marx reformula o conceito hegeliano de *Aufhebung* com relação à autoalienação. Não há tradução inteiramente adequada para o termo alemão. Em Hegel, *Aufhebung* quer dizer a superação de uma contradição, mas uma superação, uma supressão, que conserva a significação positiva do primeiro momento. Em sua superação, o primeiro momento vem a ser o que ele é. Logo, a *Aufhebung* suprime e ao mesmo tempo conserva a força da contradição no próprio interior da resolução que supera o primeiro momento. O conceito hegeliano é muito complexo. Nos *Manuscritos*, ao contrário, não há nenhuma dúvida: *Aufhebung* quer dizer simplesmente abolição. De Hegel a Marx, o sentido da *Aufhebung* se reduz até significar abolição e, mais especificamente, abolição prática. Em Marx, o papel da *Aufhebung* como conservação desaparece e é substituído por uma ênfase na *Aufhebung* unicamente como supressão. Por esta razão, nos *Manuscritos*, a tradução mais adequada é supressão.

No terceiro *Manuscrito*, o comunismo será o nome dado à *Aufhebung* (a superação, a abolição) da autoalienação. A palavra "comunismo" ainda não tem o sentido especificamente político e organizacional que assumirá ulteriormente. Nesse momento, a palavra designa de maneira bastante vaga o estágio da história em que a contradição terá desaparecido. Seria incongruente, portanto, pensar que o comunismo representa aqui algo como a União Soviética. Devemos esquecer completamente que, agora, em algum lugar, há um país dito "comunista". Tal distinção é muito importante para nossa relação com Marx em geral. Não que nossa relação com Marx deva ser neutra, mas não tem de ser polêmica, assim como nossa relação com outros pensadores, tais como Freud, Nietzsche, etc.

Como então essa *Aufhebung*, supressão da autoalienação, advém? Marx diz – eu já o citei: "A supressão da autoalienação segue a mesma via que a autoalienação" (p. 84). Dizer que ela "segue a mesma via" implica que o processo de superação avançará por etapas: das resoluções parciais à resolução total. Assim como a via da alienação ia de uma fase parcial – a relação do operário agrícola com o proprietário de terras – a uma fase total – a relação do trabalhador com o capital abstrato, universal –, assim também a superação da alienação irá de uma superação parcial, dispersa, a uma superação abstrata, universal. Marx desenvolverá esses diversos aspectos da superação como ele havia analisado as formas da alienação.

Porque o processo da *Aufhebung* deve ir de uma superação parcial a uma superação total, compreende-se melhor a severidade de Marx e os seus ataques – sob muitos aspectos, surpreendentes – contra aquilo que ele denomina o comunismo "grosseiro". Ele fala de um "comunismo ainda muito grosseiro e muito irrefletido" (p. 85). A condenação é brutal porque, segundo Marx, uma ruptura parcial com o sistema – por exemplo, um retorno à natureza ou à relação anterior com a terra – não saberia identificar plenamente as consequências da abstração do trabalho e não poderia, portanto, elevar a libertação ao mesmo grau que a alienação. Responder a uma alienação abstrata com uma libertação concreta não é uma solução. A solução deve se ater ao nível do problema. (Seria interessante comparar o Marx com aqueles que, nos Estados Unidos e na Europa, sustentam que, a fim de encontrar uma saída para o sistema industrial, devemos precisamente sair do dito sistema). Para Marx, devemos impelir o sistema industrial até as suas últimas consequências a fim de chegar a uma solução apropriada à doença. A nostalgia romântica de um estágio anterior do trabalho é, portanto, despropositada. O artesão que realizava um trabalho inteiro não controlava o mercado: o valor do trabalho era determinado por outro alguém. Se Marx condena com tanta severidade o comunismo "grosseiro", é porque a relação com a propriedade sob a forma da "inveja" e da "sede de riqueza" (p. 85) – termos, a meu ver, injustos – não foi subvertido.

A posição de Marx implica, sem dúvida alguma, a questão do *Gattungswesen* da humanidade, de seu ser genérico. Para Marx, a manutenção do ser genérico da humanidade acarreta necessariamente, como se viu, uma oposição marcada entre o homem e o animal, entre a cultura e a natureza. Se a ruptura com a propriedade não preserva tal dicotomia – ao operar, por exemplo, um retorno à natureza que obscureceria a diferença entre o ser humano e o animal –, então a solução é, de fato, uma regressão. A anulação da propriedade privada pela propriedade privada universal é uma negação abstrata do mundo da cultura. Mesmo se a igualdade de salário for paga pelo capital coletivo, a comunidade em seu conjunto se torna o "capitalismo universal" (p. 86). Por "capitalismo universal", Marx quer dizer que somente a relação de alienação se acha universalizada: cada um se torna alienado, e não unicamente a classe operária. Seria mais judicioso, de fato, qualificar essa universalização de ideológica. Marx escreve: "Os dois aspectos da relação [o trabalho e o capital] são elevados a uma generalidade figurada [...]". O termo alemão que se traduz por "figurada" é *vorgestellte*: portanto, a universalização só advém na representação. Para Marx, tal solução é uma solução imaginária.

Para pôr à prova sua argumentação, Marx toma o exemplo da relação entre o homem e a mulher. Tal relação é exemplar porque se situa na fronteira da natureza e da cultura. Nesse tipo de relação, é capital manter a distinção entre natureza e cultura visto que não se trata de um dado. A questão é uma reminiscência hegeliana: Hegel diz, com efeito, que a relação entre o homem e a mulher é o acesso "natural" à vida em comunidade. A sexualidade imediata pertence simultaneamente à natureza e, através do sistema de dominação, à cultura. Se lermos Marx com os olhos de Lévi-Strauss, a relação entre o homem e mulher é muito impressionante porque se trata de uma relação genérica natural que deve, ao mesmo tempo, permanecer a relação genérica do ser humano. Marx recua com horror diante da noção de "comunidade de mulheres", onde "uma mulher se torna para os homens uma propriedade coletiva e comum" (p. 85). A comunidade das mulheres embaralha a distinção entre a cultura e a natureza, entre a humanidade e a vida animal.

> A relação imediata, natural, necessária, do homem com o homem é também a *relação* do *homem* com a *mulher*. Nesta relação genérica *natural*, a relação com o homem à natureza é imediatamente a sua relação com o homem, assim como a sua relação com o homem é diretamente a sua relação com a natureza, a sua própria determinação *natural*. Em tal relação, *aparece*, portanto, de *modo sensível*, reduzida a um *fato* concreto, a medida na qual a essência humana se tornou para o homem natureza, ou em que medida a natureza se tornou a essência humana do homem. A partir dessa relação, é possível, portanto, apreciar todo o nível da cultura do homem. Do caráter dessa relação resulta a medida na qual o *homem* se tornou e se compreendeu para si mesmo *ser genérico*, homem, e se apreendeu como tal (p. 86).

O exemplo da relação entre o homem e a mulher mostra, portanto, que "a primeira abolição positiva da propriedade privada, o comunismo *grosseiro*, não é [...] senão a mera *forma sob a qual aparece* a ignomínia da propriedade privada que pretende propor-se como a *comunidade positiva*" (p. 87). Marx insiste no fato de que a generalização dessa relação de propriedade ainda se atém ao âmbito interno de uma relação de propriedade. É a situação do capitalismo universal. Mais tarde, ele combaterá energicamente todas as tentativas de fazer, de cada um, um pequeno capitalista, para redistribuir a propriedade, pois tais esforços correm o risco de impedir a abolição da propriedade. Por isso, o partido comunista e muitas outras ramificações do marxismo lutarão contra os diversos reformismos que gostariam de redistribuir ou estender o campo da propriedade sem abolir a relação enquanto tal.

A luta contra o comunismo grosseiro e seu reformismo nos conduz ao terceiro elemento deste *Manuscrito*: o desenvolvimento do conceito de comunismo acabado. No terceiro *Manuscrito,* o comunismo acabado desempenha, na análise da supressão da autoalienação, um papel idêntico ao que era desempenhado, no primeiro *Manuscrito*, pela alienação acabada na análise da via da autoalienação. Todavia, o paralelismo não é completo visto que, na fábrica inglesa do tempo de Marx, encontra-se efetivamente a figura, o símbolo da alienação acabada. Ao passo que o conceito de comunismo acabado paira, por assim dizer, acima da análise. Levada em conta tal diferença, eu proponho a seguinte hipótese (trata-se de uma interpretação e não pretendo encontrá-la na letra do texto): a noção de comunismo desempenha, nesse texto, o papel de uma utopia. Nessas condições, talvez dispuséssemos de outra perspectiva sobre a alienação, como se encarássemos e emitíssemos sobre ela um juízo a partir desse lugar nenhum da utopia. É conhecida a resposta dos marxistas acerca desse ponto de vista (que não é uma crítica, mas um esforço de compreensão): rejeitam a característica utópica, e por uma razão essencial. Todas as utopias dizem respeito a um salto da imaginação, de um "lugar nenhum", de um "alhures", ao passo que os marxistas sustentam que se apoiam no movimento *interno* que vai da própria alienação à sua superação. Para Marx, não há necessidade de nenhum salto emanando da imaginação no rumo da ilha da utopia: a supressão da contradição provém da própria contradição. Mas evita-se a acusação de caracterização utópica, se se reforça o caráter hegeliano da análise: reivindicar-se-á, para a contradição, um dinamismo que necessariamente a impele para adiante no rumo de sua superação.

Tal é a abordagem global que o marxismo propõe diante dessa questão do estágio último. Ele não é, afirma-se, o fruto de uma invenção: ele se verifica se for considerado o movimento de autossuperação da alienação. O resultado, declara Marx, é o seguinte:

> O *comunismo* é a abolição *positiva* da *propriedade privada* enquanto *autoalienação humana* e, por conseguinte, a *apropriação* real [não imaginária, mas real, *wirkliche*] da essência *humana* pelo e para o homem. É, portanto, o retorno total do homem a si mesmo como homem *social*, quer dizer, humano, retorno consciente e que se operou conservando toda a riqueza do desenvolvimento anterior. Este comunismo, enquanto naturalismo acabado = humanismo [...] [Este é o célebre texto que afirma que o naturalismo equivale ao humanismo no último estágio, visto que a natureza se torna humana e a humanidade se torna natural]. É a *verdadeira* solução do antagonismo entre o homem e a natureza, entre o homem e o homem, a verdadeira solução da luta entre existência e essência, entre objetivação e autoafirmação, entre liberdade e necessidade, entre indivíduo e gênero. É o enigma resolvido da História e ele se conhece como essa solução (p. 87).

A última frase é tipicamente hegeliana: que seja resolvido o enigma da história, tal é a perspectiva da *Fenomenologia do espírito*. A última etapa supera e subsume a contradição das fases precedentes. A resolução última, porque ela se enraíza na própria contradição, se conhece "como esta solução", afirma Marx. Tal saber é exatamente o equivalente do Saber Absoluto hegeliano. O processo consiste em superar a sucessão das contradições e o Saber Absoluto nada mais é do que a autorreflexão do processo integral (a questão da autorreflexão do processo integral foi longamente discutido no livro de Jean Hyppolite, *Gênese e estrutura da Fenomenologia do espírito*[15]). É possível que Marx transponha o hegelianismo, mas, em todo caso, ele põe as mesmas questões. O que constitui problema é o ponto de vista daquele que se engaja na autorreflexão. Hegel sempre mantém a distinção entre o "para-nós" (para nós, filósofos que conhecemos o fim) e o "em-si" do processo. Assim como o "para-nós" dos filósofos guia o processo interpretativo das figuras "nelas mesmas", a resolução do problema da alienação esclarece a decifração da própria contradição. No terceiro *Manuscrito*, o conceito de comunismo acabado desempenha o mesmo papel que o "para nós" de Hegel.

Essa analogia acarreta certas implicações que não somente despertam a curiosidade, mas também são extremamente atraentes. Eu gostaria de insistir particularmente em uma delas. O conceito de comunismo acabado tem por efeito essencial e concreto a restituição de um sentido de conjunto, a restauração da totalidade. Na divisão do trabalho, é a própria humanidade que se acha dividida: um é proprietário, o outro é um trabalhador, e assim por diante. Em compensação, o conceito de totalidade visa à reconstrução de um todo: a integridade e a integralidade da humanidade se tornam o conceito preponderante. Tal ênfase é indicada quando Marx afirma: "O movimento inteiro da história, de um lado a procriação *real* [*wirklilch*] deste comunismo [...] e, de outro lado, ele é para a sua consciência pensante, o movimento *compreendido e conhecido* de seu *vir-a-ser*" (p. 87). Temos aqui a mesma equação que se encontra em Hegel entre o que é real e o que é pensado. Porque o ato de procriação é *wirklich*, e, portanto, real no

---

[15] HYPPOLITE, Jean. *Genèse et structure de la Phénoménologie de l'esprit de Hegel*. Paris: Aubier, 1946. [Trad. bras.: *Gênese e estrutura da Fenomenologia do espírito de Hegel*. Tradução de Sílvio Rosa Filho. São Paulo: Discurso Editorial, 1999.]

sentido de eficiente, ele pode ser *begriffne und gewusste*, compreendido e conhecido. O processo se reflete no pensamento.

A equação entre o "real" e o "compreendido" no nível da totalidade é desenvolvida principalmente por Lukács e pelo ramo austro-húngaro do marxismo. Em *História e consciência de classe*, Lukács concede um grande crédito ao conceito de totalidade: sustenta que a ênfase posta nesse conceito diferencia a abordagem marxista da abordagem positivista. Contrariamente à sua posição ulterior, que procederá somente pela análise (pela análise das partes), Lukács afirma que devemos considerar as partes do ponto de vista do todo e, em seguida, reconstruir o todo nos servindo das partes. Encontra-se em Sartre uma perspectiva análoga. Na *Crítica da razão dialética*, Sartre opõe a relação analítica e a pertinência ao todo. É essa pertinência ao todo que, no fim das contas, é aniquilada pela alienação. Sartre produz, portanto, um novo conceito de alienação como processo analítico destruindo o movimento sintético da humanidade. A ênfase posta no terceiro *Manuscrito* sobre a noção de totalidade reforça a diferença entre esse texto e o primeiro *Manuscrito*. A busca não vai mais do fato ao conceito: doravante, estabelece-se uma relação circular entre "o enigma da história" e a solução que "se conhece como esta solução".

Tal abordagem circular, com respeito ao processo de alienação encarado do ponto de vista de sua supressão, tem igualmente importantes consequências metodológicas. Inicialmente se se observa que o começo é interpretado pelo fim, reivindicar-se-á, para Marx, o estatuto de um verdadeiro filósofo. Como observou Heidegger, todo bom trabalho filosófico é circular no sentido de que o começo pertence ao fim: o problema é ingressar no movimento circular da boa maneira.[16] Logo, não será uma boa maneira de filosofar só podermos fazer objeção ao marxismo se a sua análise for determinada pela projeção de um estágio final.

Uma segunda consequência metodológica da abordagem circular de Marx apresenta algo atraente, em particular para aqueles de nós que se interessam pelo problema do texto e da hermenêutica. É muito significativa a seguinte observação de Marx: "Uma *psicologia,* para a qual este livro permanece fechado, ou seja, precisamente a parte mais concretamente presente, a mais acessível da história, não pode se tornar

---

[16] *Être et temps*. Tradução de Vezin. Paris: Gallimard, 1986, p. 199.

uma ciência *real* e verdadeiramente rica de conteúdo" (p. 95). Marx critica os que abordam a economia política por um procedimento analítico: eles produzem primeiro uma teoria do salário, depois uma teoria da propriedade, e assim por diante, capítulo após capítulo, sem enxergar as contradições. O que se acha destruído por esse processo analítico é, no dizer de Marx, o conceito de sociedade: a humanidade se torna então um "livro fechado". E, portanto, o que é preciso fazer é trazer à luz do dia ou abrir o livro fechado. Tal inflexão é desenvolvida principalmente pelos marxistas pós-heideggerianos, Habermas e outros, que situam o marxismo do lado da interpretação mais do que do lado da explicação. Se a explicação está do lado da sociologia americana, então *A ideologia alemã* é um modo de compreensão. Marx afirma que, no livro fechado, tudo o que se acha descrito não consiste em nada mais do que uma "necessidade vulgar". Enxerga-se o texto da ação como se fosse um texto morto. Em compensação, escreve Marx:

> Vê-se como a história da *indústria* e a existência *objetiva* constituída pela indústria são o livro *aberto das forças humanas essenciais*, a *psicologia* do homem concretamente presente, que até agora não se concebia em sua conexão com a essência do homem, mas sempre somente do ponto de vista de alguma relação exterior de utilidade, porque – como no interior da alienação – só se podia conceber, como realidade de suas forças essenciais e como atividade *genérica humana*, a existência universal do homem, a religião, ou a história em sua essência abstrata universal (política, arte, literatura, etc.) (p. 95).

Para o método que considera tudo do exterior, em uma relação de exterioridade, a história da indústria é um livro fechado. Esse conceito do livro fechado pode constituir uma das fontes da oposição – enfatizada no marxismo ortodoxo – entre a ideologia e a ciência. A ciência se torna a leitura do livro fechado da indústria. Eu estaria, não obstante, tentado a dizer que somente o fato de considerar o texto como aberto nos dá a possibilidade de escapar ao reino da alienação. Talvez a ciência precise apoiar-se na utopia para abrir o livro fechado. Não gostaria de solicitar em demasia essas passagens de Marx, mas o leitor se vê recompensado quando se depara com tais textos.

A quarta contribuição do terceiro *Manuscrito* nos conduz para além do uso retrospectivo do estágio final, uso que esclarece as etapas precedentes. Ele acarreta uma consequência decisiva quanto ao conceito de supressão. O conceito marxista de supressão (*Aufhebung*) engloba os aspectos materiais e espirituais da alienação como duas formas *separáveis*. Novamente o contraste com o marxismo ortodoxo é evidente. No marxismo ortodoxo, pretende-se que a alienação religiosa decorra da alienação econômica. No entanto, se se segue a Lukács e Sartre e se se reconhece que a posição de Marx integra a categoria de totalidade, então será sustentado de preferência que estamos em presença de figuras parciais que constituem um todo. Tal mudança de orientação modifica o fundamento da analogia entre as figuras. Podemos fazer bom uso da analogia entre as figuras, mas devemos fazê-lo sem pretender que uma dependa ou derive da outra.

> A abolição positiva da *propriedade privada*, tal como a apropriação da vida *humana* [trata-se de um conceito global], constitui, *portanto*, a supressão *positiva* de toda a alienação, o retorno do homem fora da religião, da família, do Estado, etc., à sua existência *humana*, isto é, *social*. A alienação religiosa enquanto tal ocorre apenas no domínio da *consciência*, do fórum íntimo do homem, mas a alienação econômica é a da vida *real* [...] (p. 91).

Portanto, a alienação econômica e a alienação espiritual são duas figuras analógicas. Podemos encarar a sua unidade do ponto de vista do conceito de totalidade do gênero humano, do ponto de vista de uma entidade que precisamente se libera em seu conjunto. Podemos considerar as alienações parciais na perspectiva de uma apropriação total.

Marx, todavia, enuncia nesse contexto algo mais do que uma analogia? Logo antes do texto citado, Marx escreve: "A religião, a família, o Estado, o direito, a moral, a ciência, a arte, etc., são apenas modos *particulares* da produção e se acham sob a sua lei geral" (p. 88). A analogia entre as figuras é aparentemente transformada em uma redução de todas as figuras à figura econômica. No entanto, esta não é uma leitura fiel da citação. Em alemão, a palavra *Produktion* tem o mesmo alcance que a objetivação: a posição de Marx, portanto, não é a de um economista. A redução operada pelo marxismo clássico se alimenta, apesar de tudo, da ambiguidade do termo. *Produktion* quer dizer simultaneamente a atividade criadora em geral, a atividade como realização, e a atividade econômica em particular, a forma material e perceptível da alienação. Sob a influência conjugada de Engels e de Lênin, ocultou-se a categoria de totalidade, e o conceito econômico de produção devorou todas as outras dimensões do conceito de produção em geral, o qual ainda é muito enfatizado nos *Manuscritos*. Opera-se um deslocamento: afasta-se do sentido da totalidade, do alcance global da palavra "produção", que tem o mesmo alcance que o próprio conceito de apropriação, uma apropriação que recobre todos os aspectos da vida do homem. No lugar disso, o conceito de produção se reduz a uma base econômica, e todas as atividades humanas são relacionadas a essa base. Devemos, por conseguinte, considerar com a maior atenção os textos em que tal restrição ainda não se manifestou. Somente a categoria de totalidade nos permite evitar que o conceito de produção não seja reduzido a uma acepção pura e simplesmente econômica. A desastrosa distinção que prevalecerá no marxismo entre infra e superestrutura é, de fato, o resultado dessa redução.

Em compensação, a ideia do ser humano que produz o ser humano é o limite que pode lhe ser oposto. A elaboração dessa noção – que constitui a quinta contribuição fundamental do terceiro *Manuscrito* – está ligada à relação circular, precedentemente descrita, entre a atividade do homem e a hipótese de um acabamento último dessa atividade. Aqui, a ênfase não é posta tanto no próprio fim (a supressão da alienação) quanto na ideia do homem produzindo o homem: ora, essa ideia só faz sentido na hipótese de tal fim. "Vimos como", escreve Marx, "na hipótese da propriedade privada positivamente abolida, o homem produz o homem, produz a si mesmo e produz o outro homem [...]" (p. 88-89). Não se trata de um conceito econômico mas antes de um conceito antropológico, de um conceito antropológico em um estágio pré-econômico. Insisto no termo "hipótese", empregado por Marx, que se afina bem com a interpretação do fim como uma espécie de utopia. A palavra alemã que se traduz por "hipótese" é *Voraussetzung*: pressuposição. Leremos em *A ideologia alemã* que o tipo de antropologia desenvolvido por Marx não é *voraussetzunglos*, sem pressuposição. A pressuposição é precisamente a de um ser humano liberto. Não é, portanto, uma descrição objetiva. A descrição é motivada pelo processo de libertação. É "na hipótese da propriedade privada positivamente abolida [a *Voraussetzung*] que o homem produz o homem [...]".

Se tomarmos a objetivação como o processo por meio do qual "o homem produz o homem", então disporemos de uma significação adequada desse conceito. Como se viu, a objetivação é a forma de exteriorização que Marx opõe à alienação, mas que ele quer também restaurar. O que Marx estabelece aqui é que a teoria da apropriação precede logicamente a de alienação, embora a apropriação só apareça como um resultado histórico, um resultado da superação da alienação econômica. O ponto de partida lógico é o resultado histórico efetivo. É a antecipação do fim da alienação que diz algo sobre a origem do processo de objetivação. Somente na hipótese da apropriação que compreendemos a atividade própria do homem, o fato de que "o homem produz o homem". Portanto, é na hipótese de uma supressão da alienação que se revela o conceito fundamental de objetivação.

Tal perspectiva me autoriza a enunciar novamente uma de minhas hipóteses: é um certo uso da utopia que é o instrumento da crítica da ideologia. Não é do "lugar nenhum" de um homem desalienado que podemos falar de alienação? Mais precisamente, como poderíamos nós sofrer da alienação, se não antecipássemos um estágio em que não estaríamos mais alienados? A antecipação do fim é, portanto, projetada de frente para trás. Enquanto não recorrermos ao método do primeiro *Manuscrito* – o qual consiste em escavar sob o fato da economia política – não podemos dizer grande coisa da objetivação. Mas por trás dessa análise do fato, há antecipação do fim: precisamos, portanto, introduzir a *Aufhebung*, a supressão da alienação, como um conceito crítico que traz à luz do dia o que Marx já entendia pelo processo de objetivação. Somente após o fim da alienação (qualquer que seja a significação que lhe dermos – se possível, a etapa do trabalho alienado, o fim do salário, o fim do mercado, etc.) – que se poderá dizer que, a partir de então, os homens se objetivam a si mesmos.

A noção de objetivação – o fato de que "o homem produz o homem" – alerta para a importância que Marx concede à dimensão social. É o recurso a essa dimensão que, em certo sentido, faz com que ele preserve o conceito de totalidade. Quando afirma que algo é social, ele quer dizer, invariavelmente, que isso constitui um todo, quer se trate da relação do homem com o homem ou das diversas atividades e faculdades humanas. Trata-se de um conceito que estabelece uma ligação. Dizer que os homens são seres sociais é, portanto, enunciar algo distinto de uma banalidade: a imputação é um conceito dinâmico e englobante. "A essência *humana* da natureza só existe para o homem *social* [...] Portanto, a sociedade humana é o acabamento da unidade essencial do homem com a natureza, a verdadeira ressurreição da natureza, o naturalismo consumado do homem e o humanismo consumado da natureza" (p. 89). A palavra "social" deve ser interpretada à luz do conceito de humanidade como um todo, e não em um sentido durkheimiano ou sociológico. A sociedade designa essa totalidade. Continuar-se-á, portanto, a utilizar esse conceito do todo como um conceito-chave.

Embora não se faça menção do termo, a ideologia aparece aqui como um aspecto dessa produção englobante que é o social. Em sua descrição do funcionamento ideológico, Marx utiliza a palavra *Tätigkeit*: atividade. *Tätigkeit* é, em Fichte, o conceito-chave: o ser humano é um *streben*, uma atividade que está em esforço, que visa algo, que é produtiva. Nesse contexto, a alusão a Fichte é indubitável. Roger Garaudy, por exemplo, sustenta fortemente que os *Manuscritos* devem ser interpretados à luz de Fichte, cuja influência sobre Marx foi mesmo ocultada em proveito do papel concedido a Hegel. O caráter fichtiano da descrição feita por Marx da atividade do homem é manifesto.

> A minha consciência *universal* é apenas a forma *teórica daquilo* cuja comunidade *real*, a organização social é a forma *viva*, ao passo que em nossos dias a consciência *universal* seja uma abstração da vida real e, como tal, a ela se oponha como inimiga. Logo, a *atividade* [*Tätigkeit*] da minha consciência universal – enquanto tal – é também a minha existência *teórica* como ser social (p. 90).

A vida do espírito não se reduz à vida econômica. Marx tenta, ao contrário, suprimir a abstração que as opôs uma a outra. Uma vez mais, é o alcance atribuído à reconstrução do todo que preside a análise.

É justo dizer que a vida do espírito é uma abstração. Sabemos todos o que implica o fato de ter apenas relação com os livros, e não com a gente de carne e osso, com a vida real. É o tipo de abstração que Marx denuncia quando fala – mesmo se ela ainda não está nomeada – de ideologia. Ela não é a negação do valor da vida intelectual, mas a doença que corrói sua separação do trabalho, do labor. "Enquanto *consciência genérica*, o homem afirma sua *vida social* real e só faz repetir em pensamento sua existência real; assim como inversamente o ser genérico se afirma na consciência genérica e, para si, em sua universalidade, é enquanto ser pensante" (p. 90). Este texto foi explorado às vezes pelo marxismo ortodoxo para fazer, do conceito de consciência, um puro e simples reflexo – um espelho – da vida real. O conceito de ideologia como reflexo procede desse tipo de argumento. A minha interpretação desse texto, no entanto, é um tanto diferente. A meu ver, temos aí o núcleo do desenvolvimento articulado por Marx. Quando Marx diz que "o homem [...] só faz repetir em pensamento a sua existência real", o termo "repetir" significa que nada pode aparecer na esfera intelectual que não já esteja enraizado na práxis, na vida prática. A repetição não advém, portanto, no sentido de um reflexo, mas como o que não está enraizado em si. "Decerto, portanto, o pensamento e o Ser são *distintos*", escreve Marx, mas, ao mesmo tempo, "juntos formam uma *unidade*" (p. 90).

Para resumir esse desenvolvimento, poderíamos dizer com Marx: "O homem se apropria de seu ser universal de maneira universal, portanto, enquanto ser total [...]" (p. 91). A meu ver, temos aí o núcleo do desenvolvimento articulado por Marx. Quando Marx diz "o homem se apropria de seu ser universal [...]", o termo alemão para "ser universal" é *allgestiges Wesen*: um ser total. Essa totalidade se opõe ao caráter unilateral. O unilateral é uma abstração, e com ele não poderíamos formar nenhum conceito, se não tivéssemos certa antecipação do que poderia ser o todo, o total. O que prevalece não é um reducionismo dogmático, mas a categoria de totalidade. Estaríamos tão distantes do conceito de reconciliação em Hegel?

É preciso indicar que a atenção dedicada por Marx ao todo da apropriação é uma remanência do pensamento religioso? Insistir nesse aspecto seria abrir, de um modo fácil demais, a via aos teólogos, como se Marx operasse uma laicização do pensamento religioso. Devemos aceitar Marx precisamente em seu esforço para falar em termos novos daquilo que ele denomina "emancipação"[17]. Já destaquei a expressão "verdadeira ressurreição da natureza" (p. 89). Aqui se tem certamente uma reminiscência da teologia cristã da Páscoa. Como foi sugerido por Jürgen Moltmann, a redenção é a Páscoa da humanidade. Não devemos mesclar marxismo e cristianismo, mas pensar ambas talvez

---

[17] *Emanzipation* é o termo alemão original, e esse termo, explica Ricœur, mantém um evidente parentesco com o vocábulo teológico clássico *Erlösung*, que significa libertação – do Egito, da escravidão, etc. Enquanto se pensa frequentemente que a redenção (*Erlösung*) tem um sentido simplesmente espiritual, tal interpretação negligencia a raiz do termo como ato pelo qual um escravo se liberta. Ricœur remete ao vocabulário do *Abriss der Bibelkunde* (1962) de Clauss Westermann. [Nota baseada em conversa entre Ricœur e o editor americano].

de maneira criadora. Heidegger observa que a poesia e a filosofia se mantêm sobre dois cimos diferentes, mas que não veem as mesmas coisas: pode-se dizer a mesma coisa do marxismo e do cristianismo.

O lirismo da linguagem quase religiosa de Marx a propósito da emancipação nos encoraja a ler essas passagens no sentido da utopia. Marx fala da emancipação de todos os sentidos enquanto sentidos humanos perante a tirania do ter (p. 91-92). Um contemporâneo de Marx, Moses Hess, introduziu essa categoria do ter em sua filosofia (uma categoria que será reencontrada em Gabriel Marcel). Nas *Vinte e uma folhas*, Hess afirma que a humanidade atual não tem ser: ela tem somente um ter. A oposição é entre o ter e o ser. Para Marx, a relação do ter, de posse designa algo muito preciso: o tipo de relação que domina quando reina a propriedade privada. Marx toma de empréstimo a Hess a ideia de que o ter é a alienação, não sob uma forma abstrata, mas como uma alienação real de todos os sentidos humanos. Somente a supressão da propriedade privada emancipará todos os sentidos e todas as qualidades humanas. Como Marx assinalará em *A ideologia alemã* ao criticar Feuerbach, mesmo o caráter natural é um produto da indústria e do estado da sociedade (p. 68). Onde se encontram atualmente as árvores que os homens não abateram ou plantaram? Só no deserto talvez encontraríamos uma natureza anterior à humanidade. Por conseguinte, conhecemos uma natureza humanizada – ou desumanizada. E, portanto, nosso próprio olho está alienado pela visão das degradações que a humanidade inflige à natureza. O olho humano é o que ele vê, e o que ele vê já está alterado pela relação com a propriedade. O olhar que se lança sobre as coisas dispostas em uma vitrine difere de acordo com o fato de que se pode comprá-las ou não. Nada é da ordem da pura visão: tal é o sentido dessa passagem. Uma vez mais, devemos mesmo introduzir o sentido do ser humano nesse movimento que é a totalidade, e isso a fim de evitar a abstração de um Feuerbach, a abstração de uma psicologia da percepção e assim por diante.

Considerada em termos subjetivos, a emancipação significa a reconquista de todas as forças humanas, de todos os poderes humanos essenciais, inclusive os de todos os sentidos humanos. Significativamente, Marx inclui entre os sentidos humanos "não somente os cinco sentidos, mas também os sentidos ditos espirituais [*geistigen Sinne*]" (p. 93-94).

Os sentidos espirituais são os "sentidos práticos (vontade, amor, etc.) – em uma palavra, o sentido *humano*" (p. 93-94). A categoria de totalidade extrai o conceito de sentido de sua estreiteza e permite reconstruir o quadro humano do qual ele foi pura e simplesmente abstraído. A categoria de totalidade não preserva apenas do reducionismo: ela se afirma contra o reducionismo. O reducionismo reduz a humanidade a ideias, ao trabalho, à propriedade ou a outra coisa. O conceito de uma natureza humanizada ou de uma humanidade naturalizada – o conceito de emancipação de todos os sentidos e de todas as qualidades humanas – se torna um utensílio crítico que permite ler a realidade.

O correlato dessa posição é que as próprias ciências naturais, como exercício de nossos sentidos espirituais, são abstrações se estiverem separadas da indústria.

> Por meio da indústria, as ciências da natureza intervieram tanto mais *praticamente* na vida humana, transformou-a e preparou a emancipação da humanidade, muito embora o seu efeito imediato tenha consistido em acentuar a desumanização do homem. A *indústria* é a relação histórica *real* da natureza, e, por conseguinte, das ciências da natureza, com o homem (p. 95).

Esta citação é muito instigante para a leitura de Marcuse, de Habermas e de todos os que afirmam que, no centro de cada esfera epistemológica, há um "interesse". Os que leram Habermas sabem que temos, segundo ele, vários interesses, entre os quais um interesse em controlar a natureza, e que este último governa as ciências empíricas. As ciências empíricas não estão isentas de pressupostos: elas pressupõem uma natureza que exploramos por meio da indústria. Para Habermas, a indústria é o pressuposto das ciências naturais. Não teríamos interesse pelas ciências da natureza, se não tivéssemos para com elas essa relação prática através da indústria. É a questão do estatuto real da epistemologia em sua relação com a práxis que é aqui suscitada. Como sustentam numerosas correntes atuais, as ciências não têm autonomia: todas pertencem a esse conjunto de interesses. "A *indústria* é a relação histórica *real* da natureza [...] com o homem". Tal relação histórica está baseada em uma história das necessidades. O problema a ser enfrentado em *A ideologia alemã* é o de saber como toda coisa é mediatizada pela história de nossas necessidades através do processo de trabalho. Fora da história de nossas necessidades tal como ela se constitui no trabalho, na indústria, não sabemos o que é a natureza. Dizer que existe um fundamento para a vida do homem e outro para a ciência, é, aos olhos de Marx, uma mentira. A natureza em devir na história humana, a própria natureza tal como ela se desenvolveu através da indústria, tem um estatuto antropológico (p. 96). As ciências naturais não têm autonomia: não existem simplesmente para si mesmas.

Outro corolário da ênfase posta na totalidade é que a divisão do trabalho representa uma chave para o conceito de ideologia. A própria divisão do trabalho é uma figura da alienação. "A *divisão do trabalho* é a expressão econômica do *caráter social do trabalho* no quadro da alienação" (p. 111). O desmembramento do trabalho é o desmembramento do ser humano. O que explica por que não conhecemos o sentido da objetivação, a autoexpressão em um trabalho. Como vimos, a ideologia representa a divisão do trabalho que isola a vida intelectual do resto da existência humana.

Para terminar, um dos pontos que permanecem em suspenso após a leitura do terceiro *Manuscrito* é o estatuto do conceito de totalidade enquanto ele antecipa a apropriação pela humanidade de suas forças dispersas. E, portanto, o que permanece em questão é o estatuto do conceito de apropriação como utensílio crítico. A questão será suscitada principalmente pela Escola de Frankfurt. Seus pensadores se perguntarão se nós podemos dispor de ciências sociais críticas sem um projeto de emancipação. Podemos ao menos conferir a tal questão a consistência de um projeto. Sem esse projeto, os seres humanos são pura e simplesmente como formigas ou abelhas: eles se contentam em observar, descrever, analisar, etc. Sem um movimento histórico orientado para a reapropriação, os seres humanos nada mais são. É o conceito de apropriação que definitivamente confere sentido ao conceito de criação. Descobrimos que criamos na medida em que temos um projeto de apropriação.

O debate fundamental entre o cristianismo e o marxismo deveria ser conduzido ao nível aqui descrito. Marx pretende que o projeto de apropriação seja, de fato, o mais concebível dos projetos ateus, porque a apropriação da potência da humanidade, de suas forças, é, ao mesmo tempo, a abolição do conceito de criação enquanto conceito religioso.

Marx é, portanto, um ateu intransigente, não no momento em que é materialista, mas quando é humanista, ou seja, na medida em que é um humanista integral. Na interessantíssima análise que ele propõe sobre esse tema (p. 99), afirma que, com a realização do humanismo e do comunismo, as pessoas não precisarão mais ser ateias. Não terão a necessidade de negar o que quer que seja; antes, afirmarão a si mesmas de modo positivo. O ateísmo, enquanto protesto contra algo, será abolido justamente com a religião. O caráter utópico dessa seção é valorizado com a antecipação de um tempo em que a negação da alienação não mais fará parte da autoafirmação dos seres humanos. Estes se reapropriarão do conceito de criação de uma maneira que concordará com o seu uso na descrição do processo de objetivação. Em Marx, uma vez mais, é o resultado final que esclarece o ponto de partida.

Marx prossegue afirmando que a abolição do conceito religioso de criação e a abolição do ateísmo acarretam igualmente o desaparecimento da questão suscitada pela religião: a questão das origens. A questão das origens procede, segundo ele, de uma abstração, e ele afirma (não sei se se trata ou não de um sofisma) que a própria questão deve ser anulada. Suscitar a questão do que existia antes dos homens é imaginar que eu não existo, e isso é impossível. Porque os homens estão no centro de todas as questões, não posso suscitar uma questão que supõe que a humanidade não existe.

> Se você coloca a questão da criação da natureza e do homem, então você abstrai o homem e a natureza. Você os põe como *não-existentes* e quer, portanto, que eu lhe demonstre que *eles não existem*. Eis a minha réplica: abandone a sua abstração e você abandonará também a sua questão; ou então, se você se agarra à sua abstração, seja consequente, e, ao pensar o homem e a natureza como *não-sendo*, pense também a si mesmo como não sendo, visto que você é igualmente natureza e homem. Não pense, não me interrogue, porque, logo que pensar e interrogar, *a sua maneira de fazer abstração* do ser da natureza e do homem não tem nenhum sentido (p. 98).

Portanto, a própria questão é ideológica enquanto abstração, porque existo agora e sou parte da natureza.

Parece então que deveríamos chegar ao ponto de suprimir a questão de Leibniz: por que há algo de preferência a nada? A posição de Marx vai também ao encontro da de Heidegger que, em *O princípio de razão*, afirma que a questão do princípio de razão – que algo existe de fato – é *a* questão filosófica. A argumentação de Marx confirma minha ideia segundo a qual sua posição é aqui muito fichtiana. Toda a filosofia de Fichte está baseada na redução da questão da origem à autoafirmação do homem. Para Marx, a questão: "por que há algo de preferência a nada?", afinal de contas, é o problema de que dará cabo o comunismo acabado.

O conceito marxista de uma criação da humanidade através do trabalho é o acabamento último de um movimento que começa com o conceito de autonomia em Kant e que engloba a autoafirmação que se põe a si mesma em Fichte, o conceito de Espírito certo de si mesmo em Hegel e o ser-genérico (*Gattungswesen*) em Feuerbach. Todo esse movimento é ateu ou, mais exatamente, ele se orienta no rumo de um estágio em que a negação de Deus não seria mais necessária, em que a autoafirmação da humanidade não implicaria mais a negação de uma negação. A religião, aqui, ainda pode emitir uma pretensão na medida em que esse movimento não implica somente um humanismo ateu, mas na medida em que deixa entender outra coisa. Assim como esse andamento engloba um ateísmo para além do ateísmo, talvez seja igualmente com um deus para além de deus que seria possível enfrentar o que está em jogo. Há certa relação entre ambas as exigências. Mas o caso é outro. Eu queria somente evocar, neste passo, a questão da religião. Não devemos transformar o marxismo em apologia favorável ao cristianismo: isso seria a pior das coisas. Devemos preservar o sentido do antagonismo sem tentar misturar tudo de maneira falaciosa.

Aula nº 5

Marx: *A ideologia alemã* (1)

Com *A ideologia alemã* terá acabamento a análise de Marx. Vamos então empreender uma discussão da interpretação da ideologia tal como ela se desdobrou no interior do movimento marxista em seu conjunto. Vamos voltar, particularmente, à controvérsia que se desenvolveu no seio do marxismo entre as interpretações estruturalistas e as que foram ditas "humanistas" da ideologia. Seria preciso consagrar mais tempo à análise da perspectiva humanista – em Lukács e Garaudy –, mas vou me concentrar em seguida na abordagem estruturalista tal como ela aparece na obra de Louis Althusser.

Com *A ideologia alemã* dispomos de um texto marxista, e não mais pré-marxista. Por essa razão, é muito importante estabelecer precisamente a sua trama conceitual. Mesmo para aqueles que, como Althusser, tendem a se desembaraçar das obras do jovem Marx, trata-se de um texto de transição. Na realidade, *A ideologia alemã* é, no mínimo, um texto de transição se não for a base de todos os textos propriamente marxistas de Marx. Trata-se de situar corretamente o hiato ou, para retomar os termos de Althusser, o "corte epistemológico" entre os textos ideológicos e antropológicos do jovem Marx e os da maturidade, a fim de determinar de que lado do corte se encontra *A ideologia alemã* (para as necessidades de análise, vamos nos referir a Marx como ao único autor d'*A ideologia alemã*, mesmo se a empreitada tenha sido feita conjuntamente por Marx e Engels).

Esta questão do corte é crucial porque *A ideologia alemã* abre simultaneamente duas perspectivas: a interpretação vai diferir de modo decisivo, se uma ou outra for colocada em primeiro plano. Aquilo que d'*A ideologia alemã* se desembaraça é muito claro: ela se desfaz de entidades tais como a consciência, a consciência de si, o ser genérico, todos aqueles conceitos que pertencem ao modo de pensar feuerbachiano e, portanto, à corrente hegeliana da filosofia alemã. Se agora tais conceitos estão superados, é menos evidente, no entanto, determinar em proveito de que novos conceitos a batalha vai se empenhar. O primeiro termo da alternativa proposta por *A ideologia alemã* é que os antigos conceitos são substituídos por entidades, tais como os modos de produção, as forças produtivas, as relações de produção, as classes – o vocabulário marxista típico. Nessa perspectiva, as entidades objetivas podem ser definidas sem nenhuma alusão aos sujeitos individuais, nem, por conseguinte, à alienação dos ditos sujeitos. Se for escolhido este termo da alternativa, o ponto de partida real do marxismo acarreta a emergência da noção de base real. A base real se torna a infraestrutura, e a ideologia lhe é remetida sob o título de superestrutura. Como veremos, a principal corrente do marxismo ortodoxo se concentra nesses conceitos de base real e de superestrutura, de infraestrutura e de superestrutura. A ênfase é posta nessas entidades objetivas em detrimento dos indivíduos implicados em tais processos. Desse ponto de vista, *A ideologia alemã* é marxista no sentido de que põe no primeiro plano uma base material de entidades anônimas e não mais representações idealistas e imaginárias centradas em torno da consciência. A consciência é considerada como inteiramente do lado da ideologia: nenhuma implicação ligada à consciência é tida como existente na base material enquanto tal.

A segunda perspectiva aberta pel'*A ideologia alemã* tem uma orientação bastante diferente. As classes e todas as outras entidades coletivas – modos de produção, formas de produção, forças, relações e assim por diante – não são consideradas como a base última, mas antes somente como a base de uma ciência objetiva. Nesta abordagem mais radical, afirma-se, as entidades objetivas repousam na vida real dos indivíduos de fato, indivíduos vivos. O conceito de vida real tal como a levada pelos indivíduos reais ocupa uma posição central. Nesse caso, a ruptura epistemológica não advém somente, em Marx, entre o mundo da consciência como ideológica e certas entidades coletivas, anônimas, mas no próprio seio da humanidade. Diz-se que a distinção se faz entre a ênfase posta pelos Jovens Hegelianos na humanidade como consciência e a insistência de Marx em *A ideologia alemã* sobre a humanidade como conjunto de indivíduos reais e vivos. Se tal é para Marx a linha de clivagem, a interpretação da significação global do marxismo é inteiramente diferente. A estrutura d'*O capital* não é mais a base última: *O capital* reflete, antes, uma abstração metodológica enraizada, em última análise, na vida dos indivíduos. É muito importante tomar posição sobre esta interpretação porque o conceito de ideologia que Marx utiliza no texto se opõe não à ciência, mas à realidade. (Vamos reservar para as aulas ulteriores, concernentes às formas do marxismo posteriores a Marx a questão de saber como a concepção de ideologia se transforma quando ela for oposta à ciência, e não à realidade). Em *A ideologia alemã*, o ideológico é o imaginário enquanto oposto ao real. Por conseguinte, a definição do conceito de ideologia depende daquilo que é a realidade – classe ou indivíduo – com a qual ela contrasta.

Permanecendo tão próximos quanto possível do texto d'*A ideologia alemã* e mantendo a possibilidade das duas leituras, veremos que, de fato, o texto autoriza tal ambiguidade. A obra se assemelha à imagem do pato/coelho em Wittgenstein (salvo que, nesse caso, não sei o que poderia ser o coelho!): ela pode ser lida como um texto sobre os indivíduos reais em sua vida real ou como um texto sobre as classes, no vocabulário da produção, e não mais no da vida. A minha própria análise d'*A ideologia alemã* procederá da seguinte maneira: farei inicialmente, à guisa de introdução, alguns comentários suplementares, a fim de esclarecer o problema da ideologia suscitado por esse texto e analisarei em seguida os seis ou sete conceitos fundamentais da obra. Enfim, examinarei as duas linhas de pensamento que aparecem no texto. Hoje vou me ater à apresentação dos conceitos e reservo para mais tarde a comparação das duas leituras alternativas.

O texto foi preparado para a publicação pelo próprio Marx, mas não foi publicado durante a sua vida. Perdido durante numerosos anos, ele foi reencontrado e publicado pela primeira vez somente em 1932. Não vou insistir nas "Teses sobre Feuerbach", publicadas em anexo à obra, e no entanto elas são tão enigmáticas que, de fato, deveriam ser lidas em relação com a parte do livro que trata de Feuerbach. Uma delas, todavia, nos ajuda a situar a nossa problemática inicial. As "Teses sobre Feuerbach" terminam com a décima primeira, que é muito célebre: "Os filósofos apenas *interpretaram* o mundo de diferentes maneiras, o que importa é *transformá*-lo" (p. 142).[18] Mas podemos transformar sem interpretar? Tal é o problema. E tal é precisamente o problema de nossa investigação sobre a ideologia.

O prefácio que abre *A ideologia alemã* contém a primeira indicação concernente ao sentido que assume, nesse texto, a ideologia. O termo designa essencialmente os Jovens Hegelianos e, portanto, tudo o que resultou da decomposição do sistema hegeliano. A partir daí, o conceito foi estendido a todas as formas de produção que não são especificamente econômicas, como o direito, o Estado, a arte, a religião e a filosofia. Jamais devemos esquecer, portanto, que, no início, tal conceito se inscrevia em uma polêmica contra certa escola de pensamento. Marx começa assim: "Até o momento, os homens sempre fizeram ideias falsas de si mesmos, daquilo que eles são ou devem ser. Eles organizaram suas relações de acordo com suas representações que faziam [...] (p. 13). O termo alemão que traduzimos por "concepções" e por "ideias" é *Vorstellungen* (representações). As *Vorstellungen* designam a ideia que fazemos de nós mesmos, e não a maneira pela qual fazemos, agimos, existimos. "Eles organizaram suas relações em função de representações que faziam de Deus, do homem normal, etc. Os produtos de sua cabeça cresceram até dominá-los com toda a sua estatura. Criadores, eles se inclinaram diante de sua própria criação" (p. 13). Uma vez mais, a imagem é a da inversão. O que era produto se torna dominante. O modelo da alienação está presente sem que o termo seja utilizado. Devemos guardá-lo na memória porque certos comentadores sustentam que o conceito de alienação desapareceu dessa obra. Marx prossegue:

> Libertemo-los de suas quimeras, das ideias, dos dogmas, dos seres imaginários, sob o jugo dos quais eles definham. Revoltemo-nos contra a dominação desses pensamentos. Ensinemos aos homens a trocar essas imaginações por pensamentos que correspondam

---

[18] As referências a *A ideologia alemã* serão dadas nas páginas da tradução francesa de R. Cartelle e G. Badia. Paris: Editions sociales, 1968.

à essência do homem, diz Um, a ter para com elas uma atitude crítica, diz Outro, a arrancá-las da cabeça, diz o Terceiro, e... a realidade atual haverá de desmoronar (p. 13).

Aqui a ideologia criticada pretende que, a fim de trocar a vida das pessoas, basta mudar os seus pensamentos. As posições visadas na última frase da citação são respectivamente as de Feuerbach, de Bruno Bauer e de Stirner.

Na primeira parte do texto de Marx, Feuerbach serve de teste para a ideologia alemã, na medida em que pretendeu reduzir as representações religiosas às ideias dos homens. Marx sustenta que a redução operada por Feuerbach permanece, em certo sentido, uma ideia religiosa, visto que a consciência está provida de todos os atributos que pertencem ao quadro religioso das ideias. O que Marx denomina a exigência dos Jovens Hegelianos de interpretar a realidade implica, da parte deles, certo uso da crítica, uso que faz com que eles sempre se movam no interior do mundo do pensamento. "Exigir assim a transformação da consciência resulta em interpretar diferentemente o que existe, isto é, aceitá-lo por meio de uma interpretação diferente" (p. 23). A interpretação sempre se move no seio das interpretações. A perspectiva de Marx permite explicitar a décima primeira tese sobre Feuerbach, já citada, segundo a qual os filósofos só fizeram interpretar o mundo, ao passo que o que importa é transformá-lo (p. 142). A interpretação é um procedimento que toma lugar no interior da representação, e neste sentido é que ela permanece ideológica. Para Marx, o problema é que, antes de mudar as respostas, é preciso mudar a maneira de questionar. É preciso deslocar as questões. "A nenhum desses filósofos ocorreu a ideia de perguntar sobre a conexão entre a filosofia alemã e a realidade alemã, sobre a conexão de sua crítica com seu próprio meio material" (p. 23-24).

Nesta passagem, a ocorrência do termo "material" permite empreender uma investigação sobre os conceitos fundamentais d'*A ideologia alemã*. Antes de examinar a alternativa que concerne à sua interpretação, vamos nos deter no vocabulário do texto. O termo essencial é "material", sempre oposto a "ideal". Na obra, o material e o real são absolutamente sinônimos, como o são o ideal e o imaginário. A passagem seguinte traz à luz a orientação do procedimento de Marx:

> As premissas de que partimos não são bases arbitrárias, dogmas; são bases reais, de que só se pode abstrair na imaginação. São os indivíduos reais, sua ação e suas condições de existência materiais, tanto aquelas por eles já encontradas como as produzidas por sua própria ação. Tais bases são, portanto, verificáveis pela via puramente empírica (p. 24).

Notem, antes de tudo, que o adjetivo "real" modifica as premissas. As premissas são *Voraussetzungen*, pressuposições. O que se opõe a essas premissas reais são a abstração e a imaginação. Quando Marx prossegue escrevendo que as premissas reais de que ele parte são "os indivíduos reais, sua ação e suas condições de existência materiais", as duas possibilidades de interpretação d'*A ideologia alemã* já estão presentes. Os indivíduos reais e as condições materiais são postas conjuntamente: seria a base última os indivíduos em suas condições materiais? Talvez essa seja uma maneira de salvaguardar as duas leituras. Em todo caso, as condições materiais e os indivíduos reais são os dois conceitos fundamentais. Enfim, eu gostaria de observar, a propósito da posição de Marx – quando ele afirma que as premissas reais podem ser verificadas por via empírica –, que elas são inicialmente premissas e que em seguida são verificadas.

Com base na afirmação de Marx, deve-se insistir, desde o início, neste ponto: as estruturas anônimas, tais como as condições materiais, são imediatamente acopladas ao suporte que lhes é dado pelos indivíduos reais. As condições materiais são sempre condições *para* indivíduos. Marx sublinha o papel incontornável dos seres humanos vivos: "A condição primeira de toda história humana é naturalmente a existência de seres humanos vivos" (p. 24). Ele reforça esse papel ao insistir na contribuição dos homens para suas condições materiais; tal observação tem igualmente o efeito de ampliar a noção da própria condição material. "Ao produzir os seus meios de existência, os homens produzem indiretamente a sua própria vida material" (p. 25). O sujeito ainda são os seres humanos. As condições materiais não podem ser definidas independentemente de certa esfera da atividade humana.

Portanto, desde o início, há sutil reciprocidade entre a atividade dos homens e sua dependência. De um lado, os homens agem para produzir as suas condições de existência e, de outro, são igualmente dependentes dessas condições. O que é importante aqui é que não há nem independência da consciência – o que seria o idealismo –, nem autonomia das condições. Uma condição sempre é a condição de certa maneira de agir. Quando Marx afirma: "O que são os indivíduos depende, portanto, das condições materiais de sua produção" (p. 25), a natureza dos indivíduos subsiste mesmo em sua relação de dependência. Como podemos constatar, esse conceito de vida humana difere totalmente do conceito, antes metafísico e abstrato, de uma objetivação que depois se acha alienada. Ao conceito de objetivação, que ainda é hegeliano, se substitui a noção de uma vida individual produzindo sob condições que são, elas próprias, um dado para essa atividade. Há uma relação entre aspecto voluntário da atividade e o aspecto involuntário da condição. A ruptura com uma consciência de si soberana sobrevém precisamente nessa dependência perante condições materiais, condições determinantes: não obstante, as condições estão sempre acopladas ao conceito de atividade. Mas isso basta, creio, sobre o primeiro conceito que temos de considerar: o material e o real, e sua relação com os seres humanos ou com sua condição. Há, portanto, que deixar em aberto as duas leituras possíveis do texto.

O segundo conceito que vamos abordar é o de "forças produtivas". Ele é de grande importância visto que introduz a dimensão da história no conjunto da argumentação. A história afeta a base antropológica que acabamos de examinar através do que Marx denomina como o desenvolvimento das forças produtivas. O papel desse conceito tem importantes implicações para o conceito de ideologia: em uma fórmula radical e muito forte – à qual voltaremos ulteriormente de modo pormenorizado –, Marx diz que não há história da ideologia (p. 36). O processo histórico sempre vem de baixo e, para Marx, trata-se precisamente do desenvolvimento das forças produtivas. A vida em geral não tem história: os seres vivos, como as abelhas e as formigas, constroem os seus habitats da mesma maneira. Em compensação, há uma história da produção humana.

Em relação com esse conceito de "forças produtivas", encontra-se o conceito de "modo de produção", que as obras ulteriores denominarão as "relações de produção". A relação entre as forças produtivas e os modos de produção é significativa porque a interpretação estruturalista e anti-humanista de Marx repousará essencialmente nesse jogo recíproco entre as forças e as formas, entre as forças produtivas e as relações de produção. As relações de produção são essencialmente o quadro jurídico, o sistema da propriedade, do salário, etc.: são, portanto, as regras sociais em conformidades com as quais se desenrola o processo tecnológico. Marx sustenta que a tecnologia, que engloba unicamente as forças produtivas, não pode ser descrita como se existisse em si mesma e por si mesma: as forças produtivas não existem como um "lugar nenhum". São sempre tomadas em certo quadro jurídico, certo Estado e assim por diante. Por conseguinte, as forças produtivas e as formas sempre são interdependentes. O típico esquema de evolução em Marx vale também nesse nível. O processo histórico em sua integralidade é descrito como uma evolução das forças produtivas conjunta a uma evolução das formas correspondentes. Na análise da divisão do trabalho e das formas de propriedade (os sucessivos estágios de desenvolvimento da propriedade da tribo, da propriedade comunal, da propriedade feudal, depois, capitalista), o estatuto do regime da propriedade constitui a forma no seio da qual as forças se desenvolvem (p. 27-34). Uma das correntes do marxismo ortodoxo pretenderá que o único problema a ser resolvido é a defasagem entre as formas e as forças. O argumento será que a estrutura capitalista constitui um obstáculo ao desenvolvimento das forças produtivas e que, portanto, a revolução será o processo pelo qual as formas e as forças se harmonizarão.

 O terceiro conceito que vamos examinar é o de "classe": o modo de união, de associação que resulta do jogo recíproco entre as forças e as formas. Esse conceito é decisivo para o nosso estudo, visto que o problema é saber se a classe é o requisito último para uma teoria da ideologia. Certos textos afirmam que uma ideologia é sempre a ideologia de uma classe. Nesse caso, é o conceito de classe que está subentendido em uma teoria da ideologia. Todavia, para outro modo de análise, pode haver uma genealogia da classe. Portanto, a determinação do papel da classe depende da maneira pela qual situamos o conceito na análise de Marx. Em *A ideologia alemã*, Marx introduz o conceito de classe da seguinte maneira:

> Eis, portanto, os fatos: indivíduos determinados, que têm uma atividade produtiva segundo um modo determinado, contraem relações sociais e políticas determinadas [...]. A estrutura social e o Estado resultam constantemente do processo vital de indivíduos

determinados; desses indivíduos, porém, não como podem aparecer [*erscheinen*] em sua própria representação [*Vorstellungen*] ou aparecer na de outrem, mas tal como são *na realidade*, ou seja, tal como atuam e produzem materialmente, portanto, tal como agem sobre bases e em condições e limites materiais determinadas e independentes de sua vontade (p. 34).

Vorstellung designa aqui não a imaginação, mas antes a concepção, a ideia ou a representação. Marx opõe o modo pelo qual certas coisas aparecem (*erscheinen*) como fenômenos, ou seja, nas representações, ao modo pelo qual elas são efetivamente. Devemos conservar o termo *Vorstellung*, visto que é a noção fundamental para o que a ideologia significa efetivamente.

Baseando-se na frase que acaba de ser citada, pode-se novamente levantar a hipótese de que o conceito-chave operatório é o indivíduo sob certas condições; estas, porém, pertencem à estrutura do indivíduo. A estrutura de classe pertence ao que tais pessoas são, e não ao que elas "imaginam", não unicamente à ideia que têm de si mesmas. Logo, tal estrutura é uma estrutura ontológica: é um modo de ser em conjunto que precede o modo pelo qual as pessoas se representam a sua situação. O original alemão apresenta esse ponto com uma força muito maior. Quando Marx diz "tal como são *na realidade*", o termo alemão para "na realidade" é *wirklich*, e *wirklich* tem a mesma raiz que *wirken*, que foi traduzido por "tal como atuam". Em alemão, ser "na realidade" e "atuar" são a mesma coisa. Ser é atuar, e a classe designa um modo de atuar em conjunto. Uma vez mais, o conceito de "indivíduos atuando" sustenta o conceito de classe: o "processo vital de indivíduos determinados [*bestimmter*]" é necessário à estrutura. Tem-se, aqui, uma primeira antecipação da relação entre o que se denomina "superestrutura" e o que se denomina "infraestrutura": a classe é uma infraestrutura, porém, enquanto modo de ser em conjunto, ela é também uma atividade sob certas condições.

O texto conduz então ao conceito muito importante de "materialismo histórico", embora o próprio termo não seja utilizado e, de fato, não possa ser encontrado em Marx, mas somente no marxismo ulterior. Tal conceito procede da descrição do conjunto das condições materiais, sem as quais não haveria história. Para *A ideologia alemã*, o materialismo histórico é a descrição das condições materiais que dão uma história à humanidade. O materialismo ainda não é uma filosofia, uma teoria, uma doutrina, um dogma: antes é uma maneira de ler a vida humana com base nas condições materiais de sua atividade.

Marx resume em três pontos a natureza do desenvolvimento histórico escandido pelo materialismo histórico. O materialismo histórico integra, de início, a produção dos meios que permitem satisfazer as necessidades humanas materiais (p. 39). Quando os economistas falam da necessidade, diz Marx, eles falam de uma entidade que é uma abstração. Negligenciam o fato de que as necessidades recebem a sua dimensão histórica unicamente da produção dos meios destinados a satisfazê-los. Mais precisamente, portanto, é a própria produção da vida material que é histórica: as necessidades enquanto tais não o são. Tanto isso é verdade que a segunda etapa dessa história é a produção de novas necessidades (p. 40). Quando só produzimos os meios de satisfazer as necessidades já existentes, tal produção é limitada ao horizonte dessas necessidades dadas. O segundo elemento fundamental, que tem alcance histórico, só sobrevém com a produção de novas necessidades. Somente agora é que há uma história do desejo, como bem o sabemos à época da publicidade, essa permanente criação das necessidades com o fim de vender, e assim por diante.

O terceiro momento do desenvolvimento histórico é a produção da humanidade através da família (p. 40). Nesse ponto, a comparação entre Marx e Hegel é instrutiva. Nos *Princípios da filosofia do direito*, a família representa a estrutura social em sua fase mais natural e mais imediata: a vida econômica só será encarada mais tarde. Ao passo que, para Marx, a estrutura da família decorre da história das necessidades como parte da história da produção. A história da família consiste em que ela é inicialmente um elemento fundamental e, em seguida, ela é destruída pela indústria, e assim por diante. A família se mantém na corrente das forças produtivas. Podemos nós dizer que, nessas condições, o materialismo histórico rompe totalmente com os seres humanos, com a base humanista? Isso não será possível, se mantivermos presente ao espírito a seguinte afirmação fundamental: por "relação social" nós entendemos "a ação conjugada de vários indivíduos, pouco importando em quais condições, de que modo e com que meta" (p. 42). A cooperação

(*Zusammenwirken*) é sempre o pano de fundo de uma entidade coletiva. As entidades coletivas, que constituem o objeto do materialismo histórico, são constantemente relacionadas por Marx com os indivíduos que as produzem.

Como quinto conceito fundamental desse texto, vamos introduzir o próprio conceito de ideologia. Para Marx, a ideologia é o que se reflete pelo viés das representações. É o mundo das representações enquanto ele se opõe ao mundo histórico cuja consistência própria se deve à atividade, às condições da atividade, à história das necessidades, à história da produção, etc. O conceito de realidade cobre todos os processos que podem ser descritos sob o título do "materialismo histórico". Uma vez mais, a ideologia ainda não está oposta à ciência, como será o caso no marxismo moderno, mas à realidade. Considero essenciais as poucas linhas que já foram mencionadas: "A estrutura social e o Estado resultam constantemente do processo vital de indivíduos determinados; desses indivíduos, porém, não como podem aparecer em sua própria representação [*Vorstellung*] ou aparecer na de outrem, mas tal como são *na realidade* [...]" (p. 34). O conceito de ideologia pode ser suficientemente amplo para englobar não somente as distorções, mas também todas as representações, todas as *Vorstellungen*. A ideologia pode ser às vezes um conceito neutro, tão neutro que, por exemplo, o comunismo do leste europeu fala de ideologia comunista em oposição à ideologia burguesa. Por conseguinte, o termo "ideologia" não tem necessariamente conotações negativas. Ele se opõe simplesmente ao que é real, efetivo, *wirklich*. Podemos constatar o quanto estamos próximos da distorção, visto que não ser real implica a possibilidade de ser falseado. Apesar de tudo, devemos conservar a distinção entre os dois momentos.

Se mantivermos tal distinção, vamos atinar com o fato de que não podemos excluir a possibilidade de que a distorção seja a ideologia sob a sua forma inadequada. O que nos conduz à questão de saber se poderia haver uma linguagem da vida real suscetível de ser a ideologia primeira, a ideologia a mais elementar. Marx responde em um parágrafo que é preciso ler quase linha a linha: "A produção das ideias, das representações, da consciência [*der Ideen, Vorstellungen, des Bewusstsein*], está, em princípio, direta e intimamente entrelaçada com a atividade material e com o intercâmbio material dos homens, ela é a linguagem da vida real" (p. 35). Este conceito de linguagem da vida real é fundamental para a nossa análise; o problema da ideologia reside somente em ser ela representação, e não práxis real. A linha de clivagem não passa entre o falso e o verdadeiro, mas entre o real e a representação, entre a práxis e a *Vorstellung*.

Neste ponto, de acordo com Geertz, minha análise da ideologia concede (isso se torna uma concessão ao menos em linguagem marxista) que há uma linguagem da vida real que preexiste a todas as distorções, uma estrutura simbólica da ação absolutamente primeira e incontornável. Marx prossegue:

> As representações, o pensamento, o intercâmbio intelectual dos homens ainda aparecem, aqui, como emanação direta [*Ausfluss*] de seu comportamento material. O mesmo vale para a produção espiritual, tal como ela se apresenta na linguagem da política, das leis, da moral, da religião, da metafísica, etc. de todo um povo. Os homens são os produtores de suas representações, de suas ideias e assim por diante, mas os homens reais, agentes, tal como são condicionados por um determinado desenvolvimento de suas forças produtivas e pelos relacionamentos [*Verkehrs*] que a ele corresponde, inclusive as formas as mais amplas que estes podem assumir (p. 35).

Neste texto, "relacionamentos" é a tradução do alemão *Verkehr*. *Verkehr* é um termo que desaparecerá do vocabulário de Marx e será substituído por *Verhältnis* (traduzido por "relação"). O parágrafo prossegue: "A consciência não pode jamais ser outra coisa senão o ser consciente, e o ser dos homens é o seu processo de vida real". Em alemão, há um jogo de palavras que não pode ser transposto na tradução brasileira. Marx enfatiza o fato de que a consciência (*Bewusstsein*) é existência consciente (*bewusstes Sein*). Uma vez mais, a consciência não é autônoma, mas antes está entrelaçada ao "processo de vida real" dos seres humanos.

As distorções da ideologia vêm à luz do dia na medida em que esquecemos que nossos pensamentos são uma produção: neste ponto advém a inversão. Marx explica nas famosas linhas sobre a *câmera obscura* que encerram o parágrafo examinado por nós: "E se, em toda ideologia, os homens e suas relações aparecem de cabeça para baixo como numa câmara escura, esse fenômeno resulta do seu processo histórico de vida, da mesma forma como a inversão dos objetos na retina resulta de seu processo de vida imediatamente físico" (p. 36). Eis o tipo de texto que desempenha um papel considerável no marxismo ortodoxo. A imagem é tomada de empréstimo à física – não podemos fazer nada a esse respeito – e, de fato, em uma câmara escura, a imagem é invertida. É ali, portanto, que se manifesta uma abordagem mecanicista do problema da ideologia, naquilo que, na realidade, nada mais é do que uma metáfora. É a metáfora da inversão das imagens, mas ela funciona como uma comparação com quatro termos. A inversão ideológica está para o processo vital, assim como a imagem na percepção está para a retina. Mas o que é uma imagem na retina, isso não posso dizer, pois são imagens somente para a consciência. A partir de então, tal metáfora instiga a curiosidade, mas ela também pode se mostrar decepcionante.

Althusser tentará se desembaraçar da comparação. Quando uma imagem é invertida, afirma ele, ela ainda é a mesma. Althusser chega então ao ponto de dizer que a imagem invertida pertence ao mesmo campo ideológico que o seu original. Daí devermos introduzir uma noção inteiramente diferente da inversão, a de "corte epistemológico" (Althusser cita Espinosa como bom exemplo de alguém cuja obra articulou essa perspectiva). A linguagem imagética de Althusser faz que sempre devamos *romper* com a percepção corrente do nascer do sol e prosseguir no rumo da observação, astronomicamente exata, de que não há nem nascer nem pôr do sol, a não ser em sentido estritamente perceptivo. A mudança não é uma inversão, mas uma ruptura, um *corte*. (A palavra "corte" foi introduzida por Bachelard, a fim de representar a ideia segundo a qual todos os progressos científicos advêm através de rupturas epistemológicas). Logo, para Althusser, a noção de ruptura epistemológica deve substituir a de *camera obscura*, pois uma imagem invertida sempre permanece a mesma. Inverter o hegelianismo talvez seja anti-hegeliano, no entanto tal inversão permanece encerrada no quadro hegeliano.

O ponto de vista althusseriano, entretanto, não é aquele sobre o qual eu gostaria de insistir. Aqui, não estou tão interessado pela falsa claridade da imagem da inversão como pelo leque de possibilidades que a análise de Marx deixa em aberto: o leque se estende da linguagem da vida real até a distorção radical. Vamos insistir no fato de que o conceito de ideologia recobre toda a gama de possíveis. O que não é menos interessante, é aquilo a que a ideologia está relacionada: àquilo que Marx denomina o processo de vida real; este é o ponto último de referência. Os seres humanos são sempre o ponto de referência, mas são os seres humanos em condições históricas dadas.

Como quer que seja, a imagem infeliz da câmara escura (*camara obscura*) acarreta igualmente algumas outras características inoportunas. Nesse texto, não se encontram nada mais do que imagens, porém elas foram congeladas pelo marxismo ortodoxo. Que se pense, por exemplo, nos termos "reflexo" e "eco". "Parte-se dos homens em sua atividade real e, a partir de seu processo de vida real, expõe-se também o desenvolvimento dos reflexos ideológicos e dos ecos desse processo de vida. Também as fantasmagorias na cabeça dos homens são sublimações resultantes necessariamente de seu processo de vida material [...] (p. 36). Os homens vivem, mas em seu cérebro eles têm o eco desse processo de vida real. A ideologia aparece, aqui, como uma espécie de fumaça ou neblina, algo de acessório em termos de produção, observemos igualmente o termo "sublimações" que aparece no texto. Essa palavra se tornou familiar para nós através de Freud, mas assim como na *camara obscura* (a imagem retiniana), ela saiu da física. O sublimado é o que se evapora em certos processos químicos (dizendo mais respeito à alquimia do que à química): é aquilo que se deposita na parte superior do recipiente. O sublimado é, portanto, o produto evaporado. O "reflexo", o "eco", a "sublimação" e a imagem retiniana, todos acarretam algo que se desenvolve ao sair de outra coisa.

No marxismo ulterior, a relação entre a realidade e o eco ou o reflexo conduzirá a uma constante depreciação de toda atividade intelectual autônoma. Essa perspectiva pode ser captada igualmente na célebre passagem em que Marx afirma que as atividades intelectuais não têm história:

> A moral, a religião, a metafísica e todo o resto da ideologia, bem como as formas de consciência a ela correspondentes, logo perdem toda aparência de autonomia que até então possuíam. Não têm história, não têm desenvolvimento; ao contrário, são os homens que, ao desenvolverem sua produção e seus relacionamentos materiais [*Verkehr*], transformam também, com essa sua realidade, seu pensamento e os produtos de seu pensamento (p. 36-37).

Nesta expressão – "todo o resto da ideologia" –, Marx engloba todas as esferas que implicam as representações em geral, todas as produções culturais – a arte, a lei, etc.: o campo é extremamente amplo. O texto, no entanto, é menos forte do que parece, visto que Marx diz: "os homens, ao desenvolverem sua produção e seus relacionamentos materiais [*Verkehr*], transformam também, com essa sua realidade, seu pensamento e os produtos de seu pensamento". Não há, por conseguinte, uma história que se faça na sombra.

O enunciado de Marx oscila entre a verdade segundo a qual os homens vivem primeiro e depois falam, pensam, etc., e aquela representação especiosa segundo a qual definitivamente não há, por exemplo, história da arte, para nada dizer a respeito da história da religião. A verdade é a célebre – direi mesmo: a extraordinária – afirmação que imediatamente dá continuidade às linhas que acabo de citar: "Não é a consciência que determina a vida, é a vida que determina a consciência" (p. 37). Trata-se de uma proposição clássica do marxismo. Se denominamos "consciência" não simplesmente a atenção mas a capacidade de projetar objetos, então isso designa o mundo objetivo de Kant e de Hegel, a constituição de um mundo objetivo pela representação: trata-se de todo o mundo fenomenal enquanto mentalmente interpretado. É o sentido que foi conservado por Freud: quando ele fala de consciência, é uma provação da realidade. O que Marx sustenta é que tal provação da realidade não é algo de autônomo, mas antes uma parte do processo global do indivíduo vivo. Quando analisa o contraste entre a vida determinada pela consciência e a consciência determinada pela vida, Marx diz: "no primeiro modo de considerar as coisas, parte-se da consciência como sendo o indivíduo vivo; no segundo, que corresponde à vida real, parte-se dos próprios indivíduos reais, vivos e se considera a consciência unicamente como *sua* consciência" (p. 37). Portanto, se tomarmos a afirmação de Marx em sentido mais restrito, a saber, que nada acontece na consciência, então isso não tem grande interesse. Mas se o entendermos mais amplamente, no sentido de que se trata da consciência do indivíduo vivo, talvez a afirmação seja menos contundente.

Mais tarde, a teoria marxista da ideologia continuará a se debater com essa ambiguidade. Como veremos, tentará encontrar uma posição de equilíbrio na célebre fórmula de Engels: a situação econômica é determinante em última instância, mas a superestrutura também reage sobre a infraestrutura. A autonomia das esferas ideológicas é preservada, mas o primado da economia é reafirmado. Os marxistas tentam, portanto, encontrar sua via entre dois enunciados: de um lado, não há história da consciência, da ideologia, há somente uma história da produção; de outro lado, assim mesmo há uma relativa autonomia das esferas ideológicas.

Que a ideologia recubra uma base muito mais ampla que a religião, no sentido de Feuerbach, é algo atestado pelo fato de que a ciência também é uma parte da esfera ideológica. Para a ciência, a questão é idêntica àquela que acabamos de examinar; tem-se a possibilidade de uma ciência verdadeira quando ela está implicada na vida real. A ciência é real quando é uma ciência da vida real: neste momento, não é uma representação (*Vorstellung*), mas a apresentação da atividade prática, do processo prático dos homens. Os comentários de Marx sobre essa matéria são muito importantes, porque determinam o estatuto de sua obra. O próprio livro é um produto ideológico no sentido de que não se trata da vida, mas da apresentação da vida. Marx escreve: "Ali onde termina a especulação, na vida real começa também, portanto, a ciência real, positiva, a análise da atividade prática, do processo de desenvolvimento prático dos homens" (p. 37). Podemos, portanto, vincular essa ciência real, positiva, àquilo que Marx denominou, pouco antes, "a linguagem da vida real" (p. 35).

Devemos, a propósito da tradução, tornar algo mais preciso: por "análise" da vida prática, traduz-se o termo alemão *Darstellung* (atualização[19] da vida), e não *Vorstellung*. O uso que Marx faz da *Darstellung* tem antecedentes em Hegel. No célebre "Prefácio" da *Fenomenologia do espírito*, Hegel escreve que a tarefa da filosofia é produzir a *Darstellung*, a apresentação do processo integral. Portanto, Marx retém aqui a ideia, fundamental em Hegel, segundo a qual por trás da representação alterada há a apresentação real. Marx deve reservar um lugar para tal conceito porque uma obra como *O capital* é tida como aquela que justifica o seu estatuto epistemológico em relação à ideologia: seu estatuto é o da apresentação, da *Darstellung*, da atividade prática, dos processos práticos. "Cessam as frases vazias

---

[19] No original (p. 120), *mise à jour de la vie* (N.T.).

sobre a consciência, um saber real deve substituí-las. Com o estudo da realidade, a filosofia deixa de ter um lugar onde ela existe de modo autônomo" (p. 37). A palavra "estudo" é a tradução da forma verbal para *Darstellung*. Há, portanto, algo que pode chegar e tomar o lugar da filosofia – ao menos no sentido em que a filosofia é a filosofia da consciência –, tal como nas ideologias alemãs que Marx critica. Há um lugar para a ciência da vida real que deve assumir o estatuto da linguagem da vida real, o estatuto do discurso da práxis.

Este problema nos conduzirá, nas próximas aulas, a nos perguntarmos se é possível construir um conceito de práxis que não tenha, desde o início, uma dimensão simbólica, de tal modo que ele poderia ter e receber sua linguagem própria. Se tal linguagem já não for constitutiva da ação, para retomar o conceito de ação simbólica de Kenneth Burke, então não podemos dispor desse conceito positivo de ideologia. No entanto, devemos arranjar um espaço não somente para uma linguagem da vida real, para a ciência real como *Darstellung*, mas também para a atividade lógica que advém em relação a tal realidade, à necessidade de elaborar certas abstrações, abstrações mitológicas. Devemos deixar um lugar para tais abstrações mitológicas porque todos os conceitos operatórios (no caso de Marx, a produção, as condições de produção, etc.) são construções.

Em *A ideologia alemã*, a atividade lógica é antecipada, se não por uma linguagem explicitamente transcendental, ao menos pela linguagem das condições de possibilidade da própria descrição. "Em seu lugar [no lugar da filosofia], pode aparecer, no máximo, uma síntese dos resultados mais gerais que é possível abstrair do estudo do desenvolvimento histórico dos homens" (p. 37-38). Tal afirmação é característica do estatuto epistemológico daquilo que Marx denominou as "premissas" de seu método materialista (p. 24). As premissas são inevitáveis; não podemos começar pura e simplesmente pela consideração das coisas. Devemos decifrar outros fenômenos e precisamos de chaves, a fim de poder lê-los. Prossegue Marx: "Tais abstrações, tomadas em si, separadas da história real, não têm nenhum valor; podem, no máximo, servir para classificar mais facilmente a matéria histórica, indicar a sucessão de suas estratificações particulares" (p. 38). Não estamos longe do que Max Weber denomina o "tipo-ideal". Em sociologia, não podemos proceder exclusivamente com o auxílio do olho nu. Devemos dispor de noções tais como as forças e as formas, e elas não estão dadas na realidade: são construções. Por conseguinte, enquanto ideólogo da vida real, Marx deve incialmente apoiar-se na linguagem da vida real, em seguida, em uma ciência real da práxis, e, por fim, em certas abstrações que lhe permitam construir tal ciência. E Marx insiste no fato de que todos esses fatores devem estar relacionados, a montante, à sua fonte, nos seres humanos. Seu método tem premissas e "tais premissas são os homens" (p. 37).

Agora que examinamos tão longamente o conceito de ideologia, vamos nos voltar para o conceito de "consciência", que é o conceito fundamental da ideologia alemã. Marx escreveu *A ideologia alemã* para combater a importância concedida a esse conceito. Se a primeira parte do texto incide sobre Feuerbach, é porque Feuerbach atribuiu um papel-chave à consciência de si, à autoprodução dos seres humanos por meio da consciência. Para Marx, a consciência não é o conceito de partida, mas aquele ao qual devemos chegar. A questão da consciência sobrevém somente depois que se tomou em consideração quatro momentos prévios: a produção da vida material, a história das necessidades, a reprodução da vida e a cooperação dos indivíduos nas entidades sociais (p. 38-43). A consciência, portanto, não é o fundamento: ela é, inversamente, um efeito.

> Somente agora, depois de já termos examinado quatro momentos, quatro aspectos das relações históricas originárias, descobrimos que o homem tem também "consciência". Mas esta também não é, desde o início, consciência "pura". O "espírito" sofre, desde o início, a maldição de estar "contaminado" pela matéria, que, aqui, se manifesta sob a forma de camadas de ar em movimento, de sons, em suma, sob a forma de linguagem.

A linguagem aparece, por assim dizer, como o corpo da consciência (nos *Manuscritos de 1844* encontra-se passagem análoga, que indica a mesma ideia: terceiro *Manuscrito*, 96).

> A linguagem é tão antiga quanto a consciência – a linguagem é a consciência real, prática, que existe para os outros homens e que, portanto, também existe para mim mesmo; e a linguagem nasce, tal como a consciência, do carecimento, da necessidade de intercâmbio com outros homens (p. 43).

Trata-se da linguagem como discurso. A meu ver, toda a descrição marxista da linguagem diz respeito, aqui, não a uma teoria das classes, mas a uma antropologia fundamental, porque todos os seres humanos falam e todos têm uma linguagem. Isso prova que o próprio conceito de "intercâmbio", de troca, pertence a essa camada antropológica radical, não mais no sentido da consciência, mas da vida, dos indivíduos vivos. "Ali onde existe um relacionamento, ele existe para mim. O animal *não está em relacionamento* com nada, não conhece, em suma, nenhum relacionamento" (p. 43-44). O fosso entre o homem e o animal, característico dos *Manuscritos*, pode igualmente ser evocado aqui com base na linguagem. Eu me pergunto o que Marx diria hoje da descoberta de um tipo de "linguagem" nas abelhas, etc.

Enfim, o último conceito a examinar é o de "divisão do trabalho". Toda a nossa resenha dos conceitos de base conduz a ele. O termo assume, neste texto, o lugar da alienação. Precisamos discutir o fato de que a divisão de trabalho toma o lugar da alienação, quer sob o título de sinônimo, quer sob o título de substituto. Tal questão ainda constitui o objeto de controvérsia entre os marxistas. Althusser, por exemplo, sustenta que o conceito de alienação desapareceu d'*A ideologia alemã*: defende que ele foi substituído pela divisão do trabalho e que este último conceito pertence à mesma esfera que os modos de produção, etc. A meu ver, o conceito de divisão do trabalho fornece, de fato, o elo que religa os conceitos antes antropológicos e as estruturas abstratas como a classe e o modo de produção, porque é através da divisão do trabalho que aparecem as entidades objetivadas. Portanto (e eu me contento com isso), tal conceito desempenha o papel da alienação, e talvez se trate da alienação sob outro nome.

Nos *Manuscritos*, a divisão de trabalho é considerada mais como um efeito do que como uma causa. Ela é principalmente o efeito do processo que faz, da propriedade, algo de abstrato. O trabalho esqueceu sua capacidade de criar propriedade privada, que esmaga sob o seu peso o trabalhador. O trabalho é parcelado quando é alugado pelo capital, alugado para tal ou qual tarefa: esse despedaçamento das tarefas é um efeito da abstração da propriedade. A divisão do trabalho se torna o conceito central porque ela é o desmembramento da própria atividade do trabalho. Poderemos acompanhar a evolução que vai dos *Manuscritos* a *A ideologia alemã*, se considerarmos o conceito de alienação naquilo que os *Manuscritos* denominam o seu segundo momento: a alienação da atividade. A divisão do trabalho é o sinônimo dessa segunda etapa. De fato, a meu ver, o problema da divisão do trabalho não teria nenhum interesse, se não fosse um desmembramento do ser humano. Se isso ocorresse de outra maneira, a divisão do trabalho seria apenas um fenômeno técnico: os homens trabalham segundo as modalidades específicas que fazem parte do sistema de produção. Porque o trabalho é o que os homens fazem, de toda maneira, é sua atividade que se decompõe, se divide e se fragmenta. A divisão do trabalho é a fragmentação da humanidade enquanto conjunto. Por conseguinte, o conceito de divisão do trabalho deve ser compreendido, para mim, segundo o ponto de vista da humanidade entendida como um todo, e, portanto, uma vez mais, com base na categoria de totalidade.

O principal texto de Marx sobre a divisão do trabalho se insere em um longo desenvolvimento que eu cito em pormenor:

> E, finalmente, a divisão do trabalho nos oferece imediatamente o primeiro exemplo de que, enquanto os homens se encontram na sociedade natural e, portanto, enquanto há cisão entre interesse particular e interesse comum, enquanto a atividade, por conseguinte, não está dividida de forma voluntária, mas de forma natural, a própria ação do homem se transforma em um poder que lhe é estranho e que a ele se opõe, um poder que subjuga o homem em vez de por este ser dominado. Com efeito, logo que o trabalho começa a ser distribuído, cada um passa a ter uma esfera de atividade [*Tätigkeit*] exclusiva e determinada, que lhe é imposta e à qual não pode escapar; o indivíduo é caçador, pescador, pastor ou crítico, e assim deve permanecer se não quiser perder seu meio de existência – ao passo que, na sociedade comunista, onde cada um não tem uma esfera de atividade exclusiva, mas pode aperfeiçoar-se em todos os ramos que lhe agradam, a sociedade regula a produção geral, o que cria para mim a possibilidade de hoje fazer isto, amanhã aquilo, de caçar pela manhã, pescar à tarde, à noite dedicar-me à criação de gado, criticar após o jantar, exatamente de acordo com a minha vontade, sem que eu jamais me torne caçador, pescador, pastor ou crítico. Essa fixação da atividade social, essa petrificação de nosso próprio produto em um poder objetivo que nos domina, escapando ao nosso controle, contrariando nossas expectativas e reduzindo a nada os nossos cálculos, é um dos principais momentos no desenvolvimento histórico até aqui realizado (p. 48).

Com base neste texto, vê-se como seria possível pretender que o conceito de alienação desapareceu. Ao contrário, nele o conceito é descrito de modo mais concreto: ele aparece menos como um processo metafísico, como uma objetivação invertida. O conceito de divisão do trabalho oferece uma base material ao conceito de alienação. O papel da atividade humana (*Tätigkeit*) é central: o que está em jogo é que o resultado da divisão do trabalho contraria a nossa atividade.

Na edição alemã as linhas que sugerem que o conceito de alienação desapareceu, sucedem ao parágrafo acima citado. Marx escreve: "Essa '*alienação*' – para que nossa exposição permaneça inteligível aos filósofos – só pode ser abolida, naturalmente, sob duas condições *práticas*" (p. 51) (falarei dessas duas condições em um instante). O termo "alienação" desaparece do vocabulário d'*A ideologia alemã*, pois é um termo filosófico: ele pertence ao mundo intelectual de Feuerbach. Mesmo se a palavra é agora posta entre aspas, trata-se, no entanto, do mesmo conceito expresso diferentemente. Uma palavra é utilizada no lugar de outra, não porque ela a elimina, mas porque propõe uma abordagem mais concreta. Todas as figuras da alienação são reencontradas na maneira pela qual estamos divididos em nossa atividade. Por conseguinte, a alienação que se produz na divisão do trabalho é algo que nos afeta enquanto indivíduos. Não se trata somente de um processo social, mas de uma forma de mutilação do indivíduo real. *A ideologia alemã* bem pode recusar a palavra "alienação" porque ela é idealista, porém, não recusa a significação do conceito. Todas as descrições da supressão da alienação retornam a este texto.

Se o conceito de alienação não é idealista quando transposto na linguagem da divisão do trabalho, o mesmo vale para a noção de sociedade comunista. Nos textos precedentes de Marx, a sociedade comunista era mais ou menos um sonho: aqui ainda é um sonho, mas, ao final das contas, considerado agora como uma possibilidade real porque definido por suas condições reais. Quando Marx diz "Essa '*alienação*' [...] só pode ser abolida, naturalmente, sob duas condições *práticas*", as duas condições são o desenvolvimento de um espaço de mercado e a constituição de uma classe universal através do mundo. Tais condições bastam, aos olhos de Marx, para afirmar que o conceito de sociedade comunista não é uma utopia, porque o que caracteriza a utopia é que ela não fornece nenhum indício para a sua inserção na história. Ao passo que, aqui, a superação da divisão do trabalho é a condição histórica requerida.

> O comunismo não é, para nós, nem um *estado* que deve ser criado [para Marx isso seria utopia], nem um *ideal* pelo qual a realidade deveria se regular. Denominamos comunismo o movimento *real* que abole o estado atual. As condições desse movimento resultam das premissas atualmente existentes (p. 53-54).

Uma vez mais, o conceito de "real" é central: as condições reais são requeridas para a abolição da divisão do trabalho, e elas "resultam das premissas atualmente existentes".

Na aula seguinte, voltarei brevemente à noção de divisão do trabalho, à guisa de introdução ao ponto maior da exposição: o das duas leituras possíveis do texto. Podemos ler *A ideologia alemã* tomando por fio condutor quer as condições materiais, quer os indivíduos reais, e eu próprio poderia propor uma arbitragem entre os dois. Mas, evidentemente, vou propor minha leitura pessoal. Nas páginas seguintes, vemos ler textos marxistas mais tardios. Infelizmente, só li Gramsci recentemente. No final das contas, ele é o marxista mais interessante para nossa tipologia da ideologia. Ele deixa de lado o aspecto mecânico e trivial que prevaleceu no marxismo ortodoxo. Como quer que seja, esta pesquisa não é uma travessia do marxismo, ela se contenta em ler alguns textos marxistas.

Aula n° 6

Marx: *A ideologia alemã* (2)

Nas aulas anteriores, minha intenção principal foi resenhar os principais conceitos d'*A ideologia alemã*. Isso me permitiu adiar certas questões relativas à minha interpretação do texto, o que é o meu objetivo hoje. Um breve retorno ao conceito de divisão do trabalho nos fornecerá uma entrada na matéria.

Inicialmente, na hierarquia dos conceitos d'*A ideologia alemã*, o conceito de divisão do trabalho ocupa exatamente o lugar anteriormente concedido, nos *Manuscritos*, ao conceito de alienação. Como observa Marx, podemos dizer que mesmo o conceito de ideologia é introduzido pelo de divisão do trabalho. A afirmação decisiva de Marx sobre esse ponto está na seguinte nota: "A divisão do trabalho só se torna efetivamente divisão do trabalho a partir do momento em que se opera uma divisão do trabalho material e intelectual" (p. 45). A própria separação entre vida real e representação é um caso da divisão do trabalho. Logo, esse conceito tem um campo muito amplo de aplicação. De fato, uma das razões pelas quais, a meu ver, a divisão do trabalho tem o mesmo campo de aplicação que a alienação é que a divisão do trabalho substitui a alienação na mesma esfera semântica, na mesma grade de significação. Marx prossegue: "A partir desse momento, a consciência *pode* verdadeiramente imaginar ser algo distinto da consciência da prática existente, representar *realmente* algo sem representar algo real".

Essa caracterização é comparável à definição do sofista de Platão: o sofista é aquele que diz algo sem dizer algo que é. No caso de Marx, temos a possibilidade de colocar a realidade entre parênteses no mundo da representação, da consciência. "A partir desse momento, a consciência está em condições de se emancipar do mundo e de passar à formação da teoria 'pura', teologia, filosofia, moral, etc." (p. 45-46). O conceito de divisão do trabalho entre obra material e pensamento não explica totalmente talvez o conceito de inversão da imagem, mas devido a esse recuo do domínio do pensamento fora da práxis, está dada a condição de possibilidade de uma imagem invertida da realidade.

O reconhecimento da dupla relação entre realidade e ideologia – a saber, que a ideologia está simultaneamente separada e em recuo perante a realidade, sendo ao mesmo tempo engendrada por ela – conduz a colocar a questão decisiva: a que base real o processo ideológico é redutível? Como se viu, o texto parece autorizar duas leituras. De um lado, podemos considerar como base real as entidades anônimas, tais como a classe, as forças produtivas e os modos de produção. De outro, podemos nos perguntar se tais entidades não são, elas mesmas, redutíveis a algo ainda mais originário. Talvez tais entidades só tenham autonomia no estado de nossa sociedade. Em outros termos, talvez a autonomia da condição geral (dita econômica) seja um produto do estado de alienação, mesmo se não utilizarmos essa palavra.

Das duas leituras diferentes d'*A ideologia alemã*, podemos dizer que a primeira é uma interpretação objetivista e estruturalista. É um andamento que conduz até Althusser e outros, para os quais o indivíduo desaparece, ao menos no nível dos conceitos fundamentais. Esses intérpretes se reportam, de preferência, ao funcionamento das estruturas anônimas. Com alguém como Engels, não há nenhuma dúvida quanto ao fato de que a relação entre realidade e ideologia seja atinente à relação entre a infraestrutura e a superestrutura, e não à relação entre o indivíduo e a consciência. Ao contrário, na segunda abordagem do texto, a base real é, em última análise, aquilo que Marx denomina o indivíduo real, vivo, em condições determinadas. A classe, neste caso, é um conceito intermediário, isolável unicamente sob o título de abstrações metodológicas, construções que Marx permite à ciência real utilizar, mas sob a condição de não esquecer que elas permanecem como abstrações. O argumento é que tais construções são mais apropriadas ao estágio de alienação, ali onde as estruturas anônimas aparecem, de fato, como dominantes. Podemos resumir essas leituras alternativas da seguinte forma: conceitos como as classes são abstrações epistemológicas ou constituem a base real?

Para apresentar essa alternativa, acompanhemos inicialmente o fio da interpretação estrutural. Teremos uma primeira ideia dessa leitura partindo da proposição fundamental concernente à ideologia, posta de lado até agora:

> As condições nas quais é possível utilizar forças produtivas determinadas são as condições da dominação de uma classe determinada da sociedade; a potência social dessa classe, decorrente daquilo que ela possui, encontra regularmente a sua expressão *prática* sob forma idealista no tipo de Estado próprio a cada época; é por isso que toda luta revolucionária está dirigida contra uma classe que dominou até então (p. 120).

O conceito de classe dominante é o suporte imediato de uma teoria da ideologia. Por conseguinte, desmascarar a ideologia é desvelar e trazer à luz do dia a estrutura de poder que se dissimula por trás. E o que se encontra por trás de uma ideologia não é o indivíduo, é a estrutura social.

A conexão entre a classe dominante e as ideias dominantes é evocada no texto seguinte:

> Os pensamentos da classe dominante são também, em todas as épocas, os pensamentos dominantes, em outras palavras, a classe que é a potência *material* dominante da sociedade é também a potência dominante *espiritual*. A classe que dispõe dos meios da produção material dispõe, ao mesmo tempo, dos meios para a produção intelectual, embora, os pensamentos daqueles aos quais são recusados os meios de produção intelectual estão submetidos a essa classe dominante. Os pensamentos dominantes são apenas a expressão ideal das relações materiais dominantes, são essas relações materiais dominantes captadas sob a forma de ideias [...] (p. 74).

Não há nenhuma dúvida de que, nesta passagem, as relações materiais são a base da produção intelectual. Podemos, a partir de agora, recolher dessa ideia que um interesse dominante se torna uma ideia dominante. A relação não é tão clara quanto parece: há nisso algo muito obscuro. A questão ressurgirá principalmente na discussão a propósito de Max Weber. Para Weber, cada sistema de poder, de autoridade, qualquer que seja ele, sempre tende a se autolegitimar. E logo, segundo ele, o lugar que a ideologia ocupa se inscreve no sistema de legitimação de uma ordem de poder. Minha própria interrogação é saber se podemos colocar a questão da legitimação em termos de causalidade – a causalidade da infraestrutura sobre a superestrutura – ou se devemos exprimi-la através de outro modelo conceitual: o da motivação. Será que um sistema de legitimação não constitui, de preferência a uma relação de causalidade, uma forma de motivação? Tal é o problema a que voltaremos. Em compensação, ao menos no texto citado, as ideologias são tão anônimas quanto a sua base, visto que "são apenas a expressão ideal das relações materiais dominantes [...] captadas sob a forma de ideias [...]". Tal relação entre os relacionamentos dominantes e as ideias dominantes se torna o fio condutor da teoria da ideologia no marxismo ortodoxo: ela é interpretada em termos incrivelmente mecanicistas e, de modo algum, nos termos de um processo de legitimação, o qual ainda é uma espécie de procedimento intelectual. Portanto, um primeiro argumento que incitaria a ler o texto com base em entidades anônimas procede do papel desempenhado pelo conceito de classe dominante como suporte das ideias dominantes.

Um segundo argumento seria que a posição dominante remete, por sua vez, a um fator que Marx denomina o fundamento real ou a base real da história. Essa base é enunciada sob a forma de um jogo recíproco entre as forças e as formas ou entre as forças e os intercâmbios (*Verkehr*), que nos textos ulteriores serão designadas como relações (*Verhältnisse*). Marx examina "a forma dos intercâmbios, condicionada pelas forças de produção [...] e, por sua vez, condicionando-as" (p. 54). Por conseguinte, é inteiramente possível escrever uma história da sociedade sem mencionar indivíduos, mas antes recorrendo unicamente às forças e às formas. Para designar a base, Marx utiliza outro termo: o de "circunstâncias" (*Umstände*). Ele fala

> [...] [de] uma massa de forças de produção, de capitais e de circunstâncias que, por um lado, são bem modificadas pela nova geração, mas que, de outro lado, lhe ditam as suas próprias condições de existência e lhe imprimem um desenvolvimento determinado, um caráter específico; por conseguinte, as circunstâncias fazem os homens tanto como os homens fazem as circunstâncias (p. 58-59).

Nesta última frase, temos uma expressão mais equilibrada: a relação é mais circular do que orientada no rumo de uma única direção. O marxismo ortodoxo tentará conservar essa reciprocidade afirmando que, mesmo se a infraestrutura permanece, em última instância, o fator determinante, a superestrutura também pode reagir à infraestrutura. Como se verá mais precisamente nas aulas seguintes, o que implica a fórmula "em última instância" é o germe de numerosos conflitos no seio do marxismo ulterior. No presente contexto, a ideia é que as circunstâncias fazem os homens, mas que também os homens fazem as circunstâncias. Marx diz igualmente que tais circunstâncias são, de fato, aquilo que os filósofos denominam "substância" (p. 59). A filosofia gostaria de remeter todas as mudanças a algo que existe essencialmente, e o conceito de substância desempenha esse papel. O que os filósofos denominam substância é, segundo Marx, o que ele próprio denomina a "base concreta".

Um terceiro argumento em favor da leitura estrutural decorre do lugar considerável que Marx, em suas descrições empíricas, atribui a entidades coletivas tais como a cidade e o campo. Para ele, a relação cidade/campo é um aspecto da divisão do trabalho. Tal relação desempenhou importante papel no marxismo chinês: é uma das oposições que se encontram no coração da divisão do trabalho. Em certo momento, Stalin também tentou enfrentar esse problema da divisão entre o campo e a cidade. O próprio Marx escreveu: "A maior divisão do trabalho material e intelectual é a separação da cidade e do campo" (p. 81). Tal divisão pode ser superposta à divisão entre material e intelectual, visto que as atividades intelectualmente orientadas estão concentradas na cidade. Ademais, ambas as divisões se reforçam mutuamente. A própria convergência é uma razão suplementar para ler a história no nível de um conflito entre a cidade e o campo.

Podemos acompanhar este terceiro fio da argumentação observando que os grandes atores dessa história são entidades coletivas. Talvez o principal agente estrutural – ao lado do proletariado enquanto classe – é o que Marx denomina manufatura ou indústria (deparamos com a grande admiração de Marx pelas análises econômicas inglesas que fizeram, do nascimento da fábrica, o nascimento dos tempos modernos). Ele enuncia proposições tais como: "Com a manufatura liberta da corporação, as relações de propriedade também se transformaram imediatamente" (p. 92). "A extensão do comércio e da manufatura acelerou a acumulação do capital móvel [...] (p. 95). O presente é uma dramaturgia das estruturas econômicas: uma estrutura desmorona e é substituída por outra, assim como por esse fenômeno anônimo que é a acumulação do capital móvel (o que será mais tarde um conceito-chave d'*O capital*). Ao destacar essas frases, o meu problema não é de modo algum determinar se a descrição de Marx é justa. O meu interesse remete antes à estrutura epistemológica da obra, para descobrir no texto o que são os agentes históricos. Quando Marx escreve sobre as entidades coletivas que são os atores da história, ele sempre tem em mente o fato de que as entidades providas de uma história não são ideias, mas o negócio, o comércio, a propriedade, o trabalho, etc. Logo, se falo dessas entidades coletivas como de agentes históricos, é para fazer jus a todos esses textos em que tais entidades agem, em que elas fazem algo. Há um tipo de dramatização associada à atividade manufatureira ou industrial:

> A despeito desses meios de proteção, a grande indústria tornou a concorrência universal [...]. Ela aniquilou ao máximo a ideologia, a religião, a moral, etc., e, quando isso lhe é impossível, fez delas mentiras flagrantes. Ela é que criou verdadeiramente a história mundial, na medida em que fez depender do mundo inteiro cada nação civilizada, e cada indivíduo nessa nação, para a satisfação de seus carecimentos, e onde ela aniquila o caráter exclusivo das diversas nações, que até então era natural. Ela subordinou a ciência da natureza ao capital [...]; de maneira geral, ela aniquila todo elemento natural [...]. Ela consumou a vitória da cidade comerciante sobre o campo [...]. Em geral, criou por toda a parte as mesmas relações entre as classes da sociedade [...]. Não são apenas as relações com o capitalista, é o próprio trabalho que ela tornou insuportável para o operário (p. 101-103).

A grande indústria, estrutura sem rosto, é o ator histórico, o sujeito lógico. Mesmo a divisão do trabalho, que apresentamos anteriormente como uma fragmentação do ser humano, aparece agora como um aspecto da estrutura da classe industrial.

> Reencontramos, aqui, a divisão do trabalho que havíamos encontrado anteriormente [...] como uma das potências capitais da história. Ela também se manifesta na classe dominante sob forma de divisão entre trabalho intelectual e trabalho material, tanto que teremos duas categorias de indivíduos no interior dessa mesma classe. Uns serão os pensadores dessa classe (os ideólogos ativos, que refletem e tiram sua principal substância da elaboração da ilusão que essa classe elabora sobre si mesma), ao passo que os outros terão uma atitude mais passiva e mais receptiva perante tais pensamentos e ilusões, porque são, na realidade, os membros

ativos dessa classe e têm menos tempo para elaborar ilusões e ideias sobre as suas próprias pessoas (p. 75).

Talvez o argumento mais convincente em favor de uma leitura estrutural desse texto diz respeito a uma quarta afirmação: a necessidade da luta política acentua os conflitos entre as classes, e não entre os indivíduos. Aqui, o conceito de proletariado aparece precisamente como uma entidade coletiva. Na medida em que o proletariado se torna, com a indústria, o segundo maior agente histórico, podemos ler e escrever a história como o conflito entre a grande indústria e o proletariado, sem mencionar indivíduos, mas somente estruturas e formas.

> Os elementos materiais de uma subversão total são, por um lado, as forças produtivas existentes e, por outro lado, a formação de uma massa revolucionária que faça a revolução, não somente contra condições particulares da sociedade passada, mas contra a própria "produção da vida" anterior, contra o "conjunto da atividade' que é o seu fundamento; se tais condições não existem, é inteiramente indiferente, para o desenvolvimento prático, que a *ideia* dessa subversão já tenha sido expressa mil vezes [...] como o prova a história do comunismo (p. 59).

Uma revolução é uma força histórica, e não uma produção da consciência. Toda tomada de consciência da necessidade de uma mudança se apoia em uma classe "que forma a maioria dos membros de uma sociedade e de onde surge a consciência da necessidade de uma revolução radical [...] (p. 120). O marxismo ortodoxo desenvolverá esse conflito entre as estruturas nos termos daquilo que Freud denominará, em relação ao conflito entre a vida e a morte em *O mal-estar na civilização*, uma gigantomaquia, um combate de gigantes. Podemos ler e escrever a história como o choque entre o capital e o trabalho, uma relação agonística entre entidades, um conflito entre espectros históricos.

Podemos encerrar essa leitura estrutural com uma quinta e última característica: a decisão metodológica de não ler a história segundo a consciência que dela se tem, mas segundo a base real. A ideia de que o historiador não tem de partilhar as ilusões da época que ele estuda está reivindicada em vários lugares. O texto que segue é um exemplo da crítica de Marx:

> Por conseguinte, essa concepção [clássica] só pôde ver na história os grandes acontecimentos históricos e políticos, lutas religiosas e, em suma, teóricas, e ela precisou, em particular, *partilhar*, para cada época histórica, a *ilusão dessa época*. Admitamos que uma época imagina estar determinada por motivos puramente "políticos" ou "religiosos", embora "política" e "religião" sejam apenas as formas de seus motores reais: seu historiador, então, aceita essa opinião (p. 60).

Ao considerar os atos políticos dos príncipes e dos Estados assim como os diversos conflitos religiosos e políticos, a abordagem clássica só tange à superfície da história. Negligencia o fato de que, por trás do rei da Noruega, para citar um exemplo familiar, há o arenque e o comércio dos arenques. Os historiadores se enganam quando endossam as ilusões da época por eles estudada. É com base nesse tipo de crítica que eu, em outro lugar, vinculei o marxismo ao "exercício da suspeita".[20] Não partilhar a ilusão de uma época é precisamente olhar por trás ou, como dizem agora os alemães, *hinterfragen*, questionar por trás.

Eis o que tínhamos a expor sobre a leitura estrutural d'*A ideologia alemã*, exceto por uma última citação. Eu guardei para o final a afirmação que segue mais nitidamente no sentido da interpretação estrutural do texto: "Portanto, segundo nossa concepção, todos os conflitos da história têm sua origem na contradição entre as forças produtivas e o modo de intercâmbios" (p. 128). Esta proposição delineia aquilo que se tornará a posição clássica do marxismo ortodoxo. As forças produtivas transformam a base do desenvolvimento tecnológico, mas as formas da troca resistem. De fato, a resistência opera não somente nas relações de produção – a forma jurídica da propriedade é um bom exemplo disso –, mas também no sistema de ideias que se enxerta nessas estruturas. Uma situação revolucionária se cria quando desse conflito, dessa contradição entre as forças produtivas e as relações de produção, nasce uma tensão no limite do ponto de ruptura. Para nós, o ponto mais significativo é aqui a total colocação entre parênteses dos indivíduos que carregam o peso da contradição.

Após haver reunido algumas passagens que servem de esteio à leitura objetiva d'*A ideologia alemã*, eu gostaria de me voltar agora

---

[20] *De l'interprétation. Essai sue Freud*. Em particular, p. 40-44: "L'interprétation comme exercice du soupçon".

para os textos em que a ênfase é posta na base real constituída pelos indivíduos reais em suas condições específicas. Marx, como veremos, fornece os utensílios para uma crítica interna de toda abordagem que enxergasse, em categorias como a classe dominante, fatores últimos de explicação. Voltemos inicialmente àquela afirmação – aparentemente clara –, segundo a qual, por trás de uma ideia dominante, sempre há uma classe dominante. Retomemos a frase que introduz a análise de Marx: "Os pensamentos da classe dominante são também, em todas as épocas, os pensamentos dominantes, em outras palavras, a classe que é a potência *material* dominante da sociedade é também a potência dominante *espiritual*" (p. 74). Para Marx, portanto, o vínculo entre a classe dominante e a ideia dominante não é mecânico: não é uma imagem em um espelho, à maneira de um eco ou de um reflexo. Essa relação requer um processo intelectual que lhe é próprio.

> Com efeito, cada nova classe que assume o lugar daquela que antes dela dominava é obrigada, para chegar a seus fins, a representar o seu interesse como o interesse comum de todos os membros da sociedade ou, para exprimir as coisas no plano das ideias: essa classe é obrigada a conferir a seus pensamentos a forma da universalidade, a representá-los como sendo as únicas razoáveis, as únicas universalmente válidas (p. 77).

Uma mudança aparece nas próprias ideias (reservo para a discussão das teses de Geertz – e dos que sustentam que em todo interesse já existe uma estrutura simbólica – a questão de saber o que poderia significar para um interesse ser "expresso" no plano das ideias). Estamos em presença de um processo de idealização, visto que uma ideia vinculada a um interesse particular deve aparecer como universal. Isso implica que um processo de legitimação, que solicita ser reconhecido pelo resto da sociedade, está igualmente em operação. Por conseguinte, um trabalho real de pensamento está implicado na transposição dos interesses particulares em interesses universais.

Tal transposição não requer somente um verdadeiro esforço de pensamento: ela pode operar segundo modalidades diferentes. Se dissermos, por exemplo, que o racionalismo representou no século XVIII os interesses da classe ascendente – a burguesia –, não poderemos deduzir dessa proposição diferenças entre Descartes, Espinosa e Kant. Logo, a maneira pela qual um interesse é representado no plano das ideias constitui, de fato, o condensado de um vasto e complexo processo de pensamento. Lucien Goldmann, discípulo de Lukács, se debateu durante toda a sua vida com esse problema. Tentou afinar o esquema marxista ao distinguir, no seio da sociedade francesa do século XVII por exemplo, os interesses concorrentes de grupos tais como o exército ou a magistratura. Goldmann sustentava que o empreendimento dos meios de toga comportava contradições específicas que podiam ser representadas pelo "Deus oculto" de Pascal. Como podemos constatar, é muito difícil levar a cabo esse trabalho, mas é um dos grandes desafios de uma história marxista das ideias colocar em evidência as conexões entre um sistema de interesses e um sistema de pensamento.

Para mim, há numerosos elos ou etapas intermediárias entre a afirmação brutal de um interesse e a forma elaborada que tomam uma filosofia ou um sistema teológico. Podemos escolher outro exemplo: a Reforma, com o conflito entre os calvinistas e os jesuítas sobre a predestinação e o livre arbítrio. Em certa medida, é possível dizer que esse conflito é uma maneira de ocupar-se com forças cuja vida econômica não pôde se realizar, mas há tantos passos a dar entre as contradições econômicas e a sua expressão teológica que o encadeamento imediato se torna ou um truísmo ou um sofisma, sobretudo se o modelo utilizado é tomado de empréstimo a uma física de tipo mecanicista. Poderíamos falar, como fará mais tarde o marxismo, da *eficácia* da base, mas reservarei essa discussão para nossa leitura de Althusser. É mais pertinente, a meu ver, interpretar a relação entre um interesse e sua expressão em termos de sistema de legitimação (recorro novamente à expressão de Max Weber). Se utilizarmos esse modelo, devemos introduzir a noção de "motivação" – assim como o papel desempenhado pelos agentes individuais que têm tais motivações – porque um sistema de legitimação é uma tentativa para justificar um sistema de autoridade. O processo é um jogo recíproco, de grande complexidade, entre reivindicações e crenças: reivindicações emanando da autoridade e crenças oriundas dos membros da sociedade. O processo de motivação é tão complexo que é difícil integrá-lo no seio da relação rudimentar entre infraestrutura e superestrutura. O modelo da ortodoxia marxista deve ser afinado a tal ponto que, no final das contas, ele se esfacela.

Voltemos agora ao papel da classe. Como no caso precedente, deixemos Marx enquanto historiador da sociedade: minha questão não é determinar se é legítimo afirmar que uma classe substituiu a outra, mas saber o que Marx entende por "classe". Em particular, até que ponto é uma categoria última? Existem numerosas passagens em que Marx sugere que a classe tem de fato uma história que lhe é própria e que sua própria autonomia em relação ao indivíduo é um processo análogo ao que isola as ideias de sua base. Podemos, por conseguinte, afirmar que uma teoria da história que utiliza o conceito de classe como causa em última instância é, de fato, a vítima de uma ilusão da autonomia, exatamente como os ideólogos são vítimas da ilusão de uma independência das ideias. Marx escreve: "Os indivíduos isolados não formam uma classe senão enquanto devem levar uma luta comum contra outra classe [...]" (p. 89). Isso abre a possibilidade de uma genealogia para aquilo que, em outro tipo de discurso, se tornaria um fator de última instância. Dois discursos se entrelaçam; um vê na classe o agente histórico, outro faz emergir uma redução antropológica ou uma genealogia das entidades sociológicas. Marx prossegue:

> Por outro lado, a classe se torna, por sua vez, independe perante os indivíduos, de modo que estes últimos encontram suas condições de vida estabelecidas antecipadamente, recebem de sua classe, já delineada, sua posição na vida e, ao mesmo tempo, o seu desenvolvimento pessoal; eles estão subordinados à sua classe. É o mesmo fenômeno da subordinação dos indivíduos isolados à divisão do trabalho e esse fenômeno só pode ser suprimido se for suprimida a propriedade privada e o próprio trabalho. Indicamos diversas vezes como tal subordinação dos indivíduos à sua classe se torna, ao mesmo tempo, a subordinação a todo tipo de representações (p. 89-90).

É o mesmo processo que dissocia as ideias da vida real e que separou a classe dos indivíduos. Por conseguinte, a própria classe tem uma história.

Em várias outras passagens, Marx fala da classe como uma circunstância ou uma condição. O que precisamos admitir é que só há condições ou circunstâncias *para* os indivíduos. As condições e as circunstâncias remetem sempre aos indivíduos que elas encontraram nessas situações. Precisamos, portanto, aplicar uma redução idêntica da classe ao indivíduo e do indivíduo à classe: a redução antropológica sustenta a redução econômica. Uma redução antropológica está implicada nessa permanente reivindicação enunciada por Marx: são os indivíduos reais que ingressam em relações.

> Se se considera, do ponto de vista *filosófico*, o desenvolvimento dos indivíduos em condições de existência comum dos estamentos e das classes que se sucedem historicamente e nas representações gerais que lhes são impostas por este fato, pode-se, é verdade, imaginar facilmente que o gênero ou o homem se desenvolveram nesses indivíduos ou que eles desenvolveram o homem; visão imaginária que resulta em rudes camuflagens da história. Pode-se então compreender os diferentes estamentos e as diferentes classes como especificações da expressão geral, como subdivisões do gênero, como fases do desenvolvimento do homem (p. 131-132).

Marx procede a uma interpretação antropológica da estrutura de classe. De fato, sua argumentação é muito mais vigorosa. Sustentar que a meta da revolução comunista é a abolição da classe pressupõe que esta última não é uma estrutura inviolável, que ela não é um dado, mas, antes, um produto da história. Ela pode ser destruída assim como foi constituída. A noção de abolição das classes só fará sentido se a classe não for um fator histórico irredutível, mas o resultado de uma transformação das potências pessoais em potências objetivas. "A transformação pela divisão do trabalho das potências pessoais [relacionamentos] em potências objetivas não pode ser abolida porque se extirpa do crânio essa representação geral, mas unicamente se os indivíduos submeterem novamente tais potências objetivas e abolirem a divisão do trabalho" (p. 129). As verdadeiras vítimas da divisão do trabalho, da estrutura de classe são os indivíduos. Os indivíduos podem projetar abolir a estrutura de classe e a divisão do trabalho porque são as suas próprias potências pessoais que foram transformadas em potências materiais. A classe e a divisão do trabalho são manifestações dessas potências materiais que são a transformação de nossas potências pessoais. É a noção de potência pessoal que comparece no primeiro plano.

Marx enfatiza esse argumento ao escrever: "Os indivíduos sempre partiram de si mesmos, naturalmente não do indivíduo 'puro' no sentido dos ideólogos, mas de si mesmos no quadro de suas condições e de suas relações históricas dadas" (p. 132). Este texto me convenceu de que a ruptura entre o jovem Marx e o Marx clássico não se deve à abolição do indivíduo, mas, bem pelo contrário, à sua emergência fora de uma concepção idealista da consciência. Meu principal argumento de encontro à interpretação de Althusser é que a ruptura entre o humanismo e o marxismo só é inteligível se interpretarmos o humanismo nos termos de uma pretensão da consciência, e não de uma reivindicação do indivíduo real. A ruptura se situa entre a consciência e o indivíduo real, não entre o ser humano e as estruturas.

Se interpretarmos a ruptura dessa maneira, apreciaremos melhor o fato de que a divisão do trabalho é penosa porque é uma divisão *no interior* do indivíduo.

> No curso do desenvolvimento histórico, aparece, e precisamente pela independência adquirida pelas relações sociais, fruto inevitável da divisão do trabalho, que há uma diferença entre a vida de cada indivíduo, na medida em que ela é pessoal, e sua vida na medida em que ela está subordinada a um ramo qualquer do trabalho e às condições inerentes a esse ramo (p. 132-133).

A divisão do trabalho só é problemática porque ela cinde cada um de nós: nossa vida interior de um lado e, de outro, o que damos à sociedade, à classe, e assim por diante. "A diferença entre o indivíduo pessoal oposto ao indivíduo em sua qualidade de membro de uma classe, a contingência das condições de existência para o indivíduo só aparecem com a classe que é, ela própria, um produto da burguesia" (p. 133). Esta frase pode ser lida de tal maneira que ela concorda com as duas abordagens interpretativas do texto. A divisão no seio do indivíduo foi engendrada pela classe, mas a própria classe é engendrada pela cisão no seio do indivíduo, uma cisão entre a parte pessoal e a parte da classe do indivíduo. A linha de clivagem passa, portanto, através de cada indivíduo.

Que as pessoas afirmem a si mesmas enquanto pessoas é algo de fundamental para compreender o processo de libertação, de abolição. A libertação é a reivindicação da pessoa contra as entidades coletivas. A motivação fundamental da revolução, ao menos em *A ideologia alemã*, é a afirmação da pessoa. Pode-se ler tal reivindicação da pessoa *no* texto, e não ao projetá-la nele.

> Portanto, enquanto os servos fugitivos só queriam desenvolver livremente suas condições de existência já estabelecidas e fazê-las valer, mas só chegavam em última instância ao trabalho livre, os proletários

devem, se quiserem afirmar seu valor enquanto pessoa, abolir a sua própria condição de existência anterior [...] quero dizer, o trabalho [o trabalho assalariado]. Eles estão, devido a este fato, em oposição direta com a forma que os indivíduos da sociedade escolheram até agora para expressão de conjunto, isto é, em oposição ao Estado, e precisam derrubar tal Estado para realizar a sua personalidade (p. 135).

Se a estrutura última é a classe, a força de motivação última é o indivíduo. Tem-se, nesse texto, uma tensão entre uma explicação baseada nas estruturas e uma explicação fundada nas motivações últimas dos indivíduos por trás dessas estruturas.

O que está em questão não é somente a motivação dos proletários, mas também a forma de sua associação. Marx encara a existência de um partido que não seria uma máquina, uma burocracia, mas uma reunião livre. A noção de "indivíduos unidos" é uma constante nesse texto. Marx afirma que, mesmo se no processo de trabalho os trabalhadores são apenas engrenagens e agem enquanto membros de uma classe, quando encontram os seus camaradas em uma associação, é sob o título de indivíduos reais. Eles subtraem a si mesmos da relação de classe quando ingressam nessa outra relação. Podemos dizer que os trabalhadores sofrem enquanto membros de uma classe, mas que agem enquanto indivíduos.

> De todo o desenvolvimento histórico até os nossos dias, decorre que as relações coletivas nas quais ingressam os indivíduos de uma classe, e que estavam condicionados pelos seus interesses comuns perante um terceiro, foram sempre uma comunidade que englobava tais indivíduos unicamente enquanto indivíduos médios, na medida em que viviam nas condições de existência de sua classe; em suma, portanto, eram relações das quais eles participavam, não enquanto indivíduos, mas enquanto membros de uma classe. Ao contrário, na comunidade dos proletários revolucionários que colocam sob o seu controle todas as suas próprias condições de existência e as de todos os membros da sociedade, é o inverso que se produz nela: os indivíduos participam enquanto indivíduos (p. 130).

A autonomia da classe é apenas aparente, porque o seu modo de relação é abstrato: um trabalhador trabalha e é pago com base em uma relação anônima, estrutural. A livre associação é a resposta de Marx ao desafio da associação forçada no seio da classe. Uma das realizações do comunismo será incluir esse movimento de livre associação.

> O comunismo se distingue de todos os movimentos que o precederam até agora porque ele subverte a base de todas as relações de produção e de intercâmbio anteriores e porque, pela primeira vez, ele trata conscientemente todas as condições naturais prévias como criações dos homens que nos precederam até agora, porque ele despoja estas últimas de seu caráter natural e as submete à potência dos indivíduos unidos (p. 122-123).

A atenção se concentra na potência dos indivíduos unidos: a questão não é a das entidades coletivas. A redução da interpretação marxista a um sistema de forças e de formas impede qualquer análise do movimento que tentaria superá-lo, porque o movimento se enraíza na autoafirmação dos indivíduos em vias de se unir.

O primado concedido ao papel dos indivíduos é constante:

> Aqui, portanto, aparecem dois fatos. Primeiramente, as forças produtivas se apresentam como completamente independentes e destacadas dos indivíduos, como um mundo à parte, ao lado dos indivíduos, o que tem sua razão de ser no fato de que os indivíduos, dos quais elas são as forças, existem enquanto indivíduos esparsos e em oposição uns aos outros, ao passo que tais forças, de outro lado, são forças reais somente no comércio e na interdependência desses indivíduos. Portanto, de um lado, uma totalidade das forças produtivas que assumiram um tipo de forma objetiva e, para os próprios indivíduos, não são mais as forças dos indivíduos, mas as da propriedade privada e, com isso, as dos indivíduos unicamente na medida em que eles são os proprietários privados. Em nenhum período precedente, as forças produtivas haviam assumido essa forma indiferente ao comércio dos indivíduos *enquanto* indivíduos, porque suas relações ainda estavam limitadas (p. 115).

Quando Marx afirma que as forças produtivas são forças reais somente para os indivíduos, o primado destes últimos não poderia ser afirmado com maior força. Mesmo na sua condição a mais abstrata (eu me abstenho de falar em condição "alienada" visto que essa palavra não está no texto), os indivíduos não desaparecem mas se tornam antes indivíduos abstratos: e "por isso mesmo e somente então [eles] estão em condições de entrar em relação uns com os outros *enquanto indivíduos*" (p. 115-116). Por tal desmembramento de todos os laços, cada indivíduo é remetido a si mesmo e, então, é capaz de reunir-se aos outros no seio de uma associação.

No que concerne à primazia concedida ao papel dos indivíduos, o aspecto mais importante é representado pela "automanifestação", *Selbstbetätigung*. A automanifestação é um conceito fundamental: para mim, é o conceito fundador neste ponto do texto, a ênfase posta na automanifestação prova que não há ruptura completa entre os *Manuscritos* e *A ideologia alemã*. "O trabalho, único laço que [...] ainda une [os indivíduos] com as forças produtivas e com a sua própria existência, perdeu neles toda aparência de automanifestação, e só mantém a sua vida ao debilitá-la" (p. 116).

A automanifestação desapareceu em razão de um processo de destruição interna. Vemos que o conceito de automanifestação conserva, desde os *Manuscritos*, algo do conceito de objetivação, de autocriação do ser humano. O que confirma a continuidade com os *Manuscritos* é que o conceito de apropriação é mantido. "Hoje chegamos ao ponto em que os indivíduos são obrigados a apropriar-se da totalidade das forças produtivas existentes [...]" (p. 116). A palavra "alienação" talvez tenha desaparecido, mas o de "apropriação" subsiste a despeito da mudança. Marx abandonou a palavra "alienação" porque ela estava vinculada demais à linguagem da consciência e da consciência de si, àquilo que agora aparece como dizendo respeito a um vocabulário idealista. Entretanto, quando restituído na estrutura fundamental que é a autoafirmação dos indivíduos, então o projeto do conceito não idealista pode ser reconquistado. De fato, todos os conceitos dos *Manuscritos*, que anteriormente estavam mais ou menos aprisionados em uma ideologia da consciência de si, são agora recuperados em proveito de uma antropologia da autoafirmação, da automanifestação. "Somente os proletários da época atual, totalmente excluídos de toda atividade individual autônoma, estão em condições de atingir um desenvolvimento total, e não mais limitado, que consiste na apropriação de uma totalidade das forças produtivas e no desenvolvimento de uma totalidade das faculdades que isso implica" (p. 117). Todos os argumentos de Marx se enraízam, aqui, no movimento de automanifestação, da perda da automanifestação e de sua apropriação. O conceito fundamental é o de *Selbstbetätigung*.

O conceito-chave de indivíduos vivendo em condições determinadas é talvez mais compreensível agora, porque se opõe à noção de indivíduo enquanto tal, de um indivíduo que seria puramente contingente perante a sua condição. Marx caracteriza a abstração do indivíduo fora de todo condicionamento social, insistindo na subordinação à divisão do trabalho, a qual desempenha em *A ideologia alemã* o papel que a alienação desempenhava nos *Manuscritos*. A divisão do trabalho tem a mesma função que a alienação porque tem a mesma estrutura, exceto que doravante não é mais enunciada na linguagem da consciência, mas, na linguagem da vida. O conceito de automanifestação substituiu o de consciência.

Se esta análise for pertinente, será uma interpretação inteiramente errônea concluir – a partir da eliminação de entidades como "Homem", o gênero e a consciência – pelo primado dos conceitos de classe, forças e formas. Errônea porque tais conceitos são precisamente objetivados no estágio da divisão do trabalho. Por conseguinte, admitir que tais abstrações epistemológicas constituem a base real, é jogar, de fato, o jogo da alienação. O Estado é, nesse texto, um exemplo da autoafirmação de uma entidade que é, de fato, um produto (cf. p. 34). Outro exemplo é fornecido pela sociedade civil (cf. p. 55): a sociedade civil sempre é apresentada como um resultado antes de se tornar, por sua vez, uma base. Ela é o resultado para certa genealogia e uma base para outro modo de explicação. Uma vez mais, o difícil problema suscitado pel'*A ideologia alemã* é a relação adequada entre os dois modos de leitura: a redução antropológica ou genealógica e a explicação econômica. Essas duas leituras correm paralelamente, sem se entrecruzar. É para salvaguardar diferentes modos de interpretação que nos referimos ora ao indivíduo, ora à classe. Há regras metodológicas para aplicar tal ou tal jogo de linguagem: o de indivíduo real ou o de classe, o das forças e o das formas. No entanto, eliminar a antropologia em proveito da linguagem econômica é admitir que, de fato, o presente é insuperável.

Seria possível me objetar o texto mais significativo para nosso propósito, com a única ocorrência no texto, até onde eu saiba, da palavra "superestrutura". Ele aparece na análise de Marx da sociedade civil: "A sociedade civil enquanto tal só se desenvolve com a burguesia; todavia, a organização social diretamente oriunda da produção e do comércio e que todo tempo fornece a base do Estado e do resto da superestrutura idealista, todavia, foi constantemente designada sob o mesmo nome" (p. 55). Eu não saberia dizer, por não ser suficientemente competente na leitura dos textos de Marx, se esta é a primeira vez que ele utiliza tal palavra. Mas, ao menos em *A ideologia alemã*, é a primeira vez que ela aparece e, creio, a única vez que aparece na primeira parte do texto. A superestrutura idealista diz respeito ao que nós designamos o jogo de linguagem das forças produtivas em oposição ao dos indivíduos reais, vivendo em certas condições. Minha hipótese é, de fato, que a grande descoberta de Marx é, aqui, a noção complexa de indivíduo submetido a condições determinadas, porque a possibilidade da segunda leitura está implicada na primeira. Podemos colocar entre parênteses o indivíduo, partir das condições e pretender que as condições sejam causas. Ao fazê-lo, todavia, não abolimos a dialética entre o indivíduo e a condição, porque o indivíduo vive em e sob certas condições.

Recentemente, tive a ocasião de ler a obra importante que Michel Henry consagrou a Marx.[21] Ele também publicou um trabalho considerável sobre o conceito de manifestação (*A essência da manifestação*). Em seu livro sobre Marx, tentou reorganizar os textos de Marx em torno da noção de atividade corporal concreta, ou de esforço. Ele sustenta que somente Maine de Biran antecipou tal perspectiva. Para Michel Henry, certo condicionamento está envolvido no processo do esforço: um esforço sempre está ligado a uma resistência (o vínculo do esforço e da resistência é o núcleo antropológico da obra de Maine de Biran). Segundo Michel Henry, apoiando-se nessa relação, nós podemos passar, sem nenhuma contradição, à linguagem objetiva da história das condições, que doravante agem de modo autônomo enquanto forças e agentes históricos reais. Por conseguinte, se podemos religar de modo pertinente esses dois níveis, então não estamos mais na presença de duas leituras, mas, na presença de uma leitura dialética dos conceitos de forças históricas e de indivíduos reais. Não é certo, todavia, que as ligações que Michel Henry se esforça para estabelecer sejam tão evidentes. Como quer que seja, como os textos de Espinosa e de outros, os de Marx são textos abertos. Não precisamos tomar posição a favor ou contra o comunismo, a favor ou contra tal ou tal partido. Os textos de Marx são bons textos filosóficos e devem ser lidos da mesma maneira que todos os outros. Há lugar, portanto, para múltiplas interpretações, e a de Michel Henry é plausível.

---

[21] *Marx*. Paris: Gallimard, 1976.

Ao passar de Marx a Althusser, eu apresentarei inicialmente a leitura althusseriana dos *Manuscritos* e d'*A ideologia alemã*, antes de discutir a sua interpretação da teoria das superestruturas e sua tentativa de dar conta da noção de "inversão" substituindo-a pela de "corte epistemológico". Althusser propõe um remanejamento do marxismo com base em uma crítica epistemológica. O conceito de "inversão" permanece, segundo ele, irremediavelmente preso ao quadro do idealismo. Como veremos, o preço a pagar é muito elevado para essa interpretação: toda forma de humanismo há de ser colocada para o lado da ideologia.

Se a linha de clivagem, ao menos no jovem Marx, se situa entre a práxis e a ideologia, ela se situará ulteriormente entre a ciência e a ideologia. A ideologia se torna o contrário da ciência, e não o contraponto da vida real. A importância dessa proposição pode ser relacionada com a constituição do *corpus* marxista como *corpus* científico ou, ao menos, a que se proclama como tal. Esse *corpus* produz uma antítese da ideologia. Para o jovem Marx, tal antítese não existia, e a ideologia se via oposta à vida real. Mas, quando o próprio marxismo se constitui como *corpus*, ele produz então o contrário da ideologia. Essa transformação marcará a virada fundamental na história do conceito de ideologia.

Aula nº 7

Althusser (1)

As três próximas aulas poderiam ser intituladas "Ciência e ideologia". Eu gostaria de apresentar as mudanças que afetam a teoria marxista, quando a ideologia não é mais referida somente à realidade, mas também à ciência. Não vou seguir o caminho histórico dessa transformação, que passaria por autores como Lukács, mas antes pelos motivos lógicos e teóricos que nos conduzirão ao exame de *A favor de Marx*, de Althusser.[22]

Três mudanças principais, a meu ver, afetaram a teoria marxista, e eles nos fornecerão um fio condutor para a sequência destas aulas. Inicialmente, como acabo de dizer, a ideologia se opõe menos à vida real e prática – segundo a linguagem d'*A ideologia alemã* – do que à ciência. Para esse marxismo tardio, o corpo dos escritos de Marx se tornou o paradigma da ciência. Decerto, ao analisar o conceito marxista de ciência, precisamos nos afastar do sentido positivista da palavra, muito mais estreito que o do alemão *Wissenschaft*. Este último termo conservou algo da significação grega de *epistemê*. Precisamos, por exemplo, nos lembrar de que Hegel deu o título de *Enciclopédia das ciências filosóficas* à sua empreitada enciclopédica. Na teoria marxista, a palavra "ciência" não é aplicada a um *corpus* de conhecimentos que poderiam ser verificados ou falseados no sentido de Popper; ele é empregado, de preferência, no sentido de teoria fundamental (a palavra "teoria" será, aliás, preferida por

---

[22] As referências às obras de Althusser são feitas a partir do original francês: *Pour Marx*. Paris: Maspero. 1965; *Positions*. Paris: Éditions sociales, 1976.

Althusser devido a essa razão). A ciência é o conhecimento fundamental. Por isso, a ruptura em relação à ideologia deve ser apreciada em função desse sentido particular conferido à palavra ciência na teoria marxista. O marxismo ortodoxo havia sistematizado tal concepção ao distinguir ciência burguesa de ciência proletária, mas Althusser critica e rejeita essa distinção, que conduziu, no universo comunista, a uma petrificação da pretensa ciência proletária e, ao mesmo tempo, a lacunas importantes na pretensa ciência burguesa. Althusser quer elevar o debate, conservando a ideia de uma ruptura fundamental entre ciência e ideologia.

A segunda mudança importante na teoria marxista está ligada à precedente e concerne à significação da base real da história. Nós encontramos essa noção em *A ideologia alemã* e notamos uma hesitação entre duas interpretações: uma que sustenta que a base real está definitivamente nos indivíduos concretos em condições definidas, e outra pretende que a base real seja o jogo entre as forças produtivas e as relações de produção. O marxismo ortodoxo escolheu a última interpretação, e isso afeta também a teoria da ideologia. Se opusermos a ideologia à realidade, é preciso identificar a realidade com aquilo que a ciência marxista denomina a base real da história. Ademais, a própria interpretação dessa base real como estrutura econômica é coerente com a ideia de ciência desenvolvida pelo marxismo, pois o objeto dessa ciência é precisamente o conhecimento dessa base real.

Tal conjunção entre a ciência e a base real da história, isto é, as estruturas econômicas, forma o núcleo do materialismo histórico. A palavra "materialismo" não implica necessariamente uma cosmologia, no sentido em que Engels emprega essa palavra, uma filosofia da natureza que é uma espécie de escolástica da natureza. O termo "materialismo dialético" se aplica melhor à posição de Engels. A expressão "materialismo histórico", ao contrário, traduz a conexão entre a ciência e a base real da história, e, neste sentido, se opõe à ideologia. O resultado é a oposição frequente no marxismo ortodoxo entre o idealismo e o materialismo, como se dispuséssemos de duas cores somente para pintar a realidade. Segundo essa oposição, ser idealista quer dizer somente que você não é materialista no sentido consagrado pelo materialismo histórico.[23]

---

[23] Um exemplo entre outros desse uso: o livro do filósofo russo I.S. Kon, *O idealismo filosófico e a crise do pensamento burguês da história*, no qual ele sustenta que só há duas

A terceira mudança na teoria marxista, particularmente crucial para a nossa discussão, é que a relação entre a base real da história e a ideologia vai ser expressa por uma metáfora fundamental: a oposição entre os alicerces e os andares de um edifício. Essa metáfora topográfica já está implicada na ideia de base real. É difícil não ceder a tal metáfora, descrever os fenômenos culturais em outros termos senão os de camadas ou de estratos. Os marxistas, aliás, não são os únicos a utilizar esse registro: ele também é encontrado em Freud, em sua descrição dos estágios sucessivos do isso, do eu e do supereu. O problema é que, tomada literalmente, essa metáfora topográfica pode nos decepcionar. O marxismo clássico desenvolve a metáfora introduzindo, entre a base real e a superestrutura, um sistema complexo de relações definidas em termos de determinação e de eficácia.

Para dizê-lo de outra maneira, a relação entre a infraestrutura e a superestrutura no marxismo é governada por uma interação complexa que tem dois aspectos. De um lado, há uma relação causal: a superestrutura é determinada pela infraestrutura. De outro lado, nós reconhecemos aí o conceito clássico de ação recíproca, *Wechselwirkung*. Este conceito tem uma longa história: apareceu em Newton, para descrever a relação mútua entra as forças, é reencontrado em Kant e em Hegel. Na tábua das categorias de Kant, a ação recíproca é a terceira após as de substância e de causalidade. Na *Lógica* de Hegel, a quantidade é seguida pela ação, pela reação, a ação recíproca, etc. No marxismo, a ação recíproca está subordinada à noção de relação cujo sentido é de mão única. A pedra angular da teoria da ideologia é uma ação recíproca determinada por uma ação de sentido unívoco.

Inúmeras discussões escolásticas entre os marxistas giram em torno desse paradoxo ou dessa tensão fundamental oriundos d'*A ideologia alemã*, que quer que a ideologia não tenha história própria, que todo o movimento da história provenha da base e que, não obstante, a superestrutura produza efeitos sobre a base, na infraestrutura. Engels tentou colocar em acordo as diferentes interpretações ao propor a noção de "determinação em última instância". Ele se opunha, assim,

---

filosofias da história, uma das quais é a filosofia burguesa. É assim que Sartre se acha do lado desta última. A atribuição a uma campo é apenas uma questão de eliminação: se você não estiver de um lado, estará de outro.

aos "economistas" da escola marxista, os quais sustentavam que, como não há história da ideologia, as formações ideológicas eram somente sombras, rastros de bruma flutuando no ar. Segundo tal posição, a história da Noruega nada mais era do que a história do arenque. Engels buscava uma via média que preservasse simultaneamente a determinação pela infraestrutura e a influência da superestrutura nas fundamentações econômicas. Ele desenvolve essa ideia em sua famosa carta a Joseph Bloch, que Althusser cita em *A favor de Marx*:

> Vamos ouvir o velho Engels, em 1890, colocar as coisas em ordem contra os "jovens economistas" que não compreenderam que se trata de uma nova relação. A produção é o fator determinante, mas somente "em última instância". "Nem Marx nem eu afirmamos mais do que isso". Quem "torturar esta frase", para lhe fazer dizer que o fator econômico é o único determinante, "vai transformá-la em frase vazia, abstrata, absurda". E explica: "a situação econômica é a base, mas os diversos elementos da superestrutura – as formas políticas da luta de classes e os seus resultados –, as constituições estabelecidas uma vez que a batalha foi ganha pela classe vitoriosa, etc., as formas jurídicas e mesmo os reflexos de todas essas lutas reais no cérebro dos participantes, teorias políticas, jurídicas, filosóficas, concepções religiosas e seu ulterior desenvolvimento em sistemas dogmáticos, exercem igualmente sua ação nas lutas históricas, e, em muitos casos, determinam de modo preponderante a sua forma [...]" (p. 111-112).

Que os elementos da superestrutura ajudem a determinar as formas das lutas históricas significa que a forma da infraestrutura dispõe de certa plasticidade. Nesses limites, a ideologia tem certa autonomia, mas essa autonomia relativa é condicionada pela determinação última da infraestrutura.

Meu próprio sentimento é que esse quadro conceitual da "eficácia" não permite tratar de questões como a da aspiração à legitimidade de um poder, e que tais fenômenos seriam compreendidos melhor em uma lógica da motivação do que em uma lógica da causalidade. A aspiração à legitimidade, estudada por Max Weber, permite uma melhor interpretação da relação entre a base e a superestrutura. E dizer que forças econômicas exercem uma ação causal sobre ideias é algo desprovido de significação. Forças econômicas só podem ter efeitos materiais, exceto se se adota uma grade de leitura em termos de motivação. Nesse novo quadro de interpretação, utilizarei as noções de pretensão à legitimidade e de crença nessa legitimidade, e a relação extremamente complexa entre governantes e governados nos aparecerá como um conflito de motivos de ação. A relação de motivação tem mais sentido por dar conta das relações de poder e das estruturas de poder. Embora Althusser arranje o quadro conceitual do marxismo, ele não sai do quadro conceitual da eficácia, da determinação em última instância, e não estou certo de que, afinal, esse quadro permita a inteligibilidade de tais questões.

Por isso, o meu interesse por Weber não se deve somente ao fato de que ele analisa todo poder (o de uma classe, de um Estado ou de outro qualquer) em termos de pretensão (ou de reivindicação) à legitimidade e de crença na legitimidade, mas também porque ele mostrou que tal relação entre pretensão e crença exige uma sociologia compreensiva que põe agentes em jogo, as metas que eles perseguem, os motivos de ação que os fazem agir, etc. A terminologia da infraestrutura e da superestrutura é ao mesmo tempo insuficiente e responsável pelas querelas sem fim sobre o que é determinante em última instância ou sobre a eficácia relativa da esfera ideológica. A imagem topográfica de um edifício com andares e alicerces não pode senão conduzir a um modelo de ação mecânica. Certa convergência com o jovem Marx poderia ter sido preservada, se a base real tivesse sido interpretada como os indivíduos reais em condições determinadas. Tal interpretação, porém, exige situar-se em um quadro de análise em termos de motivação.

Todavia, as três modificações na teoria marxista da ideologia são a oposição entre a ideologia e o marxismo como ciência, a concepção de ideologia como superestrutura de uma infraestrutura de natureza econômica e, enfim, a relação de eficácia entre a infraestrutura e a superestrutura. Althusser tirou as consequências mais radicais dessas três modificações. Da primeira, ele se esforça para tirar todas as consequências fazendo da ciência o polo oposto da ideologia: ele reforça assim a estrutura teórica do marxismo e afirma em alto e bom som que este último não é uma prática, um movimento histórico, mas uma teoria. Da segunda, ele obtém a eliminação de toda referência aos indivíduos reais, pois o ponto de vista dos indivíduos não pertence à estrutura que os determina. O indivíduo deve ser rejeitado para o lado da ideologia e do humanismo. Em terceiro lugar, Althusser trata de fornecer uma interpretação refinada das relações entre infraestrutura e superestrutura, esforçando-se para desembaraçar toda conotação hegeliana ou mecanicista. Esta é a sua contribuição fundamental, e o ponto crucial: é bem-sucedido, ou fracassa.

Há uma afinidade entre as três teses marxistas e as que eu gostaria de propor. A oposição entre a ciência e a ideologia pode ser confrontada com a oposição entre ideologia e práxis. A ênfase posta nas forças produtivas e as relações de produção como base real da história se opõe à ênfase posta nos indivíduos reais em condições determinadas. E, finalmente, a relação de eficácia entre a infraestrutura e a superestrutura pode ser posta perante a relação de motivação entre as pretensões e as crenças ligadas à legitimidade.

Para iniciar a nossa discussão de Althusser, partiremos de sua defesa da teoria, que o situa na tradição marxista. Ele interpreta a oposição entre a ciência e a ideologia em termos de corte epistemológico, e não em termos de inversão, sublinhando que a inversão conserva em parte o que ela inverteu, ao passo que o corte introduz o novo. Veremos, em seguida, como Althusser aplica tal noção de corte epistemológico à obra de Marx, traçando uma linha que separa o que ainda não é marxista daquilo que o será. Ele situa o corte entre *A ideologia alemã* e *O capital*, e não, como eu teria tendência a fazer, entre os *Manuscritos de 1844* e *A ideologia alemã*. Enquanto, para mim, o corte é entre a consciência e o indivíduo real, Althusser sustenta que ambas as noções estão do mesmo lado, o da ideologia, e que o corte passa entre o cuidado com o ser humano (seja ele consciência, seja indivíduo real) e a consideração das forças produtivas e das relações de produção. Enfim, consideremos a maneira pela qual Althusser reelabora a teoria marxista da infraestrutura e da superestrutura, ao propor a sua própria teoria da ideologia.

Na introdução de *A favor de Marx*, Althusser sublinha sua ambição teórica ao lembrar a situação do marxismo na França. Althusser resume essa história falando "daquilo que poderíamos denominar, como um eco da '*deutsche Misere*' de Heine, a nossa 'miséria francesa': a ausência tenaz, profunda, de uma real cultura *teórica* na história do movimento operário francês" (p. 13). Ao contrário da Alemanha, da

Rússia, da Polônia e da Itália, onde os teóricos marxistas desempenharam um papel importante no movimento comunista, a situação do Partido Comunista Francês foi de grande pobreza teórica. Em reação, Althusser propõe fazer que reviva a teoria marxista, e sustenta que

> [...] o marxismo deveria ser não somente uma doutrina política, um "método" de análise e de ação, mas também, enquanto ciência, o domínio teórico de uma pesquisa fundamental, indispensável ao desenvolvimento não somente da ciência das sociedades e das diversas "ciências humanas", mas também das ciências da natureza e da filosofia (p. 16).

Essa vontade será retomada e desenvolvida mais tarde, no artigo "Ideologia e aparelhos ideológicos de Estado".

Althusser tira várias consequências dessa afirmação. A primeira é que o marxismo deve resistir a uma tendência presente no jovem Marx em proclamar que a filosofia morreu depois de Hegel. Pois, se é verdade que a ação política é a filosofia realizada e se podemos falar da morte da filosofia, isso deve ser uma morte filosófica. Se não se preservar uma preocupação teórica no seio do marxismo, então as correntes positivistas prevalecerão. A décima primeira tese sobre Feuerbach, que convida a deixar de interpretar o mundo para transformá-lo, forneceu, assim, numerosos argumentos nesse sentido. Segundo essa perspectiva, terminou o tempo da interpretação terminou e chegou o tempo da ação.

Uma segunda consequência é que a teoria marxista deve resistir à tentação de ser apenas crítica. (Tal orientação seria, por exemplo, a da Escola de Frankfurt, embora Althusser não pareça tê-la conhecido). Para Althusser, a tarefa da filosofia marxista não é somente criticar a ilusão, pois, ao limitar-se a isso, a crítica se confunde unicamente com a consciência da ciência, o que nos conduz ao positivismo. Althusser evoca "a morte contínua da consciência crítica" (p. 20). Ao contrário, diz ele, "a filosofia marxista, fundada por Marx no próprio ato de fundação de sua teoria da história, está, em grande parte, por ser constituída" (p. 21). Em suma, Althusser sublinha a vacuidade teórica do marxismo francês, que se deixou absorver pelas tarefas práticas.

Qual é então a "teoria marxista"? Ela tem dois níveis. Inicialmente, é uma teoria da história – o materialismo histórico – cujo objeto é constituído pelas estruturas trazidas à luz do dia por *O capital*: classes, modos de produção, relações de produção, etc. Em seguida, é uma disciplina filosófica, um sistema de conceitos de segundo nível que governa a própria teoria. É uma teoria das categorias fundamentais, da estrutura categórica, uma metateoria no sentido em que Freud fala de metapsicologia. Nesse segundo nível, a teoria marxista é o materialismo dialético, que Althusser opõe à filosofia da natureza de Engels, considerando esta última como uma pobre variante do hegelianismo, ou, o que talvez seja pior, do materialismo francês do século XVIII. Segundo Althusser, essa distinção do materialismo histórico e do materialismo dialético fracassou pelas reduções positivistas do marxismo. Mesmo *A ideologia alemã* autoriza a tal confusão: "*A ideologia alemã* consagra bem tal confusão, ao fazer da filosofia a frágil sombra da ciência, se não, a generalidade vazia do positivismo. Esta consequência prática é uma das chaves da história singular da filosofia marxista, de suas origens aos nossos dias" (p. 25-26). Althusser não se opõe somente a derivas do marxismo, mas a algo que já se encontra no próprio Marx.

A ênfase posta na teoria, não somente a teoria da história, mas a teoria das categorias, marca a noção de corte epistemológico. No corte entre ciência e ideologia, o que caracteriza a ideologia é a impossibilidade de refletir-se num nível superior. Veremos ulteriormente qual é o conteúdo da ideologia segundo Althusser, mas por enquanto dispomos ao menos de um critério. Mesmo quando é sistemática, a ideologia o é num sentido em que não pode dar conta de si mesma. Ela não pode falar de sua própria maneira de pensar.

Essa crítica da ideologia nos aproxima mais de Espinosa do que de Hegel. Segundo Hegel, tudo o que pode ser expresso numa linguagem pode ser retomado em outro nível, em outra linguagem. O conteúdo do primeiro nível é conservado e desenvolvido no seguinte. A noção de corte, portanto, é anti-hegeliana. Em Espinosa, ao contrário, os modos de conhecimento não são conservados uns nos outros, eles se *sucedem*. O conhecimento do primeiro gênero – o saber popular de que o sol nasce, por exemplo – é superado pelo segundo gênero, a astronomia, que não integra o primeiro ponto de vista. Reencontraremos outros traços espinosistas no pensamento de Althusser, fundados nessa relação entre o primeiro e o segundo gênero de conhecimento: a ordem da verdade é anônima; a racionalidade, autossuficiente; e o primeiro gênero está dotado de certa permanência. Este último ponto é particularmente pertinente para análise da ideologia. Quando o astrônomo deixa o seu laboratório, ele fala do sol que se põe e que nasce, e talvez a ideologia tenha uma permanência da mesma ordem. Esse será, de fato, o último estado da teoria de Althusser. Quanto mais exigente se é para com a ciência, mais importante é o espaço que cabe à ideologia. A principal alusão de Althusser a Espinosa aparece numa nota de pé de página:

> Por isso, a ciência não pode ser considerada de modo algum, no sentido hegeliano, como a verdade da ideologia. Se se quiser encontrar para Marx uma ascendência filosófica sob essa relação, de preferência a Hegel, é a Espinosa que será preciso endereçar-se. Entre o primeiro gênero de conhecimento e o segundo, Espinosa estabelecia uma relação que, em sua imediatez (abstração feita da totalidade em Deus), supunha justamente uma descontinuidade radical. Embora o segundo gênero permita a inteligibilidade do primeiro, ele não é a sua verdade (p. 75, nota).

A verdade está do lado do segundo gênero de conhecimento. O primeiro não tem nenhuma verdade. O segundo é autossuficiente e nada toma emprestado àquilo que ele supera. É uma posição claramente anti-hegeliana. Tal radicalismo pode até descarrilar; nem por isso a audácia de Althusser é menos admirável.

É devido à "descontinuidade radical" entre os dois gêneros de conhecimento que o corte entre a ciência e a ideologia não pode ser expresso em termos de inversão. O processo de inversão implica que o conteúdo do primeiro domínio é conservado, embora pelo avesso. Mesmo se Althusser impele a imagem longe demais, isso está bem implicado na noção de inversão. Ele discute tal noção em outra nota de pé de página (as notas de pé de página são sempre muito importantes em Althusser, que as utiliza para contornar a doutrina oficial do Partido: a verdade está em pé de página!).

> É muito notável que Marx tenha formulado justamente contra Feuerbach, em *A ideologia alemã*, a repreenda de ter permanecido prisioneiro da filosofia hegeliana no momento mesmo em que pretendeu "invertê-la". Reprovava a Feuerbach ter aceitado

mesmo os pressupostos das questões de Hegel e ter dado respostas diferentes, mas às mesmas questões. Contrariamente à vida cotidiana onde importam as respostas, em filosofia somente as questões são indiscretas. Quando se alteram as questões, já não se pode falar propriamente de inversão. Sem dúvida, se se compara a nova ordem relativa das questões e respostas ao antigo, ainda se pode falar de inversão. Mas isso por analogia, pois as questões já não são as mesmas, e os domínios que elas constituem não são comparáveis, se não, como eu dizia, para fins pedagógicos (p. 69-70, nota).

Recolocar Hegel sobre os seus próprios pés é restaurar o que fora invertido. "O homem de ponta cabeça, quando caminha enfim sobre os seus próprios pés, é o mesmo homem!" (p. 70). Doravante nós colocamos questões novas: já não nos perguntamos o que é a consciência humana ou a condição humana, mas, por exemplo, o que é uma classe. Para Althusser, as duas ordens de interrogação não têm nada em comum.

Melhor dizendo, a noção hegeliana de *Aufhebung* é inadequada. Voltaremos a isso mais adiante, na discussão das relações estabelecidas por Althusser entre a superestrutura e a infraestrutura. Por ora, ele diz o seguinte:

> A "superação" de Hegel não é de modo algum uma *Aufhebung* no sentido hegeliano, isto é, o enunciado da verdade daquilo que está contido em Hegel: não é uma superação do erro no rumo de sua verdade, é, ao contrário, uma superação da ilusão no rumo da realidade; melhor dizendo, antes de ser uma "superação" da ilusão no rumo da realidade, é uma dissipação da ilusão e uma volta atrás, da ilusão dissipada, no rumo da realidade: o termo "superação", portanto, não faz mais nenhum sentido (p. 74-75).

A noção de *Aufhebung* implica que, ao passar de um nível a outro, nós conservemos o conteúdo do primeiro através de um processo de mediação. Se tomarmos a relação senhor-escravo como exemplo da *Aufhebung* hegeliana, sabemos que tal relação é superada pelo estoicismo. O momento do *re*conhecimento intervém entre o senhor e o escravo, e, com isso, algo da relação anterior se acha assim preservado. Para Althusser, porém, precisamos pensar algo diferente da conservação de um termo através de sua negação. Devemos pensar na dissipação de uma ilusão, o que deve ser expresso numa linguagem inteiramente diferente. Uma *Aufhebung* implica uma continuidade substancial: através da negação, o primeiro termo é reencontrado no terceiro. Por outro lado, Althusser diz que devemos pensar numa migração de conceitos de um território a outro. A ciência não é a verdade daquilo que a precedeu; na verdade, não é a mesma coisa, mas algo de outro. Tal corte é pensável? Por enquanto, deixo a questão em aberto, pois a possibilidade de pensar esse corte está ligada à afirmação de Althusser de que existe uma relação causal entre a infraestrutura e a superestrutura. Discutiremos mais adiante consequências impensáveis que decorrem desses intercâmbios inevitáveis entre as duas esferas.

Agora eu gostaria de passar ao segundo ponto decisivo de nossa discussão sobre Althusser, o que poderíamos denominar o princípio hermenêutico de sua leitura de Marx. Tal princípio deriva do corte que ele pretende ver na obra de Marx. O corte é epistemológico na medida em que ele pretende distinguir o que é científico daquilo que é ideológico. Ele não separa o imaginário do real, mas o pré-científico do científico. Ora, visto que o marxismo tem supostamente a capacidade de pensar-se a si mesmo, logo, trata-se de uma doutrina que se compreende desde o início e que aplica a si mesma o seu próprio corte teórico ou epistemológico. É através dessa análise que Althusser se esforça para resolver a discussão clássica – embora por vezes entediante – entre os marxistas sobre a periodização, sobre o problema da sucessão das obras de Marx. Ele aplica a noção de corte epistemológico, que servira para estabelecer o corte entre Marx e os seus predecessores, ao próprio interior da obra de Marx. Trata-se de distinguir, no seio do marxismo, o que é científico daquilo que não o é. Nos artigos que compõem *A favor de Marx*, Althusser vai do jovem Marx às obras de maturidade. Eu prefiro seguir a ordem inversa, pois o que justifica a noção de corte epistemológico provém da relação da doutrina da maturidade com o resto dos escritos de Marx.

Gostaria de acrescentar uma palavra sobre a noção de corte epistemológico. Ela provém de Gaston Bachelard, que lhe deu expressão particularmente em *A filosofia do não*. Bachelard sublinha o fato de que a ciência se desenvolve através de uma sucessão de negações, escandidas por rupturas, aproximadamente como as mudanças de paradigmas de Kuhn. Uma comparação entre Kuhn e Bachelard seria, aliás, instrutiva. Mas vamos nos ater, aqui, ao uso que Althusser faz da noção de corte epistemológico, e ao problema da periodização na obra de Marx.

Althusser propõe dividir a obra de Marx em quatro estágios: as obras de juventude (1840-1844), as do corte (1845), as da transição (1845-1857) e as da maturidade (1857-1883). A nós interessa particularmente que *A ideologia alemã* esteja situada no segundo período, precisamente em razão de sua ambiguidade. O que eu considerei como um elemento constitutivo do texto se torna, aqui, um sintoma do corte na obra. Nela, com efeito, coexistem a velha linguagem do indivíduo e a nova linguagem da luta de classes. Para Althusser, o corte expresso na velha linguagem subscreve o seu pertencimento a um estágio negativo. Eu o cito a propósito d'*A ideologia alemã*, pois considero essa obra como exemplar da questão da ideologia:

> Devemos ter em vista que a mutação não pôde produzir-se de uma só vez, em forma acabada e positiva, a nova problemática teórica que ela inaugura, tanto na teoria da história como na teoria da filosofia. *A ideologia alemã* é, com efeito, o comentário o mais das vezes negativo e crítico das diferentes formas da problemática ideológica rejeitada por Marx (p. 26).

Althusser desvaloriza todas as noções positivas que evocam o indivíduo real, que a seus olhos constituem a ganga na qual a nova terminologia permanece cativa.

Precisamos, portanto, estar bem conscientes do estilo de leitura praticado por Althusser, pois sempre se lê segundo certas regras hermenêuticas. Ao *corpus* das obras de Marx, ele aplica uma hermenêutica marxista, isto é, a ela mesma ele aplica os princípios gerais da teoria. Não é a leitura de um olho novo, e não pretende sê-lo. Ao contrário, trata-se de uma leitura crítica: a estrutura teórica do Marx da maturidade é aplicada de volta ao Marx da juventude, para introduzir uma ruptura com esses começos. Althusser tem razão, a meu ver, de defender uma leitura crítica. Toda leitura induz uma forma de violência, pois, na medida em que não queremos puramente repetir, nós interpretamos. Heidegger e muitos outros afirmaram que toda leitura produtiva é circular e recorrente. A concepção especificamente althusseriana da recorrência aparece na seguinte passagem:

> Que tal definição não possa ser lida diretamente nos textos de Marx; que toda uma crítica preliminar seja indispensável para identificar o local de residência dos conceitos próprios a Marx em sua maturidade; que a identificação desses conceitos constitua unidade com a identificação de seu lugar; que todo esse trabalho crítico, preliminar absoluta de toda interpretação, suponha por si a elaboração de um mínimo de conceitos teóricos marxistas provisórios atinentes à natureza das formações teóricas e de sua história; que, portanto, a leitura de Marx tenha por condição prévia uma teoria marxista da natureza diferencial das formações históricas e de sua história, isto é, uma teoria da história epistemológica, que é a própria filosofia marxista; que tal operação constitua um círculo indispensável, onde a aplicação da filosofia marxista a Marx aparece como a condição prévia absoluta da inteligência de Marx, e, ao mesmo tempo, como a própria condição da constituição e do desenvolvimento da filosofia marxista, isto está claro. Mas o círculo dessa operação não é, como todo círculo deste gênero, senão o círculo dialético da questão posta a um objeto sobre a sua natureza, a partir de uma problemática teórica que, pondo o seu objeto à prova, põe-se à prova de seu objeto (p. 30-31).

Assim, no lugar de ler Marx passo a passo, seguindo adiante, lemos de frente para trás, ou seja, a partir daquilo que sabemos ser marxista, de maneira a estabelecer o que não o é.

Althusser descreve sua leitura como circular; e de fato há uma circularidade entre o princípio que guia essa leitura e o seu objeto. Ao dizer que tal interpretação é "como todo círculo desse gênero", Althusser evoca o círculo hermenêutico de Heidegger, embora eu duvide muito que ele pense a respeito (na verdade, Althusser parece ser muito pouco heideggeriano; é provável que ele o tomasse pelo pior dos ideólogos). Em todo caso, na medida em que assume tal circularidade da leitura, ele tem uma resposta pronta para aqueles que o acusam de projetar a sua leitura no texto: essa crítica não é uma objeção conquanto ela seja assumida pela própria leitura. Por conseguinte, é difícil opor à leitura que Althusser faz do jovem Marx a observação de que Marx não diz aquilo que Althusser o faz dizer. A resposta de Althusser seria que ele parte do ponto em que os conceitos refletem a sua própria verdade, ao passo que o jovem Marx ainda não sabe o que está dizendo. No caso d'*A ideologia alemã*, ele adverte contra a tentação de "tomar ao pé da letra" (p. 29) os antigos conceitos. *A ideologia alemã* é um texto que não fornece as suas próprias chaves de leitura: deve ser lido com uma chave que não pertence a essa obra. Althusser evoca as "falsas evidências, talvez ainda mais perigosas, dos conceitos aparentemente familiares das obras do Corte" (p. 31).

Logo, devemos discutir se é verdade que a chave d'*A ideologia alemã* não se encontra neste texto. Há somente uma maneira de ler o jovem Marx? Estamos obrigados a lê-lo segundo a grade conceitual do Marx da maturidade? Não temos a liberdade de ler esses textos como se falassem de si mesmos, e não somente através das redações ulteriores? Não podemos distinguir o corte epistemológico como princípio interno à teoria e sua aplicação histórica? Trata-se aí de questões decisivas, não somente para a nossa interpretação de Althusser, mas para a teoria da ideologia que tentamos construir. Althusser não perde o corte capital entre uma filosofia da consciência e uma antropologia filosófica – para a qual os sujeitos da história são "os homens concretos, reais" (p. 29) – porque ele lê em função de uma problemática ulterior? Pela mesma razão, não subestima a passagem da alienação à divisão do trabalho, mesmo se reconhece que esta última "comanda toda a teoria da ideologia e toda a teoria da ciência" (p. 29)?

Da divisão do trabalho, ele diz somente que ela tem "um papel ambíguo" (p. 29). No caso das obras anteriores a *A ideologia alemã*, é fácil ver que os conceitos utilizados – consciência, ser específico, alienação – são feuerbachianos. Nelas Marx permanece no mundo "jovem hegeliano". Mas eu sustento que a pedra de toque da aparição do marxismo em *A ideologia alemã* é a sua atenção ao conceito de indivíduos reais em condições dadas. Para Althusser, tais diferenças se tornam inessenciais: as duas noções são antropológicas e pertencem à mesma ideologia antropológica.

Althusser forja o conceito de ideologia antropológica para cobrir todo o campo no qual a questão se refere ao ser humano como um todo, seja na linguagem da consciência, seja na linguagem da vida real, a linguagem da práxis. Isso é inaceitável. Ao contrário, a grande descoberta de Marx, em *A ideologia alemã*, é a distinção entre a vida real e a consciência. Althusser pensa que tem razão ao considerar essa distinção como inessencial por causa da necessidade, para uma verdadeira teoria, de dar conta de si mesma, como vimos.

Dessa afirmação sobre a verdadeira natureza da teoria, decorre que a ideologia não compreende a si mesma. Althusser se opõe à ideia de que "o mundo da ideologia é para si mesmo o seu próprio princípio de inteligência" (p. 53).

A vantagem da interpretação de Althusser é que ele propõe um princípio para ler Marx, uma leitura coerente que se opõe ao "ecletismo" (p. 53) da maior parte das outras leituras marxistas. Em sua leitura do jovem Marx, Althusser critica certos intérpretes do leste europeu, os que se esforçam para extrair do jovem Marx elementos materialistas – e, portanto, propriamente marxistas – de conceitos ainda hegelianos ou feuerbachianos. Segundo Althusser, não podemos falar de elementos; é preciso tomar uma ideologia como constituindo um todo. O corte epistemológico se dá em todos coerentes, e não entre os componentes de um elemento; ele se efetua entre uma velha maneira de pensar e uma nova maneira de pensar.

Não se pode perguntar o que justifica a recusa de Althusser em conceder a seus contraditores marxistas o direito de ler Marx teleologicamente, e encontrar elementos do fim no jovem Marx. Ele próprio não lê Marx segundo critérios que pertencem ao Marx da maturidade? Althusser responde em três pontos, que eu resumo brevemente antes de voltar a eles. Primeiramente, diz ele, a aplicação do corte epistemológico ao próprio Marx preserva a especificidade de cada fase de seus escritos, "de tal modo que não se pode prejudicar um elemento sem alterar o seu sentido" (p. 59). Em segundo lugar, a obra do jovem Marx não se explica pelo Marx da maturidade, mas por seu pertencimento ao campo ideológico de seu tempo. Em terceiro lugar, por fim, o princípio motor desse desenvolvimento não é a própria ideologia, mas aquilo que lhe é subjacente, a história efetiva. (Essa afirmação remete à teoria da infraestrutura e da determinação em última instância). É somente neste nível, sustenta Althusser, que uma explicação é científica e não é mais ideológica. Assim como a verdade é a medida do erro, o marxismo da maturidade exprime a verdade *sobre* o jovem Marx sem que por isso seja a verdade *do* jovem Marx.

Voltarei ulteriormente sobre o terceiro ponto, após ter discutido o segundo. Que a ideologia seja um todo, isso quer dizer que ela não é algo individual ou pessoal, mas que ela é um campo. Definir o que obras têm em comum exige que sejamos capazes de determinar a que campo ideológico comum elas pertencem. A noção de campo ideológico é uma consequência do corte epistemológico, se for verdade que rompemos com uma maneira de pensar. A noção de ideologia deixa então de ser individual para se tornar mais anônima. O que, por sua vez, suscita uma grande dificuldade: como situar obras individuais num campo anônimo, como passar do campo à singularidade?

A noção de campo ilustra a influência do estruturalismo na obra de Althusser. Ela provém da psicologia da forma, que a opõe a um objeto. Um objeto existe sobre o fundo de um campo. A tonalidade estruturalista é evidente na seguinte passagem de Althusser:

> Neste nível de intercâmbios e de contestações, que constituem a própria matéria dos *textos*, onde nos são dados tais pensamentos vivos, tudo se passa como se os próprios autores de tais pensamentos estivessem ausentes. Ausente o indivíduo concreto que se exprime em seus pensamentos e em seus textos, ausente a história efetiva que se exprime no campo ideológico existente. Como o autor se apaga diante de seus pensamentos publicados para ser apenas o seu rigor, também a história concreta se apaga diante de seus temas ideológicos para ser apenas o seu sistema. Será preciso também colocar em questão essa dupla ausência. Mas por enquanto tudo se joga entre o rigor de um pensamento singular e o sistema temático de um campo ideológico (p. 61).

A ideia do apagamento do autor fornece a transição entre as obras individuais e o campo ideológico. Solicita-se que pensemos algo muito difícil de conceber, uma problemática constitutiva de um campo ideológico dado, algo que seria como um problema posto, sem que ninguém o tenha posto. Aqui a problemática é "a unidade profunda de um texto, a essência interna de um pensamento ideológico" (p. 63).

Eu me pergunto se tal orientação de Althusser não tem consequências desastrosas para a teoria da significação; com efeito, o que será significado num campo se isso não o for por ninguém? Althusser poderia responder que ele também utiliza o conceito de sentido ou de significação. Ao falar da estrutura sistemática de um campo, ele diz que o seu conteúdo determinado é o "que permite ao mesmo tempo conceber o sentido dos 'elementos' da ideologia considerada – e relacionar tal ideologia com os problemas legados ou postos a todo pensador pelo tempo histórico em que ele vive" (p. 63-64). Assim, não são os indivíduos que colocam as questões, mas o tempo histórico. Isso confirma o terceiro princípio metodológico de Althusser: a importância concedida às estruturas, às entidades anônimas sem sujeitos. Mas como vamos exprimir o sofrimento do trabalhador? Todo o vocabulário da alienação deve desaparecer, pois não há alienação sem alguém que esteja alienado e que sofra com isso. O quadro conceitual de Althusser só nos autoriza a falar de campo, de estruturas e de entidades desse tipo.

O conceito de campo tende, assim, a enfraquecer a diferença entre *A ideologia alemã* e os *Manuscritos de 1844*: eles pertencem ao mesmo campo. A noção de ideologia antropológica se torna o conceito decisivo para compreender todas as obras que não são marxistas, no sentido de Althusser. A unidade desses textos está fundada em sua problemática comum: "A problemática de um pensamento não se limita ao domínio dos objetos de que o autor tratou, porque ela não é a abstração do pensamento como totalidade, mas a estrutura concreta e determinada de um pensamento, e de todos os pensamentos possíveis deste pensamento" (p. 65). Como podemos ver, trata-se de uma noção verdadeiramente difícil. Devemos, a partir daí, pensar uma ideologia antropológica como um campo que produz todo tipo de pensamentos, inclusive Feuerbach, os *Manuscritos* e *A ideologia alemã*. A identidade das obras separadas no quadro do campo desaparece; isso é particularmente significativo, com a perda da distinção capital entre o conceito idealista da consciência e o conceito da individualidade real localizado em condições definidas, tal realismo antropológico de Marx do qual, sem hesitar, fiz o elogio.

A segunda consequência maior da leitura de Althusser é que uma ideologia não deve ser discutida como um pensamento que alguém assume, porque uma ideologia não é algo pensado, mas antes algo *no seio do qual* nós pensamos. É uma descoberta decisiva e talvez inevitável: aliás, ela não é especificamente marxista. Alguém como Eugen Fink, por exemplo, também o sublinhou, em seu artigo sobre os conceitos temáticos e os conceitos operatórios[24]. Não podemos pensar tudo o que se elabora em nosso pensamento. Pensamos por

---

[24] FINK, E. Les concepts opératoires dans la phénoménologie de Husserl. In: *Husserl*. Paris: Editions de Minuit, 1959.

conceitos, por meio de conceitos. É por isso que não podemos chegar a uma transparência total do pensamento. Podemos pensar em algo tematicamente, mas, para fazê-lo, devemos elaborar conceitos que não estão tematizados, ao menos enquanto nos servimos deles. Em minha própria linguagem, eu diria que uma reflexividade absoluta é impossível. Só podemos chegar a uma reflexividade parcial. Logo, é possível que parte importante do conceito de ideologia signifique que não podemos refletir todos os nossos conceitos. De uma problemática, Althusser diz: "Em geral, o filósofo pensa nela sem que ela própria seja pensada" (p. 66). Isso implica que a ideologia é inconsciente, no sentido de que ela não é dominada pela consciência. Althusser acrescenta que, para uma ideologia, "a sua própria problemática não é consciente de si", que ela é inconsciente de suas "pressuposições teóricas" (p. 66). Talvez haja aqui algo de fundamental, e não somente em termos marxistas. É impossível trazermos tudo ao nível da consciência. Nós nos remetemos a heranças, tradições, inúmeras coisas que nos ajudam a pensar e a viver, e que governam nossa abordagem do pensamento. Nesse sentido, a ideologia é insuperável. Talvez seja esse o melhor uso que podemos fazer da noção de campo: o nosso pensamento também é mais um campo do que um objeto. Seria possível também encontrar em Freud perspectivas equivalentes.

Para mim, a objeção a tal visão das coisas não está na pretensão de que tudo é claro, que a transparência é possível. Ela surgirá, ao contrário, da questão das relações que se instauram entre um pensamento e um campo, se não estiver disponível um quadro conceitual e uma ideia de motivação. Se pensarmos nessa relação em termos de causalidade, tudo se obscurece. Mas se dissermos que nossos motivos não estão inteiramente claros, então a relação será compreensível. Poderíamos dizer que o campo da motivação está por trás ou abaixo de nós. É útil, aqui, o conceito freudiano do isso. Poderíamos falar de um isso social. De minha parte, sustento que a relação entre um pensamento singular e um campo requer um indivíduo vivo sob as condições desse campo. Um campo faz parte das condições que circundam um indivíduo, entre outras circunstâncias. Por isso é mais claro falar a linguagem d'*A ideologia alemã*, e dizer que um pensador está instalado em circunstâncias, numa situação que ele não domina, que não são transparentes para ele. Em outros termos, o conceito de campo não é mais esclarecedor e mais útil numa relação de motivação do que numa relação causal?

Existe outro texto de Althusser sobre a relação entre um pensamento e um campo que parece abrir a via para uma interpretação mais próxima daquela que acabo de desenvolver:

> Vou resumir estas reflexões. A inteligência de um desenvolvimento ideológico implica, no nível da própria ideologia, o conhecimento conjunto e simultâneo do campo ideológico no qual surge e se desenvolve um pensamento; e a atualização[25] da unidade interna desse pensamento: sua problemática. O próprio conhecimento do campo ideológico supõe o conhecimento das problemáticas que nele se compõe ou que nele se opõem. É o estabelecimento de relações entre a problemática própria do pensamento individual considerado com as problemáticas próprias aos pensamentos pertinentes ao campo ideológico, que pode decidir qual é a diferença específica de seu autor, ou seja, se surge um sentido novo (p. 67).

Coloca-se aqui, novamente, a questão da diferença específica d'*A ideologia alemã*. Não surge um sentido novo? Mais geralmente, tal situação supõe que, se alguém traz uma ideia nova, isso quer dizer que um sentido novo emergiu de um campo. É por isso que podemos falar de um campo em termos mecânicos, mas como um recurso, uma reserva de pensamentos possíveis. A relação entre os pensamentos e o campo só fará sentido, se pensarmos em termos de emergência de significações, e não de forças. Por isso, se seguirmos o argumento de Althusser segundo o qual o campo anônimo e o pensamento individual são estritamente contemporâneos, sempre precisaremos falar do campo de um pensamento individual ou desse pensamento num campo coletivo. Há, portanto, uma reciprocidade entre o pensamento individual e o campo, e devemos poder conceitualizá-la. Poderíamos ainda reencontrar a linguagem dos indivíduos reais instalados em circunstâncias dadas. Defendo novamente *A ideologia alemã* contra a linguagem de Althusser em geral.

No que diz respeito à referência simultânea dos pensamentos individuais e do campo ideológico aos que são "os verdadeiros autores

---

[25] No original: "la mise au jour". (N.T.)

desses pensamentos até agora sem sujeito" (p. 68), somos remetidos à questão "do sentido da evolução de Marx e de seu 'motor'" (p. 69). A palavra "motor" é posta entre aspas e, todavia, ela é empregada. Althusser pretende que uma explicação que encontra o "motor" na história da ideologia, e não na base real da história, é, ela própria, ideológica. Que é feito então do corte epistemológico? O próprio corte é um problema: quem o faz? É um corte da problemática ou um corte na problemática? Althusser deve ir até a relação do próprio Marx com o corte. "Falar da história real [...] é colocar em questão o 'caminho' do próprio Marx" (p. 71). A significação do corte de Marx através da camada de ideologia não está dada pela consciência própria de Marx. Mas não é igualmente difícil vincular a ideologia alemã ao pano de fundo da política e da economia alemãs, vincular o seu "sobredesenvolvimento" ideológico ao subdesenvolvimento histórico? Ainda mais difícil é atribuir o corte a tais condições históricas. "Tocar a história real", a "volta à história real" (p. 73), não é um ato de pensamento? Melhor ainda, se tal volta é uma "volta atrás", uma volta à "realidade dos objetos dos quais Hegel havia se apoderado, para lhes impor o sentido de sua própria ideologia", essa volta "aos objetos mesmos em sua realidade" (p. 74), não é a própria definição do pensamento? A descoberta, sob a ideologia, do desenvolvimento do capitalismo e da luta de classes é um ato de pensamento. Althusser concede demais ao conceito de campo. O campo fornece um meio importante de evitar a problemática ideológica da "deformação de problemas históricos reais em problemas filosóficos" (p. 77, nota), mas a noção de corte deixa intacta a capacidade de colocar problemas filosóficos.

Não podemos então dizer que a capacidade de se colocar face à realidade, a descoberta de Marx da "realidade dessa opacidade ideológica que o tornava cego" (p. 79) compreende, ao mesmo tempo, a emergência de uma significação nova e a presença do pensador e do pensamento? Althusser ainda tem mais razão do que acredita quando diz que, nessa descoberta da realidade, há mais do que na *Aufhebung* hegeliana, a qual pressupõe que o fim já está presente no começo. Mas o que pode ser "uma lógica da experiência efetiva e da emergência real", "uma lógica da irrupção da história real na própria ideologia" (p. 80)? Aqui não há mais lugar para um campo ideológico. Ao contrário, Althusser evoca o fim do "estilo pessoal" de Marx, sua "sensibilização ao concreto" revelada por "cada um de seus encontros com o real" (p. 80).

Para o marxismo, essa "emergência real" é "somente o efeito de suas próprias condições empíricas" (p. 80, nota). Ela não pode derivar da ideologia, se a ideologia não tem história. A conclusão parece ser que tal emergência é algo como um começo absoluto. A metáfora do corte é reencontrada com as camadas gigantescas da ilusão. A relação de Marx com suas origens não é uma relação de continuidade, mas de "corte prodigioso". O caminho de Marx foi o de "libertar-se dos mitos" de seu tempo pela "experiência da história real" (p. 81). Reencontrando o vocabulário da emergência, Althusser nota que "esse próprio surgimento é análogo a todas as grandes descobertas científicas da história", e que ele abriu "um novo horizonte de sentido" (p. 83).

Althusser propõe ultimamente uma significação positiva para a noção intransigente de corte. Nota que Marx tirou proveito de sua frequentação de Hegel na medida em que ela lhe permitiu "a prática da abstração", "a prática da síntese teórica e da lógica de um processo do qual a dialética hegeliana lhe oferecia um 'modelo' abstrato e 'puro'" (p. 82). Tal exceção ao corte é uma concessão considerável da parte de Althusser. Entretanto, ele tenta minimizá-la ao ver nela "menos um papel de formação teórica do que um papel de formação à teoria, uma espécie de pedagogia do espírito teórico através das formações teóricas da própria ideologia" (p. 82). Tal formação forneceu a Marx "o treinamento para manejar as estruturas abstratas de seus sistemas [os do espírito alemão], independentemente de sua validade" (p. 82). Parece, portanto, que o corte não é absoluto. Uma continuidade, ao menos formal, parece persistir. Mas não é isso que afirmam os contraditores de Althusser? A sua resposta é que a mudança da natureza dos objetos, no Marx da maturidade, muda também o método. Esta questão antecipa o que vai se seguir. Todavia, o que devemos guardar na memória é a maneira pela qual Althusser fala da descoberta, por Marx, da realidade histórica contra a ideologia dominante. Ele diz que, com Marx, aparece um "novo horizonte de sentido". Isso parece implicar, apesar de sua intenção, um pensador e um processo de pensamento.

Aula nº 8

Althusser (2)

Na aula anterior, eu discuti o conceito de corte epistemológico. Em particular, fiz referência à reinterpretação, por Althusser, da obra do jovem Marx como ideologia antropológica. Nesta aula, vou discutir o conceito de ideologia no próprio Althusser. Tal discussão vai se desenrolar em três tempos: inicialmente, vamos examinar o quadro problemático da questão da ideologia, em termos de infraestrutura e de superestrutura; em seguida, vamos considerar ideologias particulares, como a religião e o humanismo; por fim, a natureza da ideologia em geral.

No que concerne à primeira questão, uma das contribuições mais importantes de Althusser é a sua tentativa de afinar e de pôr à prova o modelo da infra e da superestrutura, tomado de empréstimo a Engels. Como já lembramos, esse modelo pode ser conduzido à conjunção de uma eficiência em última instância do econômico – que é a causa final e o primeiro motor – e de uma autonomia relativa da superestrutura; trata-se de um modelo de ação recíproca (*Wechselwirkung*) entre a infra e a superestrutura. Para Althusser, a primeira coisa que precisamos compreender é que, qualquer que seja o valor desse modelo, ele está tão distante quanto possível da dialética hegeliana, ao contrário do que o próprio Engels pensava. Já examinamos a crítica de Althusser da metáfora da inversão; agora, a crítica se concentra no comentário proposto por Engels dessa metáfora. Em *A favor de Marx*, Althusser introduz a discussão citando a passagem de Marx, no posfácio d'*O capital*, ao qual Engels se refere: "Em Hegel, [a dialética] se encontra virada de cabeça para baixo. É preciso desvirá-la, a fim de descobrir o núcleo racional dentro da ganga mística" (p. 85).

Althusser sublinha que essa declaração não é tão fácil de interpretar como parece. Engels crê erroneamente que haveria um elemento comum a Hegel e ao marxismo, o "núcleo racional"; e que, portanto, seria preciso somente rejeitar a "ganga mística". Tal argumento é frequentemente desenvolvido nos marxistas, que estimam ser possível conservar a dialética hegeliana não mais aplicando-a ao Espírito hegeliano mas a novos objetos: a sociedade, as classes, etc. O uso comum desse argumento implicaria, assim, uma continuidade ao menos formal entre Hegel e Marx.

Para Althusser, todavia, isso ainda é conceder demais à ideia de uma continuidade, e ele tem boas razões para dizê-lo. Não podemos tratar a dialética hegeliana como um procedimento vazio ou formal, na medida mesma em que Hegel não deixa de repetir que a dialética é o movimento das coisas mesmas. Hegel opõe-se a todo tipo de formalismo que nos autorizaria a primeiro construir um método de pensamento para, em seguida, tentar a resolver a questão metafísica. Este é o ponto a partir do qual ele se afasta de Kant. Todo o prefácio da *Fenomenologia do espírito* é escrito precisamente para refutar a ideia de que deveríamos primeiro ter um método, antes de começar a filosofar. Para Hegel, a filosofia é o método, ela é *Selbstdarstellung*, autoapresentação de seu próprio conteúdo. Portanto, é impossível separar o método do conteúdo, de modo a reter somente o método para aplicá-lo a novos conteúdos. Assim, a própria estrutura da dialética hegeliana (negação, negação da negação) deve ser encarada como heterogênea à estrutura da dialética em Marx. Se for verdade que não podemos separar o método do conteúdo, então precisaremos definir a dialética marxista como tendo em comum com a dialética hegeliana apenas a palavra "dialética". A questão é então a seguinte: por que a mesma palavra? De fato, seria preciso desembaraçar-se dessa palavra e dizer ou que não há dialética em Hegel, ou que não há dialética em Marx, mas esse é outro problema.

À dialética hegeliana, Althusser substitui o conceito de sobredeterminação. Tal conceito é evidentemente tomado de empréstimo a

Freud, embora ele deva também algo a Lacan (a influência de Lacan é permanente em toda a obra de Althusser, e maciçamente evidente em seus últimos ensaios). Para introduzir o conceito de sobredeterminação Althusser parte de uma observação de Lênin: como foi possível que a revolução tenha sido deflagrada na Rússia, mesmo não sendo a Rússia o país industrial mais avançado? A resposta de Lênin é a seguinte: dizer que a revolução deve advir no país mais industrializado implica que a base econômica é não somente determinante em última instância, mas é o único fator determinante. Ora, devemos compreender que a base econômica nunca funciona sozinha; ela sempre trabalha ligada com outros elementos: o caráter nacional, a história nacional, as tradições, os acontecimentos internacionais e os acidentes da história, as guerras, as derrotas, etc. Um acontecimento tal como uma revolução nunca é o resultado mecânico da infraestrutura, mas algo que põe em jogo os "diversos níveis e as diversas instâncias da formação social" (p. 100). Esse nexo é o que Althusser denomina sobredeterminação e que ele opõe à contradição hegeliana.

Todavia, é difícil localizar exatamente a diferença entre Althusser e Hegel sobre esse ponto. Seria possível, com efeito, dizer que há também sobredeterminação em Hegel. Qualquer que seja o capítulo da *Fenomenologia* que abrirmos, cada figura ali mobiliza tantos elementos conflitivos que a dialética deve precisamente evoluir no rumo de outra figura. Poderíamos dizer que a instabilidade de cada figura é um produto da sua sobredeterminação. Althusser pretende – mas estou pouco convencido por esse argumento – que em Hegel não existe sobredeterminação efetiva implicando fatores heterogêneos. Segundo ele, em Hegel há somente um processo cumulativo de internalização, que apenas aparentemente é uma sobredeterminação. A despeito da complexidade de uma forma histórica em Hegel, ela é de fato simples em seu princípio. Embora o *conteúdo* da figura hegeliana possa não ser simples, sua significação o é, pois, afinal, ela é uma figura unificada, cuja unidade é imanente à forma. Em Hegel, diz Althusser, uma época tem "um princípio espiritual interno que nada mais é, afinal, do que a forma mais abstrata da consciência de si desse mundo: a sua consciência religiosa ou filosófica, isto é, a sua própria ideologia" (p. 103). A "ganga mística" afeta e contamina o suposto "núcleo" racional. Assim, para Althusser, a dialética hegeliana é tipicamente idealista:

embora um período histórico encerre elementos complexos, ele é governado por uma única ideia, tem, nele mesmo, a sua unidade. Portanto, se concedermos a Althusser a simplicidade da forma hegeliana, tal que ela possa estar encerrada num rótulo como a dialética do senhor e do escravo ou a do estoicismo, a questão é a do contraste com a contradição marxista. A complexidade das contradições em operação na revolução russa não é um acidente da teoria marxista, mas a regra. O argumento, portanto, é que as contradições sempre estão nesse nível de complexidade.

Se acrescentarmos a noção de sobredeterminação assim compreendida à noção de causalidade em última instância da base material, contraposta à superestrutura e tomada de empréstimo a Engels, temos então um conceito de causalidade mais rico. De fato, a infraestrutura sempre é determinada por todos os outros componentes. Há uma combinação de níveis e de estruturas. Tal posição foi desenvolvida originalmente, não devemos esquecê-lo, para se contrapor à tendência mecanicista no marxismo – representada em particular pelo Partido Socialdemocrata Alemão. Esse mecanicismo, que assumia uma visão fatalista ou determinista da história, foi denunciado por Gramsci num argumento interessante, retomado por Althusser. Para Gramsci, são sempre os voluntaristas que acreditam mais no determinismo; com efeito, nesse fatalismo histórico, encontram uma confirmação de suas próprias ações (em certo sentido, isso é bastante similar à visão calvinista da predestinação). Os voluntaristas acreditam ser o povo eleito da história, e, portanto, haver certa necessidade no movimento histórico. Althusser cita a forte observação de Gramsci, segundo a qual o fatalismo "foi o 'aroma' ideológico da filosofia da práxis" (p. 104, nota). A palavra "aroma", aqui, é uma alusão ao ensaio juvenil de Marx sobre a *Filosofia do direito* de Hegel. Assim como Marx tratava as ilusões religiosas de "aroma espiritual", aqui o fatalismo é o objeto de uma crítica análoga.

Poderíamos dizer que a introdução por Althusser do conceito de sobredeterminação desloca, de alguma maneira, o quadro causal da infraestrutura e da superestrutura? De fato, o quadro é menos atenuado do que reforçado por meio dessa análise. Althusser não deixa de reafirmar que são as noções de infraestrutura e de superestrutura que conferem sentido à sobredeterminação, e não o inverso.

Reconhece que é a fórmula de Engels que, de fato, governa o seu próprio conceito de sobredeterminação. Talvez seja uma concessão à ortodoxia marxista, mas, em todo caso, ele é muito claro sobre esse ponto. Ao falar da acumulação de determinações efetivas (derivadas da superestrutura) sobre a determinação em última instância pela economia, ele escreve: "É aqui que se pode esclarecer, ao que me parece, a expressão de contradição sobredeterminada proposta por mim, aqui, porque não temos mais o fato puro e simples da existência da sobredeterminação, mas porque, essencialmente, e mesmo se nosso procedimento ainda é indicativo, remetemos ao seu fundamento" (p. 112-113). O conceito de sobredeterminação, porém, não ajuda a vencer a fraqueza dos conceitos de infra e de superestrutura, pois ele é somente um comentário do mesmo argumento. O quadro da causalidade não é afetado de modo algum.

Sinal de que esse quadro ainda é um incômodo para Althusser – há uma grande sinceridade e uma grande modéstia em todos os seus textos: ele diz que, quando juntamos a determinação em última instância pela economia e a contraposição da superestrutrura na infraestrutura, não fazemos mais do que manter "os dois lados da cadeia" (p. 111). Essa expressão é uma alusão à descrição feita por Leibniz das relações problemáticas entre o que Deus determina e o que a vontade humana determina. Assim, o marxismo repete um paradoxo tipicamente teológico, o paradoxo da determinação última; o que está em jogo é a eficácia relativa de atores independentes numa peça decidida em outro lugar e por outrem.

> É preciso mesmo dizer que a teoria da eficácia específica das superestruturas e outras "circunstâncias" permanece, em grande parte, por ser elaborada; e antes da teoria de sua eficácia, ou, ao mesmo tempo [...], a teoria da essência própria dos elementos específicos da superestrutura (p. 113).

Assim, a sobredeterminação é bem mais do que uma solução. É uma maneira de modificar um conceito que permanece, por sua vez, razoavelmente opaco.

É por isso que eu me pergunto se não seria mais útil partir do conceito freudo-althusseriano de sobredeterminação, tomá-lo por si mesmo e considerar, então, se ele não implicaria um quadro teórico distinto daquele proposto pelas noções de infra e de superestrutura. A solução que eu proponho é o quadro de uma teoria da motivação: essa estrutura nos permitiria compreender o que de fato se elabora em termos de motivos e de motivações, que nos autorizam a falar da sobredeterminação de uma significação. Talvez, sem conceito de significação, possamos falar adequadamente de sobredeterminação. O conceito de sobredeterminação, a meu ver, não exige uma teoria da causalidade. Poderíamos encontrar alguma confirmação dessa tentativa de mudar de quadro conceitual na admissão do próprio Althusser: é preciso conceder uma significação à autonomia relativa da esfera da superestrutura:

> Uma revolução na estrutura [da sociedade] não modifica *ipso facto* de um só lance (ela o faria, no entanto, se a determinação pelo econômico fosse a única determinação) as superestruturas existentes e, em particular, as ideologias, pois elas têm, como tais, uma consistência suficiente para sobreviver fora do contexto imediato de sua vida, até mesmo para recriar, "secretar" por algum tempo condições de existência de substituição (p. 115-116).

A superestrutura é uma camada que tem a sua própria consistência e, finalmente, a sua própria história. Como a curiosa teoria marxista das "sobrevivências", tenta levá-lo em conta, devemos buscar compreender por que, por exemplo, a moral burguesa persiste mesmo após um período de transformação social. Minha hipótese é que tais práticas continuam a prevalecer, pois, precisamente, a força de certos motivos sobrevive à mudança do quadro social. A meus olhos ao menos, a independência, a autonomia e a consistência das ideologias pressupõem um quadro de análise distinto da infra e da superestrutura.

Permitam, entretanto, deixar de lado essa questão e voltar ao que é, para nós, a questão mais interessante em Althusser, a teoria das ideologias como tais, ideologias consideradas por si mesmas. Althusser tenta tratar delas em duas etapas, que guiaram a minha própria abordagem: ele considera, inicialmente, as ideologias particulares, antes de tentar enunciar algo sobre a ideologia em geral. A distinção entre essas duas abordagens não é feita claramente em *A favor de Marx*, mas aparece antes, no artigo mais tardio e razoavelmente abstrato, intitulado "Ideologia e aparelhos ideológicos de Estado". Este artigo, retomado em *Posições*, estará no centro de nossa atenção quando discutirmos a teoria althusseriana da ideologia em geral. Mas permitam que eu o cite brevemente para indicar como Althusser introduz a distinção em questão. "Se puder antecipar o projeto de uma teoria d*a* ideologia *em geral*, e se tal teoria é um dos elementos de que dependem *as* teorias *das* ideologias, isso implica uma proposição aparentemente paradoxal, que enunciarei nos seguintes termos: *a ideologia não tem história*" (p. 98-99; grifos do autor). Sob a influência de Freud e de Lacan principalmente, uma vez mais, Althusser diz que precisamos conquistar uma teoria da ideologia em geral, exatamente como a metapsicologia é uma teoria do inconsciente em geral, uma pesquisa separada do tratamento específico das expressões do inconsciente que podem ser encontradas em tal domínio particular, como a doença mental, a criação artística, a ética, a religião, etc. Como veremos, a razão pela qual a ideologia em geral não tem história é que se trata de uma estrutura permanente. A metapsicologia de Freud é, para Althusser, o modelo das relações entre ideologias particulares e ideologia em geral. Para nosso propósito, o exame das ideologias em geral é a coisa mais interessante; por isso, tratarei rapidamente das ideologias particulares.

A abordagem de uma teoria das ideologias através do exame das ideologias particulares é mais ou menos imposta pelo modelo marxista, no qual as ideologias são apresentadas numa enumeração. Os que estão familiarizados com os textos marxistas terão notado que, quando o próprio Marx trata da ideologia, ele não deixa de abrir parênteses e remeter a ideologias específicas – isto é, religiosas, éticas, estéticas e políticas. É por enumeração dessas formas que Marx constrói a análise mais geral, segundo um método que não deixa de lembrar a análise cartesiana do *cogito*. É preciso não esquecer tampouco que o encaminhamento histórico de Marx procede de maneira análoga: da crítica da religião à crítica da filosofia, depois, à crítica da política. A dispersão das ideologias, o fato de que se trate de ideologias no plural, é uma dimensão importante do problema. Precisamos notar, todavia, que, no seio do *corpus* marxista, o quadro da resposta a esse problema nem sempre é o mesmo. Em certos textos, a palavra ideologia é utilizada para designar tudo o que não é econômico, ao passo que, em outros, uma diferença é estabelecida entre economia, política e ideologia. Em sua obra ulterior, quando ele dispuser de um conceito global de ideologia, o próprio Althusser identificará a estrutura política com uma ideologia particular.

Permitam que eu forneça dois exemplos dessa abordagem enumerativa em Althusser: seu tratamento do humanismo e o do Estado. Em *A favor de Marx*, o exemplo paradigmático de uma ideologia particular é o humanismo. O humanismo é tratado como uma ideologia, e uma ideologia que tem fronteiras determinadas. É definido como um campo antropológico específico. Logo, é uma forma cultural, à qual certas pessoas pertencem, e outras, não. Uma ideologia particular pode ser oposta à ideologia em geral, que não é uma forma histórica, mas uma estrutura permanente, assim como o inconsciente freudiano. Novamente a atração dos conceitos freudianos é das mais importantes. A despeito da estreiteza do conceito de ideologia identificado com uma problemática entre outras, esse conceito é, não obstante, revelador da estrutura da ideologia em geral, pois, de fato, a estrutura geral da ideologia em Althusser repete a estrutura do humanismo.

O caso do humanismo é crucial sob outro aspecto: ele nos dá o direito de colocar *A ideologia alemã* no próprio quadro antropológico que os textos mais precoces. O que define o humanismo, e é claro o pretenso humanismo socialista, é uma participação comum à mesma ideologia. Por isso, Althusser considera o renascimento do humanismo no marxismo moderno como um retorno a Feuerbach e ao jovem Marx; ele pertence ao mesmo campo antropológico. A análise althusseriana do humanismo ilustra magistralmente a sua recusa determinada de todo compromisso conceitual entre a ciência e a ideologia. "O casal 'humanismo-socialista' encerra justamente uma desigualdade teórica patente: no contexto da concepção marxista [no caso, a do próprio Althusser], o conceito de 'socialismo' é bem um conceito científico, mas o conceito de humanismo não é senão um conceito ideológico" (p. 229). Para Althusser, o humanismo socialista é uma monstruosidade conceitual. Infelizmente tal posição podia ter implicações políticas graves. Em 1968, por exemplo, quando da invasão da Tchecoslováquia, Althusser manteve silêncio; sua posição o conduzia a pensar que, de um ponto de vista teórico, o movimento de reforma era errôneo. Os socialistas tchecos buscavam algo que não existia mais – um socialismo humanista; eles se referiam a um conceito impuro.

O argumento contra o vínculo entre o conceito de socialismo e o de humanismo é que este último "designa existências, mas não oferece a essência delas" (p. 229). Trata-se de um argumento platônico, que objeta que o humanismo remete a existências – seres humanos, a vida, etc. – e não a uma estrutura conceitual. A perspectiva de Althusser é uma consequência necessária da ruptura epistemológica, que coloca do mesmo lado – o lado ruim – o idealismo da consciência nos *Manuscritos* e a antropologia concreta d'*A ideologia alemã*. Num de seus enunciados mais enérgicos sobre o anti-humanismo teórico de Marx, Althusser diz:

> Sob a relação estrita da teoria, pode-se e deve-se, então, falar abertamente de um anti-humanismo teórico de Marx, e ver, nesse anti-humanismo teórico, a condição de possibilidade absoluta (negativa) do conhecimento (positivo) do próprio mundo humano e de sua transformação prática. Pode-se conhecer algo dos homens apenas sob a condição de reduzir a cinzas o mito filosófico [teórico] do homem. Todo pensamento que então se reclamasse de Marx para restaurar de uma maneira ou de outra uma antropologia ou um humanismo teóricos, teoricamente, não passaria de cinzas (p. 236).

Talvez esteja aqui o ponto comum entre Althusser, os estruturalistas franceses em geral e outros, como Michel Foucault: a ideia de que "o mito filosófico do homem" deve ser reduzido a cinzas. Se esta orientação fosse seguida, não vejo como seria possível, por exemplo, construir uma oposição à afronta ao direito. Alguém como Sakharov deve, então, ser tratado como um ideólogo, e Althusser diria sem dúvida que os prêmios Nobel são ideólogos, e, mais seguramente ainda, que são atribuídos por ideólogos.

Não obstante, ainda há nessa análise a alusão a outra coisa, quando Althusser diz que o conhecimento de um objeto não pode substituir tal objeto nem dissipar a sua existência (p. 236). Dizer que algo não passa *teoricamente* de cinzas significa que nós não modificamos a sua realidade ao dizer que tal coisa não existe realmente. Saber que uma ideologia não tem um estatuto teórico não é aboli-la. Novamente, temos aqui não apenas uma reminiscência de Espinosa – no segundo gênero de conhecimento, o primeiro é conservado –, mas também de Freud, quando ele diz que, no processo terapêutico, não basta compreender intelectualmente, e que, além disso, é preciso que o equilíbrio das forças – de repressão, etc. – também seja modificado. Explicar a alguém que ele ou ela é apanhado(a) na ideologia não é suficiente; isso não muda nada na situação. A afirmação segundo a qual algo "teoricamente não passa de cinzas" tem apenas um alcance restrito.

Devemos então nos acomodar a uma estranha necessidade: sabemos que o humanismo não tem estatuto teórico, mas ele não deixa de ter uma forma de existência factual. Ao vincular o humanismo a suas condições de existência, diz Althusser, podemos reconhecer a sua necessidade como ideologia: ele tem, segundo a estranha fórmula de Althusser, "uma necessidade sob condições" (p. 237). Althusser deve recorrer a essa expressão, pois, se o marxismo é mais que uma ciência, se ele é também uma política e se a própria política está fundada na asserção de que os seres humanos têm certos direitos, então o marxismo deve reter algo da esfera ideológica, a fim de adquirir uma eficácia prática. A conjunção entre a ideologia e a ciência é uma "necessidade sob condições" para a ação, mas tal conjunção *prática* não abole o corte *teórico*. Como se vê, é extremamente difícil compreender como algo deve ser teoricamente abolido, mas, ao mesmo tempo, continuar existindo de tal maneira que possamos nos referir a isso para agir.

Um segundo exemplo das ideologias parciais ou regionais – para utilizar um vocabulário um tanto husserliano –, em Althusser, é o do Estado. Ainda aqui, Althusser introduz mudanças importantes na teoria marxista. Sua principal inovação é o vínculo que ele estabelece entre a ideologia e a sua função política, isto é, entre a ideologia e a questão da reprodução do sistema, a reprodução das condições de produção. Esse problema foi passavelmente discutido pelos marxistas modernos; eles estimam que Marx estudou as condições de produção, mas que é preciso também se voltar para as condições de *re*produção do sistema. Tal exame deve ser levado até todas as instituições que têm a função de confortar e de reproduzir a estrutura do sistema.

Para conferir sentido a esse conceito de reprodução, Althusser deve ampliar o conceito marxista de Estado, tal como Lênin o exprimiu. Em *O Estado e a revolução*, Lênin considera principalmente o Estado como uma estrutura de coerção. A função do Estado é a repressão. Nada é salvo do conceito idealista do Estado hegeliano, como integração dos indivíduos que se reconhecem como cidadãos por meio da Constituição. Em contrapartida, a visão leninista do Estado é extremamente pessimista: o Estado é um instrumento de repressão, de coerção, em benefício das classes dominantes. A ditadura do proletariado consistirá numa inversão desse utensílio coercitivo, e do qual é possível se servir contra os inimigos desse Estado transformado. Stalin, com efeito, utilizará tal noção de inversão para reforçar a sua própria posição, pretendendo que ele só fazia utilizar a estrutura burguesa do Estado contra os seus inimigos. Quando tais inimigos desaparecerem, não haverá mais necessidade de nenhum Estado.

Em "Ideologia e aparelhos ideológicos de Estado", Althusser precisa a sua própria contribuição ao propor que se distinga os dois aspectos do poder de Estado. O primeiro é constituído por aparelhos de Estado repressivos e coercitivos: o governo, a administração, a polícia, os tribunais, as prisões, etc. O segundo, aparelhos ideológicos de Estado: a religião, a educação, a família, o sistema político, as comunicações, a cultura, e assim por diante (p. 82). A estrutura do Estado é, ao mesmo tempo, repressiva e ideológica. A quem objetar que a introdução da ideologia na teoria do Estado implica que nela se inclui algo privado e não público, Althusser responderá que tal divisão entre público e privado é um conceito burguês. Se rejeitarmos os conceitos burgueses, que dependem do conceito de propriedade privada, deveremos então considerar o Estado como um sistema de aparelhos que se estende para muito além das funções apenas administrativas. Só para a mentalidade burguesa é que há esferas distintas: pública e privada. Para a teoria marxista, ambas as esferas representam aspectos diferentes da mesma função.

Podemos religar a importância dos aparelhos ideológicos de Estado ao problema da reprodução do sistema, compreendendo que tal reprodução se opera por meio de aparelhos ideológicos de Estado como a educação. Conheço inúmeros educadores de esquerda na Europa – na Alemanha, na Itália, na França – que utilizam essa noção de reprodução para sustentar que a função da escola é a reprodução do sistema, não somente através do ensino das qualificações técnicas, mas também para a reprodução das regras do sistema na consciência dos alunos (aqui, de novo, recorta-se Freud: o aparelho ideológico de Estado tem o seu equivalente no "supereu").

A reprodução da força de trabalho, portanto, faz aparecer, como sua condição *sine qua non*, não somente a reprodução de sua "qualificação", mas também a reprodução da sujeição à ideologia dominante, ou da "prática" dessa ideologia, com a precisão de que não basta dizer: "não somente, mas também", pois parece que é nas formas e sob as formas de sujeição ideológica que fica assegurada a reprodução das qualificações da força de trabalho (p. 73).

Um sistema de opressão sobrevive e domina graças a esse aparelho ideológico, que, ao mesmo tempo, sujeita os indivíduos, mantém e reproduz o sistema. A reprodução do sistema e a repressão do indivíduo são uma única e mesma coisa. A análise de Althusser, aqui, é muito pertinente. É preciso conjugar as duas ideias: um Estado não funciona somente no poder, mas também na ideologia, e ele o faz para assegurar a sua própria reprodução.

Fora do marxismo, há análises paralelas a esta. Em Platão, por exemplo, o papel desempenhado pelos sofistas demonstra que nenhum senhor governa pela força pura. O governo deve convencer, ou seduzir; certa distorção da linguagem acompanha sempre o uso do poder. O poder nu não funciona jamais; no uso do poder político, uma mediação ideológica está sempre implicada. Minha questão, todavia, não é de modo algum saber se a descrição de Althusser é uma boa descrição. Eu a coloco aqui tal como a coloquei para Marx. Em compensação, são os conceitos elaborados que me interessam e, neste contexto particular, o de "aparelho". Esse conceito pertence à mesma língua anônima que os de infraestrutura e superestrutura. Não é por acaso que o termo escolhido por Althusser é "aparelho", e não "instituição", pois "aparelho" implica algo mecânico. Um aparelho é algo que funciona, é por isso que ele tem mais afinidades conceituais com as estruturas e a reprodução, e com o vocabulário estruturalista em geral. Todas essas funções são anônimas e podem existir e agir por si mesmas. Se, todavia, colocarmos a questão: como tais funções funcionam, não precisaremos novamente introduzir então algum elemento semelhante à persuasão, isto é, certa maneira de captar a motivação? De novo, o problema é um problema de legitimidade, de pretensão à legitimidade e de processos de justificação, e não vejo como tais questões podem ser tratadas em termos de aparelhos. A dificuldade que eu experimento se deve ao quadro conceitual, que é o da causalidade, ali onde estimo que outro quadro, o da motivação, seria mais adequado. O quadro da causalidade foi imposto inicialmente pela noção de fator determinante em última instância e, por conseguinte, todos os arranjos que Althusser introduz na teoria marxista, por mais interessantes que sejam, devem necessariamente se dobrar a esse quadro conceitual imperativo.

Deixemos, entretanto, esse ponto de lado para nos voltarmos para a parte mais interessante da análise de Althusser, sua tentativa de propor uma definição da ideologia em geral. A tentativa será decisiva para o restante deste livro. Ela nos convida a passar daquilo que poderíamos denominar uma geografia das ideologias a uma teoria da ideologia. A discussão de Althusser se acha em dois textos principais: as páginas 238-243 de *A favor de Marx* e as páginas 97-125 de *Posições*. Estas últimas constituem a seção intitulada "A propósito da ideologia", do artigo "Ideologia e aparelhos ideológicos de Estado", e são o texto mais discutido de Althusser.

Em *A favor de Marx*, Althusser antecipa três ou quatro definições programáticas de ideologia, buscando testá-las, colocá-las à prova e nada mais, pois ele estima que tal esforço não foi empreendido anteriormente pela teoria marxista. Como nós veremos, as definições propostas não são simples de combinar. A primeira, todavia, é claramente compreensível, pois é uma aplicação da distinção entre ciência e ideologia.

> Não se trata de empreender, aqui, uma definição aprofundada da ideologia. Basta saber muito esquematicamente que uma ideologia é um sistema (possuindo a sua lógica e o seu rigor próprios) de representações (imagens, mitos, ideias ou conceitos segundo os casos), dotado de uma existência e de um papel histórico no seio de uma sociedade dada. Sem entrar no problema das relações de uma ciência com o seu passado (ideológico), digamos que a ideologia como sistema de representações se distingue da ciência pelo fato de que nela a função prático-social prevalece sobre a função teórica (ou função de conhecimento) (p. 238).

Aqui, temos quatro ou cinco noções importantes. De início, a ideologia é um sistema; isso faz eco ao que Althusser denomina um campo – um campo antropológico, por exemplo – ou uma problemática. Todos esses conceitos se recobrem. Mas uma ideologia é um sistema de quê? É um sistema de representações, e esse é o segundo traço. Althusser utiliza o vocabulário da tradição idealista; o vocabulário do idealismo é conservado na definição da ideologia como *Vorstellung*, representação. Terceiro traço: a ideologia tem um papel histórico. Ela não é uma sombra, como em certos textos marxistas, pois desempenha um papel no processo histórico. Ela é parte do processo de sobredeterminação. Por isso, devemos vincular a noção de uma existência histórica da ideologia à sua contribuição para a sobredeterminação de acontecimentos. Todos esses traços convergem inteiramente.

Mais problemático, em contrapartida, é o quarto traço que define a ideologia, a importância relativa que Althusser atribui à função prático-social da ideologia, em oposição à sua função teórica. Esse traço é mais difícil de aceitar, pois se, por exemplo denominarmos ideologia o humanismo, isso terá certamente um alcance inteiramente teórico. Para tomar outro exemplo, qual obra é mais teórica do que a de Hegel? Esse ponto é difícil de compreender, pois nada é mais teórico do que o idealismo; Feuerbach e o jovem Marx criticam a obra de Hegel precisamente porque ela era teoria, e não práxis. E descobrimos subitamente em Althusser que a práxis é ideológica e que unicamente a ciência é teórica. Não consigo enxergar como se pode, aqui, manter tal afirmação de Althusser.

A segunda definição da ideologia proposta por Althusser tem mais a ver com a oposição do ilusório e do real. Como foi lembrado nas aulas anteriores, isso não deixa de ter fundamentos no jovem Marx. A segunda definição de Althusser prevalecerá nos seus textos ulteriores. Notem também, na citação a seguir, o uso da palavra "vivida": é a linguagem de Husserl e de Merleau-Ponty, a da fenomenologia existencial.

> A ideologia concerne, portanto, à relação vivida dos homens com o seu mundo. Essa relação, que só parece "consciente" sob a condição de ser inconsciente, parece, da mesma maneira, ser simples somente sob a condição de ser complexa, de não ser uma relação simples, mas uma relação de relações, uma relação de segundo grau (p. 240).

O que é uma maneira complicada de dizer que a ideologia reflete, sob a forma de uma relação imaginária, o que já é uma relação existente, a saber, a relação dos seres humanos com o seu mundo. A relação vivida é refletida como ideologia. O texto prossegue de maneira mais decisiva:

> Na ideologia, os homens exprimem, com efeito, não as suas relações com as suas condições de existência, mas a maneira pela qual eles vivem a sua relação com as suas condições de existência: o que supõe simultaneamente relação real e relação "vivida", "imaginária". A ideologia é, então, a expressão da relação dos homens com o seu "mundo", isto é, a unidade (sobredeterminada) de sua relação real e de sua relação imaginária com as suas reais condições de existência. Na ideologia, a relação real está inevitavelmente investida na relação imaginária: relação que exprime mais uma vontade (conservadora, conformista, reformista ou revolucionária), até mesmo uma esperança ou uma nostalgia, do que a descrição de uma realidade (p. 240).

O vocabulário é muito interessante, não somente porque temos a noção de relação vivida, mas porque essa relação é vivida de um modo imaginário. Numa ideologia, a maneira de viver essa relação é imaginária. Tal definição introduz um deslizamento importante em relação ao vocabulário do jovem Marx, com o qual ela se parece numa primeira abordagem. Enquanto no jovem Marx, o real é oposto ao imaginário, aqui o vivido e o imaginário são associados. Uma ideologia é simultaneamente vivida *e* imaginária, ela é o vivido como imaginário. É por isso que temos uma relação real deformada em relação imaginária. Antecipando a nossa discussão ulterior, podemos notar que é difícil fazer coincidir essa definição com o resto da obra de Althusser, pois ele fala de relações reais e de indivíduos reais, mesmo se tais indivíduos reais não pertençam à base material. Mais geralmente, entretanto, parece que, para oferecer uma descrição da ideologia, precisamos falar a linguagem da ideologia; devemos falar de indivíduos construindo sonhos no lugar de viver a sua vida real.

Althusser introduz também a noção de sobredeterminação, que desta vez não é mais aplicada às relações entre instâncias – entre elementos da superestrutura e da infraestrutura – mas às relações entre o imaginário e o real. O conceito de sobredeterminação é utilizado num contexto mais próximo de Freud do que de Marx; o misto de real e de imaginário é o que Freud denomina formação de compromisso, e tal é a noção que governa a análise de Althusser: "É nessa sobredeterminação do real pelo imaginário e do imaginário pelo real que a ideologia é, em seu princípio, ativa [...]" (p. 241). Por conseguinte, a ideologia não é algo ruim, que precisaríamos deixar para trás; ao contrário, ela é algo que nos impele, um sistema de motivação. A ideologia é um sistema de motivação que procede da falta de uma distinção clara entre o real e o irreal.

Em sua terceira definição da ideologia, Althusser fala em termos de níveis e de instâncias. Althusser precisa dessa linguagem para preservar a realidade da ideologia, sua real existência na história. Enquanto real, a ideologia deve implicar instâncias reais, níveis reais, e não somente elementos imaginários; o imaginário é uma forma de inexistência. No artigo sobre "os aparelhos ideológicos", Althusser se esforça para ajustar a definição da ideologia, a fim de nela incluir ao mesmo tempo o polo da ilusão e o da existência histórica, sugerindo que a ideologia tem uma materialidade nos famosos aparelhos ideológicos. Tais aparelhos dariam certa existência material àqueles sonhos. Na época de *A favor de Marx*, todavia, Althusser ainda não resolveu essa sutil distorção em suas definições. Sua terceira definição da ideologia se desloca da linguagem do vivido para a das instâncias.

> A ideologia como tal, portanto, faz parte organicamente de toda totalidade social. Tudo se passa como se as sociedades humanas não pudessem subsistir sem tais formações específicas, tais sistemas de representações (de níveis diversos) que são as ideologias. As sociedades humanas secretam a ideologia como o elemento e a própria atmosfera, indispensáveis à sua respiração, à sua vida histórica. Somente uma concepção ideológica do mundo pode imaginar sociedades sem ideologias, e admitir a ideia utópica de um mundo onde a ideologia (e não alguma de suas formas históricas) desapareceria sem deixar traço, para ser substituída pela ciência (p. 238-239).

Este texto é mais positivo com respeito à ideologia; é uma defesa para que se reconheça o caráter indispensável das ideologias. Althusser ataca a visão utópica daqueles tecnocratas que acreditam que agora estamos para além da idade das ideologias, que doravante se pode falar de morte das ideologias. Ao encontro desse tema, tão célebre na Europa como nos Estados Unidos, Althusser sustenta que sempre haverá ideologias, pois as pessoas devem encontrar um sentido para a sua vida. Essa tarefa não pode se tornar o apanágio da ciência, que não pode fazer tudo, mas permanece como a função da ideologia. Althusser se engaja a fundo na apreciação positiva do papel das ideologias. Entretanto, é difícil pensar a ideologia ao mesmo tempo como ilusão (de acordo com a segunda definição de Althusser) e como uma instância real e essencial à vida histórica das sociedades. Talvez a mediação seja fornecida pela ideia de Nietzsche, segundo a qual precisamos de ilusões para suportar a dificuldade da vida, que morreríamos se descobríssemos a verdadeira realidade da existência humana. Seria possível ver também que aqui se elabora a visão pessimista que quer que as pessoas demandem ideologias porque a ciência não confere sentido a sua vida. Mas Althusser é extremamente antipositivista e, vamos repetir, considera como utópica a visão positivista de uma ciência que um dia substituísse a ideologia.

> Essa utopia, por exemplo, está no princípio da ideia de que a moral, que em sua essência é ideologia, poderia ser substituída pela ciência ou tornar-se científica do começo ao fim; ou a religião dissipada pela ciência que, de algum modo, tomaria o seu lugar; que a arte poderia se confundir com o conhecimento ou tornar-se "vida cotidiana", etc. (p. 239).

Contra os que sustentam que a moral, a religião e a arte são "sobrevivências", detritos esparsos de eras não científicas primitivas, Althusser afirma que são elementos necessários de toda sociedade. As ideologias são indispensáveis; a ciência não pode tomar o lugar de tudo.

De minha parte, interpreto essa inflexão do pensamento de Althusser da seguinte maneira. Se elevarmos a esse ponto as nossas expectativas com respeito à ciência, então ela estará para além de nossa apreensão. Quanto mais elevarmos o conceito de ciência, tanto mais amplo se torna o campo da ideologia, pois uma se define em relação à outra. Se reforçarmos as exigências científicas de uma teoria, perdemos a sua capacidade de ter sentido na vida ordinária. É em razão da estreiteza do campo da ciência que o da ideologia é tão vasto. Ao menos é essa a minha interpretação da posição assumida aqui por Althusser. A oposição que ele estabelece entre a ciência e a ideologia explica o seu reconhecimento positivo da ideologia como algo cujo estatuto indeterminado é o de não ser verdadeiro, mas, não obstante, o de ser necessariamente vital, uma ilusão vital. Essa perspectiva permite interpretar a afirmação de Marx, segundo a qual, numa sociedade de classes, as ideias dominantes devem assumir a forma da universalidade. Tal necessidade não é uma mentira, não é uma armadilha, mas é imposta pela estrutura inelutável do próprio imaginário. Ninguém pode pensar sem acreditar que o que ele pensa é verdadeiro em algum sentido. Essa ilusão é uma ilusão necessária.

A persistência dessa ilusão que é a ideologia se estende até mesmo à hipotética sociedade sem classes. O que quer que signifique "sociedade sem classes" – uma vez mais, de modo algum eu não discuto aqui em termos políticos, mas somente do ponto de vista das condições internas de inteligibilidade –, ela tem alguma eternidade (no artigo sobre os "aparelhos ideológicos de Estado", a palavra "eterno" volta a aparecer e é comparada à descrição freudiana da atemporalidade do inconsciente). De maneira análoga, a ideologia é intemporal. "É claro que a ideologia (como sistema de representações de massa) é indispensável a toda sociedade para formar os homens, transformá-los e torná-los capazes de responder às exigências de suas condições de existência" (p. 242). A sugestão é que, em toda sociedade, mesmo naquela em que hipoteticamente a luta de classes não existiria mais, sempre haverá uma inadequação entre as exigências da realidade e a nossa capacidade para enfrentá-las. Eu me lembro dos comentários de Freud sobre a morte e sobre a dureza da vida, sobre o fato de que o preço da realidade é elevado demais. As exigências das condições da realidade são elevadas, e a nossa capacidade de nos ajustarmos à realidade é limitada.

> É na ideologia que a sociedade sem classes vive a inadequação/adequação de sua relação com o mundo, nela e por ela que transforma a "consciência" dos homens, isto é, sua atitude e sua conduta, para colocá-los no nível de suas tarefas e de suas condições de existência (p. 242).

Aqui, temos quase uma quarta definição da ideologia: o sistema dos meios graças aos quais tentamos ajustar a nossa capacidade de mudar com as condições efetivas de mudança na sociedade em geral. É por isso que a ideologia tem certa função ética; ela tenta, com os acidentes da vida, com os aspectos penosos da existência, fazer sentido. Precisamos introduzir uma linguagem existencial; quando falamos aqui de contradição, não é de contradição lógica que se trata, contradição entre estruturas, mas de uma contradição vivida, entre nossa capacidade de ajuste e as exigências da realidade.

A meu ver, a definição de ideologia em geral proposta por Althusser põe as seguintes questões. A mais ampla para começar: se aceitarmos a análise de Althusser, poderemos ainda falar da ideologia como não ciência? Várias questões mais específicas prolongam esse questionamento geral: voltarei a elas nas próximas aulas. De início, a função quase ética da ideologia não é tão estimável quanto a da ciência? Em seguida, como podemos compreender a noção de imaginário se o real já não estiver mediado simbolicamente? Em terceiro lugar, a função mais primitiva da ideologia – a que aparece com a sociedade sem classes – seria a integração e não a distorção? Enfim, como podemos conhecer a ideologia se ela não pertence à antropologia fundamental? Não é somente no seio de tal antropologia filosófica que o vocabulário das definições de Althusser – "homens", "condições de existência", "exigências", "atitudes e condutas" – pode encontrar um sentido? Não há, portanto, um vínculo primitivo entre o vivido e o imaginário que seja mais radical que toda distorção?

As expressões de Althusser pertencem ao vocabulário do humanismo. Para falar de ideologia, é preciso rejuvenescer o vocabulário do humanismo. Mesmo na frase que conclui a sua análise – frase que talvez seja uma concessão ao leitor –, Althusser mobiliza tal vocabulário. "Numa sociedade sem classes, a ideologia é a rede pela qual, e o elemento no qual a relação dos homens com as suas condições de existência é vivida em proveito de todos os homens" (p. 242-243). Quem, portanto, poderia querer mais do que aquilo que sonhamos todos, uma sociedade na qual as relações entre os homens e as suas condições de existência seriam vividas em proveito de todos? Mas esse é precisamente o discurso da ideologia. Devemos assumir, ao menos parcialmente, o discurso da ideologia para poder falar da ideologia. Tudo se passa como se não pudéssemos falar da ideologia numa linguagem que não fosse a dela. Se empregarmos a linguagem althusseriana da ciência, só poderemos falar de aparelhos, instâncias, estruturas, superestruturas e infraestruturas, mas não de "condições de existência", "atitudes e condutas", etc. Ao menos até certo ponto, somente a ideologia pode falar da ideologia.

Algumas outras observações devem ser feitas sobre a concessão de Althusser, "a inadequação entre as tarefas históricas e as suas condições" (p. 245) justifica a necessidade da ideologia. Tal relação deve ser *vivida* para se tornar uma contradição e poder ser tratada cientificamente. Assim, a relação de inadequação vem reavivar o prestígio do conceito de alienação. Althusser sustenta, como vimos, que tal conceito pode ser abandonado, mas somos nós capazes de recusá-lo teoricamente e de conservá-lo praticamente? As contradições vividas não são as condições das pretensas relações reais? Althusser responde que, se retornarmos à linguagem da alienação, é porque ainda não dispomos de uma ciência da ideologia. É uma linguagem provisória na ausência de uma linguagem adequada. "Esse recurso à ideologia pode também, em certos limites, ser encarado, com efeito, como o substituto de um recurso à teoria" (p. 247) ou como o "substituto de uma teoria insuficiente" (p. 248). Althusser acusou todos os pensadores marxistas de fraquezas teóricas, mas assume certa fraqueza teórica por si mesmo, a fim de falar da ideologia em termos positivos. Por causa da fraqueza presente em nossa teoria, diz ele, precisamos recorrer à linguagem da ideologia para poder falar da ideologia; um dia, contudo, nossa teoria será forte o bastante para deixar de lado tal vocabulário. A meu ver, esse é o argumento mais discutível da tentativa de Althusser. A questão, com efeito, é saber se tal confusão entre ideologia e teoria científica não é exigida pelo próprio problema. Tal "confusão" não exprime, de fato, a impossibilidade de demarcar a contradição vivida da base real? Se quisermos falar de maneira sensata da ideologia, não seremos conduzidos a evocar os motivos das pessoas, dos indivíduos em certas circunstâncias, as relações adequadas ou inadequadas entre as condutas humanas e as suas condições? Não poderemos eliminar o problema do estatuto da antropologia filosófica, se quisermos falar dessas questões.

Aula nº 9

Althusser (3)

Com Althusser, adotamos como fio condutor a oposição entre ideologia e ciência. Ao sublinhar esse corte, a corrente marxista representada por Althusser reforça a natureza científica de suas próprias asserções teóricas. Tudo o que não pode ser expresso cientificamente é reputado como ideológico. Essa ciência marxista se afasta de conceitos que têm um fundamento antropológico, para adotar conceitos de natureza inteiramente outra: forças de produção, modos de produção, relações de produção, classes, etc. Tal linguagem é claramente não antropológica. O corte epistemológico entre as duas séries de conceitos fornece o quadro principal da teoria da ideologia. No centro desse quadro, Althusser tenta refinar e pôr à prova o modelo de Engels, que distingue a superestrutura da infraestrutura, remetendo a ideologia à superestrutura. Althusser se esforça para oferecer, da correlação entre infra e superestrutura, uma interpretação não hegeliana, pois a maneira de Hegel pensar, a *Aufhebung*, que sobrepuja a contradição, ainda está ligada a uma filosofia do sujeito, e ela própria deve ser colocada do lado da ideologia. Althusser busca fornecer certo conteúdo à própria ideologia, na ideia de que a ideologia não é um mundo de sombras, mas uma realidade inteiramente distinta. Os últimos escritos de Althusser se ocupam com essa noção da realidade de algo ilusório. Na última aula, atingimos o estágio em que Althusser passa da evocação de ideologias singulares ao conceito de ideologia em geral. Interrompemos nossa pesquisa ao examinar as observações de Althusser sobre esse tema em *A favor de Marx*; gostaria de dar prosseguimento à pesquisa considerando as últimas proposições dessa obra.

A tentativa mais acabada de Althusser para fornecer um conceito global de ideologia aparece no artigo intitulado "Ideologia e aparelhos ideológicos de Estado". Lembremos que o propósito desse artigo é pretender que a função fundamental da ideologia é a reprodução do sistema, constranger os indivíduos a seguir as regras que governam o sistema. Ao problema da produção posto por Marx é preciso acrescentar o problema da reprodução. Com o auxílio dessa redefinição dos conceitos, é preciso reformular o conceito leninista de Estado, que este último só definira em termos de coerção, acrescentando o que Althusser denomina aparelhos ideológicos de Estado. A ideologia é institucionalizada e aparece, assim, como uma dimensão do Estado. Trata-se de uma dimensão do Estado que não é simplesmente administrativa ou política, mas especificamente ideológica. A superestrutura é religada à reprodução com o auxílio de aparelhos e de instituições específicas, e o problema de uma teoria geral da ideologia é proposto em conjunção com tal reformulação.

Nesse texto, Althusser chega a atribuir à ideologia todas as funções positivas que não dizem respeito à ciência. Ao mesmo tempo, sublinha mais fortemente do que nunca o caráter ilusório da imaginação. De fato, a Espinosa ele toma emprestada a ideia de que o primeiro gênero de conhecimento exprime de maneira inadequada a nossa relação com o mundo. Toma emprestado também, de modo mais significativo, a distinção entre imaginário e simbólico elaborada por Jacques Lacan. Em particular, o recurso à noção de simbólico lhe permite compreender a de imaginário no modelo da relação em espelho. O imaginário é uma relação em espelho no estágio narcísico, a autoimagem que se pode contemplar num espelho ou nas imagens que os outros fazem de nós, em todas as situações da vida.

Para voltarmos ao texto, vamos nos concentrar particularmente na seção intitulada "Sobre a ideologia". Althusser começa sublinhando a diferença entre sua posição e a de Marx em *A ideologia alemã*. Segundo ele, Marx não levou a sério nessa obra o paradoxo de uma realidade do imaginário:

> Em *A ideologia alemã*, [...] a ideologia é concebida como pura ilusão, puro sonho, isto é, nada. Toda a sua realidade está fora de si mesma. A ideologia é, portanto, pensada como uma construção imaginária cujo estatuto é exatamente semelhante ao estatuto teórico do sonho nos autores anteriores a Freud. Para tais autores, o sonho era o resultado puramente imaginário, isto é, nulo, "resíduos diurnos", apresentados numa composição e numa ordem arbitrárias, por vezes, aliás, invertidos, em suma, "na desordem". Para eles, o sonho era o imaginário vazio e nulo, arbitrariamente "arranjado" [...] (p. 99).

Contra esse texto puramente negativo, Althusser sustenta que a ideologia tem uma realidade nela mesma: a realidade do que é ilusório. Tal afirmação parece contestar outra afirmação d'*A ideologia alemã*, segundo a qual a ideologia não tem história (o argumento, lembremos, era que somente a história econômica existe realmente; essa ideia se torna o quadro de toda a reflexão marxista ortodoxa sobre a história). De fato, Althusser se dispõe a reconhecer a ideologia como não histórica, mas em sentido inteiramente distinto de *A ideologia alemã*. A ideologia é não histórica, não porque a sua história lhe seria exterior, como dizem as abordagens ortodoxas, mas porque ela é pan-histórica, assim como o inconsciente de Freud. De novo, a influência de Freud está fortemente presente. Em seu artigo intitulado "O inconsciente", Freud notava que o inconsciente é atemporal (*zeitlos*), não no sentido de que ele seria sobrenatural, mas porque ele é anterior a toda ordem de conexões temporais, anterior à linguagem, à cultura, etc. (Freud já havia proposto uma apresentação análoga em *A interpretação dos sonhos*, capítulo 7). O paralelo explícito de Althusser entre ideologia e inconsciente se funda nisso, e chega a assimilar atemporalidade e eternidade: "A ideologia é eterna, assim como o inconsciente" (p. 101). Da mesma maneira que Freud buscava oferecer uma teoria do inconsciente em geral, como forma subjacente a todas as expressões culturais do inconsciente, que aparece no nível dos sintomas, Althusser se esforça para propor uma teoria da ideologia em geral, que seria subjacente às ideologias particulares.

Sobre essa base, as formas imaginárias da ideologia devem ser qualificadas e postas à prova. Destaco dois pontos. Inicialmente, o que é deformado pela ideologia, não é a própria realidade, não são as condições de existência reais, mas a nossa relação com tais condições de existência; não estamos muito longe do conceito de "ser-no-mundo". É a nossa relação com a realidade que é deformada. "Ora, retomo aqui uma tese que eu já havia antecipado: não são as suas condições de existência reais, o seu mundo real, que os 'homens' 'representam' na ideologia, é, antes de tudo, a sua relação com essas condições de existência que nela lhes é representada" (p. 103). Isso conduz a uma consequência de primeira ordem, pois, o que será uma relação com as condições de existência, se já não for uma interpretação, algo de simbolicamente mediado? Falar de nossa relação com o mundo requer uma estrutura simbólica. Meu principal argumento, portanto, é que, se não tivermos de saída uma estrutura simbólica de nossa existência, nada pode ser deformado. Como sublinha o próprio Althusser: "É a natureza imaginária dessa relação que sustenta toda deformação imaginária que se pode observar [...] em toda ideologia" (p. 104). Aqui, não estamos muito longe de uma inversão completa em nossa abordagem do imaginário. Não poderíamos compreender que haja imagens deformadas, se não houvesse de início uma estrutura imaginária primária em nosso ser no mundo, subjacente a essas distorções. O imaginário só aparece nas distorções, ele está presente também na relação que é deformada. O imaginário é constitutivo de nossa relação com o mundo. A partir de então, trata-se, antes de tudo, de saber se não há, antes mesmo da função deformadora da imaginação, uma função constitutiva da imaginação. Ou ainda, para falar a linguagem de Lacan: se não houver um papel simbólico do imaginário, distinto da componente narcísica da imaginação, isto é, distinta do imaginário compreendido como relação em espelho.

Minha segunda observação é que a relação com as condições de existência se deixa dificilmente compreender no quadro da causalidade. Tal relação não é nem causal nem natural, mas antes um jogo entre diversos motivos, entre símbolos; trata-se de uma relação que opera o pertencimento a toda a nossa experiência e que a ela se vincula por motivações específicas. O próprio Althusser reconhece que essa relação destrói o quadro geral das relações entre infra e superestrutura, compreendidas em termos de causalidade; ele diz que precisamos, nesse caso, "deixar em suspenso a linguagem da causa" (p. 104).

Devemos, portanto, introduzir dois níveis de imaginação, um que é o da imaginação deformadora, outro que é o do deformado, e, por conseguinte, o primeiro nível.

> Toda ideologia representa, em sua deformação necessariamente imaginária, não as relações de produção existentes (e as demais relações que delas derivam), mas, antes de tudo, a relação (imaginária) dos indivíduos com as relações de produção e com as relações delas derivadas. Na ideologia, portanto, é representado não o sistema das relações reais que governam a existência dos indivíduos, mas a relação imaginária desses indivíduos com as relações reais sob as quais eles vivem (p. 104).

Expresso de modo mais simples, isso significa que nunca estamos em relação direta com o que se denomina as condições de existência, as classes, etc. Tais condições devem ser representadas de uma maneira ou de outra. Devem ter sua origem num campo de motivações, em nosso sistema de imagens, e, com isso, em nossa representação do mundo. As causas denominadas reais nunca aparecem como tais na existência humana, mas sempre segundo um modo simbólico. É esse modo simbólico que em seguida, num segundo tempo, se acha deformado. É por isso que a noção de uma deformação original e fundamental se torna problemática e pode ser totalmente incompreensível. Se tudo é deformado, é como se nada, de modo algum, fosse deformado. Precisamos escavar a noção de distorção. Ao fazê-lo, vamos redescobrir uma camada afinal muito afastada daquilo que *A ideologia alemã* descreve como a vida real ou os indivíduos reais localizados em certas circunstâncias. Althusser, todavia, recusa essa abordagem antropológica, ao pretender que ela própria é ideológica. Disso resulta que o seu discurso permanece no ar, flutuando sem fundamento, pois precisamos recorrer à linguagem reputada como ideológica, a da antropologia, para falar dessa relação primitiva, inelutavelmente simbólica, com as nossas condições de existência.

Talvez antecipando essa dificuldade, o texto assume subitamente uma abordagem diferente. Althusser abandona a linguagem da representação para substituí-la pela linguagem dos aparelhos. Ele se desvia das questões que acaba de suscitar, para se preocupar com critérios materiais da ideologia. A tese de Althusser é que a ideologia tem uma existência material. No que concerne às raízes da deformação em alguma camada imaginária, um marxista não pode dizer nada que não seja ideológico; em compensação, porém, pode falar cientificamente dos aparelhos ideológicos nos quais a deformação opera. A única linguagem marxista sobre o imaginário não se refere ao seu ancoramento antropológico ou ontológico, mas à sua incorporação nos aparelhos de Estado, em instituições. É por isso que se pode produzir uma teoria da imaginação como institucionalizada, mas não uma teoria da imaginação como estrutura simbólica.

> Dissemos, ao falar dos aparelhos ideológicos de Estado e de suas práticas, que cada um deles era a realização de uma ideologia [...]. Retomemos essa tese: uma ideologia existe sempre num aparelho, e na sua prática, ou nas suas práticas. Tal existência é material (p. 105).

A abordagem materialista se pergunta em qual aparelho a ideologia opera e não como ela é possível, segundo a estrutura fundamental do ser humano; esta última questão diz respeito a uma linguagem ideológica. As questões sobre o imaginário subjacente – o imaginário não deformado ou pré-deformado – devem ser substituídas por questões que se refiram ao aparelho. O aparelho é uma entidade coletiva e não implica referência aos indivíduos. Althusser fala de crenças individuais como pertencendo a um "dispositivo 'conceitual' ideológico" (p. 106), sublinhando com isso que se trata de algo que funciona por si mesmo, forjando os comportamentos.

Todavia, é difícil falar em termos de aparelhos acerca da prática de um crente, por exemplo, se o aparelho não está referido às regras que governam o comportamento. O dispositivo ideológico que rege o comportamento do crente – o exemplo é de Althusser (p. 106) – deve dar conta das atitudes e, portanto, dos móveis do indivíduo concernido. Precisamos vincular o aparelho ao que faz sentido para o indivíduo. O aparelho, entretanto é uma entidade anônima e externa, que é difícil religar à prática, a qual é sempre a prática de alguém. É sempre um indivíduo que se ajoelha, que ora, que faz aquilo que o aparelho supostamente lhe diz para fazer.

A fim de não falar ideologicamente da ideologia, Althusser deve inserir a própria noção de prática num quadro behaviorista, este sendo o que melhor convém ao conceito marxista de aparelho. A linguagem da ideologia, diz Althusser, "fala dos atos: nós falaremos dos atos inseridos nas práticas. E observaremos que tais práticas são reguladas por rituais nos quais as práticas se inscrevem, no seio da existência material de um aparelho ideológico [...]" (p. 107). Para Althusser, o conceito de ação é demasiado antropológico; prática é um termo mais objetivo. Em última análise, somente a existência material de um aparelho ideológico é que confere o sentido da prática. O aparelho é um quadro material, no qual as pessoas fazem coisas específicas.

A tonalidade behaviorista da análise de Althusser é evidente numa passagem como esta:

> Diremos, portanto, ao considerar somente um sujeito (um indivíduo), que a existência das ideias de sua crença é material, no que as suas ideias são os seus atos materiais inseridos em práticas materiais, reguladas por rituais materiais, eles próprios definidos pelo aparelho ideológico material a que dizem respeito as ideias desse sujeito (p. 108).

A palavra "material" é utilizada em quatro sentidos: ações materiais, ajoelhar-se, por exemplo; práticas materiais, ajoelhar-se como um comportamento religioso; rituais materiais, ajoelhar-se como momento do serviço religioso; e aparelho ideológico material, a Igreja como instituição. Assim como Aristóteles declara que o ser tem diferentes significações, Althusser declina os diferentes sentidos de matéria, ao reconhecer com algum humor a comparação (p. 106). Mas, enquanto admite que as quatro significações da palavra "material" são afetadas por modalidades diferentes, ele não oferece nenhuma regra para sua diferenciação. "Deixamos em suspenso a teoria da diferença das modalidades da materialidade" (p. 108). A partir de então, de fato, precisamos poder aplicar o conceito de "material" a coisas que não são materiais, no sentido de uma cadeira, por exemplo. Precisamos extrair da polissemia da palavra "matéria" a possibilidade de constituir sentido para tais diferenças, o que não é simples, pois, na linguagem ordinária, utilizamos a palavra em contextos extremamente diferentes. Nós nos referimos ao conceito de matéria no sentido comum, ou ainda, às regras de uso da linguagem ordinária, no sentido de Wittgenstein, para estender e forjar a noção de matéria de maneira a que ela recubra a noção de prática.

O restante do artigo de Althusser é consagrado ao funcionamento da categoria de sujeito na ideologia. Althusser diz que a função da ideologia e do sujeito é de se fornecerem mutuamente um conteúdo.

> Digamos: a categoria de sujeito é constitutiva de toda ideologia, mas, ao mesmo tempo e tão logo acrescentemos que a categoria de sujeito só é constitutiva de toda ideologia enquanto toda ideologia tem por função (que a define) "constituir" indivíduos concretos em sujeitos (p. 110).

Althusser coloca a palavra "constituir" entre aspas, pois essa é a linguagem de Husserl. A fenomenologia do sujeito incide no conceito de ideologia no ponto em que ela define a ideologia; a ideologia é o humanismo, o humanismo ligado à noção de sujeito, e é a ideologia que constitui o sujeito. A ideologia e o sujeito são mutuamente constitutivos. Ali onde alguém como Erik Erikson pensa que a ideologia é um fator de identidade e, portanto, sustenta que a relação entre a ideologia e o sujeito deve ser tomada num sentido positivo, a linguagem de Althusser é muito mais negativa. Somos obrigados a colocar do lado da ideologia o que é, em certo sentido, o problema filosófico mais interessante: como nos tornamos sujeitos? É uma audaciosa tentativa de dar à ideologia tanto quanto dela se retira. Pois, se dermos demais à ciência, seremos obrigados a dar ainda mais à ideologia. Torna-se cada vez mais difícil tratar a ideologia simplesmente como um mundo de ilusões, superestruturas, pois ela é a tal ponto constitutiva daquilo que somos que aquilo que nós seríamos, separados da ideologia, nos é totalmente desconhecido. Somos o que somos precisamente graças à ideologia. O fardo da ideologia é fazer de nós sujeitos. É uma situação filosófica estranha, pois toda a nossa existência concreta é posta do lado da ideologia.

A interessante análise proposta por Althusser daquilo que ele denomina "interpelação" demonstra mais especificamente a relação entre a ideologia e o sujeito. "Direi numa primeira fórmula: toda ideologia interpela os indivíduos concretos enquanto sujeitos concretos, pelo funcionamento da categoria de sujeito" (p. 113). Somos constituídos enquanto sujeitos através de um processo de reconhecimento. O uso do termo "interpelação" é uma alusão ao conceito teológico de chamado, de ser chamado por Deus. Em sua capacidade de interpelar os sujeitos, a ideologia os constitui. Ser salvo é tornar-se sujeito. "É uma só e mesma coisa a existência da ideologia e a interpelação dos indivíduos enquanto sujeitos" (p. 114). A ideia é que a ideologia é eterna e, assim, não pertence à história das classes, e que ela age a fim de constituir a categoria de sujeito e de ser constituída por ela. A teoria da ideologia em geral reconstrói o quadro de uma antropologia completa, mas em sentido negativo. Tal antropologia é um mundo da ilusão.

A tese de Althusser sobre a natureza ilusória daquilo que nos constitui enquanto sujeitos está fundada na noção lacaniana da estrutura em espelho do imaginário. "Constatamos que a estrutura de toda ideologia, ao interpelar os indivíduos enquanto sujeitos em nome de um Sujeito Único e Absoluto é especular, ou seja, em espelho, e duplamente especular: esse redobro especular é constitutivo da ideologia e assegura o seu funcionamento" (p. 119). Se colocarmos em primeiro plano a ilusão no processo simbólico, toda ideologia deve ser ilusória. Há, aqui, uma fusão completa do conceito do espelho – a estrutura narcísica – com a ideologia. A ideologia é estabelecida no nível do narcisismo, o sujeito a se contemplar indefinidamente. Althusser ilustra a sua tese com o exemplo da ideologia religiosa. Diz que a função da teologia cristã é redobrar o sujeito com um sujeito absoluto; eles estão numa relação em espelho. "O dogma da Trindade é a própria teoria do desdobramento do Sujeito (o Pai) enquanto sujeito (o Filho) e de sua relação especular (o Espírito Santo)" (p. 119, nota). Este tratamento não me parece à altura do problema posto: Althusser despacha a teologia da Trindade para uma nota de pé de página. Talvez pudéssemos dizer que a relação em espelho seria mais interessante como expressão de um modo de vida neurótico. Se tomássemos, por exemplo, o caso Schreber analisado por Freud e particularmente o que Freud denomina a teologia de Schreber, veríamos esse processo reduplicativo, em que não opera nenhum deus, mas somente uma projeção e uma reinjeção indefinidas de si mesmo, uma projeção e uma assimilação de sua própria imagem.

Todavia, é mais difícil construir inteiramente o conceito de sujeito na base estreita da relação narcísica do espelho. Podemos compreender tal relação como uma distorção, a distorção da constituição do sujeito: é mais difícil compreendê-la como constitutiva. A única maneira de sustentar que tal relação é constitutiva – e esta é a posição de Althusser – é sustentar a posição radical: toda constituição do sujeito é distorção. Se, todavia, a ideologia é eterna, se os indivíduos já são sempre interpelados enquanto sujeitos, se a estrutura formal da ideologia é constantemente a mesma, então como o corte epistemológico é possível? O problema do corte epistemológico deve ser recolocado no contexto da ideologia em geral, e não somente de ideologias particulares. A ruptura com a ideologia religiosa, com o humanismo, etc., não é nada perante a ruptura relacionada a essa constituição mútua entre a ideologia primária e a subjetividade. Decerto uma ruptura tem lugar, mas não onde Althusser a coloca. Devemos, ao contrário, romper com o desconhecimento que adere ao reconhecimento. Qual interesse haveria numa crítica do desconhecimento, se não for para se obter um melhor reconhecimento? Devemos dar um sentido ao verdadeiro reconhecimento, de maneira que ele não seja reduzido à ideologia, no sentido estrito e pejorativo do termo. Althusser, todavia, rejeita essa possibilidade. Ele fala da "realidade que é necessariamente desconhecida nas próprias formas do reconhecimento" (p. 122). Todo reconhecimento é desconhecimento; é uma tese muito pessimista. Se a ideologia não deve ter nenhum valor nela mesma, ela deve ser o mundo do desconhecimento. Toda a dialética do reconhecimento é esfacelada pela redução, operada por Althusser, da problemática do sujeito à ideologia.

No lugar de ser uma relação de reconhecimento, a relação em espelho é por ele vinculada a uma relação de subsunção. "Só há sujeitos por e para a sua sujeição" (p. 121), observa Althusser. Ele brinca com as palavras, lembrando que o sujeito se refere simultaneamente à subjetividade e à sujeição. Aqui, porém, as duas significações são reduzidas a uma única: ser um sujeito quer dizer ser sujeitado. No entanto, não há uma história do desenvolvimento individual para além do estágio do espelho? E que é feito da dialética do imaginário e do simbólico no próprio seio da imaginação? Para Althusser, todavia, ser um sujeito quer dizer estar sujeito a um aparelho ideológico de Estado. A meu ver, se a ideologia deve estar ligada ao estágio do espelho, ao sujeito sujeitado, não vejo como seria possível que cidadãos, sujeitos autênticos, possam resistir aos aparelhos ideológicos de Estado. Não vejo onde poderíamos tirar as forças de resistência necessárias, se não for nas profundezas de um sujeito que pretenda não ser totalmente sujeitado. Como, pois, se não, qualquer um produziria uma ruptura no casco hermético da ideologia?

A tarefa é, portanto, desvincular o desconhecimento do reconhecimento. Eu vincularei ulteriormente minhas análises de Habermas neste ponto preciso. A problemática de Habermas parte da necessidade de um projeto de reconhecimento. A ideologia é fonte de confusão porque ela impede o reconhecimento mútuo dos homens. Mas, se estamos inteiramente na ideologia, não temos mais armas contra ela, pois as próprias armas são ideológicas. É porque precisamos de uma noção não ideológica do reconhecimento, que Habermas evoca em seus trabalhos mais recentes sob o nome de comunicação. Precisamos de uma utopia de reconhecimento total, de comunicação total, sem fronteiras nem obstáculos.

Todavia, antes de voltar ao exemplo dessa comunicação que escapa à ideologia, resta reunir as questões colocadas por nossa leitura de Althusser. Elas se reúnem em cinco grandes problemas. Em primeiro lugar, a questão da pretensão científica do marxismo: em que sentido é ele uma ciência? Quando Althusser fala da descoberta de um continente, o continente da história, ele bem pretende propor com isso uma ciência. Tal história não é historiografia empírica, mas a sucessão sistemática de estágios no desenvolvimento das relações econômicas (desde o comunismo primitivo até o feudalismo, depois o capitalismo e assim por diante). Se falarmos de ciência num sentido positivista, então uma teoria da história deverá estar submetida à verificação pela comunidade científica. É difícil, então, falar de uma ciência de classe. Introduzir a ideia de verificação científica no seio da luta de classes equivale a introduzir um conceito prático num quadro teórico. Em que sentido o marxismo pode ser uma ciência, se ele não é verificável, ou falseável no sentido de Popper? Ele pode ser científico num outro sentido, o da crítica. Mas o que é que motiva a crítica, se não um interesse, interesse pela emancipação, pela libertação, algo que conduz necessariamente a crítica à esfera ideológica? Antes, é incômodo conceber uma ciência não positivista que não seria animada por nenhum interesse humano, nenhum interesse prático. Igualmente difícil é considerar uma ciência que não seria compreensível para todos, em particular pelos membros das outras classes. Como veremos, o paradoxo de Mannheim se origina na mesma dificuldade, quando a análise da ideologia é elevada ao nível de uma ciência, o de uma sociologia do conhecimento.

O segundo problema é um corolário do primeiro e concerne à noção de corte epistemológico. Um corte completo será compreensível sem que haja uma espécie de milagre intelectual, a impressão de algo que emerge brutalmente da obscuridade? Nos *Elementos de autocrítica*, ao mesmo tempo em que reprova a si mesmo por vários erros (notadamente ter abusado da teoria e dever retornar à luta de classes de maneira mais militante), Althusser ainda reforça a noção de corte epistemológico. Evoca-o como um acontecimento sem precedentes. Chega a falar de Marx como de uma criança sem pai, uma espécie de órfão absoluto, e pretende que somente os idealistas estão incessantemente em busca de continuidades. Ora, é possível que a ideia de continuidade implique certo providencialismo, mas não vejo por que somente a continuidade histórica poderia ser considerada como ideológica, ou talvez até teológica. A noção de descontinuidade não suscita menos problemas. Essencialmente, eles se devem aos motivos do corte. É bem preciso que haja uma razão para o corte epistemológico, e, se tal razão deve provir de um interesse qualquer, precisamos tomá-lo de empréstimo à esfera da ideologia. O motivo pertence à esfera da antropologia, ao desejo de ser mais plenamente humano. Não podemos separar totalmente o corte de um projeto humano, embora ele seja posto à prova, talvez até recusado, pela ciência que o corte promete.

A meus olhos, a concepção althusseriana do corte epistemológico causa um dano considerável, não somente à teoria da ideologia, mas à leitura de Marx. Ela nos conduz a subestimar um corte importante na obra de Marx, a colocar o corte em lugar distinto daquele onde ele deveria estar. Embora eu não seja um especialista na obra de Marx, minha leitura dele me conduz à convicção de que o corte mais importante não se situa após *A ideologia alemã*, mas entre os *Manuscritos de 1844* e *A ideologia alemã*, isto é, com a emergência do conceito de ser humano real, de práxis real, de indivíduos agindo em condições dadas. Desse ponto de vista, o destino da antropologia não está ligado ao do idealismo. O dano causado a Marx por Althusser é nos obrigar a colocar sob um único comando – o da antropologia ideológica – duas noções diferentes. A primeira é uma ideologia da consciência, com a qual Marx, como Freud, rompeu com razão. Mas a segunda é a ideologia do ser humano real, concreto, um ser composto de pulsões, de trabalho, etc. Esta última noção pode, a meu ver, ser expressa em termos não idealistas. A ideologia e o idealismo não são, portanto, identificados a ponto de não haver mais lugar para uma antropologia. É mesmo, para mim, a única maneira de poder tratar os problemas que vamos reencontrar no itinerário das aulas seguintes. A ruptura operada por Marx deve poder dar sentido ao nível onde se ancora essa busca de uma plenitude da existência individual.

Tais questões nos conduzem à terceira questão posta por nossa leitura de Althusser: o problema do quadro de seu pensamento conceitual. O quadro conceitual da infraestrutura e da superestrutura é uma metáfora, a de um edifício e de seus alicerces; sedutora à primeira vista, essa metáfora se torna muito perigosa se não for tomada literalmente para evocar a anterioridade de uma coisa em relação a outra coisa secundária ou derivada. Um dos sinais do caráter desviante dessa metáfora é a dificuldade de vincular a ação dos alicerces às reações da superestrutura. Nós nos achamos presos numa escolástica dos fatores determinantes e não determinantes, embora reais. Receio que tal escolástica não conduza a lugar algum, mas a metáfora é perigosa por outras razões ainda mais importantes. Não que ela esteja na origem de paradoxos, pois toda doutrina progride pela resolução de seus próprios paradoxos, mas porque esse quadro conceitual nos impede de tirar proveito de algumas das contribuições mais interessantes de Althusser para a doutrina marxista. Penso particularmente no conceito de sobredeterminação, ou seja, no reconhecimento da interação simultânea da infraestrutura e da superestrutura, o fato de que, na história, os alicerces nunca agem sozinhos, mas estão sempre entremesclados de ações, de acontecimentos históricos específicos, etc. Parece-me que, situado num quadro conceitual outro que não o das relações entre super e infraestrutura, o conceito de sobredeterminação poderia ser mais esclarecedor. Ele nos conduzirá, de fato, a reconsiderar o que são os alicerces, em última análise.

Se levantarmos a questão radical daquilo que é fundamental para os seres humanos, seremos conduzidos a incluir aí uma boa parte daquilo que é arrumado no âmbito da superestrutura e que, de outro ponto de vista, aparecerá como fundamental. Consideremos qualquer cultura e descobriremos que o seu quadro simbólico – as suas primeiras certezas, a maneira pela qual ela própria se considera e projeta a sua identidade em símbolos e mitos – constitui o fundamento. Parece que podemos qualificar de fundamental exatamente o que se denomina superestrutura. A possibilidade dessa justaposição está sempre presente numa metáfora. Devemos destruir uma metáfora utilizando uma metáfora contrária. Procedemos assim, de metáfora em metáfora. A metáfora oposta, aqui, é a metáfora daquilo que é fundamental para os seres humanos; o que é fundamental para eles não é necessariamente o que a teoria marxista coloca no fundamento. De fato, eu me pergunto se a noção de sobredeterminação não deve nos conduzir a abandonar a distinção entre a superestrutura e a infraestrutura.

Isso é ainda mais evidente, se observarmos que a própria ação da superestrutura obriga a elaborar conceitos intermediários que arruínam o quadro geral "infraestrutura//superestrutura". Preciso voltar uma vez mais à noção de autoridade. Um sistema de autoridade nunca emprega somente pura força, pura violência, ao contrário, precisa de ideologias, de procedimentos dotados de sentido. Tais procedimentos apelam para a compreensão dos indivíduos. O esquema da "efetividade" proposto por Althusser deve ser retrabalhado e talvez inteiramente refundido de maneira a dar lugar para a aspiração à legitimidade que caracteriza uma autoridade dirigente, algum grupo ou classe que o exerça. Mais adiante veremos os prolongamentos disso com Max Weber, cuja questão fundamental foi: como se exerce a autoridade? Para Weber, o problema da dominação implica um sistema de motivos em que as pretensões à legitimidade de uma autoridade tendem a encontrar uma capacidade de crença nessa legitimidade. Somos obrigados a contar com essas pretensões e essas crenças, e é difícil introduzir tais fatores psicológicos no esquema da infra e da superestrutura.

Uma última razão pela qual esse quadro conceitual deveria ser posto em questão é a tese de Althusser segundo a qual as ideologias têm uma realidade enquanto tais. Sem dúvida, ele tem razão ao afirmar a autonomia relativa e a consistência das ideologias, opondo-se nisso à tradição marxista clássica, exceto Gramsci. A autonomia relativa supõe que as ideologias têm um conteúdo próprio. Isso exige, portanto, antes mesmo de haver interesse pela função ou pelo uso das ideologias, uma fenomenologia de seu modo específico. Podemos somente defini-las por seu papel na reprodução do sistema. Precisamos inicialmente dar conta de sua significação. A afirmação segundo a qual o conteúdo das ideologias se esgota em seu uso é desprovida de fundamento; seu uso não se esgota em seu sentido. Podemos tomar como exemplo o caso proposto por Habermas: nas sociedades modernas – e particularmente na estrutura militar-industrial do mundo capitalista –, a ciência e a tecnologia funcionam de maneira ideológica. Isso não quer dizer que sejam ideológicas por constituição, mas somente que seu uso é ideológico. Sua captação atual em proveito de um interesse – para Habermas, um interesse de controle – não é constitutiva da significação de seu campo próprio. Precisamos distinguir a constituição interna de um campo ideológico dado (concedendo por enquanto que nós o denominamos sempre ideológico) da sua função. A distorção ideológica não resume a constituição interna de certas forças ou de certas estruturas sociológicas.

Poderíamos, outro exemplo, tomar a definição leninista de Estado. Ao defini-lo somente pela sua função coercitiva, Lênin negligenciou numerosas outras funções: não viu que a função coercitiva derivava dessas outras funções e as fazia desviar. A abordagem de Lênin leva, todavia, a sistematizar o modelo marxista ortodoxo. A religião, por exemplo, não terá outra função senão a de distorção, e alguns dizem a mesma coisa hoje da ciência e da tecnologia. Ora, a única maneira de dar sentido à autonomia relativa da superestrutura não é distinguir as regras de sua constituição e as distorções de seu uso? Se não pudermos fazer essa distinção, então será preciso dizer que a função de máscara é constitutiva de seu objeto. O conteúdo de uma ideologia se torna somente o que conseguimos desmascarar e nada mais, o que é extremamente redutor.

A impossibilidade de reconhecer a especificidade de cada esfera da superestrutura – jurídica, política, religiosa, cultural – não tem apenas consequências práticas e políticas perigosas. Se afirmarmos que tais esferas não têm nenhuma autonomia, o Estado stalinista é possível. Se a base econômica for o único fundamento, e se as outras esferas são apenas reflexos, sombras ou ecos, estaremos autorizados a manipular tais esferas de maneira a transformar a base econômica. Não haverá mais respeito pela autonomia do jurídico, do político ou do religioso, que serão reputados, então, por não ter nenhuma existência própria.

Poderíamos então desejar dispor de um quadro teórico diferente, no qual o processo de distorção teria suas condições de possibilidade numa constituição que a função de distorção não seria suficiente para definir? Por exemplo, isso quereria dizer que a esfera jurídica possui uma especificidade constitutiva, mesmo se fosse verdade que ela fora desviada pela burguesia em seu próprio proveito. Se tomarmos a relação entre o capital e o trabalho expressa pelo salário, este resulta de um contrato que é um ato jurídico. A forma jurídica da troca sugere que ninguém é escravo, mas que alguns alugam seu trabalho em troca de um salário. Trata-se evidentemente de uma distorção grave, pois o conceito jurídico de contrato é aplicado a uma situação de dominação. A situação de exploração é mascarada pela troca entre o trabalho e o salário, que apenas aparentemente é recíproca. A meu ver, embora o direito seja gravemente ferido por tal utilização do contrato a fim de mascarar a relação de exploração no seio do sistema capitalista, ele não se esgota nessa distorção, como pensam os marxistas ortodoxos. Insisto na possibilidade de dissociar ou de associar as funções de distorção e de constituição, o que supõe um quadro de interpretação que leva em conta os motivos.

O quarto problema que ressalta de nosso exame é o das ideologias particulares. Partindo da questão precedente, precisamos nos perguntar qual é a especificidade de cada ideologia. Tomemos o exemplo do humanismo. Precisamos reexaminar essa noção a fim de extrair o que é ideológico no sentido ruim do termo, ou seja, aquilo que serve para mascarar situações reais, do conceito de humanismo no sentido forte. Uma teoria dos interesses, tal como a de Habermas, permite mostrar que existe uma hierarquia de interesses, que nem todos se reduzem unicamente ao interesse da dominação ou do controle. Isso implica a construção de uma antropologia completa, e não somente uma proclamação de humanismo, que poderia ser apenas pura aspiração ou mesmo pretensão infundada. Tal concepção, que seria um conceito de humanismo no sentido forte, está ligada a outras noções que se inserem no mesmo quadro conceitual. Inicialmente, a noção de indivíduo real em condições definidas, que *A ideologia alemã* permitiu elaborar. Em segundo lugar, toda a problemática da legitimidade exige uma noção de humanismo no sentido forte, em razão da relação individual com um sistema de ordem e de dominação. Talvez seja aí que o indivíduo se entregue a um combate maior para afirmar a sua identidade perante uma estrutura de autoridade. Precisamos sublinhar que, diante da dialética da crença e da pretensão à legitimidade, há uma dialética do indivíduo e da autoridade. Em terceiro lugar, me parece que o corte epistemológico se relaciona com a emergência de tal interesse humanista.

Não podemos conceber essa súbita irrupção da verdade em meio às trevas, se isso não for a emergência de algo que a ideologia pervertera, mas que, aqui, reencontra a sua verdade. Neste sentido, o corte não é senão uma reapropriação daquilo que fora encoberto pela ideologia.

Enfim, o quinto problema é o da ideologia em geral. É a questão mais fundamental: o que é deformado pela ideologia, senão a práxis mediada simbolicamente? O discurso da distorção não é nem científico nem ideológico, mas antropológico.[26] Isso está de acordo com as observações precedentes, todas as que tendiam para a constituição de uma antropologia filosófica que incluísse símbolos e móveis de ação. O paralelismo entre o discurso sobre a ideologia em geral e o discurso de Freud sobre o inconsciente dá peso a esse argumento. Por isso, precisamos de uma teoria da ação simbólica. O recurso à existência material das ideologias não pode bastar, pois como uma relação imaginária poderia ser um aparelho material? A maneira pela qual a categoria de sujeito joga na ideologia se torna uma garantia para a ideologia. Não podemos falar de desconhecimento sem o pano de fundo de um reconhecimento, pano de fundo que não é ideológico, mas antropológico. Estou tentado a pensar que a estrutura da ação simbólica está submetida pela ideologia a uma distorção, no sentido mais estrito do termo. Reapropriada no sentido mais amplo, ao dar todo o seu peso à estrutura da ação simbólica, constatamos que a ideologia – uma ideologia primitiva, positiva – age ao mesmo tempo em favor dos grupos e dos indivíduos, para construir a sua identidade.

---

[26] Ao reler este enunciado, Ricœur estima colocar uma questão que a aula deixou não resolvida. "O próprio estatuto dessa proposição é um problema. É o problema que consiste em tentar um discurso sobre a condição humana, é o problema do estatuto da sociologia do conhecimento e, por conseguinte, o de uma antropologia filosófica que pode concernir aos fenômenos de base. Um discurso sobre a humanidade que pretende fixar um acabamento histórico experimenta grandes dificuldades para situar-se a si mesmo. É o problema do historicismo, pois o historicismo significa exatamente este dilema: se algo é histórico, é histórica a própria proposição que diz essa constatação? Creio que só podemos escapar do argumento se a situação do homem muda na história, muda, não obstante, nos limites dos fenômenos que podem ser identificados como tendo certa permanência. Talvez possamos dizer, com Gadamer, que tais proposições são, elas próprias, tomadas no processo da interpretação, um processo que se corrige incessantemente e que não pode pretender estar em posição de ver a totalidade. No livro, a questão voltará quando eu disser que a ideologia e a utopia se corrigem mutuamente" [nota do editor francês].

Aula nº 10

Mannheim

Nossa discussão de *Ideologia e utopia* de Karl Mannheim se concentra em duas partes intituladas "Ideologia e utopia" e "A mentalidade utópica". Mannheim é interessante para o nosso propósito por duas razões maiores. Inicialmente, ele é sem dúvida o primeiro a ter vinculado as duas noções numa problemática geral da não-congruência. Observou que há duas maneiras, para um sistema de pensamento, de não ser congruente com as correntes gerais de um grupo ou de uma sociedade: seja ao se fixar no passado e opor uma forte resistência à mudança, seja ao fugir para adiante, por um encorajamento à mudança. Em certo sentido, portanto, há uma tensão entre ambas as modalidades de defasagem perante as ideias dominantes.

O segundo mérito de Mannheim, que não é menor, é haver tentado ampliar o conceito marxista de ideologia ao fazer dele um conceito paradoxal, na medida em que inclui aquele que o emprega. Mannheim levou bem longe a ideia de autoimplicação daquele que fala de ideologia. É o que se denomina o paradoxo de Mannheim. Ele tem uma forma análoga à do paradoxo de Zenão sobre o movimento: ambos tocam nos fundamentos do conhecimento. Mannheim conduz o conceito de ideologia e sua crítica até o ponto em que o conceito se torna autocontraditório, quando ele tem tal extensão e se acha a tal ponto universalizado que implica quem quer que tente utilizá-lo. Segundo Mannheim, a condição de universalização está entre aquelas nas quais, hoje, somos irremediavelmente apanhados. Para dizê-lo na linguagem de Clifford Geertz, a ideologia doravante faz parte de seu próprio referente. Quando falamos da ideologia, nosso próprio discurso é apanhado na ideologia. Precisamos lutar com esse paradoxo para tentar ir mais longe. Formular e assumir o paradoxo será o ponto de inflexão de toda a nossa pesquisa e nos fornecerá uma descrição melhor da própria ideologia. Precisamos nos perguntar se a polaridade entre a ideologia e a ciência pode ser mantida ou então se é preciso abandoná-la em proveito de outra maneira de ver.

Ao discutir a contribuição de Mannheim a essa questão, vamos considerar três pontos: primeiramente, o processo de generalização que engendra o paradoxo; em segundo lugar, a transferência do paradoxo para o campo da sociologia do conhecimento; em terceiro lugar, a tentativa de Mannheim de ultrapassar o paradoxo nesse nível. No que concerne ao primeiro ponto, o conceito marxista de ideologia só aparece como uma etapa num desenvolvimento histórico mais geral. Mannheim diz da ideologia: "Inicialmente, portanto, é necessário especificar que, embora o marxismo tenha contribuído fortemente para o enunciado original do problema, a palavra e a sua significação remontam, na história, mais longe do que o marxismo, e, desde a sua época, surgiram novos sentidos do termo, tomando forma independente" (p. 41).[27] Ele sustenta que a suspeita da falsa consciência tem uma longa história e que o marxismo é apenas um elo nessa longa cadeia. Seguindo Mannheim, discutiremos o desenvolvimento histórico do problema da ideologia antes de examinar a sua própria contribuição a este problema.

Mannheim toma o problema da falsa consciência com tal recuo histórico, que chega a evocar os falsos profetas do Antigo Testamento (Baal, etc.). A origem religiosa da suspeita se acha na seguinte questão: quem é o verdadeiro e quem é o falso profeta? Para Mannheim, foi essa a primeira problemática da ideologia em nossa cultura. Na cultura moderna, ele menciona particularmente Bacon e Maquiavel como precursores da teoria da ideologia. Segundo a teoria dos ídolos de Bacon, os ídolos da tribo, da caverna, do mercado e do teatro eram,

---

[27] As referências são as da tradução francesa: MANNHEIM, Karl. *Ideologia e utopia*. Tradução de Pauline Rollet a partir da edição inglesa. Paris: Marcel Rivière, [s.d.].

todas, fontes de erro. Maquiavel, ao opor o pensamento do *palia* ao da praça pública, abriu um processo de desconfiança perante os discursos públicos. Penso também no sexto capítulo da *Fenomenologia do espírito*, em que Hegel evoca a linguagem da adulação e a da Corte, as distorções da linguagem para fins políticos. Depois os conceitos de superstição e preconceito mobilizados pelo Iluminismo foram certamente um elo importante nessa cadeia.

Gostaria também de assinalar, tal como o faz Mannheim, o papel de Napoleão nessas etapas pré-marxistas. Cada vez mais, eu penso que Napoleão desempenha um papel importante. Às vezes se esquece que os filósofos franceses do final do século XVIII e início do XIX foram denominados ideólogos. A ideologia era o nome de sua teoria das ideias. Era ao mesmo tempo o nome de uma escola de pensamento e o de um domínio teórico. Napoleão deu à palavra o seu sentido pejorativo, ao qualificar de ideólogos aqueles que se opunham a suas ambições políticas. A partir de então, faz parte do conceito que ele seja pejorativo relativamente ao herói da ação. O herói da ação qualifica de ideológico uma maneira de pensar que pretende ser apenas uma teoria das ideias. Tal teoria é reputada como irrealista relativamente à prática política. A ideologia é, de início, um conceito polêmico e, em seguida, um conceito que desvaloriza o adversário, assumindo o ponto de vista do herói da ação que desvaloriza quem ele considera, segundo a expressão de Hegel, como uma "bela alma".

Por isso, no discurso filosófico, o conceito de ideologia talvez inclua sempre a experiência específica da realidade do homem político. A despeito de nos advertir acerca dessa situação, Mannheim não prossegue por essa via, pois o seu próprio ponto de vista é o da sociologia do conhecimento, o de um observador. Não obstante, é muito importante que um "critério político da realidade" (p. 69) seja introduzido na discussão da ideologia. Não observo isso a fim de concluir que não possamos fazer nenhum uso do conceito de ideologia, mas para melhor situá-lo. No discurso filosófico, há lugar para conceitos polêmicos e para conceitos que procedem de certo nível da experiência humana – aqui, o da política. A esse respeito, considero que tal visão das coisas é mais sólida que a de Althusser ao estimar que a teoria – a ciência – fornece o conceito de ideologia. Ao contrário, o conceito nos é fornecido por uma experiência prática, em particular por aquela do soberano. Talvez, quando denunciamos algo como ideológico, nós próprios sejamos apanhados numa relação com o poder, numa pretensão de exercer um poder. Por causa da origem depreciativa do uso da palavra "ideologia" por Napoleão, devemos guardar na memória que é possível que nunca se trate de um conceito puramente descritivo. Penso, por exemplo, nas acusações proferidas contra os que criticavam o poder quando a França se lançou na Guerra da Argélia ou os Estados Unidos, na do Vietnã.

A contribuição específica de Marx ao desenvolvimento do conceito de ideologia, segundo Mannheim, é que ele permitiu uma concepção mais global da orientação psicológica que ela significa. A ideologia não é mais um fenômeno psicológico concernindo indivíduos, uma distorção, ou antes uma mentira no sentido moral, ou ainda um erro no sentido epistemológico. Ela é, ao contrário, uma estrutura total de espírito, característica de uma formação histórica concreta, incluindo uma classe. Uma ideologia é total no sentido de exprimir uma *Weltanschauung* de base. Esse era o aspecto essencial da ideologia para Marx. Para exprimir a abordagem compreensiva e psicológica da ideologia, Mannheim recorre ao vocabulário infeliz do "particular" e do "total", fonte de numerosas incompreensões. Ele não quer dizer com isso que tal abordagem é particular, mas que está limitada ao indivíduo. Ela é particular no sentido de que é específica de tal indivíduo. A concepção total, por outro lado, implica uma visão mundial e é suportada por uma estrutura coletiva.

A segunda contribuição de Marx, segundo Mannheim, é ter enxergado que, se a ideologia não é somente um fenômeno psicológico, é preciso um método específico para desmascará-la: uma interpretação em termos de situação de vida daquele que a exprime. Tal método indireto é característica da crítica da ideologia. Para Mannheim, essa descoberta escapou, entretanto, ao quadro de interpretação marxista, e doravante a suspeita não se aplica mais a um grupo ou a uma classe singulares, mas a todo o quadro de referência teórico, numa reação em cadeia que não pode mais ser detida. A meus olhos, a coragem dramática de Mannheim foi enfrentar tal desafio, que não se interrompe sequer se tivermos uma concepção "total" da ideologia, ou seja, uma concepção que engloba os fundamentos intelectuais das crenças específicas de seu adversário. O que obriga a ir além da fusão operada por Marx do particular e do total é o desaparecimento de um critério de validade comum. Numa situação de desmoronamento intelectual desse tipo, somos apanhados num processo de suspeita recíproca.

Essa análise é, de fato, a principal intuição do livro de Mannheim. Em nossa cultura, não temos critério de validade comum. É como se pertencêssemos a um mundo espiritual cujos sistemas de pensamento seriam fundamentalmente divergentes. Mannheim evoca essa crise por meio de expressões muito fortes. Fala do "crepúsculo intelectual que domina a nossa época" (p. 87), da "unanimidade rompida" (p. 114), de um processo de "desintegração inevitável" (p. 114). Comenta: "Somente tal situação intelectual, que está socialmente desorganizada, torna possível a intuição, tida até agora como oculta por uma estrutura social geralmente estável e pela praticabilidade de certas normas tradicionais, de que todo ponto de vista é particular em certa situação social" (p. 86-87). O processo de generalização vai muito além de uma simples teoria dos interesses, que permanece psicológica em seu núcleo, e ainda pertence à significação "particular" da ideologia. Não é tanto por termos interesses divergentes, mas sobretudo porque não apreendemos mais a realidade a partir dos mesmos pressupostos. Não se trata de um problema econômico, não é por causa da luta de classes, mas porque a unidade espiritual do mundo se esfacelou.

Assim, o conceito pós-marxista da ideologia exprime uma crise que se situa no próprio nível do espírito. Ele se desdobra a partir da constatação que "a unidade ontológica objetiva do mundo foi destruída" (p. 57). Vivemos espiritualmente numa situação polêmica de visões do mundo em conflito, que mutuamente se consideram como ideologias. A ideologia é sempre, neste caso, a ideologia do outro. Mas somos um outro entre outros, quando não há mais solo comum. Precisamos reconhecer que tais diferenças não são mais simplesmente "particulares" – individuais –, mas também que "nunca abarcaremos em sua totalidade a estrutura do mundo intelectual" (p. 46). Não somos mais os habitantes de um mesmo mundo. "Essa profunda desintegração da unidade intelectual só é possível quando os valores fundamentais dos grupos em luta são mundos separados" (p. 55-56).

Mannheim denomina essa concepção da ideologia "pós-marxista", pois não podemos mais sustentar que haveria uma consciência de classe que não fosse, ela própria, ideológica como pensavam Marx e Lukács. Lukács tentou salvar o conceito de consciência de classe ao utilizar a noção hegeliana de totalidade. Do proletariado fez uma classe universal, porque ela exprimia um interesse universal: sua visão de mundo era a única a não ser ideológica, pois era a única a assumir os interesses da totalidade. Para Mannheim, entretanto, o processo de desintegração foi tão longe que toda consciência de classe está presa a tal desmoronamento. A evolução da sociedade humana não tem mais centro. Nenhum grupo pode se pretender portador de universalidade, pois não há mais universalidade em lugar nenhum. Nenhuma passagem do livro de Mannheim afirma isso explicitamente. Mas em lugar nenhum se encontra no livro a ideia de uma classe que seria portadora de uma consciência universal e suplantasse, assim, o relativismo. Ele deixa esse ponto sob silêncio. Em compensação, Mannheim situa as ideologias de classe entre outras formas de relatividade histórica – a dos períodos, a das nações, etc. – e ele o faz sem que nenhuma classe se veja investida de uma função que a isentasse desse processo. Tal ceticismo tácito a propósito do conceito de consciência de classe é uma componente decisiva de *Ideologia e utopia*, e certamente um motivo para os marxistas rejeitarem o livro. Para Mannheim, estamos demasiado longe da concepção marxista clássica: o marxismo está incluso no painel, é uma etapa nesse processo de desintegração. A falsa consciência não é mais uma questão marxista, mas uma questão que o marxismo tornou mais aguda. O marxismo não poderia chegar a deter o processo que ele desencadeou, pois a sua intuição da origem socioeconômica dos quadros de pensamento é uma arma que, a longo prazo, não pode permanecer como o apanágio de uma única classe.

Mannheim sublinha, todavia, os méritos do marxismo aos seus olhos:

> A teoria marxista foi a primeira a operar a fusão entre a concepção particular e a concepção total da ideologia. Foi essa a primeira teoria que enfatizou o papel da posição de classe e dos interesses de classe no pensamento. Devido ao fato que ela se originava na filosofia de Hegel, o marxismo pôde superar o plano puramente psicológico da análise e situar o problema num quadro filosófico mais extenso. A noção de "falsa consciência" adquiriu, assim, uma nova significação (p. 70-71).

Mannheim atribui ao marxismo não somente a generalização do conceito de ideologia no sentido de que ela afeta a visão do mundo, mas também a conjunção de dois critérios: um critério teórico, a crítica das ilusões, e um critério prático, a luta de uma classe contra outra. Reencontramos, aqui, a origem napoleônica da noção. A ideologia é o ponto de vista do homem de ação. Podemos também nos lembrar de que Althusser, em seu *Ensaio de autocrítica*, se acusa por ter concedido demais à teoria, não vinculando suficientemente o conceito marxista a uma posição de classe. O marxismo fornece não um conceito teórico de ideologia, mas um conceito prático-teórico. Mannheim comenta assim:

> O pensamento marxista atribuía uma significação tão decisiva à prática política, conjuntamente à interpretação econômica dos acontecimentos, que ambas se tornaram os critérios definitivos para distinguir o que é pura ideologia naqueles elementos de pensamento que dizem respeito mais imediatamente à realidade. Portanto, não é surpreendente que a concepção da ideologia seja geralmente considerada como parte integrante do movimento proletário marxista e seja até mesmo identificada com ele (p. 74).

Trata-se aí de uma observação capital. Qualificar algo de ideológico não é emitir um juízo teórico, mas implica antes certa prática e o testemunho da visão da realidade que essa prática induz. É a consequência de um ponto de vista que não é tanto o da consciência de classe quanto o de certo movimento político. Nesse sentido, a ideologia é um conceito político. Mannheim prossegue assim:

> Todavia, no curso de desenvolvimentos intelectuais e sociais mais recentes, esse estágio já foi superado. Não é mais o privilégio exclusivo dos pensadores socialistas fazer remontar o pensamento burguês a bases ideológicas e, assim, desacreditá-lo. Em nossos dias, grupos se vinculando a todos os pontos de vista se servem dessa arma contra o outro. O resultado é que ingressamos numa nova época do desenvolvimento econômico e social (p. 74).

Isso resume bem a posição de Mannheim tanto com respeito ao que devemos ao marxismo quanto à razão pela qual precisamos ir além, para nos reconhecermos apanhados nessa corrente de extensão da ideologia. O mérito do marxismo é único, mas o seu conceito de ideologia foi superado pelo próprio movimento de difusão da ideologia que ele desencadeou.

Eu gostaria agora de tentar mostrar como Mannheim se esforça para dominar esse processo, escapar à circularidade do paradoxo, aos efeitos recorrentes da denúncia ideológica, essa máquina infernal. É preciso inicialmente dizer uma palavra sobre o quadro de referência no qual Mannheim trata esse paradoxo. É o de uma sociologia do conhecimento. Mannheim partilhava com Max Scheler a ideia de que uma sociologia do conhecimento poderia dar conta dos paradoxos da ação, desempenhando, por assim dizer, o papel de um sistema hegeliano, embora de um modo mais empírico. Se conseguirmos desenhar um mapa que descreva exatamente todas as forças que operam na sociedade, poderemos colocar cada ideologia no seu lugar. Uma compreensão de conjunto, da totalidade, nos salvaria dessa implicação no próprio conceito. Talvez seja esse o fracasso de Mannheim, pois tal sociologia do conhecimento nunca chega à sua maturidade, a tornar-se uma ciência. A fraqueza de uma sociologia do conhecimento bem poderia, no entanto, ser ainda mais fundamental. Pois ela supõe que o sociólogo se instale numa posição de exterioridade absoluta, uma espécie de ponto zero. Sua própria posição não figura em seu registro topográfico, ele não tem lugar no quadro por ele pintado, sendo somente observador. Tal postura é paradoxal, pois como é possível assumir uma visão de conjunto da totalidade do processo, se tudo é apanhado nesse processo de acusações mútuas? Eu considero a tentativa de Mannheim para vencer esse paradoxo como um dos mais honestos, talvez mesmo o mais honesto dos fracassos teóricos. É um campo de batalha palmilhado de cadáveres, e o de Mannheim é o mais nobre de todos. Ele deseja que a sociologia do conhecimento possa englobar a teoria da ideologia, até o ponto em que essa mesma teoria seja apanhada na circularidade de sua própria argumentação.

No início dessa discussão, Mannheim parece reclamar para si mesmo um ponto de vista não avaliativo. "Com o aparecimento da formulação geral da concepção total da ideologia, a simples teoria da ideologia se torna a sociologia do conhecimento" (p. 75). O que era uma arma num conflito se tornou um método de pesquisa, e o sociólogo é o observador absoluto que empreende tal pesquisa. A impossibilidade do observador absoluto se torna, todavia, o problema dessa argumentação.

O recurso a juízos não avaliativos evoca a abordagem dos sociólogos alemães anteriores, particularmente Marx Weber, buscando libertar-se de juízos de valor. "A tarefa de um estudo da ideologia que se esforça para se libertar de juízos de valor deve ser a de compreender a estreiteza de cada ponto de vista individual e a interação entre tais atitudes distintivas no processo social total" (p. 81). O sociólogo olha o mapa das ideologias e observa a estreiteza de cada uma delas, cada uma representando certa forma de experiência. Seu juízo é livre de todo juízo de valor, pois ele supostamente não utiliza nenhuma das normas que operam em tal sistema particular. Ora, é precisamente ali que jaz o problema, pois julgar é fazer uso de um sistema de normas, e todo sistema de normas é, em certo sentido, ideológico. Nesse primeiro estágio da pesquisa, o sociólogo capta a presença de tal ideologia, em seguida de outra, e estabelece correlações entre as situações e os pensamentos. Trata-se de um movimento de enumeração e de correlação.

Tal estágio deve ser atravessado, é preciso assumi-lo até certo ponto, pois a tarefa de desmascarar as condições sociais dos sistemas de normas que pretendem a validade diz respeito à honestidade intelectual moderna. Mannheim nos propõe, aqui, uma versão da integridade intelectual do cientista alemão, aquela que Nietzsche havia definido como *Redlichkeit*. Daí a recusa de avaliação no primeiro estágio: "Em todas essas investigações, será empregada a concepção total e geral da ideologia em seu sentido não avaliativo" (p. 85). A ideia de concepção total remete a que se leve em conta um quadro de pensamento em sua integralidade; e ela é geral, pois inclui cada um, inclusive a si mesmo. O momento não avaliativo é um momento cético, pois, segundo Mannheim, ele implica que o conceito de verdade seja deixado de lado, ao menos em seu sentido intemporal. Nossa honestidade intelectual implica a perda do conceito de verdade que supostamente regulava o próprio processo conceitual. O problema vai ser, portanto, recobrar outro conceito de verdade, mais histórico, mais em fase com o espírito do tempo ou com o estágio histórico.

A tentativa de Mannheim de desenvolver um conceito de ideologia não avaliativo permite compreender a célebre distinção que opera entre relativismo e relacionismo. Ela não lhe permite operar o avanço que pensava poder fazer, mas foi a sua própria tentativa desesperada de provar que ele não era relativista.

Essa primeira penetração não avaliativa na história não conduz inevitavelmente ao relativismo, mas, de preferência, ao relacionismo. Visto à luz da concepção total da ideologia, o conhecimento não é de modo algum uma experiência ilusória: pois a ideologia, em seu conceito relacional, não é de modo algum idêntica à ilusão [...]. O relacionismo significa simplesmente que, numa situação dada, todos os elementos de significação se relacionam uns com os outros e extraem o seu sentido dessas inter-relações recíprocas num quadro dado de pensamento (p. 88).

A hipótese de Mannheim é que, se pudermos colocar em evidência a maneira pela qual sistemas de pensamento estão vinculados a estruturas sociais e se pudermos estabelecer as correlações entre os diferentes grupos em competição, entre as situações, entre os sistemas de pensamento, então o quadro de conjunto não é mais relativista, mas relacionista. Ser relativista, diz ele, é permanecer apegado a um velho modelo de verdade, um modelo intemporal. Ao passo que se abandonarmos esse modelo de verdade, seremos conduzidos a um novo conceito de verdade que é o sentido da correlação entre mudanças em relação mútua. Essa tentativa desesperada é, de fato, uma reconstrução do Espírito hegeliano, num modo empírico (tal retorno oculto a Hegel sob uma postura neokantiana não é raro na Alemanha). A ambição de deter um sistema de todas as relações é precisamente o sistema hegeliano. Mas este último só fazia sentido, ao menos para o próprio Hegel, porque pressupunha algo como o Saber absoluto. O sociólogo do conhecimento renova a ambição do Saber absoluto, mas numa situação empírica onde ele é impossível. O sociólogo assume o papel do Espírito hegeliano.

Qual é então, segundo Mannheim, o novo estilo de verdade que pode provir dessa atitude? Vamos progredir alguns passos nessa nova via, se reconhecermos que o relacionismo supõe que "todos os elementos de significação numa situação dada se relacionam uns com os outros" (p. 88), e, portanto, que a situação não é somente uma situação de correlação, mas de congruência. "Tal sistema de significações só é possível e válido num tipo dado de existência histórica, ao qual, por certo tempo, ele fornece a sua expressão apropriada" (p. 88-89). Em certos momentos da história, certas posições são congruentes, apropriadas. A diferença entre a correlação e a congruência nos proporciona a transição da concepção não avaliativa da ideologia e, a partir daí, nos fornece também a base de um novo conceito da verdade. O estágio não avaliativo da análise é somente um estágio provisório; ele nos leva a pensar em termos dinâmicos e relacionais, de preferência a pensar em termos de essências intemporais. É uma maneira de extrair as consequências do desmoronamento de normas absolutas e eternas e do estado de guerra ideológica.

A transição rumo a um conceito avaliativo está implicada pelo conceito não avaliativo, na medida em que este último já é uma arma contra o dogmatismo intelectual. O próprio relativismo é apanhado nesse combate contra o dogmatismo. Mannheim sabe que nem ele nem ninguém mais pode se manter fora do jogo; cada um está nele, inexoravelmente. Tal recorrência da análise no analista proporciona aquilo que Mannheim denomina uma pressuposição "avaliativa epistemológica", que joga contra o dogmatismo, mas também contra o positivismo. Ninguém pode se ater a uma pura atitude descritiva.

> De fato, quanto mais se toma consciência das pressuposições localizadas na base de seu pensamento, e isso no interesse da pesquisa verdadeiramente empírica, mais se torna aparente que tal procedimento empírico (nas ciências sociais ao menos) só pode ser praticado com base em certos juízos metaempíricos, ontológicos e metafísicos, hipóteses e expectativas que dele decorrem. Quem não toma posição não tem questões a levantar e não é sequer capaz de formular uma hipótese experimental que lhe permita colocar um problema e vasculhar a história para nela encontrar uma resposta. Felizmente, o positivismo se empenhou em certos juízos metafísicos e ontológicos, a despeito de seus pré-conceitos antimetafísicos e de suas pretensões à atitude contrária. Sua fé no progresso e seu realismo ingênuo são, em casos específicos, exemplos desses juízos ontológicos (p. 93-94).

Trata-se de um juízo muito corajoso. Não é possível pretender ser apenas um simples observador das ideologias, um estrito empirista, pois mesmo tal ponto de vista sensatamente não avaliativo recai na ideologia da objetividade, a qual é apenas um aspecto de uma concepção determinada da verdade.

A questão se põe novamente: qual tipo de novo critério se pode extrair para um ponto de vista não avaliativo, após o desmoronamento dos critérios objetivos, transcendentes ou empíricos? Tal questão só tem resposta para quem se esforça para encontrar sentido no próprio processo histórico. Vê-se como Mannheim se esforça desesperadamente para solicitar à história que lhe forneça um critério que os métodos empírico ou transcendental doravante lhe recusam. "O fato de que, nela [na história], não encontremos situações absolutas indica que a história só é muda e desprovida de sentido para aquele que nada espera aprender com ela" (p. 99). Mannheim parece esperar uma resposta de uma forma de cripto-hegelianismo: o estudo da história intelectual que busca "descobrir, na totalidade do complexo histórico, o papel, o alcance e a significação de todo elemento constituinte" (p. 100). Precisamos abandonar a posição do observador absoluto e mergulhar no movimento mesmo da história. Então, um novo diagnóstico será possível – o ponto de vista da congruência, o sentido daquilo que é congruente numa situação dada.

> A passagem a um ponto de vista avaliativo é exigido desde o início pelo fato de que a história, enquanto história, é ininteligível, a menos que se enfatizem certos aspectos seus, em contraste com outros. Tal seleção e tal ênfase de certos aspectos da totalidade histórica podem ser considerados como o primeiro passo numa direção que, finalmente, conduza a um procedimento avaliativo e a juízos ontológicos (p. 100-101).

Por que esses juízos são denominados ontológicos? O recurso a esse vocabulário é perturbador, na medida em que Mannheim, em princípio, abandonou todo ponto de vista transcendente. Mas precisamos decidir acerca daquilo que é real: devemos estabelecer a partilha entre a verdade e o erro, diz Mannheim, de maneira a combater a falsa consciência, noção que o texto então examina.

Nessa discussão da falsa consciência, o conceito-chave é o de inadequado, inapropriado, não congruente. O perigo da falsa consciência deve ser abordado ao determinar "entre as ideias em curso, aquelas que são realmente válidas numa situação dada" (p. 102), sendo não válidas as que forem não congruentes. O conceito da não-congruência nos fornecerá a correlação entre a ideologia e a utopia, como veremos em nossa discussão sobre a mentalidade utópica. Mas, sem antecipar por enquanto, aqui precisamos notar que uma maneira de pensar pode ser não congruente de duas maneiras: estando, quer em retrocesso, quer em avanço em relação a uma situação dada. Ambas as modalidades da não-congruência se combatem mútua e incessantemente. "Nos dois casos, a realidade por ser compreendida é deformada e dissimulada" (p. 107). Em seguida, Mannheim abandona o exame do modo utópico de não-congruência, para se concentrar no da não-congruência ideológica. "Normas, modos de pensamento e teorias vetustas e inaplicáveis são chamadas a degenerar em ideologias, cuja função é dissimular a função real da conduta, mais do que a desvelar" (p. 103).

Mannheim escolhe três conceitos esclarecedores dessa inadequação entre sistemas de pensamento e a sociedade. De início, a condenação do empréstimo a juros pela igreja medieval. Ele mostra como essa interdição fracassou em razão de sua inadequação à situação econômica, particularmente quando da expansão do capitalismo no início do Renascimento. A interdição não fracassou em virtude de um juízo absoluto, mas por causa dessa inadequação à situação histórica. O segundo exemplo de não-congruência é o seguinte:

> Como exemplo de "falsa consciência" tomando a forma de uma interpretação inexata de si mesma e de seu próprio papel, podemos citar os casos em que certas pessoas tentam disfarçar suas relações "reais" consigo mesmas e com o mundo, e falsear para si mesmas os fatos elementares da existência humana, ao deificá-los, romantizá-los ou idealizá-los, em suma, recorrendo ao estratagema de escapar a si mesmas e ao mundo e provocando assim falsas interpretações da experiência (p. 104).

Dessa atitude, Mannheim diz que ela se esforça para "resolver conflitos e situações de ansiedade, recorrendo a absolutos" (p. 104). O exemplo evoca a postura da bela alma hegeliana. É uma fuga no absoluto, mas uma fuga que não pode ser operada verdadeiramente.

O terceiro exemplo de Mannheim é talvez menos impressionante. É o caso de um proprietário "cujas terras já se tornaram uma empresa capitalista" (p. 105), mas que busca preservar uma relação paternalista com seus empregados. Seu sistema de pensamento, patriarcal, é inadequado à situação na qual, de fato, ele é um capitalista.

A não-congruência é, de fato, uma discordância entre o que dizemos e o que fazemos. Quais são então os critérios que permitem determinar tal ausência de congruência? Quem será o bom juiz capaz de determinar a verdade dessa congruência? Trata-se novamente de um enigma, pois, aqui, ainda seria preciso um observador independente, que poderia afirmar apenas que "toda ideia deve ser julgada por seu acordo com a realidade" (p. 108). Mas o que é a realidade, e para quem? A realidade inclui inelutavelmente todo tipo de apreciações e juízos de valor. A realidade não é somente objetos; isso, porém, implica os homens e os seus pensamentos. A realidade é sempre tomada num quadro de pensamento que é, ele próprio, uma ideologia. Mannheim parece querer, aqui, reencontrar um conceito não avaliativo da realidade assim como da ideologia, de maneira a demarcar o que é e o que não é congruente. Ele permanece, entretanto, consciente da dificuldade em que está. Assim, cada passo adiante parece reintroduzir a contradição e requerer um juízo não avaliativo para decidir da congruência. Ele indica a dificuldade numa nota constrangida:

> O leitor atento notará talvez que, a partir deste ponto, a concepção avaliativa da ideologia tende novamente a tomar a forma da concepção não avaliativa, mas agora com a intenção de descobrir uma solução avaliativa. Tal instabilidade na definição de um conceito faz parte da técnica da pesquisa que poderia ser considerada como tendo chegado à maturidade e, por conseguinte, não quer se submeter a nenhum ponto de vista particular que restringiria o seu horizonte. Este relacionismo dinâmico oferece a única saída possível fora de uma situação mundial que nos apresenta uma multiplicidade de pontos de vista antagônicos (p. 108).

Nosso pensamento deve ser flexível e dialético, e novamente reencontramos um elemento hegeliano, mesmo sem Saber absoluto. No momento em que parecemos escapar às ciladas de um sobrevoo quase hegeliano da totalidade, o conceito de realidade utilizado por Mannheim reintroduz a temática hegeliana.

Constatamos assim que o juízo de congruência e de não-congruência entre "o modo tradicional de pensamento e os novos objetos de experiência" (p. 111) coloca ao menos tantos problemas quantos ele resolve. O problema posto aqui será reencontrado em nossa discussão da análise de autorreflexão proposta por Habermas, pois a crítica da ideologia sempre pressupõe um ato reflexivo que não pertença ao processo ideológico. É a grande dificuldade do problema da ideologia. Somos apanhados num turbilhão, num processo de autodissolução, que parece autorizar somente juízos ideológicos no momento mesmo em que teríamos necessidade de uma posição externa para poder continuar a falar desse processo.

No caso de Mannheim, o que evita que o pensador seja totalmente engolido nesse turbilhão, enterrado sob as ruínas do templo, é precisamente a pretensão a uma reflexão total, poder contemplar o conjunto. Mannheim recorre à categoria de totalidade, ele emprega fórmulas tais como "a situação total". Desejamos, diz ele, "um conhecimento mais completo do objeto" (p. 115). Ele critica o positivismo, o qual exalta a filosofia ao mesmo tempo que afasta os frutos da pesquisa empírica e, com isso, evita "o problema do todo". Afirma que devemos "encontrar um ponto de partida axiomático mais fundamental, uma posição da qual será possível sintetizar a situação total" (p. 118). "Somente quando estivermos inteiramente informados do campo limitado de todo ponto de vista, estaremos na via da compreensão da 'totalidade'" (p. 118). Assim, somos apanhados num processo de ampliação contínua, que Mannheim exalta como "este esforço no rumo de uma visão total" (p. 120). Ver-se a si mesmo no contexto do todo corresponde a "uma impulsão cada vez mais vasta no rumo de uma concepção total" (p. 121). Tal conceito de totalidade não é um Absoluto transcendente, mas desempenha o mesmo papel: transcender o ponto de vista particular. Trata-se novamente de um hegelianismo sem Saber absoluto.

Não quero insistir mais no fracasso de Mannheim, na sua recusa de admitir que não podemos sair do círculo da reflexão e da ideologia, de aceitar que uma reflexão total ultrapassa as possibilidades do ser humano, pois tal discussão tem a sua recompensa em outro lugar, no quarto capítulo de seu livro. Ao abordar tal capítulo, "A mentalidade utópica", serei mais breve, pois quero reservar a discussão das utopias concretas para a segunda parte deste livro. Vou considerar aqui as duas primeiras seções desse capítulo, as que propõem uma resposta parcial ao problema que acabamos de encontrar. Antecipo imediatamente a resposta dizendo que devemos compreender que o juízo emitido sobre uma ideologia é sempre a partir de uma utopia. Esta também é a minha convicção: a única maneira de sair do círculo no qual a ideologia nos arrasta é assumir uma utopia, declará-la e julgar a ideologia desse ponto de vista. Porque o observador absoluto é impossível, só será possível que alguém situado no próprio processo assuma a responsabilidade do juízo. Seria possível também uma postura mais modesta, afirmar que o juízo sempre é emitido de um ponto de vista – mesmo quando se trata de um ponto de vista polêmico que pretenda assumir um melhor futuro para a humanidade – e de um ponto de vista que se declare como tal. Seria possível chegar a dizer que a correlação utopia-ideologia deve substituir a correlação impossível ciência-ideologia, que de certa maneira ela permite resolver a questão do juízo, solução que, acrescento, é, ela própria, coerente com a afirmação de que não existe ponto de vista externo a esse jogo. Com efeito, se nenhum observador transcendente é possível, então é preciso assumir um conceito *prático*. Nesse quarto capítulo de Mannheim, onde encontro o tratamento mais positivo de nosso problema, a ideologia e a utopia fazem sentido conjuntamente como um par de conceitos opostos.

Nas primeiras páginas do capítulo, Mannheim propõe critérios formais da utopia, aos quais as descrições ulteriores fornecerão um conteúdo. Há dois critérios formais que, por contraste, fornecem as leis da ideologia. O primeiro critério, que a utopia partilha com a ideologia, é certa forma de não-congruência, de não-coincidência com a realidade tal como ela é. A esse respeito, Mannheim evoca ideias "situacionalmente transcendentes" (p. 128). Não são transcendentes no sentido de uma filosofia da transcendência, mas com respeito ao estado presente da realidade. Novamente, a dificuldade é determinar o que, de fato, é a realidade. Para medir a não-congruência, devemos ter um conceito da realidade, mas tal conceito da realidade faz parte de um quadro de avaliação, o que nos remete à circularidade.

O segundo critério da utopia é mais decisivo. As utopias "tendem a abalar, parcial ou totalmente, a ordem das coisas que reina naquele momento" (p. 124). Neste ponto, a ideologia se define em oposição à utopia: ela é aquilo que preserva tal ordem das coisas. Este critério da ideologia é melhor do que o primeiro. É mais limitado, e não é necessariamente pejorativo; em todo caso, Mannheim, por sua vez, não chega a tanto. A ideologia não é necessariamente uma noção pejorativa, pois, como tentarei mostrar na aula consagrada à ideologia, precisamos de uma noção que defina a identidade de um grupo para si mesmo. Mesmo uma força histórica que se esforce para abalar a ordem das coisas existentes pressupõe algo distinto, que preserve a identidade de um grupo, de uma classe, de uma situação histórica, etc.

Examinemos estes dois critérios: um que reúne a ideologia e a utopia, outro que os distingue. O interesse do capítulo de Mannheim se deve ao jogo que ele instaura entre ambos os critérios. Mannheim está consciente de que o primeiro critério, o da não-congruência, implica uma posição concernente ao que é a realidade. A questão da natureza da "existência em si", questão filosófica, não é de grande interesse, ao passo que importa, ao contrário, aquilo que se considera como real de um ponto de vista histórico ou sociológico.

> Na medida em que o homem é uma criatura que vive essencialmente na história e na sociedade, "a existência" que o circunda nunca é "existência em si": é sempre uma forma histórica concreta de existência social. Para o sociólogo, "a existência" é aquilo que é "concretamente efetivo", ou seja, uma ordem social que funciona e que não existe somente no imaginário de certos indivíduos, mas segundo a qual as pessoas agem realmente (p. 126-127).

Devemos assumir que existe algo como um corpo coletivo, submetido a certas regras, e, por conseguinte, "uma ordem de vida operante". (Na próxima aula, encontraremos noções análogas em Max Weber). Assim como Marx, Mannheim não deixa de opor a ideologia, não à ciência, mas àquilo que é efetivamente operante, portanto, a um critério concreto da práxis. Pode ser difícil pretender que sabemos o que é operatório na sociedade, mas esse é o critério ao qual podemos opor o que é ilusório e imaginário. Ao contrário de alguém como Geertz, Mannheim não dispõe da ideia de uma ordem operatória simbolicamente constituída; por isso, para ele, a ideologia é necessariamente o que é não congruente, algo de transcendente no sentido discordante do termo.

A definição da realidade como uma ordem de vida operante constitui problema, mesmo nos próprios termos de Mannheim, pois ali devemos incluir mais do que apenas estruturas políticas e econômicas:

> Toda "ordem de vida operante" concretamente deve ser concebida e caracterizada do modo mais evidente, por meio da estrutura política e econômica particular na qual está baseado. Mas ela

compreende, também, todas aquelas formas de "coexistência" humana (formas específicas de amor, de sociabilidade, de conflito, etc.) que a estrutura torna possível ou exige [...] (p. 127).

A ordem de vida operante diz respeito simultaneamente à infra e à superestrutura. Isso constitui problema, pois os elementos de não-congruência devem ser localizados na mesma esfera que as formas da coexistência humana: ambas as coisas implicam papéis culturais, normas, etc. É difícil determinar quais modalidades sociais do pensamento e da experiência são congruentes com a ordem operante atual e quais não o são. Uma vez mais, é uma decisão prática que deve resolver esse debate. Mannheim procura definir como, situacionalmente transcendentes, portanto irreais, as concepções cujo conteúdo não pode ser realizado no seio da ordem existente. Mas o que é feito das ideologias que, de preferência a abalar essa ordem, lhe proporcionam conforto? Mannheim parece dizer que concepções que não podem atualizadas sem abalar a ordem existente não pertencem à ordem de vida operante. Entretanto, as ideologias são situacionalmente transcendentes, ao mesmo tempo que podem ser atualizadas sem abalar a ordem existente. A definição dada por Mannheim para a não-congruência faz dela um critério muito difícil de aplicar.

Como ilustração de seu argumento sobre a natureza situacionalmente transcendente das ideologias, Mannheim propõe o exemplo do amor fraterno cristão na Idade Média:

> As ideologias são ideias 'situacionalmente transcendentes' que nunca conseguem, *de facto*, realizar o seu conteúdo. Embora se tornem frequentemente os motivos bem intencionados da conduta subjetiva do indivíduo, quando estão realmente encarnadas na prática, as suas significações são frequentemente deformadas. A ideia do amor fraterno cristão, por exemplo, permanece, numa sociedade fundada na servidão, uma ideia irrealizável e, neste sentido, ideológica [...] (p. 128).

Ora, trata-se de uma caracterização não congruente das ideologias num segundo nível. As ideias transcendentes da ideologia são inválidas ou incapazes de mudar a ordem existente; elas não afetam o *statu quo*. Com a ideologia, o irreal é impossível. A mentalidade ideológica assume a impossibilidade da mudança, seja porque aceita o sistema de justificação que explica a não-congruência, seja porque a não-congruência foi dissimulada por fatores que vão do engodo inconsciente à mentira consciente.

Tal critério parece, em compensação, conhecer maior sucesso com a utopia:

> Também as utopias ultrapassam a situação social; pois elas também orientam a conduta no rumo dos elementos que a situação, enquanto realizada no tempo, não contém. Mas não são ideologias: não o são na medida em que, e até que, conseguem, por meio de uma atividade contrária, transformar a realidade histórica existente numa outra melhor, de acordo com as suas próprias concepções (p. 130).

A fecundidade da utopia se opõe, assim, à esterilidade da ideologia. A primeira é capaz de mudar as coisas. A capacidade de mudança fornece o critério. Tal distinção formal entre a ideologia e a utopia tem a vantagem de fornecer um núcleo comum e uma diferença. Entretanto, como acabamos de ver, o núcleo comum – a não-congruência – é difícil de constatar de maneira formal, não avaliativa, e, como veremos, a diferença – a capacidade de mudança – também suscita questões. A atribuição de tal capacidade de mudar à utopia lhe confere uma eficácia unívoca que não nos permite deduzir a sua patologia: o *wishful thinking*, o fato de tomar os seus desejos pela realidade. Por outro lado, na medida em que a ideologia é considerada como ineficaz, perde-se a sua congruência possível com a sociedade existente, isto é, a sua função conservadora, em todos os sentidos da palavra.

Se examinarmos mais de perto a capacidade de mudança ligada à utopia, tal critério vai aparecer como pouco confiável. Com efeito, se o aplicarmos na sociedade, frequentemente ele é invertido. Quando o juízo emana dos representantes da classe dirigente, a utopia é precisamente o irrealizável. A aplicação do critério coloca um problema, pois isso depende de quem fala: "aquilo que, num caso dado, aparece como utópico [...]" (p. 130). Para dar um conteúdo a esse critério formal, para dele fazer um uso concreto, precisamos consultar os que o empregam. Assistimos a um curioso intercâmbio de significação, pois o que aparece como utópico ou ideológico não depende somente "do plano e do grau de realidade ao qual se aplica a regra" (p. 130), mas também de quem utiliza essa denominação. Por isso, há uma dupla questão: o que é designado como utópico ou ideológico e quem efetua essa designação? Para os representantes de uma ordem dada, a utopia significa o irrealizável. Isso contradiz o critério defendido pelo sociólogo. Porque eles tomam essa ordem dada como a medida de toda coisa, a utopia lhes aparece como irrealizável, ao passo que a sua definição formal está precisamente em sua aptidão para empenhar-se numa mudança. A definição formal é arruinada por aqueles que utilizam a expressão, o que constitui um novo paradoxo dessa discussão. A definição formal não deveria levar em conta a perspectiva na qual se está colocado, o que parece contradizer a constituição inelutavelmente perspectivista da existência social. Como diz o próprio Mannheim:

> A própria tentativa de determinar o sentido do conceito "utopia" mostra em que medida, no pensamento histórico, toda definição depende necessariamente da perspectiva de seu autor, isto é, na medida em que nela mesma está contido todo o sistema de pensamento representando a posição do pensador em questão e especialmente as avaliações políticas que se ocultam por trás desse sistema de pensamento (p. 131).

Os que se apegam à defesa do *statu quo* denominam utopia tudo o que vai além da ordem existente no presente, sem distinguir a utopia absoluta, irrealizável quaisquer que sejam as circunstâncias, e a utopia relativa, irrealizável somente no quadro da ordem existente. Ao apagar essa distinção, a ordem existente pode "suprimir a validade das pretensões da utopia relativa" (p. 132).

Poderíamos buscar defender a concepção formal da utopia, dizendo que ela é distorcida pela ideologia. Da utopia a ideologia faz o tipo mesmo daquilo que não pode ser realizado, ao passo que ela é, ao contrário, aquilo que pode ser realizado segundo a definição formal. Mas isso não permite retirar a concepção formal da rotina, pois, como sugere o próprio Mannheim, os critérios que permitem determinar o que é realizável são, de fato, sempre fornecidos pelos representantes dos grupos ascendentes ou dominantes, e não pela sociologia do conhecimento. Reencontramos, aqui, o aspecto positivo da análise de Mannheim: o esforço para vincular o uso das palavras às posições sociais daqueles que as empregam. Sem dúvida, neste ponto, Mannheim é mais marxista do que em qualquer outra parte de seu livro.

> Quando uma ideia é etiquetada como "utópica", ela o é ordinariamente por um representante de uma época já ultrapassada. Por outro lado, a representação das ideologias como ideias ilusórias, mas adaptadas à ordem atual, é geralmente obra de representantes de uma ordem de existência que ainda está em vias de desaparecimento. É sempre o grupo dominante, de pleno acordo com a ordem existente, quem determina o que deve ser considerado como utópico, ao passo que o grupo ascendente, em conflito com as coisas tais como existem, é aquele que determina o que é julgado como ideológico (p. 141).

Como exemplo desse conflito de denominações, Mannheim propõe os diferentes usos do conceito de liberdade. Desde o início do século XVI até o fim do XVIII, o conceito de liberdade foi um conceito utópico. Entretanto, desde que a classe dominante descobriu que esse conceito tinha implicações concernentes à noção de igualdade, uma extensão recusada por ela, sua própria defesa da liberdade se fez contra tal extensão e contra aqueles que a reclamavam, e em defesa da ordem social existente. O mesmo conceito foi sucessivamente utópico, conservador, em seguida novamente utópico, segundo o grupo que dele se apoderava.

Precisamos, então, contar ao mesmo tempo com o que é considerado atualmente utópico e o que se considera utópico de um ponto de vista mais longínquo. Toda empreitada de Mannheim é nos levar a mudar tal distância, nos permitir enxergar o conceito simultaneamente do ponto de vista dos que o mobilizam em seus combates e do ponto de vista da sociologia do conhecimento. Mas o problema é que ambas as definições são inconciliáveis. Há uma contradição entre os critérios segundo quem as usar.

Que podemos concluir dessas dificuldades para aplicar o critério formal? Mannheim concede que, no coração de um conflito, o critério da capacidade de mudança, que é o critério daquilo que é propriamente utópico, é de pouca ajuda. Só podemos utilizar o critério de Mannheim para as utopias do passado. A possibilidade de ser realizada tem pouco impacto sobre as controvérsias presentes, porque sempre estamos apanhados no conflito, não somente entre as ideologias, mas também entre os grupos (dominante ou ascendente). Esse conflito implica a polêmica, a dialética da ideologia e da utopia.

Dessa discussão da utopia, podemos tirar três consequências para a ideologia. Em primeiro lugar, a conexão entre a utopia e os grupos ascendentes nos permite enxergar a conexão entre a ideologia e os grupos dominantes. O critério do que é ideológico parece depender da crítica da conduta da mentalidade utópica. A capacidade de desvelar algo como ideológico parece ser um efeito das potencialidades utópicas do grupo ascendente, ou ao menos daqueles que pensam com esse grupo. Se tal é bem o caso, se a ideologia só se deixa reconhecer no processo que a desmascara, então o pretenso corte epistemológico se torna mais concreto e depende dessas potencialidades utópicas. Ela é sempre o produto de uma utopia.

Eu sustento, portanto, que nenhuma consciência pode se libertar subitamente sem o auxílio de outra coisa. Não é sempre a capacidade utópica de grupos ou de indivíduos que alimenta a nossa aptidão a tomar nossas distâncias perante as ideologias? Não podemos escapar à polaridade da ideologia e da utopia. É sempre uma utopia que define o que é ideológico, e tal caracterização sempre é relativa às afirmações dos grupos em conflito. Isto significa também que a ideologia e a utopia não são conceitos teóricos. Deles não podemos esperar demasiado, pois formam um círculo prático. Por conseguinte, toda pretensão de construir uma visão científica da ideologia é apenas, pura e simplesmente, uma pretensão. Isso talvez seja apenas outra maneira de dizer, com Aristóteles, que, nas coisas humanas, não podemos esperar o mesmo tipo de rigor que nos domínios científicos. A política não é uma ciência, mas a arte de orientar-se entre grupos em conflito. Os conceitos políticos devem permanecer polêmicos: na vida, há lugar para o conflito e para a polêmica, e reconhecê-lo é dar prova de honestidade.

A segunda contribuição de nossa discussão é que se a utopia é o que abala uma ordem dada, a ideologia é o que preserva essa ordem. Isso quer dizer que a problemática da dominação e o lugar do poder na estrutura da existência humana se tornam questões centrais. A questão não é somente quem detém o poder, mas como um sistema de poder pode ser legitimado. A utopia intervém também no processo de legitimação: ela abala uma ordem dada ao propor outras maneiras de repartir a autoridade e o poder. A legitimidade é o que está em jogo no conflito entre a ideologia e a utopia, e na próxima aula solicitaremos o auxílio de Max Weber para aprofundar essa questão. Penso também na obra de Hannah Arendt, que não deixou de escavar a questão das relações na existência humana, entre poder e trabalho, obra e ação, e a formulou em termos de categorias existenciais, não somente em termos de estruturas sociológicas.

Por fim, a terceira consequência dessa discussão é que, situado o conflito entre ideologia e utopia em termos de legitimação, ou de questionamento sobre o sistema de poder, a oposição descrita por Mannheim entre a ideologia como inofensiva e a utopia como irrealizável se torna menos decisiva. Se chegamos a sublinhar que a utopia é aquilo que abala a ordem estabelecida, ao passo que a ideologia lhe proporciona conforto (por vezes distorção, mas por vezes também um processo de legitimação), então a possibilidade de ser realizada não é um bom critério para distinguir as duas noções. Primeiro porque só pode ser aplicado ao passado, como já notamos. Em seguida, porque isso redunda em santificar o sucesso: ora, não é porque uma ideia obtém sucesso que ela é boa ou está a serviço do bem. Quem sabe se o que foi condenado pela história não voltará por ocasião de circunstâncias mais favoráveis? A possibilidade de ser realizada, por fim, não é um bom critério, porque, em certo sentido, a ideologia já está realizada. Ela confirma o existente. O elemento "irreal" da dialética não é o irrealizável, mas o ideal, em sua função de legitimação. O elemento transcendente é o "dever-ser", que o "ser" mascara.

Por isso, as próprias utopias nunca são realizadas na medida em que criam a distância entre o que é e o que deve ser. A tipologia das utopias estabelecida pelo próprio Mannheim confirma e indica que ele não utiliza até o fim a possibilidade de realização como critério. Como veremos de modo mais pormenorizado na aula consagrada à sua teoria da utopia, Mannheim estima que a primeira forma da mentalidade utópica interveio quando o quiliasmo – um movimento milenarista – "uniu as suas foças às exigências ativas das camadas sociais oprimidas" (p. 154), como foi o caso de Thomas Münzer e os anabatistas. Essa conjunção esteve na origem da distância utópica. No outro extremo da tipologia, o momento contemporâneo, Mannheim encara a perda da utopia, o movimento das forças utópicas "descendo gradualmente rumo à vida real" (p. 209). O traço decisivo da utopia é, assim, não a possibilidade de ser realizada, mas a preservação da oposição. A entropia da utopia na situação presente, a ameaça de perda de toda perspectiva total que dela resulta, conduz a uma situação em que acontecimentos isolados estão desprovidos de sentido: "O quadro de referência segundo o qual avaliamos os fatos se dissipa e resta uma série de acontecimentos, todos equivalentes, enquanto se trata de sua importância interna" (p. 218). Se pudéssemos imaginar uma sociedade em que tudo está realizado, seria a sociedade da congruência. Mas seria também uma sociedade morta, que não teria mais distância, ideais, projetos de tipo algum. Mannheim combate os que pretendem que, de agora em diante, vivemos a morte das ideologias e das utopias – e com isso se regozijam. A supressão da não-congruência, a supressão da desconexão entre os ideais e a realidade seria a morte da sociedade. Esse seria o tempo de uma atitude prosaica, da facticidade (*Sachlichkeit*). Teríamos precisamente uma sociedade não ideológica e não utópica, que seria uma sociedade morta. A especificidade crítica da utopia não é, portanto, a possibilidade de ser realizada, mas a preservação da distância entre ela mesma e a realidade.

Aula nº 11

Weber (1)

Antes de falar de Max Weber, eu gostaria de dizer algumas palavras sobre o quadro geral no seio do qual se situa a minha abordagem. Na medida em que me ative inicialmente a Marx e a Althusser, comecei pelo conceito marxista de ideologia encarado como distorção. A sequência de aulas sobre a ideologia constitui uma resposta ao problema suscitado pela orientação marxista: no seio de que quadro conceitual o conceito de ideologia entendido como deformação faz plenamente sentido? A minha intenção não é de modo algum refutar o marxismo, mas restituir e reforçar alguns de seus enunciados concernentes a essa função de distorção.

Para responder à orientação marxista concernente à ideologia, precisamos colocar quatro questões. A primeira, abordada com Mannheim, é: onde estamos nós quando falamos de ideologia? Se tivermos a pretensão de apreender cientificamente a ideologia, então nos encontraremos supostamente no exterior do jogo social, na posição do espectador. Tentamos elaborar um conceito de ideologia isento de todo juízo de valor. Mas isso é impossível, visto que a própria sociologia diz respeito ao jogo social. Por conseguinte, o meu argumento foi que devemos salvaguardar o elemento polêmico da ideologia e lhe fazer justiça, o que poderá ser feito se se colocar a ideologia em relação com a utopia. É sempre do ponto de vista da utopia nascente que é possível falar de uma ideologia moribunda. São o conflito e entrecruzamento da ideologia e da utopia que a estas conferem todo o seu sentido.

Minha segunda questão diz respeito à relação da ideologia e da dominação. Um dos pontos mais fortes, uma das perspectivas mais importantes do marxismo, é que as ideias dominantes de uma época são as ideias da classe dominante. É essa correlação entre dominação e ideologia que, com o auxílio de Max Weber, vou tentar elucidar. Em seguida – este será o terceiro ponto –, vou me perguntar se é possível conduzir uma crítica da ideologia sem nenhum projeto, sem nenhum interesse: por exemplo, um interesse em ampliar a comunicação, um interesse pela emancipação, etc. No que concerne a essa correlação entre crítica da ideologia e forma de interesse específico, eu me voltarei para Habermas. Pois tal interesse não pode ser pura e simplesmente remetido, como em Althusser, para o lado da ideologia: se não houver nenhum interesse suscetível de escorar a crítica, então esta última vai desmoronar.

Minha quarta e última questão vai se referir à possibilidade de uma distorção na sociedade, sem a qual a dita sociedade dispõe de uma estrutura simbólica fundamental. A hipótese será que, no nível mais fundamental, o que se acha alterado é a estrutura simbólica da ação. Logicamente, se não temporalmente, a função constitutiva da ideologia deve preceder a sua função de deformação. Seríamos incapazes de compreender o sentido da deformação, se não houvesse algo suscetível de ser deformado, algo que fosse simbolicamente de mesma natureza. Vou introduzir Geertz como o autor mais apropriado para conduzir essa demonstração. Eu mesmo publiquei um texto sobre essa questão antes de conhecer Geertz,[28] mas vou recorrer a ele porque considero que analisa melhor que eu o problema: afirma que podemos detectar a função constitutiva da ideologia no nível daquilo que ele denomina a ação simbólica.

Globalmente, portanto, estas aulas sobre a ideologia partem de um primeiro nível, em que a ideologia se dá como distorção, em seguida progridem até um segundo nível, que põe em relação a ideologia e a dominação, para depois encarar a conexão decisiva entre interesse

---

[28] Trata-se de "Ciência e ideologia", publicado incialmente na *Revue philosophique de Louvain*, maio de 1974; retomado em *Du texte à l'action*, Paris: Seuil, 1986, p. 303-331.

e crítica e chegar finalmente ao que eu denomino a função constitutiva da ideologia. O procedimento é regressivo: analisa a ideologia a partir de sua função de distorção até a sua função de legitimação e, para terminar, até a sua função constituinte.

Tal descrição nos permitirá, ao término destas aulas, estabelecer *a contrario* as características da utopia. Seja ela deformadora, seja legitimadora, seja constituinte, a ideologia sempre tem a função de preservar uma identidade, quer se trate de grupos ou de indivíduos. Como veremos, a utopia tem uma função inversa: abrir o possível. Mesmo quando uma ideologia é constituinte – quando, por exemplo, ela nos leva aos acontecimentos fundadores (religiosos, políticos, etc.) de uma comunidade –, ela faz que nós reatualizemos a nossa identidade. A imaginação funciona, aqui, como um espelho ou como uma cena. A utopia, em compensação, sempre está em exterioridade: ela é o lugar nenhum, o possível. O contraste entre ideologia e utopia nos permite apreender as duas faces da função imaginativa na vida social.

Passo agora a Max Weber e a um dos aspectos de sua teoria: o seu conceito de *Herrschaft*. Sua abordagem é importante na questão que nos ocupa, por duas razões. Primeiro, ele nos propõe um quadro conceitual mais satisfatório do que aquele do marxismo ortodoxo (insisto no fato de que não o comparo ao próprio Marx, mas ao marxismo ortodoxo. A obra de Marx não autoriza, a meu ver, uma leitura que se afine ao esquema que tento constituir). O modelo do marxismo ortodoxo é mecanicista e baseado na relação entre infra e superestrutura. Daí as inverossímeis querelas de escola sobre a eficácia da base em última instância, a autonomia relativa da superestrutura e a sua capacidade de se contrapor à base. Porque permanece dependente da noção de "eficácia", o marxismo clássico se viu apanhado na cilada de um modelo impossível e, afinal de contas, não dialético. O seu conceito de causalidade é pré-kantiano, pré-crítico. A alternativa oferecida por Max Weber perante tal perspectiva mecanicista é um modelo motivacional. É esse esquema que eu vou discutir num primeiro tempo, a fim de detectar, para a nossa discussão da ideologia, a eventual aplicação de certos conceitos seus.

A segunda razão da importância concedida a Weber é que ele produz, no seio desse quadro conceitual onde opera a motivação, uma análise complementar da relação entre grupo dominante e ideias dominantes. Ele introduz o conceito crucial de "legitimidade" e analisa a junção das pretensões à legitimidade e das crenças na dita legitimidade: é esse nó (*nexus*) que sustenta o sistema da autoridade. A questão da legitimidade diz respeito a um modelo motivacional porque a interação da pretensão e da crença deve ser situada num quadro conceitual apropriado e, como veremos, este não pode estar vinculado senão à motivação. Meu argumento é que a ideologia advém precisamente na brecha entre o pedido de legitimidade que emana de um sistema de autoridade e nossa resposta em termos de crença. Esta é a *minha* interpretação, e ela não pode ser imputada a Weber: trata-se, portanto, de uma espécie de nota adicional, mas talvez seja uma contribuição ao modelo weberiano. A ideologia funciona para acrescentar uma espécie de mais-valia à nossa crença, a fim de que esta última possa corresponder às requisições da autoridade. A noção marxista de distorção será mais pertinente, se admitirmos que a função da ideologia consiste sempre em justificar uma reivindicação de legitimidade, acrescentando um suplemento à nossa crença espontânea. Nesse estágio, a função da ideologia é preencher o fosso de credibilidade próprio a todos os sistemas de autoridade. Tal argumento só tem coerência num modelo fundado na motivação, e não num modelo mecanicista. Por essa razão, vou consagrar a primeira parte da aula para esclarecer o próprio modelo motivacional. Nosso texto de referência será a grande obra de Weber, *Economia e sociedade (Wirtschaft und Gesellschaft)*.[29]

Comecemos pela definição weberiana da tarefa atribuída à sociologia. A sociologia é definida como uma ciência que se propõe a "compreender por interpretação": a noção de interpretação está implicada na tarefa da sociologia. De Weber a Geertz, não haverá modificação consequente nesse pano de fundo filosófico. "Denominamos sociologia (no sentido em que aqui entendemos esse termo utilizado com muitos equívocos) uma ciência que se propõe a compreender por interpretação [*deuten verstehen*] a atividade social e, com isso, explicar

---

[29] As referências serão dadas a partir da tradução francesa: Plon, 1971, sob a direção de Jacques Chavry e Éric de Dampierre; republicada em dois volumes pela Agora, Pocket, em 1995. Introduzimos, entretanto, corretivos a essa tradução [nota da tradução francesa].

causalmente o seu desdobramento e os seus efeitos" (I, p. 28). O elemento causal está incluso no elemento interpretativo. Porque a sociologia é interpretativa, ela pode produzir uma interpretação causal. O que deve ser ao mesmo tempo interpretado e explicado, é a "atividade", precisamente a "atividade" (*Handeln*), e não o comportamento, pois este último é um conjunto de movimentos no espaço, ao passo que a atividade faz sentido para o agente humano. "Entendemos por 'atividade' um comportamento humano [...], quando e enquanto o agente ou os agentes lhe comunicam um *sentido* subjetivo" (I, p. 28). É absolutamente decisivo que a definição da atividade inclua o sentido que ela assume para o agente (pressentimos que a possibilidade da distorção está implicada pela dimensão do *sentido*). Não há primeiro a atividade e somente depois a representação, porque o sentido faz parte da definição da atividade. Um dos aspectos fundamentais da constituição da atividade é que ela deve ser significante para o agente.

A atividade, todavia, não depende somente do fato de que ela tem um sentido para o sujeito: ela deve também ter sentido em relação a outros sujeitos. A atividade é simultaneamente subjetiva e intersubjetiva. Entendemos por "atividade social", a atividade que, a partir do sentido visado pelo agente ou pelos agentes, "se relaciona com o comportamento de *outrem*, em relação ao qual se orienta o seu desdobramento" (I, p. 28). O elemento intersubjetivo está presente desde o ponto de partida. A sociologia é interpretativa na medida em que o seu objeto implica, de um lado, uma dimensão de sentido subjetivo e, de outro, levar em conta as motivações de outrem. Desde o ponto de partida, temos uma rede conceitual que engloba as noções de atividade, de sentido, de orientação no rumo de outrem e de compreensão (*Verstehen*). Essa rede constitui o modelo motivacional. O que é particularmente significativo para nossa discussão, é que a orientação no rumo de outrem é parte integrante do sentido subjetivo.

A noção de "orientação no rumo de" ou de "levar em conta a outrem" é descrita de modo pormenorizado quando Weber volta, algumas páginas adiante, ao conceito de atividade social. "A atividade social (inclusive a omissão ou a tolerância) pode se orientar segundo o comportamento passado, presente ou esperado eventualmente de outrem (vingança para reparar uma agressão passada, defesa contra uma agressão presente, medidas de defesa a tomar contra uma agressão eventual)" (I, p. 52). No interior desse modelo da orientação no rumo de outrem, intervêm vários fatores. Devemos reconhecer que a adesão passiva faz parte da atividade social, assim como ela é uma componente da crença na autoridade: obedecer, submeter-se à autoridade, admitir a sua validade, tudo isso integra uma atividade. Não agir faz parte do agir. Ainda mais: a orientação da atividade social no rumo do "comportamento passado, presente ou esperado eventualmente de outrem" introduz um elemento temporal. Como explica Alfred Schutz, não estamos orientados unicamente no rumo daqueles que são os nossos contemporâneos, mas no rumo de nossos predecessores e sucessores: a sequência temporal constitui a dimensão histórica da atividade. No final das contas, a motivação da atividade pelos acontecimentos passados, presentes ou por vir – quer se trate, quer não de agressões externas – chama nossa atenção para o fato de que uma das funções da ideologia é salvaguardar a identidade através do tempo. Esse será um elemento muito importante em nosso debate com Geertz. Erik Erikson desenvolve uma teoria análoga sobre a integração dos estágios pelo indivíduo. O fator que, no entanto, permanece o mais significativo na definição da atividade social, é a orientação segundo o comportamento de outrem. Tal orientação segundo outrem é o pivô do modelo motivacional. É social apenas o "comportamento próprio que se orienta *significativamente* segundo o comportamento de outrem" (I, 52, grifo meu).

Se insisto nessa definição da atividade social, é para argumentar contra uma posição como a de Althusser. Se situarmos todas as referências ao sujeito do lado da distorção ideológica, vamos abstrair a nós mesmos da definição de ciência social, na medida em que ela se refere à atividade. Se não houver agente suscetível de dar sentido à sua própria ação, não estaremos em presença de uma atividade, mas de um comportamento. Estaremos, então, condenados quer ao behaviorismo social, quer a um exame das forças sociais tais como as entidades coletivas, as classes, etc.: nessas condições, ninguém poderia sequer se orientar para a empreitada de dar sentido a tais fatores. A atividade sensata se opõe à determinação causal. Como exemplo dessa distinção, Weber propõe o caso da "imitação", problema muito debatido no início do século XX. A questão era saber se a realidade social é derivada da imitação de uns indivíduos pelos outros. Weber abandona o caráter fundador do conceito de imitação, precisamente porque ele é demasiado causal: ele não implica uma orientação significativa: "Uma simples 'imitação' da atividade de outrem [...] não seria conceitualmente uma 'atividade social' num sentido específico, se ela se produzisse por simples reação, sem orientação significativa da atividade própria segundo a de outrem" (I, 54, aspas do autor). Tal atividade (a imitação) é, "portanto, determinada *causalmente* e não significativamente pelo comportamento alheio" (I, 54, grifo do autor). Se a causalidade não estiver inclusa na significação, ou seja, se a relação for exclusivamente causal, então ela não faz parte da atividade.

O primeiro ponto concernente ao modelo motivacional é, portanto, que ele consiste numa compreensão interpretativa orientada segundo a atividade de outrem. O segundo ponto é que Weber desenvolve esse modelo através da noção de *tipo ideal*, e devemos compreender o papel desempenhado por estes últimos. Segundo ele, o conceito de "sentido" se torna uma cilada para a ciência, se esta só puder se relacionar intuitivamente com o que é significativo para o indivíduo. Estaríamos, então, perdidos no seio da infinita variedade das motivações individuais. A alternativa proposta por Weber é que devemos controlar os casos individuais localizando-os sob tipos, sob tipos ideais que são apenas construções metodológicas. O que é real é sempre o indivíduo que se orienta segundo outros indivíduos, mas precisamos de certas modalidades de orientação, de motivação a fim de classificar os tipos fundamentais dessa orientação. A sociologia, enquanto a compreensão de uma atividade provida de sentido, só é possível se esta última puder ser elencada segundo alguns tipos significativos.

> Como toda atividade, a atividade social pode ser determinada:
> a) de modo *racional em sua finalidade* [*zweckrational*], através das expectativas concernentes ao comportamento dos objetos do mundo exterior ou daquele de outros homens [...];
> b) de modo *racional em seus valores* [*wertrational*], pela crença consciente no valor *intrínseco* de um comportamento – de ordem ética, estética, religiosa ou outra –, independentemente de seu sucesso esperado;
> c) segundo os *afetos* (particularmente as *emoções*), a partir das paixões e dos sentimentos específicos dos atores;

d) segundo a *tradição* [*traditional*], em virtude dos hábitos inveterados (p. 55).

Como veremos mais pormenorizadamente na próxima aula, essa tipologia da orientação é capital para a tipologia weberiana da legitimação. O primeiro tipo de atividade social definido por Weber é uma racionalidade segundo fins. No sistema de legitimação, ela estará em afinidade com o tipo burocrático da autoridade legal, que se apoia nas regras. O segundo tipo de expectativa do sentido encontrará apoio no sistema de legitimação produzido pelo líder carismático, que se acredita ser a voz de Deus, o enviado de Deus. O líder carismático se apoia igualmente no terceiro tipo: o laço emocional entre o líder e os que o seguem. Quanto ao quarto tipo, o que apela para a tradição, desempenhará um papel determinante no sistema de legitimidade, na medida em que se obedece aos líderes em razão do estatuto que lhes é conferido pela dita tradição.

A importância metodológica dos tipos ideais se deve ao fato de que eles nos permitem captar a complexidade dos casos singulares, por meio de uma combinatória sistemática baseada num número limitado de tipos fundamentais. Ao proceder com base nessa combinatória, a sociologia pode fazer frente à diversidade do real. Os tipos ideais são estruturas intermediárias: não são *a priori*, tampouco são o puro produto de uma indução, mas eles se situam entre ambos. Não são *a priori* visto que devem estar escorados na experiência. Mas, em outro sentido, precedem a experiência, pois fornecem um fio condutor que nos orienta. Não vou entrar aqui nas múltiplas discussões concernentes ao estatuto dos tipos ideais, mas devemos ter consciência de que é impossível discutir os tipos de legitimidade, se não se tem em mente as dificuldades epistemológicas que cercam o conceito de tipo ideal em geral.

A tipologia weberiana das orientações ou das motivações da atividade anuncia a sua análise da legitimidade, porque os seus exemplos implicam precisamente a tensão entre as pretensões e as crenças. Tomemos, a título de exemplo, a segunda categoria, a orientação segundo um absoluto:

> Age de modo *puramente* racional segundo valores aquele que age sem levar em conta as consequências previsíveis de seus atos, posto

a serviço de sua convicção que se refere àquilo que lhe aparece como comandado pelo dever, a dignidade, a beleza, as diretrizes religiosas, a piedade ou a grandeza de uma "causa", qualquer que seja a sua natureza. A atividade racional segundo valores consiste sempre (no sentido de nossa terminologia) numa atividade conforme "imperativos" ou "exigências", da qual o agente acredita que estes lhe são impostos. Somente na medida em que a atividade humana se orienta segundo este gênero de exigências é que falaremos de uma racionalidade segundo valores [...] (I, p. 56).

Os imperativos e as exigências põem em jogo a relação entre as crenças e as pretensões. A função da ideologia política, por exemplo, pode consistir em captar a aptidão individual para a fidelidade, em proveito de um sistema de poder existente e que se encarna em instituições autoritárias. O sistema de poder, então, é capaz de recolher os benefícios dessa aptidão humana para a fidelidade por uma causa, inclinação ao sacrifício em favor de uma causa. A política encoraja fortemente essa propensão à fidelidade.

Antecipei um pouco a discussão a propósito da legitimidade, mas é preciso estar atento à importância, em Weber, do agenciamento das noções. Weber não avança passo a passo: parte das noções mais fundamentais para chegar às que delas derivam. Os conceitos de crença e de pretensão só produzirão suas implicações potenciais para a ideologia após o desdobramento total das outras noções. Vamos observar – coisa muito significativa no desenvolvimento das noções weberianas – que o conceito de "poder" surge no final, e não no início. Weber parte daquilo que humaniza a atividade e se volta em seguida para aquilo que dá sentido ao vínculo social. Antes de introduzir o conceito de poder, devemos, diz ele, introduzir outro conceito mediador: o de ordem.

A introdução do conceito de ordem marca uma virada decisiva na análise de Weber. O termo alemão é *Ordnung*, um agenciamento dos seres humanos que precede a ordem no sentido de um comando. Não se deve introduzir cedo demais a ideia de imperativo no seio do conceito de ordem: antes, é preciso pensá-la em termos de organização, de um organismo que introduz relações entre a parte e o todo no interior do ser humano. Para sublinhar a distinção entre a ordem e o comando, Weber insiste na noção de "ordem legítima", o que é um passo importante a despeito dos possíveis inconvenientes devidos a uma referência prematura, na análise, ao conceito de legitimidade. A ordem não deve ser exclusivamente definida em termos de força. Como notará Geertz tal distinção nos alerta para o fato de que, nesse nível, a ideologia desempenha um papel. Gostaria de indicar que Geertz introduz o seu conceito de "ideologia constituinte", precisamente no nível da ordem legítima. Não se pode falar de uma ordem que seria somente obrigatória e que não pretendesse à legitimidade. A pretensão à legitimidade é constitutiva da ordem.

> A legitimidade de uma ordem pode ser *garantida*:
> I. De modo puramente subjetivo, e neste caso:
> 1) A partir dos afetos, por um abandono de ordem sentimental;
> 2) De modo racional segundo valores, pela fé em sua validade absoluta, enquanto ela é a expressão de valores últimos (de ordem ética, estética ou outra);
> 3) De modo religioso, pela crença no fato de que a salvação depende da obediência à ordem;
> II. Ou (e mesmo unicamente) pela expectativa de certas consequências específicas externas, por exemplo, situações em que o interesse está em jogo (p. 68).

Encontramos novamente certo paralelismo entre os modos de orientação precedentemente descritos e os tipos de legitimidade. Mais significativo ainda: não é por acaso que, falando da ordem, devemos falar de legitimidade e, falando de legitimidade, devemos falar de motivações. Somente no seio de um sistema de motivações a legitimidade de uma ordem pode ser garantida. As expressões de Weber só fazem sentido no interior do modelo conceitual da atividade significativa.

Como acabamos de ver, importa que o problema da legitimidade seja introduzido pelo da ordem. Importa menos que a legitimidade possa ser imputada a uma ordem unicamente referida às crenças e às representações daqueles que agem enquanto estão submetidos a ela. O ponto de vista é o dos agentes ou dos atores.

> Os agentes podem conceder, a uma ordem, uma validade *legítima*:
> a) Em virtude da *tradição*: validade daquilo que sempre existiu;
> b) Em virtude de uma crença de ordem afetiva (particularmente emocional): validade da nova revelação ou da exemplaridade;

c) Em virtude de uma crença *racional segundo valores*: validade daquilo que foi estimado como sendo um absoluto;

d) Em virtude de uma disposição positiva, na *legalidade* da qual se acredita (I, p. 72).

Não é a tipologia enquanto tal que nos interessa: em Weber, há inúmeras classificações que estão mutuamente imbricadas, e elas incomodaram os comentadores. Por vezes, há quatro tipos – e nem sempre são exatamente os mesmos – e por vezes três (é o caso do sistema de legitimidade). As eventuais contradições da descrição weberiana não são o nosso problema: antes, nos interessamos pelo nível geral de seus conceitos. Precisamos admitir que esse nível é sempre motivacional a partir do momento em que é introduzido o conceito de legitimidade.

Weber deixa pairar uma leve dúvida sobre o fato de que a legitimidade da ordem nos coloca na via do problema da autoridade. Algumas linhas após a citação que acabo de mencionar, ele precisa: "Todas as explicações suplementares (exceto alguns conceitos a definir mais adiante) pertencem à sociologia da dominação [*Herrschaftssoziologie*] e à sociologia do direito" (I, p. 72). O conceito em questão, vocês estão lembrados, é o de *Herrschaft*: trata-se do conceito fundamental que guia e orienta a nossa análise. O conceito de autoridade (ou de dominação) é introduzido no momento em que a ordem e a legitimação são examinadas conjuntamente. Encontramos, então, os primeiros traços daquilo que Weber desenvolverá no terceiro capítulo de *Economia e sociedade* e que analisaremos mais adiante.

Não obstante, a fim de dar sentido à sociologia da autoridade ou da dominação, devemos apresentar inicialmente alguns conceitos intermediários – os que importam para a discussão ulterior –, e há quatro deles. O primeiro diz respeito às modalidades da relação ou do vínculo social (I, p. 78 e ss.). Isso não nos concerne diretamente e, no entanto, não é indiferente determinar, no que concerne ao processo de legitimação, se o vínculo é profundamente integrador ou simplesmente associativo. A diferença é a seguinte: ou as pessoas têm o sentimento de um pertencimento comum (*Gemeinschaft*), ou consideram de preferência os seus vínculos recíprocos como uma relação contratual, algo de mais exterior e que as implica menos (*Gesellschaft*). Tal distinção é clássica na sociologia alemã e, infelizmente, ela acarretou consequências terríveis. Embora não tenha sido essa a intenção de Weber, os sociólogos nazistas invocaram a integração contra a associação: o argumento deles era que a unidade da raça ou da nação era mais forte do que os conflitos de classe. Dissimulavam o fato de que frequentemente, por trás da *Gemeinschaft*, se achava a coação.

Em compensação, embora a sociologia weberiana esteja em geral isenta de juízos de valor, ela enfatiza de preferência a relação associativa. No título da obra (*Wirtschaft und Gesellschaft*), a *Gesellschaft* prevalece sobre a *Gemeinschaft*. A atenção dedicada à relação associativa provém da tradição jurídica do contrato, de Hobbes, de Rousseau, etc. (Pode-se, notemos, ler em Rousseau duas modalidades da relação social, visto que a vontade geral é mais integradora do que associativa). Weber se interessa tanto pelos problemas da economia e pela estrutura do mercado como pela estrutura do poder e enfatiza o primado da relação associativa – a "sociação" – porque ela é mais racional. Para Weber, é o vínculo associativo que predomina, ao menos nessas relações econômicas fundadas no mercado do sistema capitalista. O mundo, aqui, é um domínio conflitivo: os indivíduos e as organizações se relacionam mutuamente por contratos formais, o estado burocrático – que Weber considera em geral de modo inteiramente positivo – é outro exemplo das relações fundadas na "sociação". Em suas relações com o sistema administrativo, os trabalhadores não têm o sentimento de um pertencimento emocional e, para Weber, isso é um bem. Os trabalhadores desempenham papéis sociais, e tais papéis estão ligados uns aos outros sem que sentimentos interfiram. Weber estima que a intervenção dos sentimentos é perigosa porque conduz precisamente à busca de um *Führer* ou de um líder. Mas, entre a integração e o Führer, há muitos passos a dar.

Na sociedade de hoje, experimentamos – mais do que Weber, justamente – rancor contra o sistema burocrático. Entretanto, o que Weber pode nos ensinar, é que todo sonho de retorno comunitarista no lugar da "sociação" é ambíguo. Todo esforço para reconstruir a sociedade ao modo de uma grande comunidade pode ter consequências ultraesquerdizantes ou ultradireitistas: o anarquismo ou o fascismo. A esse respeito, a oscilação do conceito de *Gemeinschaft* entre esses dois polos é característica e exige ao menos a maior vigilância. Isso não quer dizer que não se precise de nada nem que nada se perca num vínculo estritamente associativo: por exemplo, o sentido da participação numa tarefa coletiva. O tipo de análise da ideologia conduzido por Geertz poderia ser, de fato, uma maneira de restabelecer as dimensões positivas da *Gemeinschaft*. O caráter constituinte da ideologia pode desempenhar um papel significativo porque, como o próprio Weber reconhece, "o fato de haver em comum [*Gemeinsamkeit*] certas qualidades" – a raça ou mesmo a língua – não basta por si só a constituir uma *"relação social comunitária"* (I, p. 80, grifo meu).

Após os tipos de relações sociais, o segundo conceito mediador é o grau de fechamento de um grupo (I, p. 82 e ss.). Esse conceito tem igualmente importância para uma eventual teoria da ideologia fundada em Weber, porque o problema da identidade de um grupo está ligado à existência de limites – territoriais ou outros – concernindo ao pertencimento ou não pertencimento de tal ou qual. As regras da filiação e, por conseguinte, da exclusão são significativas para a constituição da identidade de um grupo. Uma vez mais, Geertz pode trazer aqui uma contribuição, na medida em que a sua teoria da ideologia como sistema cultural é suscetível de ser posta em relação com a salvaguarda da identidade social. E visto que eu me interesso mais pelo quadro conceitual de Weber do que pelo seu conteúdo, o que me parece mais notável é que não podemos sequer definir em termos mecanicistas o conceito de fechamento. Enquanto se poderia pensar que o fechamento de uma configuração é algo de material, o conceito também está ligado à motivação: "Os *motivos* de fechamento podem ser: (a) manutenção da qualidade [...]; (b) a rarefação das oportunidades em relação à necessidade (de consumo) [...]; (c) a rarefação das oportunidades de lucro" (I, p. 85-86). Mesmo o conceito de fechamento deve ser definido no seio de um sistema de motivações.

O conceito seguinte introduz, no seio dos grupos fechados, a distinção entre os dirigentes e os que são dirigidos: a ordem é reforçada por uma parte específica desses grupos. Este tipo é decisivo aos olhos de Weber porque introduz na análise da ordem o conceito de poder. Podemos conceber uma ordem sem hierarquia: num bom número de utopias, encontra-se a noção de uma vida coletiva ordenada na qual todos os papéis são iguais. Entretanto, uma vez que se introduziu uma distinção entre o dirigente e o resto do grupo, uma polarização do governante e dos governados, introduz-se ao mesmo tempo certa forma de estrutura política. Weber qualifica de "agrupamento" (*Verband*) esse tipo. Ele não coincide com a distinção entre *Gemeinschaft* e *Gesellschaft*, visto que esta última diz respeito à natureza do vínculo (interno ou externo) entre os indivíduos, ao passo que, aqui, o conceito essencial é o de hierarquia. Uma estrutura hierárquica é introduzida no corpo coletivo. "De uma relação social fechada ou limitada por regulamentação para com o exterior, diremos que ela constitui um *agrupamento* [*Verband*] quando a manutenção da ordem é garantida pelo comportamento de pessoas determinadas [...] sob o aspecto de um dirigente [*Leiter*] ou eventualmente de uma *direção administrativa* [*Verwaltungsstab*] que, se for o caso, normalmente tem ao mesmo tempo um poder representativo" (I, p. 88). Estamos aptos a caracterizar o "poder dirigente" como uma camada distinta no seio do agrupamento.

Com o conceito de poder dirigente, dispomos de um conceito de ordem que é agora obrigatório (para Weber, o conceito de poder dirigente precede o de classe dirigente, ao passo que, para o nosso propósito, é o conceito de "direção" que é verdadeiramente significativo). Não é o grupo em seu conjunto que produz o seu "agrupamento": são, antes, os que se encontram em posição de tornar a ordem obrigatória e os que lhe estão submetidos. Os problemas concretos de legitimação decorrem dessa divisão do trabalho entre governantes e governados: a necessidade de legitimar o caráter coativo das regras que emanam do poder antecipa um eventual conceito de ideologia. Weber insiste fortemente no conceito de coação: "Esta forma específica da atividade [...] não se orienta somente segundo regulamentos, mas é instituída para as *impor por coação* [...]" (I, p. 89). Existe agora uma forma específica de atividade que não está orientada em função de outrem, mas em função do sistema de obrigações: obedecer, seguir as regras, mesmo se as exigências do dito sistema podem às vezes ser temperadas (parar um veículo no sinal vermelho, por exemplo). Nós não instituímos a regra, mas nos orientamos segundo o sistema que a torna obrigatória. Seria possível objetar que é de nosso interesse aceitar a regra – nós nos sentiremos mais seguros, se houver um código de trânsito –, mas devemos convir que ela se torna um dos motivos da legitimação da ordem e de seu poder coativo.

Nem toda forma de relação fechada (comunitária ou associativa) constitui um agrupamento. Como observa Weber, não denominamos "agrupamento" nem uma relação erótica, nem uma comunidade parental sem chefe (I, p. 89). A noção-chave é, então, a de sistema formal de autoridade. A meu ver, isso confirma a ideia segundo a qual, de fato, o conflito entre ideologia e utopia sempre se lança nesse nível. O que está em jogo em toda ideologia é, afinal de contas, a legitimação de certo sistema de autoridade. O que está em jogo na utopia é o fato de imaginar outra maneira de exercer o poder. Uma utopia pode, por exemplo, desejar que o grupo se governe sem hierarquia ou que o poder esteja nas mãos do mais sábio (como em Platão, com o filósofo-rei). Qualquer que seja a definição que a utopia produz da autoridade, ela tenta oferecer soluções alternativas ao sistema de poder existente. Por outro lado, a função da ideologia sempre é legitimar o dado, o sistema real de dominação ou de autoridade.

Quando considera o conceito de coação, Weber sustenta que não temos exemplo de sociedade isenta de regras coativas. Não é plausível que uma forma de governo possa satisfazer a todos e a cada um. Há diferenças de interesse, de idade (os que se dirigem mais para os valores do passado), etc. A suposição segundo a qual a minoria quererá submeter a maioria reintroduz o elemento da coerção. Apenas no seio de um grupo unânime a coação estaria aparentemente ausente, mas, na realidade, poderia ser esse o grupo mais coercitivo. A lei da unanimidade é sempre mais perigosa do que a lei da maioria, porque esta última ao menos permite identificar a minoria e definir os seus direitos. Se pretendermos operar com base na unanimidade, então os que não são tão unânimes quanto os outros perderão todos os seus direitos, visto que os ditos direitos não estarão definidos. Para utilizar a retórica de Orwell, poderíamos dizer que em 1791 todos os franceses eram iguais, exceto aqueles que eram mais iguais que os outros: e estes últimos eram enviados à guilhotina. Quanto a Weber, ele analisa a imposição da ordem relacionada com a lei da maioria e não da unanimidade.

> É "imposto" no sentido de nossa terminologia *todo* regulamento que não for estabelecido por um entendimento livre e pessoal de todos os participantes, por conseguinte também uma "decisão tomada pela maioria" à qual a minoria deve se submeter. É por isso que frequentemente a legitimidade da decisão tomada por maioria [...] não foi reconhecida e permaneceu problemática durante longos períodos [...] (I, p. 92).

Aos que emitem reservas a respeito da lei da maioria, Weber concede o crédito por terem reconhecido que existe outra forma de violência (mais sutil talvez, mas ainda se trata de violência), em particular quando não há regras para estabelecer a lei da maioria. Mesmo um acordo "voluntário" implica uma parte de imposição. Isso se constata em todo sistema eleitoral, porque sempre é possível recorrer a uma astúcia para obter do eleitorado a resposta desejada, quer dividindo-o, quer instituindo procedimentos que permitam ao sistema suplantar as críticas. No entanto, nesse estágio de sua apresentação, Weber não vai tão longe quanto eu no problema da imposição da ordem. Ele prefere dizer uma vez mais: nós o veremos mais adiante na "sociologia da dominação e do direito" (I, p. 92). O que eu tentei fazer foi elencar a maior parte das passagens em que o problema da autoridade é posto a partir de suas condições básicas.

Em sua análise da natureza da ordem, os conceitos fundamentais introduzidos por Weber são os seguintes: o vínculo de associação ou de integração, o fechamento do grupo e a sua hierarquia. O conceito de hierarquia inclui, por sua vez, uma relação com uma estrutura de autoridade. Somente nesse momento é que Weber introduz a *Herrschaft* como conceito completo: a saber, a relação comando/obediência. Enquanto certos tradutores, Parsons em particular, traduzem *Herrschaft* por "autoridade" ou "controle imperativo", prefiro traduzir por "dominação". Os problemas, então, me parecem mais claros. "*Dominação* [*Herrschaft*] significa a probabilidade de que um comando com dado conteúdo específico seja obedecido por um grupo de pessoas dadas [*Befehl*]" (I, p. 95). A *Herrschaft* é definida pela expectativa de obediência de outrem. O sistema de poder dispõe de certa credibilidade, o que lhe permite contar com o comportamento de seus membros. Quando os policiais vão às ruas, esperam que todos se submetam a eles. A obediência não é somente um efeito do poder dos policiais – sua capacidade de aplicar a sua vontade, e mesmo de matar –, ela é também um efeito da crença das pessoas na função deles. O problema que Weber se põe é o seguinte: como alguns se acham em posição de conseguir comandar outros? A probabilidade de que sigamos as regras constitui, nela mesma, a dominação. Tal situação não está tão longe da relação senhor/escravo em Hegel: o escravo acredita que o senhor é a verdadeira figura do ser humano, não somente em razão de sua fraqueza, mas porque ele acredita na humanidade do senhor.

Enfim, o conceito de ordem estará inteiramente desdobrado quando Weber introduzir a possibilidade da coação física. Ele sustenta que, ao acrescentar aos conceitos anteriormente enunciados a ameaça do uso legítimo da força, nós chegamos à definição do Estado. A estrutura do poder estatal depende do fato de que ele "reivindique com sucesso, na aplicação dos regulamentos, o *monopólio* da coação física *legítima*" (I, p. 97). (Notem o conceito de "reivindicação", *reivindicação* do "monopólio", ora introduzido). Trata-se de uma concepção pessimista do Estado, mas Weber não tinha nada de um romântico. Em certo sentido, tal definição não está tão distante daquela de Lênin. Em *O Estado e a revolução*, Lênin sustenta que o Estado não é definido por suas finalidades, mas por seus meios, ou seja, pela coação. Weber escreve, igualmente:

> Não é possível definir uma organização política – nem sequer o "Estado" – em virtude do *fim* pelo qual a sua atividade está ordenada [...]. Por isso, pode-se definir o caráter político de uma organização *unicamente* pelo *meio* que lhe é próprio, o uso da força. Este meio lhe é certamente específico e indispensável do ponto de vista de sua essência; em certas circunstâncias, ele é elevado a um fim em si (I, p. 98).

Os exemplos de utilização da violência (tornada um fim em si) incluem as situações de urgência e de guerra. A despeito da similitude entre as definições do Estado propostas por Lênin e por Weber, a diferença é que, para Weber, a coação estatal é, em última análise, escorada, não por seu poder físico, mas por nossa resposta: nossa crença em sua reivindicação de legitimidade. Para falar a língua de Platão, poderíamos dizer que o que permite a dominação estatal, é mais a sua estrutura sofística ou retórica do que a sua força nua. Todavia, devemos ainda insistir no fato de que o Estado é definido pelo recurso à violência. Em termos de violência, é o Estado que detém a última palavra. Ele pode nos aprisionar, ao passo que outro agrupamento não pode fazê-lo legalmente. É, definitivamente, legal que o Estado use da violência. O conceito de dominação só encontra o seu acabamento com a introdução do papel da violência. Somente então é que o conceito de reivindicação – reivindicação da legitimidade – se acha igualmente acabado. Devemos compreender que o conceito de reivindicação não está vinculado somente à ordem, mas à presença dos dirigentes; dirigentes que, em último recurso, podem fazer uso da força.

O caráter perturbador da reivindicação de legitimidade mostra por que o alcance da questão da legitimidade é tão facilmente, à força de manobras, engolido pelo âmbito da política. De modo geral, é verdade que a questão da legitimidade é de ordem política. No entanto, ela não é somente política, no sentido estrito do termo, por duas razões. Antes de tudo, devemos explorar a problemática da ordem legítima que rege a da dominação política por intermédio da noção de "organização", de associação coativa, da distinção entre governantes e governados. Se acaso o Estado viesse a perecer, não é certo que o problema da ordem legítima desapareceria. O papel da ideologia perdura. Em seguida – esta é a segunda razão –, se a legitimidade não é somente um problema político, um problema de violência, é porque não podemos passar sem o modelo motivacional. Somente no interior desse esquema é que a questão da *reivindicação* da legitimidade assume sentido.

Nossa análise das categorias weberianas ligadas à ordem política colocou as bases da discussão que conduziremos na próxima aula sobre a estrutura ideológica do sistema de legitimação. Em conclusão, eu gostaria de consagrar um pouco de tempo à análise da natureza da estrutura interpretativa de Weber. Os marxistas se oporiam ao esquema weberiano, pois nele não somente a classe não é um conceito essencial, mas ela sequer faz parte dos conceitos importantes. A imposição da ordem é um traço estrutural que não está necessariamente relacionado com a luta de classes. É a tendência antimarxista de Weber. Suas definições estão destinadas a englobar qualquer grupo, quer se trate de uma classe, quer de uma sociedade potencialmente sem classes. Weber propõe uma análise intemporal de algumas questões fundamentais: sua tipologia tende a ser trans-histórica. O seu quadro vale supostamente para qualquer sociedade: da sociedade pré-colombiana à sociedade moderna. A réplica marxista seria precisamente que a história é evacuada da abordagem weberiana: é o que indica, em particular, a eliminação do conceito de classe, porque a história, diriam os marxistas, nasce da história das classes. Penso que Weber defenderia sua orientação, sustentando que a história não é uma dimensão essencial para definir a estrutura fundamental da sociedade. Estaria de acordo com os marxistas quanto ao fato de que estamos atualmente numa sociedade em que a estrutura de classe é decisiva, mas ele sustentaria que tal condição histórica não afeta a estrutura fundamental da sociedade. A prova disso é que, se as classes forem eliminadas ou se o papel dirigente da burguesia desaparecer, os mesmos problemas de norma, de regulação, etc. surgirão numa sociedade sem classes.

Vejo dois tipos de críticas possíveis contra Weber, vindas daqueles que sustentariam que os seus tipos ideais são a-históricos demais. A primeira seria que a diversidade das situações históricas é tal que devemos nos situar num nível específico. Por exemplo, os sociólogos americanos procedem de maneira mais circunscrita e mais descritiva. São pouco inclinados a considerar o conceito de ordem como uma entidade global. Qualificariam os conceitos de Weber como platônicos demais. Outro tipo de crítica, bastante diferente, emanaria daqueles que enxergam na análise sociológica um utensílio crítico. Os pós-marxistas como Habermas estimam que a sua tarefa não é tanto descrever quanto desmascarar. Não obstante, para defender Weber, eu me pergunto se é possível levar adiante uma descrição concreta ou uma crítica, sem uma rede conceitual por meio da qual se apreendem os fenômenos estudados. Nossas definições podem ser, em parte, convencionais – "eu denomina organização isto ou aquilo" –, mas elas nos permitem identificar igualmente situações, de modo que podemos debater sobre noções como o poder, noções que estão providas de sentido em contextos históricos e culturais diferentes. Precisamos compreender primeiramente as estruturas nas quais nós vivemos.

Em suma, minha convicção é que talvez se tenha enfatizado demais a historicidade: pode haver estruturas sociais como há estruturas linguísticas. Chomsky colocou em evidência que, nas estruturas semânticas, há mais permanência do que Benjamin Lee Whorf e outros concederiam. Pode haver igualmente certa estabilidade nas estruturas sociais. A problemática política pode ser mais estável que estruturas econômicas, mais ligadas à história. Certa universalidade da problemática do poder nos permite identificar um problema quando lemos os pensadores políticos do passado. A biologia de Aristóteles bem pode estar totalmente obsoleta, mas quando ele fala de democracia e de oligarquia ainda somos capazes de identificar figuras análogas. Quando lemos o que Platão escreve a propósito do tirano, compreendemos do que ele está tratando. Em matéria de política, cometemos sempre os mesmos erros, talvez porque temos de nos haver com questões muito repetitivas: o exercício do poder, o uso da mentira pelos que detêm o poder, etc. Os marxistas têm razão de dizer que nós esvaziamos a história quando esvaziamos as classes. A resposta de Weber é que a estrutura de classe, por mais histórica que possa ser, não modifica fundamentalmente a questão de saber como os grupos humanos devem ser governados. Os egípcios, os incas, os chineses, todos são confrontados com esse mesmo problema. Talvez seja uma inclinação que me é própria, mas, para justificar a ausência de dimensão histórica em Max Weber, eu diria que ele se volta para o que há de menos histórico na estrutura das sociedades humanas, porque ele se apoia numa certa identidade das motivações.

É verdade que os tipos ideais de Weber se inscrevem numa perspectiva determinada. O que se exprime através de seus tipos, é o ideal do intelectual alemão liberal, antes do nazismo. Os tipos estão culturalmente situados: como veremos, dão testemunho de grande confiança no Estado de direito burocrático. Com isso, a nossa objeção não pode consistir em dizer que o tipo de Estado favorecido por tais tipos é o que, de fato, fracassou na Alemanha. Precisamos distinguir um fracasso imputável à estrutura e um fracasso ligado ao fato de que as pessoas deixaram de acreditar nela. A reivindicação de legitimidade da estrutura requer uma crença correlativa da parte dos cidadãos. Ali onde tal resposta ao Estado faz falta, ali onde as pessoas antes preferem um chefe, um *Führer*, então a democracia morre, e pouco importa a amplitude de seus próprios problemas estruturais. O que se manifesta é uma espécie de doença da crença que sustenta a reivindicação. Tal seria, creio, o argumento de Weber. Resta, entretanto, que os tipos ideais de Weber se caracterizam por certo agenciamento. Como discutiremos ainda, Weber vai daquilo que ele denomina o mais racional até o menos racional, da forma legal da legitimidade à forma tradicional, depois, à forma carismática. A forma carismática é definida por sua falta de racionalidade. Por conseguinte, há em Weber uma prevenção em favor da racionalidade. Talvez possamos reconciliar a orientação de sua perspectiva com a sua ideia da estabilidade das estruturas sociais, mantendo que, com efeito, as estruturas são permanentes, mas a sua formulação, sua descrição e sua interpretação permanecem sendo o produto de pontos de vista situados.

Aula nº 12

Weber (2)

Lembro que nós nos voltamos para Max Weber, a fim de enfrentar duas dificuldades maiores da teoria marxista da ideologia. A primeira concerne ao quadro conceitual de conjunto da abordagem marxista, o qual, através das noções de superestrutura e de infraestrutura, está mais ou menos estruturado em termos de causalidade. Pode-se extrair da obra de Weber um modelo alternativo, um modelo centrado na motivação: é o que foi exposto na aula anterior. A segunda força da posição de Weber se deve ao fato de que, no interior de seu esquema motivacional, podemos dar pleno sentido à hipótese segundo a qual as ideias dominantes são enunciadas pela classe dominante. Meu objetivo agora é defender este argumento. Abordo Weber, portanto, não como um antimarxista, mas como alguém que propõe um quadro conceitual suscetível de integrar melhor certas ideias importantes do marxismo. Precisamos considerar as ideias de Marx com a mesma atenção crítica que as de qualquer outro pensador. Mediante o que resistimos à chantagem intelectual que nos é imposta: ser marxista ou antimarxista. Ninguém nos pergunta se somos cartesianos quando falamos de Descartes ou se somos espinosanos quando falamos de Espinosa. Tomamos aquilo que é bom ali onde o achamos, e tal é bem a nossa intenção. O modelo motivacional que apresentei é um modelo alternativo em relação ao modelo marxista, mas ele foi proposto a fim de tratar de um problema posto pelo marxismo.

O exame do conceito e da tipologia da legitimação deveria tornar tal orientação ainda mais evidente. Vamos nos concentrar no terceiro capítulo de *Economia e sociedade*, intitulado "Os tipos de dominação". Já o antecipamos várias vezes no capítulo anterior, a cada vez em que Weber apresentou a noção de "reivindicação". O conceito weberiano de reivindicação se desdobra em três etapas. A reivindicação está inicialmente subentendida no próprio conceito de *Ordnung*. Tal noção não indica a obrigação, mas um agenciamento que dá ao grupo uma forma, uma figura, um *pattern*. Esta ordem já envolve a questão da crença porque implica indivíduos que se orientam em relação ao comportamento dos outros. Tudo deve ser enunciado em termos de orientação mútua de indivíduos, e a inscrição dessa reivindicação no campo das motivações de cada um é uma crença. No vocabulário de Weber, a palavra utilizada habitualmente para descrever tal noção é a de *Vorstellung*. A tradução por "crença" é restritiva sobretudo em razão do primado emocional da crença. *Vorstellung* não designa tanto a crença quanto a representação. Uma *Vorstellung* é uma representação individual da ordem. A ordem existe como uma representação intelectual mais do que como uma crença emocional.

A noção de reivindicação toma um sentido ainda mais radical e intenso, quando passamos do conceito global de *Ordnung* à ideia de uma ordem que implica a diferenciação entre os governantes e os governados. Como já foi observado, estamos aqui na via da definição do Estado, visto que o Estado é precisamente uma dessas estruturas nas quais podemos identificar e distinguir formalmente a camada em que, no interior da organização, se tomam decisões. Tal necessidade de hierarquia, entretanto, não pertence unicamente ao Estado: ela pode estar no sistema escolar, na Igreja, numa organização esportiva, por toda a parte onde pessoas bem específicas se encarregam de tomar decisões e aplicá-las. Não se trata somente de uma ordem, mas de uma ordem que se cumpre ou que se impõe. O conceito de imposição injeta entre as vontades um elemento conflitivo. A noção de reivindicação deve então integrar não somente o reconhecimento daquilo que somos, mas também a obediência àquele que dirige.

A terceira etapa do desenvolvimento do conceito de reivindicação introduz a ameaça de um recurso à força. Para Weber, este é o traço distintivo do Estado em meio a todas as outras instituições. O

Estado reivindica o monopólio do uso último e legítimo da coação física em relação a indivíduos ou grupos recalcitrantes. No direito criminal e penal de uma sociedade dada, é o Estado que afinal ratifica a decisão de justiça: o Estado garante ao mesmo tempo a finalidade da decisão e a sua aplicação. É nisso que se pode precisamente captar o caráter distintivo do Estado. Portanto, para resumir, temos três etapas do conceito de reivindicação: a reivindicação ligada à ordem em geral, a reivindicação que emana da direção no seio do "agrupamento" e a reivindicação daqueles que têm o poder de aplicar a ordem pelo uso da violência.

Abordando os textos com vistas a esta aula, a minha hipótese é que o problema da ideologia surge, ao menos em princípio, quando confrontamos a reivindicação de legitimidade com a crença na legitimidade. Para o exame desse problema, Weber nos propõe um quadro conceitual mais satisfatório que o da teoria marxista, porém infelizmente ele não trata da ideologia enquanto tal. É surpreendente que, com Weber, disponhamos de um bom quadro conceitual exatamente quando a questão da ideologia está ausente. Ele fornece ferramentas para tratar dessa questão e, no entanto, não faz nenhuma alusão a ela. Uma das razões dessa lacuna se deve talvez ao fato de que precisamos acrescentar ao quadro weberiano algo de fundamental e que somente o marxismo coloca à nossa disposição: a noção de classe dominante. Weber só fala do grupo dirigente em geral. Talvez o fato de evitar sistematicamente a "classe" em meio aos conceitos fundamentais explique o seu estranho silêncio sobre o problema da ideologia enquanto tal. Voltaremos a isso.

O que me impressiona, particularmente na apresentação weberiana do conceito e dos tipos de legitimidade, é que a questão da crença é introduzida como um suplemento, como algo que não tem um alicerce fundamental. Para mim, é no espaço vazio desse conceito que toma lugar a ideologia. Quando Weber fala de reivindicação, sua construção é coerente, mas quando fala de crença, trata-se apenas de um suplemento. Há uma defasagem entre o estatuto concedido à reivindicação e o concedido à crença. Essa distância é manifesta desde as primeiras páginas do capítulo sobre a legitimidade. Weber analisa os numerosos motivos da obediência. "O costume, as vantagens pessoais, assim como motivos de aliança estritamente afetivos ou que dizem respeito a ideais, não podem estabelecer os fundamentos suficientemente confiáveis de uma dominação. A isso normalmente *acrescenta-se* um fator suplementar: a crença na legitimidade" (I, p. 286, grifo meu). É esta expressão – "acrescenta-se" – que chamou minha atenção. A crença na legitimidade não resulta dos fatores acima mencionados: ela indica algo mais. Esse "mais" é o que me intriga. Sua natureza não é verdadeiramente abordada por Weber, visto que, em seguida, ele volta à tipologia da reivindicação. Admite que os tipos de reivindicação se refletem nos tipos de crença, a despeito do fato de que a crença é "acrescentada", que ela surge ademais.

Seria possível objetar que tal expressão "acrescenta-se" é puramente fortuita. Mas Weber volta a ela no parágrafo seguinte. "A experiência mostra que nenhuma dominação se contenta de bom grado em fundar sua perenidade em motivos ou estritamente materiais, ou estritamente afetivos, ou que digam respeito estritamente a ideias. *Ademais*, todas as dominações buscam despertar e manter a crença em sua legitimidade" (I, p. 286, grifo meu). É aqui que se encontra o lugar deixado vazio por Weber para uma teoria da ideologia. Weber assinala, nessa citação, que o que ele enuncia a propósito da crença na legitimidade se funda numa *experiência*, como se não fosse possível derivar tal fator dos conceitos fundamentais, elaborados com tanta precisão. A crença na legitimidade é um suplemento que deve ser tratado como um fato bruto, visto que ele decorre da experiência. Segundo ele, não temos outro meio de compreender como funcionam os sistemas de autoridade. As crenças trazem algo além daquilo que os sociólogos entendem pelo papel da motivação.

Eu me pergunto se não é por causa da opacidade desse suplemento de crença que Max Weber escolhe "distinguir as formas de dominação segundo a *reivindicação* que lhes é própria" (I, p. 286, grifo meu). A tipologia provém da reivindicação, não da crença. A crença acrescenta algo, o que permite à reivindicação ser entendida, admitida ou esperada por aqueles que estão submetidos à dominação. É neste ponto que introduzi a minha própria hipótese sobre o problema global do papel da crença em sua relação com a reivindicação. Eu apoio a minha hipótese em três argumentos. Em primeiro lugar, não se pode sustentar que o problema da ideologia concerne precisamente a esse suplemento, esse fosso entre a reivindicação e a crença, o fato de que deve haver, na crença, algo mais do que aquilo que pode ser racionalmente compreendido em termos de interesses, emoções, hábitos ou considerações racionais? Em seguida, a função da ideologia não é preencher esse fosso de credibilidade? Se tal é o caso, então (este é o terceiro argumento) não será preciso elaborar um conceito de mais-valia, que doravante não estaria relacionado tanto ao trabalho, mas ao poder? Marx elaborou uma teoria da mais-valia a fim de explicar por que, no mercado, um bem tem mais valor do que foi pago ao trabalhador que o produziu. A diferença entre o que foi pago ao trabalhador e o valor mercantil do produto é a mais-valia (*Mehrwert*) produzida pelo trabalhador e roubada pelo empregador a fim de dotar o capital de um semblante de produtividade. O marxismo repousa inteiramente no fato de que o capital tem um semblante de produtividade, que na realidade provém da produtividade do trabalhador embora não seja reconhecida como tal. A essa transferência de produtividade do trabalho para o capital, Marx denomina o "fetichismo da mercadoria". Temos a impressão de que o dinheiro produz algo, que existe uma produtividade das coisas mesmas, ao passo que o que existe na realidade é unicamente a produtividade dos trabalhadores. Minha questão é a seguinte: não é preciso elaborar uma teoria paralela da mais-valia, não mais em relação ao trabalho, mas ao poder?

Se esta terceira parte de minha hipótese é pertinente, ela poderia dar conta daquilo que se produziu nas sociedades socialistas, ali onde a mais-valia marxista foi mais ou menos suprimida, sem que tenha desaparecido a mais-valia em termos de poder. O sistema de autoridade se superpunha ao sistema de produção socialista, mas o sistema de poder permanecia idêntico. Nessas condições, havia talvez várias fontes de mais-valia, não somente uma fonte econômica, mas igualmente uma fonte vinculada à autoridade e ao poder. Tal é, afinal de contas, a hipótese que eu proponho. Não podemos enunciá-la na generalidade, dizendo que a reivindicação de um sistema de autoridade dada excede sempre a satisfação dos motivos habitualmente invocados: há, portanto, sempre um suplemento de crença fornecido por um sistema ideológico. Esse esquema nos permite conferir sentido a uma posição como a de Althusser, quando afirma que o Estado não é somente, como sustentava Lênin, um sistema de coerção, mas igualmente um aparelho ideológico. Embora as formulações de Althusser sejam mecanicistas, o aparelho ideológico é o suplemento da função coercitiva do Estado e, mais geralmente, o suplemento do funcionamento das instituições no conjunto da sociedade civil.

Devemos, por conseguinte, ler o capítulo sobre os tipos de legitimidade com certas reservas. Tentaremos enxergar o que falta nessa tipologia das reivindicações e que impede a sua transposição numa tipologia das crenças. Por essa defasagem, produziremos o conceito de ideologia que falta no próprio texto. Não nego que a nossa leitura esteja orientada. Estamos em busca de algo que não se encontra no texto e, portanto, precisamos ler nas entrelinhas. Veremos que o problema da crença retorna continuamente num sistema que começa por uma classificação das reivindicações e não das crenças. A questão da crença persiste porque não podemos falar da legitimidade sem falar das razões, nem das razões sem falar das crenças. Uma razão é, ao mesmo tempo, uma razão e uma crença. Trata-se de um motivo que, para falar como Elizabeth Anscombe, funciona como uma "razão para".

A posição mais favorável para considerar o papel da crença é a célebre tipologia das três formas de reivindicação de legitimidade. Assim que Weber acaba de afirmar que classificará os tipos de dominação em função de sua reivindicação, a classificação procede, de fato, com base nas crenças.

> Há três tipos de dominação legítima. A *validade* dessa legitimidade pode se basear principalmente:
> 1) em motivos *racionais*, que repousam na crença na legalidade dos regulamentos arrestados e do direito de dar diretrizes por parte daqueles que são chamados a exercer a autoridade por esses meios (autoridade legal);
> 2) em motivos *tradicionais*, que repousam na crença cotidiana na santidade das tradições imemoriais na legitimidade daqueles que são chamados a exercer a autoridade por esses meios (autoridade tradicional);
> 3) em motivos *carismáticos*, que repousam na devoção para com a santidade excepcional, a virtude heroica ou o caráter exemplar de uma pessoa individual, ou ainda, emanando de ordens reveladas ou emitidas por esta última (autoridade carismática) (I, p. 289).

Nessa tipologia, a noção de fundamento ("que repousa na") volta por três vezes, sempre acompanhada pela ideia de "crença". O termo não aparece no terceiro tipo, mas, quando falamos de "devoção", trata-se tipicamente da crença. Se, portanto, quisermos elaborar um sistema de reivindicações, precisaremos considerar o sistema de crenças que lhe é correlato. A crença se acha numa ordem impessoal conforme a regras? Repousa na fidelidade pessoal ou na autoridade do profeta ou do chefe?

É no terceiro tipo que o fenômeno da crença é mais marcado, porque captamos de saída a sua origem religiosa. O conceito de "carisma" implica o dom da graça e é tomado de empréstimo, como Weber nos diz, à "terminologia do cristianismo antigo" (I, p. 290). Embora o vocabulário nos incite a isso, seria errôneo supor que o problema da crença só existe no caso da autoridade carismática ou tradicional. Pois, mesmo a legalidade repousa na crença. Vamos consagrar o resto desta aula ao esboço da mais-valia da crença na legitimidade, em cada um dos três tipos de dominação e começaremos pela autoridade legal.

Na aula anterior, já indiquei uma das razões pelas quais a legalidade repousa na crença. Se admitirmos a existência de um sistema correto de representação – um sistema eleitoral, por exemplo –, a lei da maioria é a lei do conjunto, e o problema para a minoria é admitir essa lei. A minoria deve ter certa confiança, certa fé no papel da maioria. Mesmo a maioria deve confiar no fato de que a lei da maioria, e não uma unanimidade fictícia, pretensa ou reclamada, é o melhor meio de governo. Um elemento de consenso está presente no modo da teoria clássica do contrato. A ideologia desempenha, aqui, um papel enquanto suplemento necessário ao contrato. "A autoridade legal repousa na aceitação da validade das concepções seguidas e mutuamente interdependentes" (I, p. 291). A aceitação da validade é a crença na qual repousa a legalidade. A aceitação é uma forma de reconhecimento: uma vez mais, a "crença" é demasiado restrita para recobrir a *Vorstellung*.

Weber propõe uma série de cinco critérios dos quais depende a autoridade legal. Vou citar apenas uma parte do primeiro critério e resumir os outros quatro. "(1) Qualquer norma legal pode ser estabelecida pelo acordo mútuo ou por imposição devido a razões de oportunidade ou de racionalidade segundo valores (ou ambas), com a *pretensão* de ser seguido ao menos pelos membros da organização [...]" (I, p. 290, grifo meu). A noção de reivindicação deve ser introduzida em relação com a autoridade legal, porque não podemos admitir a legalidade de um sistema levando em conta simplesmente a sua estrutura formal. De uma estrutura, pode-se presumir legalidade porque é essa legalidade que está precisamente em questão. Uma norma legal deve apelar para os interesses ou compromissos pessoais, e um compromisso com o sistema tem o caráter de uma crença correspondente a uma reivindicação. Quanto à autoridade legal, os outros critérios de Weber concernem ao fato de que as leis devem ser coerentes, decididas regularmente de modo intencional e resultar de uma ordem impessoal. Os próprios detentores da autoridade estão submetidos a essa ordem impessoal e governam conforme regras, e não seguindo as suas próprias inclinações: não se deve obediência às autoridades enquanto são indivíduos, mas enquanto são representativas da ordem impessoal. Todas as relações são despersonalizadas. O que devemos captar, no que diz repeito ao nosso propósito, é que o sistema é formalizado, mas o sistema requer igualmente a nossa crença nessa formalização.

Se me pedissem para considerar de modo mais pormenorizado o que é ideológico nesse sistema de regras, eu gostaria de destacar três pontos. Primeiramente, o fato de que mesmo a autoridade legal requeira a crença daqueles que lhe estão submetidos: isso confirma que a dominação é mais bem compreendida no interior de um modelo que leva em conta a motivação. O que nos adverte para o fato de que pode haver uma significação positiva da ideologia: devemos preservá-la, se quisermos dar conta de maneira mais adequada da natureza da legitimidade. A discussão dessa significação não pejorativa da ideologia será o ângulo de ataque da aula consagrada a Geertz.

Um segundo aspecto, mais negativo, relativo à ideologia de um sistema de regras é que se pode invocar qualquer sistema de formalização para servir de cobertura a uma prática efetiva de poder. Devemos confrontar uma prática efetiva da dominação com o sistema de regras que ela invoca, mas Weber não diz nada acerca desse problema. Pode-se considerar como óbvia a declaração de um sistema de poder, segundo a qual ele repousaria num sistema particular de regras. O problema é o do hiato entre a sua prática e as regras que ele invoca. Uma dada forma de autoridade pode estar aparentemente em conformidade com os critérios weberianos, a fim de usar precisamente, com mais eficácia, outra forma de poder. Tem-se um exemplo disso

– e foi o que Marx desmascarou – na utilização da relação contratual para encobrir as relações salariais reais entre o capital e o trabalho. O modelo contratual sustenta que a relação entre o trabalhador e o empregador não é mais do mesmo tipo que a do senhor e do escravo, porque ambas as partes são juridicamente iguais: uma fornece o trabalho, outra fornece o dinheiro. Porque a participação de cada parte na relação salarial é supostamente livre e igual, a relação é, portanto, dita contratual. A estrutura formal do salário dissimula a natureza real da relação subjacente das forças. Deve-se, então, tomar em conta a acusação formulada pelos marxistas contra o que eles denominam, com certo desprezo (tal desprezo talvez seja excessivo), "liberdades formais". Os marxistas afirmam interessar-se pela liberdade real, e não pela liberdade formal do sistema capitalista. No entanto, esse mesmo desprezo pelo caráter formal pode ser uma justificação da violência, e, provavelmente, há hipocrisia de ambos os lados. Como quer que seja, aqui o ponto importante é a possibilidade do uso ideológico de um sistema formal, sob o pretexto de uma legalidade que encobre, de fato, um funcionamento inteiramente diferente.

A terceira fonte da ideologia num sistema de regras não é tanto o uso hipócrita do formalismo quanto a defesa em favor do próprio formalismo. A crença no formalismo se tornou um problema muito mais agudo do que no tempo de Weber. Concedemos menos crédito aos procedimentos burocráticos. Para Weber, a despersonalização burocrática de todas as relações serve para proteger os direitos individuais. Nisso há algo de verdadeiro, e certos críticos da burocracia negligenciam o caráter positivo de um sistema abstrato de relações sociais. Ali onde todas as relações são pessoais, o sistema é o do amor e do ódio. No entanto, na atenção voltada para os meios de um sistema, Weber perde de vista a questão dos fins e das crenças subjacentes que são os suportes deles. Notemos esta caracterização: "O tipo mais puro de dominação legal é a dominação por meio da *direção administrativa burocrática*" (I, p. 294). A dominação legal é identificada exclusivamente pelos meios aos quais ela recorre. Minha hipótese é que tal deslocamento de interesse da crença subjacente para os meios técnicos impede Weber de desenvolver uma teoria da ideologia em torno do modo pelo qual a crença sustenta o sistema burocrático. A questão de Weber concerne ao funcionamento da direção administrativa e às regras de sua utilização por uma dominação legal. Não penso cometer injustiça com Weber ao dizer que, por se identificar com a forma mais racional de dominação, ele está em busca da maior racionalidade em seus fundamentos e não pode encontrá-la nas crenças, mas nos instrumentos burocráticos. Uma teoria dos meios comparece no lugar de uma pesquisa sobre as motivações, e isso a despeito de Weber começar a sua investigação com o sistema de motivações. Mas ele a abandona para se pôr em busca do funcionamento abstrato da direção administrativa.

Weber é o primeiro a considerar a natureza da burocracia dessa maneira analítica, o primeiro a introduzir uma sociologia das instituições burocráticas. Numa burocracia, a hierarquia dos funcionários e a esfera das competências estão definidas claramente, o sistema de seleção e de promoção é público, etc. Nenhuma dessas regras tem algo a ver com a crença. Weber não leva em conta o fato de que sua descrição da burocracia como racionalidade máxima e, portanto, como a melhor forma de organização, já é, em si, uma crença: o seu projeto está orientado, não se trata de uma simples descrição. A consequência é que Weber não se atém à patologia do Estado burocrático, problema tão importante para Marcuse e outros mais. Não considera as implicações repressivas de um sistema de racionalização. A meu ver, por não ter refletido sobre essa questão, Weber deixa de formular o problema da ideologia, que toca a todos os sistemas, do menos ao mais racional. Assim, as regras podem dissimular as práticas menos louváveis: o arbítrio, a cooptação velada, a autonomização do corpo administrativo e a irresponsabilidade em nome da obediência ao sistema. Sobre essa questão, devemos ler o que Hannah Arendt escreveu a propósito do Estado totalitário. Todos aqueles que, como Eichmann, foram acusados de exterminar os judeus se defenderam dizendo que haviam obedecido às ordens e que eram bons funcionários. O sistema administrativo pode, portanto, não somente desprover os indivíduos de sua responsabilidade pessoal, como pode, ademais, encobrir os crimes cometidos em nome de um interesse administrativo. Igualmente constrangedoras são atualmente as dimensões da máquina administrativa e o anonimato das relações de organização. Este último, em particular, conduziu a uma disseminação geral do anonimato na sociedade. Algo do tecido humano se acha danificado.

Há, em Weber, duas ou três alusões a tais problemas, e sua raridade as torna ainda mais preciosas. Aqui, por exemplo, vê-se aflorar a corrente oculta da problemática:

> E sempre se coloca a questão de saber quem controla o aparelho burocrático existente. E sempre tal controle só é possível de maneira muito limitada para um não especialista: em geral, o conselheiro privado, especializado, frequentemente acaba prevalecendo sobre o ministro não especialista, que, em princípio, é o seu superior (I, p. 299).

Efetivamente, a questão é saber quem controla o aparelho burocrático: o simples cidadão supostamente não é competente para debater tais questões. Os *experts* supostamente sabem mais do que nós. O cidadão é colocado numa espécie de extraterritorialidade pela tecnicidade da máquina política. Os tecnocratas podem se apoderar da máquina política, em razão da incompetência dos políticos. Às vezes isso é bom, porque, em certas matérias, os especialistas podem ser mais racionais do que os políticos, mas ninguém sabe quem, afinal, controla os tecnocratas.

A ascensão da burocracia cria igualmente outras dificuldades. Weber destaca a conexão entre a burocracia e o sistema capitalista. Eis o que ele escreve da evolução burocrática:

> A necessidade de uma administração permanente, rígida, intensiva e previsível [*kalkulierbar*] tal como o capitalismo [...] criou historicamente [...] condiciona esse destino inelutável da burocracia enquanto núcleo de toda administração de massa. Somente a pequena empresa (política, religiosa, unionista, econômica, etc. – poderia, em ampla medida, passar sem ela (I, p. 299).

A tentativa de rebaixar o nível da burocracia para aproximá-la da cidadania é um problema essencial nas utopias modernas. A distância crescente entre o aparelho burocrático e o indivíduo é, em si, um problema. Weber acrescenta que tal problema não diz respeito somente ao capitalismo. Um sistema socialista, por definição, não oferece solução mais satisfatória. Vimos o que foi a experiência do socialismo centralizado e sabemos que ali estava igualmente presente a necessidade de uma descentralização da burocracia. Uma forma socialista de organização, nos diz Weber, não modifica a necessidade de uma administração burocrática eficaz. A questão que Weber se põe é saber se, numa ordem socialista, seria o caso de criar, tal como na ordem capitalista, as condições de uma administração racional [...]". Conhecemos atualmente a resposta: é provável.

> Uma ordem socialista não poderia mudar nada nisso, permanecendo a questão de saber se ela estaria no caso de criar, tal como a ordem capitalista, as condições de uma administração racional, isto é, *precisamente* para ela [para a ordem socialista] e rigidamente burocrática, isto segundo regras formais ainda mais precisas. Se não, tratar-se-ia de um exemplo daquela grande irracionalidade, a antinomia da racionalidade formal e da racionalidade substancial, de que a sociologia constatou tantos casos (I, p. 299).

Não somente a burocratização comporta aspectos repressivos, mas também o sistema mais racional tem a sua própria irracionalidade. Trata-se de uma observação da mais alta importância. Toda tentativa de perpetuar a reivindicação de racionalidade no seio de características repressivas e irracionais da burocracia requer a presença da crença. Weber interpreta aqui a irracionalidade como o conflito entre a racionalidade formal e a racionalidade substancial. Um sistema formalizado é independente dos indivíduos, ao passo que a racionalidade substancial tem uma tonalidade mais hegeliana: é o *Geist*, a substância do grupo ou da comunidade que se quer compreender. Os sistemas formalizados, em compensação, são opacos, se se consideram os papéis que eles autorizam e as significações que eles oferecem à vida coletiva e individual. É neste ponto que a crença não coincide com a reivindicação, porque a pretensão à racionalidade é obscurecida por uma névoa de irracionalidade que a crença deve atravessar.

A maior parte dos exemplos que acabo de mencionar sobre os males da burocracia são apenas aludidos na obra de Weber. Indica, mais explicitamente, o limite de sua análise no caso de um critério bem particular da burocracia, o da "seleção aberta". Segundo ele, no tipo puro da dominação legal, "uma relação contratual livre, por conseguinte, a seleção aberta, é essencial à burocracia moderna" (I, p. 296). E, no entanto, Weber reconhece que há no sistema capitalista algo de fundamental que escapa à seleção aberta: a seleção dos detentores do capital. Estes últimos não são escolhidos pelo sistema fundado em suas qualificações técnicas: antes, é por si mesmos que eles obtêm as suas posições. O corpo econômico de um sistema capitalista escapa à racionalidade do Estado burocrático e repousa, antes, numa outra forma de racionalidade, a do lucro. Na medida em que o empreendedor capitalista não se confronta com uma seleção aberta e tem igualmente o poder de pressionar e influenciar as decisões políticas, essa cúpula da direção administrativa não é menos administrativa do que política. Visto que os detentores do capital influenciam os líderes políticos, a hierarquia capitalista também se deixa arrastar na hierarquia política. "A posição do empreendedor capitalista, definitivamente, é tão 'apropriada' quanto a do 'monarca'". A empresa capitalista, na cúpula, tem uma estrutura monárquica, em total discordância com a reivindicação democrática na esfera política. "Encabeçando-a, portanto, a dominação burocrática tem fatalmente ao menos um elemento que não é puramente burocrático. Trata-se de uma categoria de controle exercido através de uma forma de direção administrativa particular" (I, p. 296). No lugar de ser a estrutura organizacional do todo, a racionalidade burocrática é uma racionalidade limitada, funcionando no seio de um sistema que segue regras inteiramente diferentes. Tais problemas serão retomados por Habermas e outros pós-marxistas. Eles considerarão o fato de que a própria técnica possa funcionar de modo ideológico: constatamos somente que Weber deixou o lugar vazio para tal debate.

Eu me espanto que o ponto fraco da análise weberiana do tipo legal seja a redução do problema da dominação ao problema da escolha de uma direção administrativa burocrática. O papel persistente da dominação não é analisado, portanto, com a mesma acuidade que o sistema de regras. Weber não aprecia em sua justa medida o fato de que a natureza da dominação não se esgota nos meios privilegiados de que a burocracia dispõe. Como acabamos de ver, ele omite integrar em sua análise a dimensão política, que tende a ser absorvida na questão da administração. Os marxistas diriam que Weber colocou sistematicamente entre parênteses os aspectos capitalistas da democracia política e que, pura e simplesmente, as reduziu a problemas relativos às técnicas do poder. O tipo legal é ideológico na medida em que ele se serve da eficácia da burocracia formal, a fim de mascarar a verdadeira natureza do funcionamento do poder.

Minha hipótese é que o tipo legal permanece como uma forma de dominação, na medida em que ele conserva algo das duas outras estruturas de reivindicação e que a legalidade serve para dissimular esse resíduo da dominação tradicional e da dominação carismática. É possível que os três tipos não possam ser justapostos de modo independente, porque sempre estão mais ou menos entrelaçados. Isso não contradiz o que Max Weber enuncia dos tipos ideais em geral. Embora proponha três tipos, supostamente as distinções são apenas uma maneira de desemaranhar conexões significativas. Nada funciona com base em um tipo único e isolado: todos os sistemas reais de poder implicam, certamente em proporções distintas, elementos legais, tradicionais e carismáticos. De fato, é possível que o tipo legal só funcione com base naquilo que subsiste dos tipos tradicional e carismático. Esta é uma maneira de ler Max Weber. Não pretendo que seja a melhor, visto que ele apresenta os três tipos e os descreve separadamente segundo critérios diferentes. No entanto, se a minha hipótese merece ao menos ser discutida, pode-se então perguntar se o poder legal não captura certas características da dominação tradicional e da dominação carismática, a fim de se assegurar como *poder* e não somente como poder legal. Nós descrevemos o que o torna legal, mas o que o faz ser *poder* sempre pode, em última análise, ser tomado de empréstimo às duas outras formas de dominação. É por isso que devemos considerar com atenção a definição dos dois outros tipos. Se for verdade que produzem implicitamente certa opacidade, eles a mantêm mesmo no tipo legal.

Vejamos, agora, as definições desses tipos, tradicional e carismático, a fim de estabelecer as suas fontes de poder, os elementos que dizem respeito à nossa crença. "Qualificamos uma dominação de *tradicional*, quando a sua legitimidade é reivindicada e admitida em virtude do caráter sagrado de disposições e de poderes antigos" (I, p. 301). O termo "sagrado" é muito importante: ele marca o fato de que um elemento quase religioso aparece não somente no tipo carismático mas também no tipo tradicional. Em termos amplos, poderíamos qualificá-lo de elemento ideológico. As pessoas acreditam que essa ordem possui uma espécie de caráter sagrado: mesmo se não merece ser obedecido, mesmo se não é amado, ao menos ele é reverenciado.

> O detentor do poder (ou diversos detentores do poder) é considerado como em conformidade com a ordem tradicional. É obedecido em virtude do estatuto que lhe é conferido pela tradição. Esse tipo de ordem organizada é, no caso mais simples, fundado

principalmente na lealdade pessoal que resulta da comunidade de educação. Quem detém o poder não é um "superior", mas um *senhor* pessoal (I, p. 301-302).

Estamos na presença de uma rede de relações mais personalizadas, baseada na crença de que aquilo que provém do passado tem mais dignidade do que aquilo que é instituído no presente. Há um preconceito em favor da tradição, de nossos ancestrais, do peso do passado.

O que sugere a minha hipótese, segundo a qual toda forma de dominação implica ao menos um elemento ligado à tradição, é que um corpo político é regido não somente por regras de eficácia técnica, mas também pela maneira com a qual ele se identifica em meio a outros grupos. Como veremos com Geertz, essa pode ser a primeira função de um sistema ideológico: preservar a identidade do grupo através do tempo. Uma comunidade política é um fenômeno histórico. É um processo cumulativo que retém algo de seu passado e antecipa algo de seu futuro. Um corpo político não existe somente no presente, mas no passado e no futuro, e a sua função é religar o passado, o presente e o futuro. Numa comunidade política, várias gerações coexistem ao mesmo tempo: a escolha política é sempre uma arbitragem entre as reivindicações dessas diversas gerações, ao passo que uma decisão de ordem técnica só é tomada no presente e unicamente em função do sistema de meios de que se dispõe no momento atual. O corpo político tem mais memória e mais expectativas ou esperanças que um sistema tecnológico. O modo de racionalidade implicado pela política é, portanto, em termos de dimensão temporal, mais integrador. Éric Weil desenvolveu, em sua *Filosofia política*, tal distinção entre a racionalidade técnica e a racionalidade política: ele distingue o *racional* e o *razoável*. A técnica e a economia devem ser "racionais" (com respeito à relação técnica entre os meios e os fins); ao passo que, em política, a racionalidade é a do "razoável", da capacidade de se integrar num todo. Trata-se de algo totalmente diferente do que adicionar meios. Uma estratégia dos meios pode ser técnica, mas uma decisão política implica sempre outra coisa mais opaca.

Infelizmente, quando Weber analisa o funcionamento da dominação tradicional, ele se atém apenas a seus meios e unicamente em comparação com os meios da dominação legal. Porque acentua o instrumento burocrático no tipo legal, Weber analisa o tipo tradicional em função de sua capacidade técnica de realizar a ordem, de preferência a fazê-lo em termos de motivação orientada no rumo da crença em sua racionalidade. Weber não faz aquilo que pretende – tratar de cada tipo em sua base própria – porque considera o tipo tradicional e o tipo carismático unicamente em comparação com o tipo legal e burocrático. Na estratégia de seu texto, suas inclinações são manifestas: ele começa pelo sistema legal, prossegue pela forma tradicional, para chegar finalmente ao tipo carismático. Analisa, em primeiro lugar, a forma racional e se ocupa, em seguida, com os outros a fim de desvelar, por comparação, o que lhes faz falta. Vai do mais racional ao menos racional. A sucessão não tem nada de histórico; ao contrário, não há nenhuma dúvida de que a forma carismática é sempre anterior à forma tradicional e que esta última precede a forma racional. A análise procede invertendo a ordem histórica e seguindo a ordem da racionalidade decrescente. Na descrição, Weber instala todas as suas expectativas concernentes à natureza da racionalidade social.

Essa inclinação é manifesta no exame do tipo tradicional. Lemos, por exemplo: "No tipo puro da ordem tradicional, os traços característicos seguidos por uma administração burocrática estão ausentes [...]". "No lugar de jurisdições funcionais bem definidas, tem-se uma concorrência recíproca dos cargos e dos poderes [...]". "Verifica-se facilmente a ausência de distintos elencos de 'competência' [...]" (I, p. 304-305). Weber aborda o elemento tradicional de modo negativo e por contraste. O problema da ideologia subjacente à tradição se esvanece porque a burocracia é a escala da comparação, e ela própria é analisada da maneira menos ideológica possível. No entanto, mesmo no seio desses estreitos limites, podemos nos perguntar se as qualidades mais substanciais, observadas no tipo tradicional (a gerontocracia, o patriarcado, o patrimonialismo, a apropriação pessoal da autoridade) não perduram, mesmo num Estado legal.

Como para o tipo carismático, nossa questão é saber se se trata de um tipo superado ou se não estamos na presença do germe oculto de todo poder. Weber define a dominação carismática assim:

> Denominaremos *carisma* certa qualidade de uma personalidade individual, em virtude da qual ela está revestida de uma aura

extraordinária e dotada de poderes sobrenaturais ou sobre-humanos ou ao menos excepcionais, inacessíveis ao comum dos mortais; ou ainda, considerado como enviado por Deus ou como um exemplo, por conseguinte, tal indivíduo é considerado como um "chefe" [*Führer*] (I, p. 320).

Porque apela para qualidades sobrenaturais, parece que a dominação carismática tem sido suplantada, no mundo atual, pelos dois outros tipos de dominação. No entanto, como afirma Hegel na *Filosofia do direito*, há sempre um elemento de tomada de decisão num sistema de poder e, em certo grau, tal elemento sempre é subjetivo (§ 273). Hegel o enuncia através do modelo monárquico que mostra, mais claramente ainda do que qualquer outro sistema, que o problema do chefe nunca pode ser totalmente eludido. Mesmo num sistema democrático como a forma inglesa de governo, o povo vota em três coisas ao mesmo tempo: um programa, um partido e um líder. Logo, não se pode colocar totalmente entre parênteses o elemento do poder pessoal (*leadership*), porque a política é o lugar em que as decisões são tomadas para o conjunto. A necessidade da tomada de decisão mantém, ao menos sob o título de elemento residual, algo da dominação carismática.

Se não se pode evitar a noção de dominação carismática, deve-se então considerar os elementos de credibilidade do líder. É neste ponto que o problema da crença aparece no primeiro plano, porque nenhum líder, nenhum profeta deixa de reivindicar que ele é o verdadeiro profeta, e, por conseguinte, busca a nossa adesão. "O *reconhecimento* por aqueles que estão sujeitos à autoridade [...] decide da validade do carisma". Nesta frase, há lugar para uma problemática da ideologia. Tem-se necessidade da crença e, no entanto, prossegue Weber, o chefe não se apoia na crença. Ao contrário, é porque o chefe enuncia uma reivindicação que os outros têm o dever de acreditar.

> Nenhum profeta enxergou a sua qualidade como dependente da opinião da multidão a seu respeito. Nenhum rei coroado, nenhum chefe militar tratou os oponentes, todos os que se mantiveram à distância, de outro modo senão como desleais: quem não tomasse parte da expedição militar conduzida por um chefe, nas linhas de uma tropa formal e voluntariamente recrutada, seria aniquilado sob sarcasmos unânimes (I, p. 321).

Isso vale para o presente assim como para o passado. O reconhecimento é um *"dever"*. A relação entre a crença e a reivindicação é simplesmente substituída por uma crença no signo. É no signo que está a prova dada pelo chefe. Tal é a validade do carisma. O reconhecimento é "livremente concedido, garantido por um elemento considerado como prova (na origem, há sempre um prodígio), e ele consiste no abandonar-se à revelação, à veneração do herói, à confiança absoluta na pessoa do chefe [...]" (I, p. 321). O valor religioso do carisma é captado em proveito da estrutura política. Essa poderia ser, afinal de contas, a primeira ideologia do poder: a crença no caráter divino do poder, em sua proveniência do além. A fonte do poder é o povo, mas ela lhe é subtraída, assim como, para falar em termos marxistas, a mais-valia de seu trabalho parece pertencer ao capital: o poder e o capital funcionam supostamente por si mesmos. Em ambos os casos, a significação é subtraída. O traço decisivo da dominação carismática é, então, a falta de reciprocidade entre a reivindicação e a crença. A reivindicação não repousa na crença, mas a crença é extorquida pela reivindicação. Minha questão é saber se tal disjunção, no seio da dominação carismática, entre a reivindicação e a crença, não está no fundamento de todas as dificuldades concernentes ao poder e à dominação em geral.

Para concluir esta aula, eu gostaria de voltar à seguinte questão: por que, precisamente quando o seu modelo conceitual autoriza uma análise da ideologia, Weber não aborda esse tema? Podemos resumir a importância do modelo weberiano ao considerar um exemplo de sua aplicação. Em *A ética protestante e o espírito do capitalismo*, Weber trata de um problema análogo ao de Marx: ele mostra que há certa reciprocidade entre a ética protestante e a ideologia da empresa. Existe uma circularidade entre a estrutura de classe e a ideologia religiosa. Grande parte da controvérsia relativa à tese de Weber está centrada na relação entre a ética protestante e o capitalismo: a questão é saber qual dos dois elementos deu nascimento ao outro. Mas a nossa análise do modelo conceitual de Weber faz que, a meu ver, a questão da causa inicial não seja uma boa questão. Perguntar se a ética produziu o espírito do capitalismo ou vice-versa, é permanecer num esquema inapropriado. Seria melhor dizer que a ética fornece a estrutura simbólica no seio da qual operam certas forças econômicas. O problema antes é a relação entre um quadro de referência e um sistema de forças. O mesmo problema se coloca em Freud, por exemplo, com a questão de saber como as pulsões infantis operam no seio do quadro cultural fornecido pelas estruturas do parentesco e da família. Se atacarmos este problema em termos de relação causal, estaremos perdidos. É impossível perguntar o que vem primeiro, porque uma força trabalha no seio de um quadro de significações dado, e porque esse quadro não pode ser apresentado em termos de infraestrutura e de superestrutura.

É nesse ponto que Weber propõe, não tanto uma solução alternativa ao marxismo, quanto um modelo mais apropriado para tratar do mesmo problema. E, no entanto, ele não obtém sucesso, talvez por não ter considerado aquilo que era tão importante em *A ideologia alemã*: o fato de que nossas relações são petrificadas e já não aparecem tais como são. Há uma reificação das relações humanas. É possível que a componente antimarxista tenha impedido Weber de tratar esse problema da reificação a partir de suas próprias categorias. Talvez pela mesma razão, ele não enfatizou a noção de classe, que é uma das estruturas no seio das quais se situa a distorção. Penso, entretanto, que é possível reapropriar-se do modelo weberiano, a fim de colocar em evidência que o processo de reificação advém no interior de um sistema simbólico. Somente um sistema simbólico é suscetível de ser infletido de tal modo que se dê a ver como um sistema determinista. Há algo como uma simulação do determinismo por meio de relações simbólicas petrificadas. Tal é, em todo caso, o tipo de solução que estou preparando para introduzir, através da discussão de Habermas e de Geertz. Weber sempre pensou que lidasse com estruturas transparentes, ao passo que nós sabemos que elas não o são.

Uma das razões pelas quais Weber recorreu aos tipos ideais talvez seja o fato de que não há nenhuma transparência. O argumento então proposto é que a única maneira de reconquistar a significação é situar-se fora do processo de distorção e proceder por meio da abstração dos tipos ideais. A não implicação suposta pelo sociólogo lhe permite, como se diz, não ser apanhado no processo de deformação. Mesmo admitida essa possibilidade, Weber não descreve, entretanto, a temática deformadora através da qual a sua própria análise se move. Talvez seja verdade que a existência de um sistema de poder repouse sobre a nossa crença, mas nós não o reconhecemos imediatamente. Devemos forçar a aparência objetiva da estrutura, mas Weber nunca nos alerta verdadeiramente para esse fato. Quando afirma, por exemplo, que um estado repousa sobre a probabilidade de que o povo obedecerá às leis, essa noção de probabilidade é posta em evidência por uma razão bem particular: para dar conta do fascínio dos membros do grupo perante o sistema de regras. Transcrever a resposta dos membros em termos de probabilidade pressupõe que nós abalamos as relações petrificadas, que reconstituímos o sistema de motivações como se ele fosse transparente. Em oposição a alguém como Habermas, que será objeto das duas próximas aulas, Weber não indica que a transparência só advém no final do processo crítico. Somente no término do processo que nós recobramos, como sendo obra nossa, o que, na aparência, é a produtividade do capital. O modelo conceitual de Weber nos permite constatar que há um fosso entre a reivindicação e a crença, mas as razões e a significação dessa defasagem são fatores aos quais Weber não presta nenhuma atenção.

Seria possível pretender que a minha leitura de Weber, assim como a de Marx, comete violência a seu texto. Mediante essa aparente violência, porém, penso que, de fato, consegui ler melhor *A ideologia alemã*. Marx diz bem que a classe não é um dado, mas o produto de uma ação, de uma interação: um efeito que não reconhecemos como consequência de nossa ação. Enquanto o marxismo ortodoxo poderia pretender que minha leitura comete violência contra *A ideologia alemã*, eu sustento que esta leitura capta uma das dimensões do texto. Reconheço, de fato, ter cometido mais violência a Weber do que a Marx. Forcei Weber, eu o obriguei a dizer o que ele se recusava a dizer: é através de um processo ideológico que se capta a sua própria motivação na relação com o poder. Jamais se encontrará em Weber a ideia de que, nessa experiência, algo é reprimido ou, para falar como Habermas, que a nossa competência comunicacional se perdeu. Ora – e é isso que Weber não enxerga – a perda dessa competência faz que só possamos descrever tipos ou estruturas.

Aula nº 13

Habermas (1)

Para nossa análise da ideologia, Habermas fornece uma transição entre a exposição da legitimação em Weber e a da ideologia como identificação em Geertz. Habermas mostra que a significação do hiato desvelado por Weber entre a reivindicação e a crença só seria compreendida plenamente ao término de um processo crítico, e ele prepara o terreno para a análise de Geertz ao sugerir que, no fundo, a ideologia concerne à comunicação e à mediação simbólica da ação. Nas duas aulas consagradas a Habermas, eu vou seguir o mesmo trajeto adotado nas aulas sobre Weber. Vou construir, em primeiro lugar, o modelo conceitual de Habermas, o qual deve ser situado no mesmo nível do quadro conceitual de Weber; em seguida, vou analisar, de modo mais pormenorizado, a concepção de ideologia desenvolvida a partir dessa base. Nossa referência textual será a obra de Habermas intitulada *Conhecimento e interesse*.[30]

O modelo conceitual de Habermas é metacrítico. A metacrítica, como nos diz Habermas, submete a crítica do conhecimento "a uma obstinada autorreflexão" (p. 36). O que ele quer colocar em evidência é que a metacrítica ainda é crítica, na medida em que o problema central desta última – como nos ensinou a *Crítica da razão pura* – é o problema da síntese do objeto. O problema é o seguinte: como um

---

[30] Paris: Gallimard, 1991. (Coleção "Tel").

sujeito põe diante de si um objeto, ou, para falar como Freud, como se constrói o princípio de realidade? Em Kant, a síntese é garantida pela rede das categorias que ele denomina "entendimento": atrás desse quadro categorial se encontra o princípio de unidade denominado o "eu transcendental". O eu transcendental é o princípio da síntese dos objetos, através das categorias, o esquematismo, o tempo, etc. A ideia segundo a qual a filosofia é, nela mesma, "crítica" tem a sua fonte em Horkheimer, e Habermas segue as pistas de seus predecessores da Escola de Frankfurt, trazendo, ao primeiro plano de seu próprio quadro conceitual, o conceito de crítica. Ao desenvolver a sua própria perspectiva metodológica, Habermas se propõe a mostrar como Marx está afinado com a tradição da filosofia crítica proveniente de Kant. Para Habermas, o marxismo não é nem uma ciência empírica, nem uma ciência especulativa, mas uma crítica.

Habermas se esforça para ler Marx inclinando-o para o pano de fundo da crítica e sustenta que a solução materialista para o problema da síntese consiste em colocar o trabalho no lugar do esquematismo kantiano. Falar de obra ou de trabalho como aquilo que suporta a síntese é cometer – é preciso reconhecê-lo – violência contra Marx, porém uma violência fecunda. Uma das tradições subjacentes a essa abordagem de Marx é a relação senhor/escravo em Hegel, onde o papel do objeto é fundamental. O senhor consome o objeto, o escravo o produz, e cada um reconhece o outro através daquilo que o outro realiza. Cada um se reconhece também em função daquilo que o outro lhe faz. Nesse intercâmbio de posições, o senhor capta o sentido de seu consumo no trabalho do outro, e o escravo capta o sentido de seu trabalho no consumo do senhor. Para falar em termos kantianos, a constituição do objeto é dada através do trabalho e do consumo. A passagem seguinte esclarece o modo pelo qual Habermas chega à sua noção de "síntese" e nela se vê como se trata de uma reconstrução, e não de uma simples leitura de Marx:

> [Marx] não conceitualizou essa síntese; dela tem apenas uma ideia mais ou menos vaga. O próprio conceito de síntese seria suspeito para ele, embora a primeira tese sobre Feuerbach contenha diretamente a indicação de tirar proveito do idealismo, na medida em que ele capta o 'aspecto ativo' do processo de conhecimento. Podemos ao menos, a partir de alusões, extrapolar sobre a maneira

pela qual o trabalho social deve ser pensando enquanto síntese do homem e da natureza. Deveremos nos assegurar desse conceito materialista de síntese, se quisermos compreender que todos os elementos de uma crítica do conhecimento radicalizada pela crítica hegeliana de Kant certamente se encontram em Marx, mas que, em seguida, eles não foram reunidos em vista da edificação de uma teoria materialista do conhecimento (p. 62-63).

Ao se fundar em sua reconstrução do marxismo, Habermas confere ao materialismo uma significação muito interessante. Ele a opõe às operações intelectuais do idealismo – as categorias, o esquematismo, etc. – e restitui o ego transcendental como aquilo que conduz a síntese do objeto por meio da produtividade de um sujeito trabalhador materializado em seu trabalho.

A interpretação de Habermas é pós-marxista: ele acolhe simultaneamente a sua audácia e a sua amplitude para além de sua fonte em Marx. Porque Habermas tem a convicção de situar-se para além de Marx, é simultaneamente capaz, pensa ele, de reconhecer o que Marx realizou (sua grandeza) e de criticar os seus limites (sua fraqueza). Habermas dispõe, portanto, de um princípio de avaliação e de apreciação de Marx: sua empreitada não é uma pura e simples repetição de Marx, mas, poderíamos dizer, uma repetição crítica. Vamos acompanhar Habermas em seu procedimento: do exame dos méritos de Marx ao de seus limites.

Para Habermas, a grandeza de Marx se deve ao fato de que ele produziu a solução para o problema da síntese. Em Marx, "o sujeito da constituição do mundo não é uma consciência transcendental em geral, mas o gênero humano concreto que reproduz a sua vida em condições naturais" (p. 59). Habermas insere a sua interpretação ali onde o vocabulário é o d'*A ideologia alemã*, a obra que eu mesmo escolhi como a mais interessante para uma abordagem antropológica. Habermas, ao que parece, reconhece que, em Marx, a linha de partilha não se situa entre *A ideologia alemã* e *O Capital*, mas entre *A Ideologia Alemã* e os *Manuscritos de 1844*. Segundo ele, a síntese não é a de uma consciência, mas a de uma atividade. É a práxis que conduz a síntese. Como indicam as linhas que acabo de citar, Habermas utiliza o conceito de "gênero humano concreto", que é um resíduo, como recordamos, do *Gattungswesen* de Feuerbach. Uma humanidade prática toma o lugar da consciência transcendental. Esse conceito de "gênero humano concreto" pode ser entendido, num sentido fenomenológico, como a definição do materialismo. É delicado empregar esse termo "materialismo", porque sempre devemos evitar contrassensos. A definição de Habermas não é uma tese sobre a matéria. Diferentemente do uso corrente, onde o materialismo é antes um termo provocador que marca a oposição com o idealismo, aqui ele é a marca de uma antropologia realista.

O fato de caracterizar o gênero humano concreto como sujeito da síntese comporta várias vantagens. A primeira é que dispomos simultaneamente de uma categoria antropológica e de uma categoria epistemológica. Estabelecer que o trabalho produz a síntese do objeto não é observar simplesmente o papel econômico da atividade humana, é compreender também a natureza de nosso conhecimento, a maneira pela qual nós apreendemos o mundo.

> O trabalho não é somente uma categoria antropologicamente fundamental, mas, ao mesmo tempo, uma categoria da teoria do conhecimento. O sistema das atividades objetivas cria as condições reais da reprodução possível da vida social e, *ao mesmo tempo*, as condições transcendentais da objetividade possível dos objetos da experiência (p. 60).

Tal conjunção das categorias epistemológicas e antropológicas é crucial para a relação (que abordaremos na aula seguinte) entre interesse e campo de experiência. Como veremos, Habermas sustenta que certas ciências correspondem a certos interesses. O interesse pelo controle e pela manipulação corresponde às ciências empíricas, o interesse pela comunicação, às ciências históricas e interpretativas, e o interesse pela emancipação, às ciências sociais críticas, tais como a psicanálise. Para escorar tais correlações, Habermas deve introduzir no início a ligação (sugerida pelo título de sua obra) entre um conceito antropológico – um interesse – e um conceito epistemológico – um sistema categorial que permite tratar de certos campos de conhecimento. Essa relação entre os dois jogos de categorias tem a sua fonte na noção de trabalho considerada como síntese. A articulação da relação entre epistemologia e antropologia, entre conhecimento e interesse, tal é a problemática de conjunto do segundo capítulo da obra, no qual vamos concentrar a nossa atenção.

A segunda vantagem da construção desenvolvida por Habermas a partir de Marx é que tal elaboração da síntese produz uma intepretação melhor do conceito de *Lebenswelt*, "mundo vivido", formulado inicialmente no último texto de Husserl, *A crise das ciências europeias*. A compreensão do trabalho social como síntese nos permite eliminar "um mal-entendido lógico transcendental" (p. 60): evitaremos, então, tomar o conceito de "mundo vivido" de maneira a-histórica. Habermas afirma que Husserl jamais se desembaraçou de uma abordagem kantiana transcendental: mesmo quando fala da *Lebenswelt*, esta permanece uma invariável, assim como as categorias kantianas. Husserl dispõe de uma antropologia, mas ela se enuncia na linguagem kantiana das categorias atemporais. O que Marx nos ensina, diz Habermas, é que devemos falar da humanidade em termos históricos. "A espécie humana não é caracterizada por uma compleição invariável, natural ou transcendental, mas somente por um mecanismo de devir humano [*Menschenwerdung*]" (p. 61). Os *Manuscritos*, como nos recordamos, falam de uma natureza que se torna mais humana e de uma humanidade que se torna mais natural. A humanidade e a natureza são promovidas em conjunto, e em conjunto é que elas se tornam, ao mesmo tempo, mais naturais e mais humanas.

Segundo Habermas, tal historicização do transcendental se tornou possível porque Marx vinculou a história às forças produtivas. Habermas insiste na natureza histórica da práxis – manifesta na acumulação das ferramentas onde se trata de uma história tecnológica – e mostra como Marx vinculou essa história ao conceito de forças produtivas. A dimensão histórica é introduzida por meio das forças produtivas: elas são as condutoras da história. Logo, a síntese assumida pelo trabalho se distingue da essência fixa assinalada por Kant às categorias. Em certo sentido, é somente porque há uma história da indústria que a história existe. Aparece então, devido a esse enunciado, que Habermas não subscreve o partido tomado por Marx: as ideologias não têm história. O entendimento tem uma história que lhe é própria e pode ser exemplificada pela história das ciências. A indústria não é o único fator que confere uma dimensão histórica à existência humana: as ideias também têm uma história. É difícil negar que uma posição anti-idealista como a de Habermas, dirigida contra Husserl, vai nessa direção.

A terceira consequência do ponto de partida de Habermas (e trata-se de outra objeção contra o idealismo) é que devemos instalar a dimensão econômica do humano no lugar que Hegel havia reivindicado para a lógica. Se a chave da síntese não é a lógica transcendental – quer se tome o termo no sentido kantiano ou hegeliano –, então podemos dizer que uma economia toma o lugar de uma lógica. Trata-se de uma reivindicação impelida ao extremo (e não estou certo de que, de minha parte, eu a assumiria), mas a posição de Habermas é inequívoca:

> O ponto de partida de uma reconstrução das realizações sintéticas não é a lógica, mas a economia. Não é a combinação de símbolos, efetuada segundo as regras, mas os processos sociais de vida, a produção material e a apropriação dos produtos, que fornecem, então, a matéria que a reflexão pode tomar como ponto de partida para levar à consciência as realizações sintéticas fundamentais. Doravante, a síntese não aparece mais como uma atividade do pensamento, mas como uma produção material [...]. É por isso que, em Marx, a *crítica da economia política* toma o lugar ocupado, no idealismo, pela *crítica da lógica formal* (p. 63).

Habermas acrescenta, algumas páginas adiante: "A síntese da matéria do trabalho pela força de trabalho recebe a sua unidade efetiva através das categorias do homem que manipula" (p. 67). Essa leitura de Marx o situa aproximadamente na mesma categoria que Peirce e Dewey. Num dos capítulos seguintes, Marx aparece como um precursor do pragmatismo esclarecido. Sei que os filósofos americanos vão se deleitar com isso!

O fato de tratar do trabalho como síntese do objeto comporta uma quarta vantagem: desdobrar a importante análise que foi inaugurada por Fichte. Na tradição do idealismo alemão, Fichte é, com Kant, a outra figura que anuncia a elaboração marxista do problema da síntese, e Habermas volta a isso ao longo de todo o livro. Fichte é aquele que deu o passo decisivo de uma filosofia da teoria para uma teoria da práxis, porque o seu conceito fundamental é a atividade do ser humano que produz a si mesmo. Fichte relacionou a síntese na imaginação com a atividade do sujeito. O eu originário é, no pensamento de Fichte, o sujeito agente. O eu suscetível de acompanhar todas as minhas representações – para falar em linguagem kantiana

– não é uma representação última. Não é uma representação de uma ordem mais elevada, mas *die Tathandlung*: uma atividade, o eu que põe a si mesmo. Há, como nos recordamos, numerosos textos em *A ideologia alemã* em que o conceito de *Selbstbetätigung* (produção de si, autoconstituição) é central. Habermas está correto ao remontar desse conceito de *Selbstbetätigung* até a ideia fichtiana de uma humanidade que se põe a si mesma pelo processo da práxis e pelo intercâmbio com a natureza. O engendramento recíproco do ser humano e da natureza é, ao mesmo tempo, um *auto*engendramento do ser humano.

> A identidade da consciência que Kant compreendeu como a unidade da consciência transcendental é uma unidade *produzida pelo trabalho*. Não é um poder imediato da síntese, uma apercepção pura, mas um ato da consciência de si no sentido de Fichte. É por isso que um sujeito social no sentido estrito só atinge a consciência de si quando, em sua produção, compreende o trabalho como o ato de autocriação de toda a espécie, e sabe a si mesmo como produzido pelo "trabalho de toda a história universal anterior" (p. 72) (Habermas não fornece a referência de sua própria citação).

Portanto, Habermas reconhece, em termos kantianos e fichtianos, a contribuição de Marx. O conceito de trabalho como síntese toma o lugar da síntese kantiana pelo entendimento ou da síntese fichtiana pela autoapercepção do eu.

Mas a mesma interpretação que sublinhou a contribuição de Marx é também o ponto de partida de sua crítica. A objeção de Habermas – e ele volta a ela incessantemente – é que Marx reduziu o conceito de atividade ao de produção. A extensão do conceito foi reduzida. Ao mesmo tempo em que Marx resolvia o problema da síntese pelo trabalho, ele limitava o alcance de sua descoberta ao identificar o trabalho com a única atividade instrumental. O conceito de atividade instrumental é uma referência permanente na discussão proposta por Habermas: sua crítica incide sobre o fato de que a análise de Marx não é um instrumento adequado para resistir à redução que Marcuse qualificou de caráter "unidimensional" do ser humano. Um elemento unidimensional já está presente no conceito de atividade instrumental, e isso contamina a totalidade da análise de Marx. Assim como a ideologia burguesa, a ideologia marxista conduz a uma redução tecnológica.

Se admitirmos essa crítica, se reconhecermos o achatamento do conceito fichtiano de produção e a sua redução à produção econômica e tecnológica, as consequências serão incômodas para a própria teoria de Marx, porque ela se acha na impossibilidade de legitimar a sua própria função crítica. Se os seres humanos sintetizam a realidade apenas pelo trabalho e se não é possível beneficiar-se de nenhuma distância crítica perante o dito trabalho, então não é possível dar conta daquilo que foi realizado por Marx ao utilizar as suas próprias categorias. Estamos na presença de uma teoria que não pode conferir sentido ao seu próprio resultado. O que falta é o elemento de autorreflexão que foi precisamente abolido pela redução da capacidade de autocriação da atividade humana à simples atividade instrumental. "A base filosófica desse materialismo se mostra insuficiente para estabelecer uma autorreflexão fenomenológica sem reserva do conhecimento e prevenir, assim, a atrofia positivista da teoria do conhecimento" (p. 74).

Em certo sentido, portanto, a posição de Habermas sobre esse ponto é antimarxista, e, no entanto, ele se esforça para sustentar a sua própria objeção no interior mesmo do marxismo. É o aspecto mais interessante de sua discussão: ele tenta mostrar que o marxismo traz em seu seio os traços de uma indecisão quanto ao conceito de autocriação e de autoprodução do ser humano. A base da análise de Habermas é a importante distinção que evocamos várias vezes a propósito de Marx: a diferença entre as forças produtivas (*Produktivkräften*) e as relações de produção (*Produktionsverhältnisse*). O principal argumento de Habermas é que tal distinção é negada na teoria de Marx, enquanto é reconhecida em todas as suas análises concretas. Devemos, portanto, segundo ele, levar em consideração o que Marx faz realmente, e não o que ele pretende fazer. A teoria que Marx elabora a propósito de sua obra é mais estreita do que o que está efetivamente implicado por esta última.

O que isso significa quando se diz que a produção comporta duas vertentes: as forças e as relações? Por relações de produção, devemos entender o quadro institucional do trabalho, o fato de que o trabalho toma lugar no seio do sistema da livre empresa ou da empresa estatal, etc. As relações de produção são constituídas pelo sistema institucional, no seio do qual encontramos as formas de mediações simbólicas precisamente analisadas por Geertz. Um quadro institucional não consiste somente em regras legais, num quadro jurídico, mas naquilo que Habermas denomina o complexo da interação mediatizada por símbolos e a tradição cultural através da qual um povo apreende a sua obra. Se considerarmos, por exemplo, os socialismos no leste europeu, na União Soviética, na China, as tradições de cada povo influenciam no conteúdo realizado do socialismo. O complexo da interação mediatizada por símbolos e a tradição cultural são componentes do quadro institucional. Devemos tomar o termo "institucional" num sentido mais amplo que jurídico ou legal.

> Ao lado das forças produtivas nas quais se sedimenta a atividade instrumental, a teoria marxiana da sociedade inclui também, em seu ponto de partida, o quadro institucional, as condições de produção; no que diz respeito à prática, ela não elimina o complexo da interação mediatizada por símbolos, nem o papel da tradição cultural, as únicas bases a partir das quais é possível compreender a dominação [*Herrschaft*] e a ideologia (p. 74-75).

A posição de Habermas é determinante para a nossa investigação porque só podemos falar de ideologia no seio de um quadro conceitual que distingue as relações e as forças. A ideologia só intervém no nível das relações de produção, e não das forças produtivas.

Por conseguinte, se quisermos elaborar uma teoria marxista da ideologia, devemos dar previamente sentido à distinção entre as relações e as forças. O que significa que precisamos do conceito de práxis. No vocabulário de Habermas, a práxis engloba simultaneamente a ação instrumental e o complexo da ação mediatizada por símbolos. A ideologia aparecerá como uma distorção que afeta uma das componentes da práxis. Para Habermas, o conceito de práxis é uma tentativa de reconquistar a espessura do conceito fichtiano de atividade (*Tathandlung*) no seio da linguagem marxista. O trabalho é a fonte da síntese, mas o trabalho humano excede sempre a ação instrumental, porque não podemos trabalhar sem a contribuição de nossas tradições e de nossa interpretação simbólica do mundo. Nosso trabalho engloba igualmente o quadro institucional da sociedade, pois é delimitado por contratos e outras cláusulas. Quando trabalhamos, é no seio de um sistema de convenções. Não se pode definir a práxis unicamente em termos de técnicas aplicadas de trabalho. A nossa própria práxis introduz certo quadro institucional. Constata-se, uma vez mais, que a distinção entre a superestrutura e a infraestrutura não é adequada, porque se introduz no conceito de práxis algo da dita superestrutura. Estamos então na presença de um total remanejamento do vocabulário ordinariamente utilizado para descrever a práxis. Não é mais possível afirmar que as pessoas têm inicialmente uma práxis, e, em seguida, que têm ideias sobre ela, que constituem a ideologia. No lugar disso, constata-se que a práxis integra uma camada ideológica: tal camada pode ser o objeto de uma distorção, mas é uma componente da própria práxis.

Segundo Habermas, o reconhecimento dessa dualidade na constituição da práxis é o que Marx pressupõe em sua própria prática de pesquisa, mas ele a esvazia de seu quadro teórico de referência. Precisamos, portanto, acompanhar a prática da pesquisa marxista, e não o quadro redutor de sua autocompreensão filosófica. A prática de Marx implica que a história da humanidade é compreendida "sob as categorias da atividade material e, ao mesmo tempo, da supressão crítica das ideologias [...]". A abolição crítica das ideologias está englobada no processo da atividade. Habermas enuncia essa relação de diversas maneiras, mas todas elas se apoiam nesse duplo funcionamento do conceito de práxis:

> Assim, aparece na obra de Marx uma desproporção singular entre a prática da pesquisa e a concepção filosófica restrita que tal pesquisa tem de si mesma. Em suas análises de conteúdo, Marx concebe a história da espécie sob as categorias da atividade material *e*, ao mesmo tempo, da supressão crítica das ideologias, da atividade instrumental *e* da prática revolucionária, do trabalho *e* da reflexão; Marx, porém, interpreta o que ele faz no conceito estreito de autoconstituição da espécie unicamente pelo trabalho. O conceito materialista da síntese não tem extensão grande o bastante para explicar de que ponto de vista Marx contribui para a intenção de uma crítica do conhecimento radicalizada no verdadeiro sentido do termo. Mais do que isso, ele impediu o próprio Marx de compreender o seu procedimento deste ponto de vista (p. 75).

Minha própria resposta consiste numa interrogação: poderemos manter o que foi dito anteriormente acerca da síntese como trabalho, se substituirmos o conceito de trabalho pelo de práxis, que engloba ao mesmo tempo o trabalho e um elemento outro? Encontro em Habermas um problema recorrente: certa hesitação entre o trabalho, a práxis e a atividade. Tais conceitos se encavalam. Por vezes, o trabalho é o conceito englobante que opera a síntese e, então, ele equivale à práxis. Mas, em outros momentos, o trabalho é identificado com a atividade instrumental. Não é fácil situá-lo.

Habermas determina corretamente a posição do problema ao redefinir a distinção entre trabalho e práxis: é a distinção entre ação instrumental e interação ou ação comunicativa. No terceiro capítulo de *Conhecimento e interesse*, que vamos abordar agora, Habermas tira as consequências epistemológicas dessa distinção. Sua questão é a seguinte: qual é o estatuto de uma ciência da práxis? Marx nunca estudou de maneira sistemática "o sentido determinado de uma ciência do homem, que se realizaria como crítica da ideologia em oposição ao sentido instrumentalista de uma ciência da natureza" (p. 78). Marx elaborou uma *crítica*, e não uma *ciência* da natureza, mas ele não produziu nenhuma justificação epistemológica para a sua teoria da sociedade. No lugar disso, descreveu incessantemente o seu trabalho por analogia com as ciências da natureza. O fato de que a sua obra era uma crítica da economia política deveria ter orientado a sua atenção para a dimensão reflexiva dessa crítica, porém não foi esse o caso. Habermas sustenta, por conseguinte, que, na medida em que a práxis se vê reduzida à produção material, à atividade instrumental, o modelo é decerto o das ciências da natureza. A ciência da práxis é pura e simplesmente abordada como um prolongamento das ciências da natureza. Em compensação, se se elabora uma dialética entre a instrumentalidade e os polos interativos da práxis, dispõe-se de uma ciência que não é uma extensão ou uma transposição das ciências da natureza, mas uma disciplina de gênero diferente: é a crítica. O estatuto de uma ciência crítica da sociedade está vinculado à dimensão crítica disponível no sistema simbólico da interação: ele está vinculado à possibilidade de tomar distâncias e contrapor-se ao nível da atividade instrumental. A análise epistemológica do terceiro capítulo deve ser relacionada com a temática antropológica do capítulo precedente.

O que caracteriza uma ciência da natureza, nos diz Habermas, é que ela pode ser não reflexiva. Pode ser não reflexiva porque trata de objetos distintos do sujeito cognoscente, do cientista. Consequência disso é que o cientista não está implicado em seu saber. Não precisamos discutir para saber se a caracterização de Habermas é necessariamente justa. É possível admitir, em função das tarefas que nos atribuirmos, que as ciências da natureza podem ser não reflexivas: o que importa é que as ciências da sociedade são reflexivas seguramente. Tal é a parte positiva da argumentação de Habermas, e ela não acarreta necessariamente contrapartida. Quando as ciências da sociedade são consideradas de maneira errônea, por analogia com as ciências da natureza, o próprio controle das forças produtivas é compreendido sob a categoria daquilo que Habermas denomina um "saber de disposição" (p. 80). O termo alemão é *Verfügungswissen*, o que remete ao fato de haver algo à sua disposição. Há talvez, no pano de fundo, a ideia heideggeriana do utilizável à mão (*zur Hand*). Quando se impregna o modelo das ciências da natureza, o "saber de reflexão" (*Reflexionswissen*) é engolido no *Verfügungswissen*, o "saber de disposição". O poder de controle técnico é englobante:

> Segundo essa construção, o que se traduziria na história da consciência transcendental seria, por assim dizer, somente a história da tecnologia. Esta última se entrega unicamente ao desenvolvimento cumulativo da atividade controlada pelo sucesso e segue a tendência ao crescimento da produtividade e à substituição da força de trabalho humana – "essa tendência se realiza com a transformação do instrumento de trabalho em maquinaria" (p. 81).

A citação é extraída dos *Grundrisse* de Marx: o comentário emana, portanto, não do jovem Marx, mas do Marx da maturidade.

A pressuposição que quer que toda ciência se constitua no modelo das ciências da natureza restringe a ideia fichtiana de autocriação do homem à mentalidade industrial. Para Habermas, tal redução é a ideologia da modernidade. A ideologia reduz progressivamente a atividade ao trabalho, o trabalho à atividade instrumental e a atividade instrumental à tecnologia que engole o nosso trabalho. A ciência que se preocupa com o homem torna-se uma província das ciências da natureza e nada mais. Nessa interpretação, algo está recalcado. A leitura "industrialista" da atividade humana dissimula "a dimensão da autorreflexão na qual, entretanto, ela deve se mover" (p. 83). Mesmo para o Marx dos *Grundrisse*, nos diz Habermas, "a transformação da ciência em maquinaria não tem por consequência de modo algum, *ipso facto*, a libertação do sujeito total consciente de si e que domina o processo de produção" (p. 83). É preciso algo mais do que a simples atividade instrumental: as relações de poder que determinam as interações dos homens entre si. "Marx distingue muito precisamente um *controle consciente de si* do processo vital da sociedade pelos produtores associados e uma *regulação automática* do processo de produção que se emancipou desses indivíduos" (p. 84). Esse "controle consciente de si do processo vital" é o que Habermas denomina o sistema das interações.

A distinção entre uma teoria das interações e uma teoria da atividade instrumental é a resposta de Habermas à tensão do técnico e do prático em Marx. Devemos entender por "prático", não somente o aspecto material, mas todas as dimensões da atividade determinadas por normas e ideais: o que recobre todo o campo da ética e da ética aplicada. O prático inclui todas as esferas da atividade dotadas de uma estrutura simbólica, de uma estrutura que interpreta e, ao mesmo tempo, regula a ação. A técnica e o prático constituem uma bipartição do campo da atividade humana. Tal diferenciação é essencial para a nossa pesquisa sobre a ideologia, porque a ideologia afeta a atividade dos indivíduos no estágio mais fundamental de sua organização.

> *No nível de suas pesquisas materiais* [...], Marx sempre se fundamenta sobre uma prática social que compreende o trabalho *e* a interação; os processos da história da natureza são mediatizados pela atividade produtiva dos indivíduos e pela organização de seus intercâmbios. Tais intercâmbios estão submetidos a normas que decidem, com um poder institucional, sobre a maneira pela qual as competências e as compensações, as obrigações e os encargos do orçamento social são repartidos entre os membros. O meio no qual essas relações dos sujeitos e dos grupos são reguladas normativamente é a tradição cultural; ela forma o contexto linguístico de comunicação, com base no qual os sujeitos interpretam a natureza e interpretam a si mesmos em seu ambiente natural (p. 85).

A referência à tradição cultural, às normas, às instituições, ao contexto linguístico de comunicação e à interpretação confirma a nossa hipótese: o processo de distorção só toma sentido se a atividade é concebida através de mediações simbólicas. O conceito de interpretação pertence a essa camada originária e designa a atividade levada por indivíduos em seu ambiente, simultaneamente perante a natureza e perante a si mesmos.

Sem a distinção entre atividade instrumental e atividade comunicacional, não há nenhum lugar para a crítica, sequer para a ideologia. Somente no seio de um quadro institucional é que a dependência social e a dominação política podem desdobrar os seus efeitos repressivos. Somente no seio desse quadro é que a ideia de uma "comunicação isenta de dominação" (p. 86) assume sentido. (Voltaremos ulteriormente à tonalidade utópica dessa expressão). O "ato de autocriação da espécie" deve, portanto, englobar simultaneamente a atividade produtiva (o trabalho) e a atividade revolucionária. A emancipação é dupla: perante coações naturais e perante a opressão humana. Entre o desenvolvimento de novas tecnologias e o da luta ideológica existe uma "interdependência" (p. 89). (Como sugere o vocabulário, a ilusão ideológica e a sua crítica pertencem ambas à mesma esfera autorreflexiva, que deve ser tão originária quanto a própria atividade produtiva. Isso implica novamente que precisamos renunciar à distinção entre infraestrutura e superestrutura). Marx foi incapaz de elaborar a dialética entre esses dois desenvolvimentos porque a distinção das forças produtivas e das relações de produção permaneceu submetida ao quadro categorial da produção. Habermas, por sua vez, afirma que a "autoconstituição da espécie humana na história da natureza" deve reunir, ao mesmo tempo, "a *autocriação pela atividade produtiva* e a *formação pela atividade crítica revolucionária*" (p. 89).

Em certos aspectos, a distinção habermasiana entre prática e técnica parece fundar-se mais em Hegel do que em Marx. Habermas se apoia nos escritos juvenis de Hegel e na *Realphilosophie* de Iena (p. 88). (Habermas examina mais pormenorizadamente as aulas de Iena no seu ensaio sobre "Trabalho e interação", publicado em *Técnica e ciência como ideologia*.) A filosofia hegeliana do período de Iena bastava-se a si mesma e não foi inteiramente reabsorvida na *Fenomenologia do espírito*. É nesses escritos juvenis que Hegel elabora, pela primeira vez, o problema do reconhecimento que é o problema moral fundamental. Podemos notar que, em diversos momentos da *Fenomenologia do espírito*, serão reencontrados traços desse problema: assim, o que está em jogo na dialética dominação/servidão, é a luta não pelo poder, mas pelo reconhecimento. Habermas enxerga, nesse esquema do reconhecimento, um modelo da relação entre sujeitos. Logo, a seu ver, importa que afinal o problema não é aniquilar o nosso inimigo, mas chegar a um acordo para além de nossas diferenças. Como veremos, Habermas considera que, nessa questão, o modelo da situação psicanalítica é muito pertinente. A seus olhos, o problema da luta de classes não se resolve com a supressão de uma delas, mas na superação do antagonismo, de modo que possa advir um estado em que os homens se reconheçam mutuamente. Decerto, instituições como o capitalismo devem ser esmagadas, se se quiser que tal possibilidade se atualize. Não obstante, o que importa não é o desaparecimento dos indivíduos, mas o de uma estrutura determinada.

O problema do reconhecimento volta em outro momento da *Fenomenologia do espírito*, ainda mais próximo da filosofia de Iena: trata-se do reconhecimento entre o culpado e o juiz. O juiz deve, ao mesmo tempo, julgar e reconhecer o culpado e igualmente ser julgado pelo culpado a fim de que ele próprio seja reconhecido. A consciência que examina as leis e a consciência culpada trocam suas posições. Como a filosofia do período ienense analisa mais demoradamente, o esquema do reconhecimento entre o criminoso e o juiz indica que a alienação de cada uma das partes foi ultrapassada. O juiz esteve tão alienado quanto o culpado. Entre quem julga e quem é julgado, há uma situação de exclusão recíproca, e o reconhecimento é a vitória obtida sobre tal situação de alienação. O senhor/escravo, juiz/culpado, etc.: trata-se de um quadro de luta. A saída não é a supremacia – o que reconduziria à mesma estrutura de dominação –, mas o reconhecimento. Voltaremos a esse destaque concedido ao reconhecimento no lugar da dominação, quando nos perguntarmos se a utopia rege a crítica da ideologia.

Tal esquema do reconhecimento é importante para Habermas, pois ele situa sua teoria da interação como "relação dialógica" (p. 90). A situação de exclusão, que deve ser ultrapassada pelo reconhecimento, é uma patologia da comunicação. A própria ideologia é, portanto, uma doença da comunicação. Não é uma distorção acidental, mas a distorção sistemática da relação dialógica. Só é possível falar da relação dialógica através do processo de reconhecimento, e a ideologia é o sistema das resistências que bloqueiam a restauração da relação dialógica. Somente com o auxílio desse quadro de referência é que podemos compreender afirmações aparentemente estranhas, e mesmo espantosas, como esta:

"A dialética do antagonismo de classes, diferentemente da síntese pelo trabalho social, é um movimento da reflexão" (p. 92). A ressonância não é muito marxista. Mas, se interpretarmos a reflexão a partir do reconhecimento, podemos então dizer que afinal a luta de classes é um problema de reconhecimento entre os membros da sociedade.

> É por isso que não denominamos dialética a própria intersubjetividade sem coação, mas a história de sua repressão e de seu restabelecimento. A alteração da relação dialógica está submetida à causalidade de símbolos destacados e de relações gramaticais objetivadas, isto é, subtraídas à comunicação pública, tendo validade apenas a despeito dos sujeitos, e tendo, assim, um caráter coercitivo empírico (p. 92-93).

A palavra "ideologia" não aparece, mas essa frase é, de fato, uma definição da ideologia.

Quando Habermas afirma que "a relação dialógica está submetida à causalidade de símbolos destacados", ele introduz deliberadamente a noção de causalidade. Como será explicitado mais adiante pelo recurso ao modelo freudiano, devemos falar em termos de causalidade, inclusive no seio de uma situação motivacional, pois, quando os motivos estão petrificados, eles se dão a ver como coisas. É preciso aplicar um modelo causal no interior do modelo interpretativo. As relações de causalidade são fragmentos de explicação no seio de um processo interpretativo. Habermas defende, embora sejam diferentes as suas razões, uma posição análoga à de meus próprios escritos sobre a teoria do texto: ele recusa a oposição entre interpretação e explicação. Em relações reificadas, devemos tratar os motivos como causas. Um exemplo disso é a noção de "causalidade do destino" (p. 90), também tomada de empréstimo a Hegel. O destino é algo que acontece à liberdade, mas ele simula a regularidade da natureza. No estágio da reificação, a realidade humana simula a realidade natural, e essa é a razão pela qual devemos falar de causalidade.

Devemos desdobrar a ideia segundo a qual a situação reificada existe ainda no seio de um quadro de motivações: observaremos que a motivação não requer a consciência. A significação e a consciência são separáveis: algo pode ser significante sem ser reconhecido. A referência à interpretação freudiana é pertinente, pois temos de lutar contra uma interpretação mecanicista do que se denomina o inconsciente. Num quadro mecanicista, o inconsciente é o lugar em que forças se enfrentam. É, então, de uma tarefa impossível mostrar como uma força tem sentido, se já não for significante no nível do inconsciente. Como defendi em *Da interpretação*, deve-se dizer antes que a representação topológica do inconsciente tem certo valor fenomenológico, pois ela exprime o fato de que, disso, não somos mais o autor. O sistema repressivo implica que nossa motivação se dê a ver como uma coisa.

A topologia do inconsciente em Freud tem o seu equivalente na noção marxista de infraestrutura. O conceito de infraestrutura não deixa de ser pertinente, contanto que não abusemos dele e que nos contentemos em analisá-lo como um objeto das ciências da natureza. De fato, a infraestrutura pertence ao campo das ciências humanas, mas sob a condição da alienação que transforma as motivações em coisas. O que implica que temos de nos haver com conceitos que têm um tipo de aparência física e, em certo sentido, este é bem o caso. Certos marxistas afirmam que o materialismo é a verdade de uma sociedade que perdeu o sentido da criatividade, de uma sociedade enterrada sob os seus próprios produtos. Se assim for, o materialismo não será uma verdade filosófica, mas a verdade de uma situação histórica. Assim também, podemos dizer que a linguagem da superestrutura e da infraestrutura é a linguagem que convém a um sistema de motivações reificado. Apoiando-se nos trabalhos de Alfred Lorenzer,[31] Habermas fala de um processo de dessimbolização e da necessidade de uma ressimbolização (p. 288 s). Quando tenta vincular Marx e Freud, Habermas sustenta que a noção de alienação em Marx tem o seu equivalente conceitual na dessimbolização e segue Lorenzer, afirmando que a cura psicanalítica é o processo pelo qual vamos da dessimbolização à ressimbolização pela mediação da transferência. Habermas sustenta, como veremos, que as ciências sociais e críticas são, a esse respeito, um equivalente da psicanálise e que o procedimento delas integra a explicação no seio de um modelo interpretativo mais vasto.

---

[31] Teórico alemão que abordou a dinâmica freudiana das pulsões em termos de análise da linguagem e no sentido de uma hermenêutica das profundezas. (Nota da edição francesa).

Ao término do terceiro capítulo de *Conhecimento e interesse*, Habermas reafirma que a sua distinção entre atividade instrumental e atividade comunicacional não se apoia somente em Hegel, mas também na pesquisa do próprio Marx. Evoca o célebre texto d'*O capital* sobre o fetichismo da mercadoria. Nele Marx utiliza o modelo feuerbachiano da inversão não como um modo de explicação, mas como uma metáfora. Assim como a religião transformou a atividade humana em poder divino, assim também o capitalismo reificou o trabalho humano sob a forma da mercadoria. Aqueles que são fascinados pelas reificações de nosso trabalho estão exatamente na mesma situação daqueles que projetam a nossa liberdade num ser sobrenatural que, em seguida, veneram. Em ambos os casos, há idolatria, e esse é um argumento de peso contra Althusser, porque a idolatria não deveria mais ter lugar após o "corte epistemológico". Habermas cita Marx: "É somente a relação social determinada dos próprios homens entre si que para eles reveste a forma fantasmagórica de uma relação das coisas entre si" (p. 93). Uma relação humana "reveste [...] a forma fantasmagórica das coisas entre si".

O texto de Marx sobre o fetichismo da mercadoria é decisivo para uma teoria da ideologia, pois coloca em evidência que, na sociedade burguesa, a ideologia não funciona simplesmente – sequer, principalmente – como uma forma social que institucionaliza a dominação política. Sua função essencial é, antes, estabilizar o antagonismo de classes pelo viés da forma legal do livre contrato de trabalho. Ao mascarar a atividade produtiva sob a forma mercadoria, a ideologia opera no nível do mercado. De minha parte, concluo que, na era do capitalismo, a ideologia dominante não é mais uma ideologia religiosa, mas precisamente uma ideologia do mercado. Para falar como Bacon, podemos dizer que a ideologia assume agora a forma do ídolo do mercado. O próprio Habermas faz tal comentário:

> Segundo Marx, o capitalismo se caracteriza pelo fato de que faz descer do céu das legitimações da dominação e do poder tangíveis as ideologias situadas no sistema do trabalho social. Na sociedade liberal burguesa, a legitimação da dominação é derivada da legitimação do mercado, isto é, da "justiça" da troca de equivalentes inerente às relações de troca. Ela é desmascarada pela crítica do fetichismo da mercadoria (p. 94).

A ideologia emigra da esfera religiosa para a esfera econômica.

Se, para além de Habermas, eu voltasse à minha própria interpretação, diria o seguinte: porque a religião é, doravante, menos implicada na produção das ideologias – o fetichismo da mercadoria é operatório por si mesmo –, o uso utópico da religião talvez faça parte da crítica da ideologia. A religião pode agir não somente como uma ideologia, mas como uma ferramenta crítica, na medida em que a ideologia emigrou da esfera religiosa para o espaço do mercado, da ciência e da tecnologia. Se o mercado, a ciência e a tecnologia são as ideologias modernas, então o papel ideológico da religião é hoje um problema menos melindroso. A religião ainda tem um papel ideológico, mas ele é suplantado pelo papel ideológico do mercado e da ideologia. Podemos então situar a religião numa posição dialética entre ideologia e utopia. A religião funciona como uma ideologia quando legitima o poder estabelecido, mas funciona igualmente como uma utopia na medida em que constitui uma motivação que alimenta a crítica. Ela pode nos auxiliar a desmascarar o ídolo do mercado.

Como quer que seja, o interesse maior do segundo e terceiro capítulos de *Conhecimento e interesse* é situar o conceito de luta de classes no seio do modelo da atividade comunicacional e, portanto, não limitá-lo ao sistema de produção. Para Habermas, o conceito de luta de classes é homogêneo, não ao conceito de produção, mas ao quadro institucional no seio do qual trabalham as forças produtivas. Logo, ele faz parte do processo da consciência de si. Prestar atenção na situação luta de classes é aceder a uma nova dimensão da consciência, da consciência de classe. Tal procedimento, todavia, só faz sentido na medida em que já é a mola de uma crítica e de um movimento no rumo do reconhecimento. A luta de classes é, portanto, um processo distinto do simples trabalho social, pois faz com que as subjetividades se enfrentem: nossa identificação de classe é uma das maneiras pelas quais nós nos identificamos como sujeitos. Agora compreendemos que a própria crítica da ideologia, que estará em questão na próxima aula, é uma parte do processo de comunicação: ela constitui, no seio desse processo, o momento crítico.

Aula nº 14

Habermas (2)

Esta aula será consagrada à teoria da ideologia em Habermas: ela se apresenta como uma crítica, uma crítica da ideologia. Vou me ater principalmente ao paralelismo da psicanálise e da crítica da ideologia, visto que Habermas funda sua teoria na transferência de certas amostras psicanalíticas no campo das ciências sociais críticas.

Antes, porém, precisamos caracterizar a psicanálise e a crítica da ideologia enquanto ciências sociais críticas. Quando estabelece a especificidade das ciências sociais críticas, Habermas, que tinha partido da divisão entre ciências instrumentais e ciências práticas, institui uma tripartição entre ciências instrumentais, ciências histórico-hermenêuticas e ciências sociais críticas. Tal transformação do quadro habermasiano é exposta em "Conhecimento e interesse", texto publicado em *Técnica e a ciência como ideologia*.[32] Trata-se da aula inaugural pronunciada por Habermas na Universidade de Frankfurt em 1965, cadeira que abandonou alguns anos mais tarde após a reprimenda que recebeu por seu apoio aos estudantes alemães, nos protestos do final dos anos 1960. O texto não concerne tanto a Marx quanto à tradição fenomenológica husserliana e a hermenêutica de Gadamer. Embora nunca seja mencionado, Gadamer é claramente o alvo principal do texto. A tripartição dos interesses que comandam o

---

[32] Paris: Denoël-Gonthier, 1978. ("Bibliothèque Médiations").

conhecimento e as ciências correlatas é uma resposta a Gadamer que mantém uma divisão em duas alas. Outra razão para essa reformulação de Habermas poderia ser o fato de que ela provém de seu amigo e colega Karl-Otto Apel. Apel é um pensador muito mais sistemático e mesmo um pensador arquitetônico. Ele se interessa mais pela epistemologia, ao passo que o ponto de mira de Habermas é a sociologia do conhecimento. Quando Habermas opera um deslocamento da sociologia do conhecimento para a epistemologia, essa defasagem em seu quadro conceitual pode indicar, por conseguinte, uma transformação: de sua própria representação dual do instrumental e da prática para a aceitação da divisão tripartite proposta por Apel.

Não vou examinar em pormenor as quatro primeiras seções do texto, porque a crítica de Husserl ali proposta não é muito boa. Essas primeiras seções estão dirigidas contra as pretensões teóricas da filosofia, mas trata-se de um argumento de pouco peso opor a teoria à práxis e afirmar que tudo o que não diz respeito ao pensamento pós-marxista é teórico. Husserl é acusado de recair no pecado platônico porque permanece sob o encantamento da teoria. Também o positivismo é tratado como um avatar dessa ilusão própria à teoria e, por conseguinte, o debate entre Husserl e o positivismo perde todo o sentido. Vou ainda mais longe: tal oposição da práxis e da teoria não mina a própria posição de Habermas? Como pode existir, com efeito, uma posição crítica que não participe da tendência teórica da filosofia? O momento crítico no seio da práxis é, sem dúvida alguma, um momento teórico: a aptidão para tomar distância sempre diz respeito a uma abordagem teórica.

O interesse do texto reside, portanto, na quinta seção, e vou me limitar a ela, pois nos oferece um bom resumo do projeto global de Habermas. Encontramos duas diretrizes ali. A primeira é que um interesse – trata-se de um conceito antropológico – é, ao mesmo tempo, um conceito transcendental no sentido kantiano do termo. Um conceito transcendental é a condição de possibilidade de certo tipo de experiência. Cada interesse determina, então, um domínio preciso da experiência e lhe fornece suas categorias fundamentais. Já o avistamos na análise do trabalho como síntese: ao agir como síntese, o trabalho é simultaneamente um conceito antropológico e um conceito epistemológico. O conceito oferece um princípio de classificação e fornece igualmente as regras fundamentais de uma ciência dada. Um tipo de ciência corresponde a um interesse, pois este produz as expectativas daquilo que pode ser aceito, identificado e reconhecido num campo determinado.

A segunda ideia precisa a natureza dessa relação, ao sugerir que existem três interesses que determinam três tipos de ciências. Já abordamos o primeiro: trata-se do interesse instrumental. Estabelece-se uma equivalência entre o interesse técnico-instrumental, que rege o campo das ciências empíricas, e o que podemos colocar sob o controle do conhecimento empírico. "É um interesse de conhecimento que nos impele a dispor tecnicamente de processos objetivados" (p. 147). Habermas deve mais do que pretende à crítica husserliana d'*A crise das ciências europeias*: Husserl tentara colocar em evidência que temos ciências da natureza porque objetivamos e enunciamos, sob a forma de leis matemáticas, o domínio da natureza no qual vivemos. O que é pós-marxista é identificar, como ele o faz, a objetivação às noções de controle e de manipulação. Como havíamos indicado brevemente, a ideologia moderna é, para Habermas, definível como a redução de todos os interesses a esse interesse técnico-instrumental. É a componente marcusiana do pensamento de Habermas: a hierarquia dos interesses e das ciências foi restringida a uma única dimensão. Quando um interesse de conhecimento suplanta e governa um interesse de comunicação, é então que emerge a ideologia moderna: a ciência e a técnica funcionam de modo ideológico, porque justificam a redução do ser humano a uma figura unidimensional.

O segundo interesse é dito "histórico-hermenêutico" e comporta igualmente implicações metodológicas. É impressionante constatar que ele é definido nos termos de Gadamer.

> Não é a observação, mas a compreensão do sentido que dá acesso aos fatos. Ao exame sistemático das hipóteses nomológicas, que é de rigor nas ciências experimentais, corresponde, aqui, a interpretação dos textos. As regras da hermenêutica determinam, portanto, o sentido possível dos enunciados nas ciências morais (p. 147-148).

Cada interesse é transcendental, no sentido de que estabelece uma forma específica de validade. Não validamos todos os enunciados da mesma maneira: o modo de validação ao qual recorremos depende da natureza de nosso interesse. Não buscamos verificar ou infirmar proposições históricas: validamos, antes, em função de sua capacidade de estender a nossa comunicação. Como Habermas o afirma em textos mais recentes, a validação histórico-hermenêutica se refere à possibilidade de uma construção narrativa de nossa própria existência. Assim, Habermas tenta interpretar a psicanálise por sua aptidão em constituir uma narração coerente. Aqui, a noção de "texto" é decisiva, e por esse texto é que se interessam as regras da hermenêutica.

O terceiro tipo de interesse, encontrado nas ciências sociais críticas, não é de natureza hermenêutica. A argumentação de Habermas sobre a especificidade das ciências sociais críticas vai orientar o nosso exame de sua representação da psicanálise, a qual, a seu ver, é o protótipo exemplar dessas ciências. O texto estabelece as bases da análise e propõe uma transição. Habermas distingue entre as ciências sistemáticas e as ciências sociais críticas: nem toda ciência social é crítica. "As *ciências praxiológicas* sistemáticas, ou seja, a economia, a sociologia e a política, têm por meta, assim como as ciências empírico-críticas, a produção do saber nomológico" (p. 149). O saber nomológico significa que os casos individuais estão subsumidos em leis reguladoras: a explicação toma, segundo o enunciado de Hempel, a forma de uma lei de aplicação geral. (Parece que todas as ciências sociais não críticas dizem respeito ao interesse instrumental, e por essa razão é que a distinção proposta por Habermas não é verdadeiramente satisfatória). Em compensação, uma ciência social crítica não se atém à produção de um saber nomológico. "Ela se esforçará, além disso, em verificar quando os enunciados teóricos apreendem leis invariáveis da atividade social em geral e quando se trata de relações ideologicamente fixadas, mas, em princípio, modificadas" (p. 149). A tarefa das ciências sociais críticas é, portanto, traçar uma demarcação entre os casos em que os enunciados teóricos apreendem as situações humanas reais e aqueles em que as leis desenvolvidas descrevem, de fato, situações reificadas. Como estamos lembrados, era esse o argumento de Marx, no início dos *Manuscritos*, contra a economia política inglesa: ela descrevia corretamente as características do sistema capitalista sem ver, todavia, que o seu princípio de base era a alienação. O que ela apreendia como uma invariável dissimulava, de fato, a alienação. Logo, para Habermas, as ciências sociais clássicas são incapazes de diferenciar em sua descrição o que é verdadeiramente humano e o que, por já estar reificado, tem a aparência do fato. A facticidade das ciências sociais é ambígua porque inclui dois elementos confundidos: o que diz respeito a possibilidades fundamentais de comunicação, de simbolização, de institucionalização, etc. e o que já está reificado e se mostra como uma coisa. A crítica da ideologia assume um papel capital, pois a sua função é distinguir esses dois tipos de fatos sociais.

Afinal, o que caracteriza o terceiro tipo de interesse é que, na medida em que discrimina duas espécies de fatos, "a *crítica da ideologia* – assim como a *psicanálise* – conta com o fato de que informações dadas sobre certos mecanismos complexos na consciência do interessado desencadeiam um processo de reflexão" (p. 149). A crítica é um processo de compreensão que progride por desvios, por um procedimento científico e explicativo. Tais desvios englobam não somente a explicação daquilo que foi reprimido, mas também o sistema repressivo: não somente a explicação do conteúdo deformado, mas também do sistema de deformação. É em razão dessa ênfase na análise sistêmica que, segundo Habermas, as ciências críticas não podem ser consideradas como uma hermenêutica ampliada. A seu ver, a hermenêutica tenta ampliar a aptidão espontânea para a comunicação, sem ter de desmantelar o sistema de deformação. Ela só se preocupa com erros e interpretações errôneas, pontuais, e não a distorção da compreensão. O modelo da hermenêutica é a biografia e a filologia. Na biografia, compreendemos a continuidade de uma vida com base em sua autocompreensão e, ao mesmo tempo, em sua compreensão imediata de outrem, e não escavamos sob as aparências. Em filologia, nós nos apoiamos na capacidade universal de compreensão, fundada na analogia dos espíritos. As ciências sociais críticas têm a particularidade de nos permitir operar o desvio necessário para explicar o princípio da distorção. Tal desvio é necessário porque nos permite reconquistar, para a compreensão e para a autocompreensão, o que, de fato, foi deformado.

Mas não desejo ir mais longe nessa oposição entre hermenêutica e crítica por duas razões. A primeira é que não posso conceber uma hermenêutica que estivesse desprovida, ela própria, de uma etapa crítica. Enxerga-se o exemplo disso no desenvolvimento da filologia estrutural moderna e em outras abordagens objetivadas. A segunda é que as próprias ciências críticas são hermenêuticas: além de sua tendência a ampliar a comunicação, elas pressupõem que as deformações de que falam, longe de ser naturais, são processos de simbolização. As deformações dizem respeito à esfera da atividade comunicacional. Eu me esforço, então, para diminuir a distância entre uma bipartição e uma tripartição das ciências: uma divisão *no seio* da prática introduz, a meu ver, a distinção entre ciências hermenêuticas e ciências sociais críticas. A argumentação desenvolvida na aula anterior mostrou que o próprio elemento crítico era a chave que permite restaurar a comunicação: a ruptura da comunicação e o seu restabelecimento dizem respeito, portanto, à prática. Não estou de acordo com a tripartição que tende a identificar a prática com o terceiro tipo de ciência e que isola o segundo como uma esfera distinta. Sou levado, portanto, a considerar que o litígio entre Habermas e Gadamer é secundário. Claro, há uma diferença de gerações e de posições políticas. Para Habermas, Gadamer é um velho e respeitável senhor, que supostamente vota à direita, e a hermenêutica encarna a conservação do passado numa espécie de museu. Quanto a Gadamer, ele considera Habermas como um radical que fez concessões aos estudantes, motivo pelo qual foi punido. Vou me interessar mais pela oposição entre essas duas figuras, pois não vejo como poderíamos levar a cabo uma crítica sem ter, ao mesmo tempo, uma experiência da comunicação. E tal experiência nos é fornecida pela compreensão dos textos. É ao compreender os textos que aprendemos a nos comunicar. Sem um projeto de libertação, a hermenêutica é cega, mas sem uma experiência histórica, um projeto de emancipação é vazio.

Para reencontrar o quadro conceitual com dois estágios (e não três), abandono o texto sobre "Conhecimento e interesse" e volto ao livro. A divisão em três partes nos auxiliou a compreender por que Habermas faz, da psicanálise e da crítica da ideologia, ciências sociais críticas; o esquema da divisão bipartite, porém, nos permite apreender melhor a questão que vamos abordar agora: a transferência dos conceitos da psicanálise para a crítica da ideologia. A contribuição de Habermas é muito interessante. E sobre esse tema vou me apoiar principalmente nos capítulos 10 a 12 do livro *Conhecimento e interesse*. Vou formular três questões. Eu vou me perguntar, primeiramente: o que, na psicanálise, é paradigmático para uma crítica da ideologia?

O que está em jogo é a natureza da psicanálise enquanto modelo. Vou me interrogar, em seguida, sobre a pertinência do modelo: devemos nos perguntar se há diferenças significativas entre a situação analítica e a posição crítica nas ciências sociais. E para terminar, vou vincular essa segunda questão a uma das preocupações fundamentais que me fizeram ler Habermas: não é com base na utopia que podemos levar a cabo uma crítica?

Para antecipar a conclusão, eu poderia observar que, em Habermas, encontra-se pouquíssima coisa sobre essa questão das diferenças entre psicanálise e crítica: ele se preocupa muito mais em apoiar-se na psicanálise do que em elencar divergências. É possível que a diferença fundamental concirna precisamente à ausência, na crítica, do que poderia ser comparado à experiência comunicacional na situação transferencial. A ausência da transferência na crítica social torna ainda mais manifesto o estatuto utópico de sua reivindicação: curar os males da comunicação. O psicanalista não precisa ser utopista, pois ele faz a experiência, por mais limitada que seja, de uma restauração bem-sucedida da comunicação. Mas o sociólogo não tem essa experiência, visto que permanece no nível da luta de classes e não dispõe, portanto, desse modelo reduzido do reconhecimento que é a situação analítica.

A tese fundamental dos capítulos 10 a 12 é que a especificidade da psicanálise se deve ao fato de que ela integra uma fase explicativa num processo que é essencialmente um processo de autorreflexão. A psicanálise é uma autorreflexão mediatizada por uma fase explicativa. A explicação não é uma alternativa à compreensão, mas um segmento do processo de conjunto. Em sua exploração da natureza do modelo psicanalítico, Habermas procede em três etapas. Ele se atém inicialmente à estrutura paradoxal da psicanálise: ela é paradoxal porque engloba ao mesmo tempo a compreensão e a explicação. Essa estrutura paradoxal explica por que a psicanálise é o objeto de tantos mal-entendidos, os quais não são inteiramente desprovidos de fundamento. Nem Freud nem os seus sucessores estabeleceram a relação entre compreensão e explicação: buscaram, antes, reduzir o procedimento a uma explicação e, até mesmo, a um quadro de pensamento puramente causal. No capítulo 11, Habermas o denomina assim: um *"modelo de repartição da energia"* (p. 279). E no entanto, insiste no fato de que essa estrutura paradoxal deve ser enfatizada, pois a psicanálise tem de se haver, ao mesmo tempo, com a análise da linguagem e com as conexões causais. O gênio de Freud se deve ao fato de que ele preservou o equilíbrio entre esses dois fatores, mesmo se nem sempre o tivesse mantido em sua metapsicologia. A estrutura paradoxal da psicanálise é uma consequência da própria situação analítica, visto que não implica somente um texto deformado, mas um texto *sistematicamente* deformado. É preciso insistir no caráter sistemático das deformações. Em comparação, a filologia é uma instância de pura análise linguística. Ela se apega às deformações – textos truncados, cópias errôneas, etc. – e nos pede para estabelecer o texto através de uma crítica, mas não inclui a sistematicidade das deformações. Entretanto, não se deve unicamente compreender o que é deformado: deve-se explicar as próprias deformações. Há, portanto, uma conjunção da *"análise da linguagem"* e da *"investigação psicológica de conexões causais"* (p. 250). Tal conjunção é também a principal razão da ambiguidade epistemológica da psicanálise.

> A interpretação psicanalítica se ocupa com as conexões de símbolos nas quais um sujeito se ilude sobre si mesmo. A *hermenêutica das profundezas* que Freud opõe à hermenêutica filológica de Dilthey concerne a textos que denotam as *ilusões do autor sobre si mesmo*. Afora o conteúdo manifesto [...], tais textos revelam o conteúdo latente de uma porção de orientações de seu autor, a qual, para ele, se tornou inacessível e estranha e, todavia, lhe pertence: Freud forja a fórmula de "território estrangeiro interior" [*Novas conferências sobre a psicanálise*] para caracterizar a exteriorização de algo inteiramente próprio ao sujeito (p. 251).

Porque o conteúdo latente é inacessível a seu autor, é preciso fazer o desvio por um método explicativo. Notemos igualmente que Habermas qualifica o método freudiano de "hermenêutica das profundezas". O que confirma que é possível manter a fronteira entre hermenêutica e ciências críticas.

Vamos encontrar no sonho um bom exemplo da dualidade da linguagem psicanalítica. De um lado, é preciso uma análise da linguagem: o sonho necessita de uma decodificação hermenêutica, é um texto a ser decifrado. O método, aqui, é de ordem filológica. Mas é preciso igualmente dar conta da deformação do sonho, daí o recurso à teoria do "trabalho do sonho" e a uma técnica apropriada às resistências opostas à interpretação. Aqui, a linguagem é quase física. Todos os termos utilizados por Freud no capítulo 6 d'*A interpretação dos sonhos* implicam a existência de mecanismos de distorção: condensação, deslocamento, representação, elaboração secundária. Esse vocabulário da censura e da repressão diz respeito a uma "energética", e não a uma hermenêutica. O que, no entanto, não nos impede de dizer que o sentido deformado ainda seja uma questão de comunicação. O sonhador é ex-comungado[33] da comunidade linguística, mas essa ex-comunhão é uma distorção da comunicação. Habermas discerne o paradoxo de diversas maneiras: ele fala de exclusão da "comunicação pública", de relações privadas de linguagem, de linguagem "privatizada". A língua do sonho é uma "língua desgramaticalizada" (p. 257). O horizonte é o de Wittgenstein e dos "jogos de linguagem": a ex-comunhão própria ao sonho é uma patologia dos jogos de linguagem que asseguram a comunicação.

> O domínio do objeto da hermenêutica das profundezas compreende todas as passagens nas quais, em razão de perturbações internas, o texto de nossos jogos de linguagem cotidianos é interrompido por símbolos incompreensíveis. Tais símbolos são incompreensíveis porque não obedecem às regras gramaticais da linguagem ordinária, às normas da ação e aos modelos de expressão adquiridos culturalmente (p. 259).

"Porque os símbolos que interpretam as necessidades reprimidas são excluídos da comunicação pública, é interrompida a comunicação consigo mesmo do sujeito falante e agente" (p. 260). Logo, o primeiro ponto concernente ao modelo psicanalítico é que ele trata dos sintomas, dos sonhos e de todos os fenômenos patológicos ou quase patológicos como casos de ex-comunhão baseados na deformação sistemática, e, para desaparecer, todas essas deformações sistemáticas requerem explicação.

---

[33] Neste parágrafo e nos seguintes, acompanhamos Ricœur quando faz uso do hífen para transcrever os termos *ex-communié, ex-communication*. Assim, o leitor levará em conta o jogo que ele, acompanhando os textos de Habermas, estabelece entre aquele que é julgado como herege e "posto fora da comunidade" (o *excomungado*) e aquele ou aquilo que (*ex-comungado*) é posto "fora da comunicação" (ex-comunhão). (N.T.)

O segundo ponto é que, na psicanálise, o paradigma é o da situação analítica. Tal ideia estará no centro de nossa discussão sobre a relação entre psicanálise e crítica da ideologia. Para Habermas, a mais interessante contribuição filosófica de Freud se acha nos textos relativos à técnica psicanalítica, ou seja, relativos à transferência. Cria-se, aqui, uma condição artificial de comunicação, na qual a situação fundamental de ex-comunhão é transposta e tratada. Habermas sustenta que precisamos analisar a metapsicologia com base no paradigma fornecido pelos textos relativos à técnica, e não o inverso. Na metapsicologia, Freud elaborou dois modelos diferentes: inicialmente, o modelo topológico do aparelho psíquico (inconsciente, pré-consciente, consciente); em seguida, o modelo que diferencia o isso, o eu e o supereu. Habermas afirma que esses modelos são diagramas que representam algo que sobrevém na situação transferencial. Por conseguinte, é a técnica analítica que deve governar o modelo metapsicológico, e não o inverso. Infelizmente, nos diz Habermas, a posição que predominou – tanto em Freud como em seus sucessores – consistiu em partir do modelo e, em função dele, interpretar o que acontece na situação analítica: Freud e seus sucessores esqueceram que o modelo era, de fato, derivado da experiência analítica.

A apreciação de Habermas estabelece um paralelo interessante com a abordagem proposta por Marx. Habermas sustenta, como vimos, que a pesquisa de Marx é, na realidade, mais importante do que a sua teorização. Tal pesquisa mantém a distinção entre relações de produção e forças produtivas, mesmo se tal dialética se vê abolida no modelo unidimensional que inclui somente as estruturas de produção. Para salvar Marx, precisamos salvar Freud: as visadas de Freud relativas à situação transferencial nos auxiliam a compreender, de modo novo, a significação das relações de produção. Em certo sentido, nossa tarefa é idêntica perante Marx e Freud: devemos evocar as contribuições reais, concretas, de suas pesquisas práticas e invocar as indicações fornecidas por tais pesquisas em detrimento de seus esquemas explicativos. Tais investigações é que devem reger os modelos, e não o inverso.

Antes de passar à transcrição das pesquisas de Freud em termos de modelo psicanalítico, devemos oferecer algumas precisões sobre a própria experiência analítica. Essa experiência comum ao paciente e ao analista é a experiência de uma gênese da consciência de si

(p. 261). Tal é, aos olhos de Habermas, a intuição central da psicanálise e, igualmente, é a chave para a crítica da ideologia. A meta da luta de classes é o reconhecimento, mas sabemos que esta última só faz sentido com base na situação analítica. É o que Freud condensa nesta fórmula fundamental: *Wo Es war, soll Ich werden*. Ali onde era o isso, deve advir o eu. Portanto, tal é, para a psicanálise, a primeira razão do caráter paradigmático da situação analítica: o reconhecimento de si governa a totalidade do processo.

A segunda razão de seu caráter paradigmático se deve ao fato de que o reconhecimento de si se realiza pela dissolução das resistências. O conceito de resistência na psicanálise vai se tornar um modelo para a ideologia. Uma ideologia é um sistema de resistência: ela resiste ao reconhecimento daquilo que nós somos, de quem nós somos, etc. Aqui, a visada decisiva da psicanálise é que a compreensão intelectual do sistema de resistências não é suficiente. Mesmo se um paciente compreende intelectualmente a sua situação, tal informação é inoperante enquanto não o conduzir a reestruturar a sua economia libidinal. Se quiséssemos traçar um paralelo com o mundo social, poderíamos considerar o papel da mídia. Qualquer que seja a informação fornecida pela mídia sobre a verdadeira natureza do poder na sociedade, tal saber permanece inoperante em si, porque não tem nenhum impacto sobre a distribuição do poder. O sistema liberal de informação é neutralizado pelo funcionamento efetivo do poder. Esse exemplo não está no texto. De fato, sobre a questão do modelo apropriado às ciências críticas, o próprio Habermas não propõe nenhuma comparação explícita entre Freud e Marx. É a nós que cabe fazer esse trabalho. Só mais adiante, no capítulo 12, onde está em questão a teoria marxiana da cultura, é que Habermas estabelece uma relação entre Freud e Marx. Por enquanto, Habermas só se preocupa com Freud. A situação analítica é um exemplo privilegiado para as ciências sociais críticas, pois está baseada na teoria da resistência. A tarefa da análise é dissolver as resistências mediante um tipo de trabalho que Freud denominou *Durcharbeitung*, "perlaboração". "A *perlaboração* designa a parte dinâmica de uma realização cognitiva que só conduz ao reconhecimento ao suplantar as resistências" (p. 263). Trata-se de uma boa definição porque ela engloba três conceitos: uma atividade cognitiva que conduz ao reconhecimento, através do enfrentamento das resistências.

Vou me contentar em fazer alusão ao fato de que Habermas integra a reconstituição biográfica a esse processo (p. 265). Para os que se interessam pela narração – pela constituição de uma história, de um relato –, há muito que extrair da discussão habermasiana da estrutura da narrativa da experiência analítica. Porque ela inclui a biografia, seus critérios não são os da verificação. Ela não se interessa pelos fatos, mas pela capacidade de fazer da história de nossa vida um todo significante. A reconstrução de uma biografia inverte o processo de isolamento que caracteriza a ex-comunhão.

Se a realização cognitiva, a superação das resistências e o reconhecimento são os efeitos da situação analítica, tal experiência matricial é transformada por Freud em *modelo estrutural* (p. 269). Esse é o terceiro ponto da leitura de Habermas: ele considera que tal evolução se aplica particularmente ao texto intitulado "O eu e o isso", escrito em 1923, em *Ensaios de psicanálise*; a transformação, porém, é manifesta em todos os modelos sucessivos de Freud, como nos escritos de 1895 e no capítulo 7 d'*A interpretação dos sonhos*, escrito em 1900. Para Habermas, o modelo estrutural é legítimo porque precisamos introduzir conexões acidentais num processo de conjunto que é interpretativo. É interpretativo, mas engloba elementos causais. Enquanto permanecermos atentos à derivação do modelo estrutural a partir da situação analítica, não há nenhum perigo. Mas quando o modelo estiver isolado da situação descrita, então ele se torna ideologia (não é Habermas que utiliza a palavra "ideologia", mas eu mesmo). Separado da experiência analítica, o modelo estrutural se torna uma objetivação pelo viés da qual a psicanálise recusa a sua proximidade com a hermenêutica das profundezas e se pretende calcada nas ciências da natureza.

Decerto, numerosos textos de Freud afirmam que a psicanálise é uma ciência da natureza. Para isso, há várias razões. Incialmente, Freud devia lutar tão duramente para ser reconhecido que precisava reivindicar a posição do cientista. Era este o único meio do reconhecimento. Em seguida, a sua própria formação em neurofisiologia o conduzia a pensar que a psicanálise era apenas uma etapa provisória e que um dia ela seria substituída pela farmacologia. A psicanálise só é necessária porque ignoramos ou não compreendemos certos funcionamentos do cérebro. Tal convicção é estranha porque a ênfase posta na autocompreensão é incompatível com uma ciência tal como a farmacologia.

Em todo caso, podemos nos reapropriar do modelo estrutural se tivermos em mente a sua derivação a partir da experiência analítica. No interior desse quadro, um termo tal como o "isso" assume sentido, pois podemos identificá-lo literalmente com o *neutro*. Porque não reconhecemos mais certas camadas de nós mesmos, porque eles foram ex-comungados em relação a outros e também em relação a nós mesmos, eles se mostram como coisas. O "isso" descreve bem a existência dessa parte de nossa existência que não compreendemos mais: aquilo a que não temos mais acesso e que se parece então com uma coisa. O "isso" é o nome dado ao que foi ex-comungado.

O conceito de ex-comunhão rege o modelo estrutural. Porque a própria ex-comunhão diz respeito ao sistema de conceitos da atividade comunicacional, uma espécie de atividade comunicacional oferece a chave para um modelo quase naturalista.

> Parece-me mais do que plausível compreender o ato de recalque como um isolamento das próprias interpretações de necessidades. A linguagem desgramaticalizada e comprimida em imagens, que é a do sonho, nos fornece pontos de apoio para tal *modelo de ex-comunhão*. Esse processo seria a reprodução intrapsíquica de uma categoria determinada da punição cuja eficácia é evidente, particularmente nas épocas arcaicas: a expulsão e o ostracismo, o isolamento do criminoso, rejeitado do grupo social com o qual ele partilha o idioma. *Isolar certos símbolos individuais da comunicação pública equivale a privatizar o seu conteúdo semântico* (p. 273-274).

Aprecio bastante essa parte da análise de Habermas. Somente por um processo de isolamento interno é que existe algo como o "isso". O "isso" não é um dado, mas um efeito da expulsão. Penso que tal interpretação permanece fiel a Freud: o recalque é produzido não por forças naturais, mas por forças que agem em certas condições culturais. O recalque não é um fenômeno mecânico, ele é a expressão, numa linguagem causal, daquilo que nos acontece quando não reconhecemos, quando nos isolamos de nossa própria companhia.

Para concluir nossa discussão sobre a abordagem habermasiana da psicanálise, poderíamos dizer que a argumentação global é a seguinte: *"A linguagem da teoria [psicanalítica] é mais pobre que a linguagem na qual foi descrita a técnica"* (p. 277). Tal apreciação é tão importante quanto a que concernia a Marx: uma interpretação de Marx em termos mecanicistas não pode dar conta de sua crítica, visto que esta não faz parte do sistema mecanicista. O mesmo vale para Freud: se tivermos de nos haver com um modelo mecanicista, não poderemos dar conta do processo de autorreflexão requerido pela experiência analítica. "É estranho que o modelo estrutural denegue o fato de que as suas próprias categorias sejam resultantes de um processo de esclarecimento" (p. 277). Esta frase nos permite fazer a transição para o último ponto de nossa análise de Habermas. Como o processo do Iluminismo – a *Aufklärung* – orienta a crítica de Habermas, crítica cujo interesse é a emancipação? Em que medida o "esclarecimento" – entendido como emancipação – é um elemento utópico no coração da crítica da ideologia?

Dois problemas, aqui, vão mobilizar a nossa atenção. Inicialmente, precisamos considerar em que medida o modelo psicanalítico nos auxilia a analisar o conceito de crítica da ideologia. Devemos nos certificar quanto ao princípio desse paralelismo e ao seu alcance. Precisamos, em seguida, considerar em que medida a componente utópica está presente no conceito de autorreflexão e no conceito de crítica em geral. Vou vincular ambas as questões porque, a meu ver, a diferença entre a psicanálise e a crítica da ideologia se deve, afinal, ao fato de que, nesta última, o elemento utópico está irredutivelmente presente. Mas essa conclusão é uma interpretação pessoal, mais do que uma leitura *stricto sensu* de Habermas.

Como já indiquei anteriormente, em *Conhecimento e interesse*, Habermas, curiosamente, fala muito pouco sobre a possibilidade de transportar para a crítica certas conclusões suas a respeito da psicanálise. Cabe ao leitor extrair tais consequências. Com base em nossa leitura, vou tentar comparar psicanálise e crítica da ideologia e vou do mais ao menos semelhante. Vamos terminar nos perguntando o que diferencia fundamentalmente as duas empreitadas.

O modelo psicanalítico pode ser transposto na crítica da ideologia em quatro pontos essenciais. O desvio pela psicanálise ilustra inicialmente que a autorreflexão constitui o principal motivo das ciências sociais críticas em seu conjunto. A psicanálise é exemplar, pois é um processo de reconquista de si, de autocompreensão. Em seguida, tanto na psicanálise quanto na crítica da ideologia, as distorções pertencem ao mesmo nível de experiência que a emancipação. As distorções sobrevêm no processo de comunicação. Logo, somos obrigados a falar da própria luta de classes em termos de comunicação. A luta de classes não implica somente conflitos entre forças, mas uma ruptura do processo de comunicação entre os seres humanos. Estes se tornam estrangeiros: as pessoas das diferentes classes não falam a mesma linguagem. A ex-comunhão se estende até mesmo ao estilo, à gramática, à amplitude do vocabulário, etc. A diferença não se situa unicamente entre as ferramentas linguísticas dos diversos grupos, mas entre os sistemas simbólicos através dos quais eles enxergam uns aos outros.

> Mas reencontra-se na sociedade aquilo que se encontrava na situação clínica: ao mesmo tempo em que a própria compulsão patológica, é posto o interesse pela sua supressão. A patologia das instituições sociais, assim como a da consciência individual, reside no meio da linguagem e da atividade comunicacional, e assume a forma de uma deformação estrutural da comunicação (p. 319).

Freud nos auxilia a reler Marx em termos de processo de comunicação, não somente quando fala de forças, mas o tempo todo.

O terceiro ponto comum à psicanálise e à crítica da ideologia é que, em razão do caráter sistemático de suas deformações, não podemos esperar que desapareçam apenas devido à nossa aptidão normal para comunicar. As vias habituais da interpretação que constituem a conversação são inoperantes, pois estamos confrontados, não com o mal-entendido, mas com a deformação sistemática. Daí a necessidade de aplicar uma técnica intermediária, fazer o desvio pela explicação causal. Logo, na psicanálise assim como na crítica da ideologia, o movimento que vai da perda à restauração da comunicação comporta uma fase explicativa que implica a construção de um modelo teórico para tratar desse segmento dos processos dissimulados e reificados.

Isso nos leva ao quarto e último paralelo: o modelo estrutural onde temos de nos haver com conexões acidentais deve sempre ser derivado da situação de comunicação, mas ele pode ser subtraído e, portanto, reificado. Para Habermas, o paralelismo, aqui, é total: cada um dos modelos (no marxismo assim como na psicanálise) foi subtraído à situação original pela qual foi concebido e se tornou um modelo estrutural reificado. O modelo freudiano da repartição da energia tem o mesmo estatuto ambíguo que a superestrutura e a infraestrutura no marxismo ortodoxo.

Vejamos agora os elementos que fazem com que a comparação entre a psicanálise e a crítica da ideologia se mostre deficiente. A defasagem começa quando tratamos de elencar o que Marx e Freud enfatizaram na passagem da natureza à cultura. "Como base natural da história, ele [Marx] se interessa, portanto, pela organização corporal específica da espécie, segundo a categoria do trabalho possível: *o animal que fabrica utensílios*. Ao contrário, o olhar de Freud não estava voltado para o sistema do trabalho social, mas para a família" (p. 313). Marx faz do ser humano um utilizador dos utensílios, e Freud nele vê um ser que permanece criança, mesmo quando ultrapassou a idade da infância. Para Freud, o problema fundamental não é o trabalho, mas a renúncia aos instintos é que permite que um sistema cultural funcione. Nos três grandes textos de Freud relativos à cultura – *O futuro de uma ilusão*, *O mal-estar na civilização* e *Moisés e o monoteísmo* –, tudo se mede em termos de renúncia libidinal, de satisfações libidinais que devem ser sacrificadas, a fim de que seja possível tornar-se um ser social. A visão freudiana da cultura é pessimista: a sociedade só funciona na base de compensações, interditos e sublimações que protegem o sistema social. Freud "se concentra na gênese da base motivacional da atividade comunicativa" (p. 313).

A divergência entre Marx e Freud começa a se manifestar no capítulo 12 do livro, único momento em que Habermas compara diretamente os dois pensamentos. Ele escreve: "Eis a chave psicanalítica de uma teoria da sociedade que, por um lado, converge de modo espantoso para a reconstrução marxiana da história da espécie, e, claro, sob outra relação, valoriza pontos de vista especificamente novos" (p. 307-308). Não se dá prosseguimento ao paralelo porque a preocupação de Freud se limita ao fato de que um ser humano é mais do que um animal unicamente por causa de sua renúncia aos instintos. Habermas cita uma fórmula de *O mal-estar na civilização*, impressionante, aterrorizadora, sob vários aspectos: "Cada indivíduo é virtualmente um inimigo da civilização" (p. 308). A sociedade deve tomar medidas contra a dimensão destruidora, uma dimensão que Freud põe em relação com o sadismo e a pulsão de morte. Esta última, em particular, manifestamente não tem equivalente em Marx. Para Freud, a culpabilidade protege a cidade das perturbações individuais. Habermas faz o seguinte comentário:

A última fórmula, a saber, que *cada um* é virtualmente um inimigo da civilização, remete já à diferença entre Freud e Marx. Marx concebe o quadro institucional como uma regulamentação dos interesses que, no próprio sistema do trabalho social, são fixadas segundo a relação dos danos sociais e das obrigações impostas. O poder das instituições provém do fato de que elas tornam permanente uma distribuição dos dados e das obrigações, fundada na violência e deformada segundo uma especificação de classes. Ao contrário, Freud concebe o quadro institucional em ligação com a repressão das moções pulsionais [...] (p. 308).

Para Freud, o recalque é fundamental, ao passo que, em Marx, ele é um suplemento, uma distorção introduzida pela divisão do trabalho e pela estrutura de classe. Durante algum tempo, Freud teve certa simpatia pelo bolchevismo, mas ele o considerava também com desconfiança, pois tinha a intuição de que uma experiência política que não mudasse fundamentalmente o equilíbrio pulsional, não seria uma revolução.

A despeito dessas diferenças entre Freud e Marx, Freud pode ser de alguma ajuda neste segundo nível da comparação. Neste estágio, com efeito, há um equilíbrio das diferenças e das semelhanças entre a psicanálise e a crítica das ideologias, ao passo que, no primeiro ponto, só encontrávamos analogias. O que, em Freud, permanece paradigmático, é o gênero de esperança que ele propõe. É muito mais difícil encontrá-lo em Marx, pois, enquanto a estrutura de classe não for ultrapassada, a racionalidade da existência humana não poderá ser estabelecida. Ao contrário, podemos, no procedimento da psicanálise, captar algo como a emergência de uma autocompreensão e de uma autorreflexão.

Para discutir tal dimensão da psicanálise, que não afeta somente a segunda, mas também a terceira etapa da comparação com a crítica da ideologia (onde a ausência de paralelo vem para o primeiro plano), vou me concentrar nas páginas 314 a 321 do texto. Pelo que sei, são as únicas páginas (afora o artigo publicado em *Técnica e ciência como ideologia*) nas quais aparece a palavra "utopia". Habermas considera Freud como um homem do século XVIII, um homem do Iluminismo, e isso é certamente verdade. Habermas compreende o ideal do Iluminismo como uma defesa em favor da racionalidade utópica, como a promoção de uma esperança racional. "As ideias de uma filosofia das Luzes provêm do fundo das ilusões historicamente transmitidas. Por isso devemos compreender as ações de uma filosofia das Luzes como a tentativa de testar o limite do realizável, no que concerne ao conteúdo utópico do patrimônio cultural em circunstâncias dadas" (p. 314-315). Esta proposição está relacionada com uma ideia desenvolvida nos últimos escritos de Freud, quando ele distingue ilusão e ideia delirante. Uma ideia delirante é uma crença irracional, ao passo que as ilusões representam as possibilidades do ser humano racional. Habermas cita então a *Introdução à psicanálise*: "Minhas ilusões não são irremediáveis como as ilusões religiosas, elas não têm um caráter delirante. Se a experiência mostrasse que estamos enganados, nós renunciaríamos às nossas expectativas" (p. 315). Freud propõe a ideia de um espírito utópico moderado, um espírito temperado pela atmosfera do Iluminismo, pelo horizonte da racionalidade. Por que tal noção está presente em Freud? "Freud encontra essa unidade da razão e do interesse na situação em que a maiêutica do médico só pode promover a autorreflexão do doente sob uma compulsão patológica, e pelo correspondente interesse pela supressão dessa compulsão" (p. 318). É a identidade do interesse e da razão que fornece à esperança um conteúdo racional. Tal qualidade é talvez aquilo que falta a um hipotético paralelo entre a crítica da ideologia e a psicanálise.

Tocamos agora no ponto em que deve ser enfatizada a defasagem entre psicanálise e crítica da ideologia. A meu ver, a diferença essencial é que, na crítica da ideologia, não há nada comparável com a relação entre o paciente e o analista. Não é por acaso que Habermas nunca evoca esse paralelo quando desenvolve a ideia de que a relação analítica é paradigmática na psicanálise e que o modelo estrutural deriva dessa situação. Devemos nos perguntar se existe algo de semelhante na crítica da ideologia. Neste ponto o texto importante é o que acabo de citar como transição. Vou retomá-lo, algumas linhas acima:

> Na situação analítica, a unidade da intuição e da emancipação, da compreensão e da libertação em relação aos dogmas, essa unidade da razão e do uso interessado da razão, que Fichte desenvolveu no conceito de autorreflexão, é efetivamente real [...]. Freud encontra essa unidade da razão e do interesse na situação em que a maiêutica do médico só pode promover a autorreflexão do doente [...] (p. 318).

A situação analítica torna real (*wirklich*) a unidade da intuição e da emancipação, e a maiêutica do médico fornece o auxílio necessário. Essa relação entre o paciente e o terapeuta é própria apenas da situação psicanalítica. Às vezes ela chega a ser apresentada (em particular aqui, nos Estados Unidos) como uma relação contratual. Alguém se denomina "paciente" e outro é qualificado de "terapeuta" e reconhecido como tal pelo paciente. Reconheço que estou sofrendo, que peço ajuda e que alguém pode me dar ajuda. A situação é, no sentido dado por Habermas a esse termo, dialógica: não no sentido de uma experiência partilhada – a regra de abstinência faz com que o analista não partilhe nada –, mas no sentido de que o analista está presente e propõe sua ajuda ao paciente.

Esta situação inicial paciente/analista não tem nenhum equivalente na crítica da ideologia. Na crítica da ideologia, ninguém se identifica como quem sofre como paciente, e ninguém é qualificado de terapeuta. Seria possível objetar que, em certa medida, o sociólogo ou o escritor são capazes de desempenhar o papel de terapeuta, mas isso coloca o problema de saber se pode existir verdadeiramente um pensador sem juízos de valor. Em certo sentido, esse pode ser o caso do psicanalista na situação analítica, porque ele é o objeto da transferência. Mas não vejo onde estaria o equivalente na crítica da ideologia, pois até mesmo o pensador é parte integrante da situação polêmica. O pensador não a transcende, e a noção de ideologia permanece um conceito polêmico, inclusive para ele. Em compensação, o psicanalista não utiliza o conceito de neurose como uma ferramenta polêmica contra o paciente. A ausência de paralelo entre a psicanálise e a crítica da ideologia tem consequências incômodas para esta última, visto que ela se torna parte de seu sistema de referências. O próprio estatuto da crítica da ideologia pertence à situação polêmica da ideologia. Tal é o primeiro ponto em que o paralelo entre a psicanálise e a crítica da ideologia se mostra deficiente.

O segundo ponto é o seguinte: nada na crítica da ideologia é comparável à situação transferencial. A transferência é o procedimento decisivo pelo qual o que aconteceu na cena neurótica é transposto em modelo reduzido para a cena artificial da relação paciente/analista. Ela constitui uma cena intermediária entre a cena neurótica e a cena infantil originária. É a faculdade de criar essa situação intermediária e artificial que confere à experiência psicanalítica a sua eficácia. Uma vez mais, eu me pergunto se, por exemplo, uma análise do pertencimento de classe, feita pela crítica da ideologia, pode desempenhar um papel análogo a essa situação transferencial.

O terceiro e último ponto reside na ausência de um reconhecimento próprio à crítica da ideologia. A relação entre o terapeuta e o paciente não é unicamente uma situação contratual e um procedimento de transferência: ela é também uma conjuntura que acarreta, afinal, o reconhecimento recíproco. Não podemos sustentar, porém, que o reconhecimento opera na *Ideologiekritik*. Por exemplo, em *Lênin e a filosofia*, Althusser recusa radicalmente a possibilidade de reconhecimento. Devemos, diz ele, traçar a linha de demarcação entre o intelectual marxista e o intelectual burguês. Ao menos para os marxistas ortodoxos, estamos numa situação de guerra e devemos adotar essa perspectiva como exemplar, em detrimento da perspectiva das outras correntes, mais acomodadas e mais humanistas. Para a corrente ortodoxa, a noção de reconhecimento é uma projeção que só vale para a sociedade sem classes. Na sociedade sem classes haverá um reconhecimento, mas só podemos dizer que ele impulsiona a empreitada atual.

Minha crítica não constitui tanto um argumento de encontro a Habermas quanto uma tomada de posição a respeito do próprio problema: a saber, que a psicanálise e a crítica da ideologia não têm os mesmos critérios de êxito. Podemos admitir que há, na crítica da ideologia, certos momentos terapêuticos. Mesmo se não formos marxistas, quando lemos Marx, trata-se de um acontecimento que nos toca pessoalmente e que modifica a nossa visão da sociedade. Estamos menos decepcionados com os semblantes da democracia, etc. Por isso, essa mudança acarreta consequências políticas ao mesmo tempo diretas e indiretas. É capital que vozes dissidentes se façam ouvir no processo democrático. É preciso observar a margem de dissidência para o bem da política interna. Pode-se dizer igualmente que a crítica da ideologia pode conduzir à tomada de consciência, tema desenvolvido por pensadores latino-americanos como Paulo Freire. É também uma forma de terapia política. Mas em geral falta à crítica da ideologia, uma componente imediata, ligada à experiência. Ela funciona muito mais no nível da análise das engrenagens da máquina social. Embora a crítica da ideologia possa ter certos efeitos terapêuticos, sua intenção é sempre crítica. Em compensação, a psicanálise engloba simultaneamente a crítica e a cura. A função da terapia é curar, mas ninguém é virtualmente curado pelo processo de crítica da ideologia. Muitos são os feridos, mas poucos os que se curam.

A crítica da ideologia faz parte de um processo de luta e não de reconhecimento. A ideia de uma comunicação livre permanece uma ideia irrealizada, uma ideia reguladora, uma "ilusão" no sentido em que Freud distingue esse termo de uma ideia delirante. Aqui, talvez, o elemento utópico preencha o fosso que a experiência do reconhecimento preenche na situação psicanalítica. É o que sugere, nesse momento da discussão habermasiana sobre Freud, o recurso à problemática da utopia:

> Por isso, também no sistema social, esse interesse posto com a pressão do sofrimento é imediatamente um interesse pelo esclarecimento [*Aufklärung*] – e a reflexão é o único movimento possível no qual ele se impõe. O interesse da razão tende para a realização crítico-revolucionária progressiva, mas, *a título de ensaio*, grandes ilusões humanas nas quais os motivos reprimidos são transformados em *fantasmas* de esperança (p. 319: grifo nosso para "fantasmas").

E Habermas acrescenta algumas linhas adiante: "O 'bem', aqui, não é nem uma convenção nem uma essência, ele é o produto da atividade imaginativa, mas deve ser suficientemente preciso para encontrar e articular um interesse fundamental: o interesse pela medida de emancipação que, historicamente, nas condições dadas como naquelas que podem ser objeto de manipulações, é objetivamente possível". Habermas – eu fico muito feliz com isso – conduz a discussão para a dimensão do imaginário social (em alemão, o termo *Phantasie* é traduzido por "atividade imaginativa").

Numa obra mais recente, Habermas tenta responder às críticas de que foi o objeto (a propósito da ausência de paralelismo entre a psicanálise e a crítica da ideologia), propondo a noção de competência comunicacional. Trata-se de uma construção utópica, de uma situação ideal de linguagem, que abre a possibilidade de uma comunicação não deformada. Não obstante, o recurso a esse conceito suscita, no que diz respeito à natureza do elemento utópico, interrogações da mesma ordem que foram postas por nossa leitura de *Conhecimento e interesse*. A palavra "competência" é utilizada de maneira ambígua. De um lado, uma competência é algo que está à nossa disposição, uma potencialidade da qual podemos nos servir ou não. É o correlato da *performance* em Chomsky. Porque tenho a competência para falar francês, posso enunciar uma frase nessa língua. Mas a competência comunicacional não é algo que estaria à nossa disposição: trata-se, antes, de algo aparentado à Ideia kantiana, a uma ideia reguladora. Minha questão é, pois, a seguinte: podemos deter essa ideia sem uma antropologia ou uma ontologia que deem sentido a um diálogo exitoso? É o argumento constante de Gadamer em sua discussão com Habermas. Se não compreendermos Hölderlin quando ele fala do *Gespräch das wir sind*, da linguagem que nós somos, então não poderemos dar sentido à linguagem que devemos ser. Se não dispusermos de uma ontologia no seio da qual o diálogo é constitutivo do que somos, poderemos considerar esse ideal comunicativo? Mas talvez seja, pura e simplesmente, uma questão de ênfase, e a questão de Habermas é a seguinte: como poderemos compreender o diálogo que nós somos, se não for através da utopia de uma comunicação sem fronteiras e sem coações?

De minha parte, admito inteiramente o papel incontornável desse elemento utópico, pois penso que ele é a componente última de toda teoria da ideologia. É sempre a partir das profundezas da utopia que podemos falar da ideologia. Tal era o caso do jovem Marx, quando ele falava do homem total, aquele que pela manhã ia pescar, pela tarde caçar e, à noite, se entregava à crítica. Tal reconstrução da totalidade subjacente à divisão do trabalho, essa visão de um homem integral, é utopia que nos permite afirmar que a economia política inglesa não escavou abaixo da superfície das relações econômicas entre o salário, o capital e o trabalho.

Gostaria de concluir com algumas palavras relativas à estrutura da utopia. De minha parte, considero a própria utopia como uma rede complexa de elementos de origens diversas. Longe de ser homogênea, ela é uma reunião de forças que operam em conjunto. A utopia é sustentada inicialmente pela noção de autorreflexão. Trata-se do coração da utopia e da componente teleológica de toda crítica, de toda análise, de toda restauração da comunicação. Eu a denomino componente transcendental. Esse elemento mantém a unidade entre a crítica da ideologia e o idealismo alemão, mas também, afinal, a unidade entre a crítica da ideologia e toda a tradição filosófica, embora Habermas pretenda que nós rompamos com a teoria, a fim de salvar a práxis. O que permanece comum à teoria e à prática, é esse elemento de autorreflexão, que não é histórico mas transcendental: intemporal, sem origem histórica que possa ser assinalada, ele é, antes, a possibilidade fundamental do ser humano. Quando o jovem Marx fala da diferença entre o animal e o homem, ele traça uma linha de demarcação: a diferença se deve a uma transcendência da qual só o homem pode se beneficiar. Prefiro qualificar esse fator de transcendental, pois ele é a condição de possibilidade para que se realize algo de outro.

A segunda componente da estrutura da utopia é cultural. Essa característica é moderna e provém da tradição das Luzes: ela acrescenta à atividade imaginativa a possibilidade de uma retificação, a possibilidade de pôr à prova os limites do realizável. Retomo uma frase já citada: "As ideias de uma filosofia das Luzes provêm do fundo das ilusões historicamente transmitidas. Por isso devemos compreender as ações de uma filosofia das Luzes como a tentativa de testar o limite do realizável, no que concerne ao conteúdo utópico do patrimônio cultural em circunstâncias dadas" (p. 314-315). As ideias são transmitidas historicamente. A utopia, então, não é unicamente um elemento transcendental e a-histórico: ela é uma parte de nossa história. O que me permite dizer que a grande diferença entre Gadamer e Habermas talvez seja que eles não pertencem às mesmas tradições. Gadamer se apoia mais no idealismo alemão e no romantismo, ao passo que Habermas está na tradição das Luzes e do idealismo alemão. É inevitável que ambos estejam historicamente situados: ninguém está fora de uma tradição. Mesmo a ênfase na autorreflexão se enraíza em certa tradição. A autorreflexão contém simultaneamente um fator a-histórico, que denominamos a sua componente transcendental, e uma componente cultural, uma história. Quando Habermas fala da unidade dos interesses e da razão (p. 318, 320), tipicamente, este é um tema das Luzes.

O terceiro elemento da estrutura utópica é a atividade imaginativa. A atividade imaginativa corresponde, em Habermas, ao que Freud denomina a ilusão. A ilusão se distingue, como estamos lembrados, da ideia delirante que é inverificável e ao mesmo tempo irrealizável. A ilusão ou a atividade imaginativa é o elemento da esperança, de uma esperança racional. Habermas desenvolve esse tema, não somente na discussão sobre Freud, mas também, de maneira sistemática, no artigo "Conhecimento e interesse" (em *Técnica e ciência como ideologia*). Nesse texto, ele afirma que a humanidade se enraíza em estruturas fundamentais como o trabalho, a linguagem e a dominação. Acrescenta, não obstante, que está igualmente presente em nós algo que transcende esse conjunto de condições: é a utopia. Nesse contexto, ele utiliza explicitamente a palavra "utopia". "A sociedade não é somente um sistema de autoconservação. Há, presente no indivíduo enquanto libido, uma natureza que é sedução, que abandonou o domínio da autoconservação e persegue uma satisfação utópica" (p. 153-154). A atividade imaginativa é aquilo que "persegue uma satisfação utópica". A oposição estabelecida por Habermas entre utopia e autoconservação é uma boa perspectiva para analisar a relação entre ideologia e utopia, em seus sentidos positivos. Como veremos com Geertz, a função essencial de uma ideologia é estabelecer uma identidade, quer se trate da identidade de um grupo, quer se trate de um indivíduo. A utopia, por sua vez, rompe com o "sistema de autoconservação" e "persegue uma satisfação utópica". Para Habermas, o papel efetivo desse elemento utópico conduz à seguinte tese: "*O conhecimento é um instrumento de autoconservação, na mesma medida em que transcende a pura e simples conservação*" (p. 154). A utopia é precisamente o que impede os três interesses constitutivos do conhecimento – instrumental, prático e crítico – de ser reduzido a um deles. A visada utópica abre o espectro de interesses e evita que ele se feche ou recaia no interesse instrumental.

É possível então que a utopia, no sentido positivo do termo, se estenda até a fronteira entre o possível e o impossível, fronteira que talvez não seja, afinal, suscetível de nenhuma racionalização, mesmo sob a forma de uma esperança racional. Nessas condições, não seria possível sustentar que o fator utópico é irredutível, que a crítica da ideologia não pode se apoiar numa experiência análoga à da transferência na psicanálise, onde o processo de libertação pode levar ao reconhecimento de si sob a conduta de um reconhecimento efetivo e mútuo? É possível até que um reconhecimento plenamente recíproco seja, em toda terapia enquanto tal, um elemento utópico.

A imaginação utópica é a de um ato ideal de linguagem, de uma situação ideal de comunicação: a ideia de uma comunicação sem fronteiras e sem coações. É possível que esse ideal constitua nossa verdadeira ideia do gênero humano. Falamos de gênero humano, não somente como espécie humana, mas como uma tarefa, visto que em nenhum lugar a humanidade está dada. O elemento utópico talvez seja a ideia da humanidade para a qual nos orientamos e que incessantemente tentamos atualizar.

Antes de proceder, nas três últimas aulas, a uma discussão mais pormenorizada da utopia, terminaremos a nossa análise da ideologia com o texto consagrado a Clifford Geertz. Habermas forneceu a transição: ele torna possível uma crítica da sociedade que evita o paradoxo de Mannheim (a distinção da ciência e da ideologia). Ele acrescenta algo a Weber, ao mostrar que somente ao término do andamento crítico é que podemos reconquistar, como obra nossa, as pretensões da autoridade, e ele chama nossa atenção para o fato de que tal reconquista vai da ex-comunhão e da dessimbolização para o reconhecimento e para a comunicação. Neste último ponto, ele anuncia Geertz, que demonstra que a ideologia deve ser compreendida com base na estrutura simbólica da ação. Esta é uma conclusão que nos permite ir além da distorção e da legitimação, e encarar o terceiro e último nível da ideologia: uma concepção não pejorativa da ideologia como integração.

Aula nº 15

Geertz

Nossa leitura de Clifford Geertz será a última etapa de uma análise que abrange três momentos principais. Partimos da superfície do conceito, da distorção. Ao lermos *A ideologia alemã*, nos perguntamos como seria possível dar sentido a esta proposição de Marx: uma classe dominante se exprime por ideias dominantes, e tais ideias se tornam as ideias dominantes de uma época. Concordamos que, nesse estágio, o conceito de ideologia consistia numa distorção sistemática e constatamos que, para apreender esse primeiro nível, precisávamos levar em conta o conceito de interesse (o interesse de classe), adotar a atitude da suspeita e proceder a um desmantelamento causal dessas distorções. É a relação entre a superestrutura e a infraestrutura que serviu de paradigma.

Em seguida, levantamos a segunda questão: como dar sentido à existência de um pensamento deformador causado por estruturas tais como as estruturas de classe? Fomos levados a nos perguntar o que implicavam as noções de classe dominante e de ideias dominantes. Nossa resposta foi: a dominação. O que trouxe à tona o segundo conceito de ideologia: a ideologia como legitimação. Foi então que introduzimos a discussão de Max Weber: a situação paradigmática não é mais interesse de classe, mas a pretensão de legitimidade que emana de todas as formas de dominação. Nosso ponto de mira foi o fosso que, no interior de um grupo, separa a reivindicação de autoridade do dirigente e a crença dos membros nessa autoridade. A atitude adotada pela análise nesta segunda etapa não foi a da suspeita, mas a posição do sociólogo, isento de juízos de valor. Além disso, o quadro conceitual não é mais a causalidade, mas a motivação, e tratamos esse quadro, não em termos de estruturas e de forças, mas em termos de tipos ideais de reivindicação da autoridade. Neste segundo momento, os tipos ideais da reivindicação desempenham o mesmo papel que anteriormente era o das superestruturas.

É para construir um terceiro conceito de ideologia como integração ou identidade que chegamos finalmente a Geertz. Neste estágio, atingimos o nível da simbolização: algo que pode ser deformado e algo no seio do qual se encontra o processo de legitimação. Aqui, a atitude não é nem a suspeita, nem sequer a ausência de juízos de valor, mas a conversação. Geertz chegou a essa atitude como antropólogo. Em *A interpretação das culturas*,[34] ele fala sobre a sua pesquisa etnográfica: "Buscamos, no sentido amplo do termo, que engloba muito mais do que palavras, a conversar com [as pessoas de outras culturas], o que é mais difícil, e não somente com estrangeiros, como se admite comumente" (p. 13). "Encarado assim", prossegue ele,

> [...] a meta da antropologia é a ampliação do universo do discurso humano [...]. É uma meta apropriada para uma concepção semiótica da cultura. Enquanto sistema onde conjuntamente operam signos analisáveis (o que, ignorando usos especializados, vou denominar como símbolos), a cultura não é um poder, algo para o qual é possível atribuir causalmente acontecimentos sociais, comportamentos, instituições ou processos; é um contexto, algo no interior do qual eles podem ser descritos em linhas gerais, de modo inteligível (p. 14).

Na conversação, adotamos uma atitude interpretativa. Se falarmos da ideologia em termos negativos, como uma distorção, utilizaremos então a ferramenta ou a arma da suspeita. Se, ao contrário, quisermos reconhecer os valores de um grupo com base em sua própria compreensão dos ditos valores, deveremos então acolhê-los de maneira positiva, e isso é a conversação.

---

[34] *The Interpretation of Cultures.*

Tal atitude está ligada a um quadro conceitual que não é nem causal, nem estrutural, nem motivacional, mas, antes, semiótico. O que me interessa em Geertz particularmente é que ele tenta tratar do conceito de ideologia com o auxílio dos instrumentos da semiótica moderna. Em seu texto, ele afirma: "O conceito de cultura que eu adoto [...] é essencialmente semiótico". O que ele entende por isso é que a análise da cultura é, "não uma ciência experimental em busca de leis, mas uma disciplina interpretativa em busca de sentido". Logo, Geertz não está tão longe de Max Weber: ele o acompanha em sua convicção de que "o homem é um animal suspenso na teia de significações que ele mesmo teceu" (p. 5). Nesse nível, nós nos voltamos para os motivos, não enquanto "motivacionais", mas enquanto eles se exprimem nos signos. É o sistema de signos dos motivos que constitui o nível de referência.

Porque a cultura é compreendida como um processo semiótico, o conceito de ação simbólica é central aos olhos de Geertz. Esse tema está muito presente em seu artigo "A ideologia como sistema cultural", publicado em *A interpretação das culturas*. É nesse texto que vamos concentrar nossa atenção até o final de nossa análise. Geertz toma emprestado o conceito – ou ao menos o termo – de "ação simbólica" a Kenneth Burke (p. 208). Parece que o empréstimo se refere mais à palavra do que ao conceito efetivo, pois, no livro de Burke, citado por Geertz, *The Philosophy of Literary Form: Studies in Simbolic Action*, a ação simbólica parece ter um sentido um tanto diferente. Burke afirma que a linguagem constitui, de fato, a ação simbólica. Ao passo que, para Geertz, a ação é simbólica exatamente *como* linguagem. A noção de ação simbólica poderia, portanto, ser usada indevidamente por nós no contexto visado por Geertz. Por isso, eu prefiro falar da ação como simbolicamente mediada. Isto me parece menos ambivalente do que o termo "ação simbólica", pois ela não é a ação que empreendemos, mas a ação à qual substituímos signos. A ideia de Burke é que, em literatura, estamos na presença da ação simbólica. A literatura é ação simbólica, ao passo que, aqui, queremos dizer que a ação enquanto tal é simbólica, no sentido de que ela se analisa com base em símbolos fundamentais.

Geertz utiliza igualmente o conceito discutível de "símbolo extrínseco", no sentido de uma teoria extrínseca dos sistemas simbólicos

(p. 214 e s.). Se entendi bem Geertz nesse ponto, a expressão é, a meu ver, infeliz. Geertz quer mostrar que a ação está regulada internamente por símbolos, os denominados símbolos extrínsecos, em oposição a outro grupo de símbolos, os resultantes da genética onde os códigos estão integrados ao organismo vivo. Tal distinção entre modelos extrínsecos e intrínsecos é uma tentativa para traçar uma demarcação entre os modelos encontrados em biologia e os que se desenvolvem na vida cultural. Nesta última, todos os símbolos são importados em lugar de serem homogêneos à vida. O modelo cultural e a potencialidade biológica da vida são heterogêneos. A ideia de Geertz é que a plasticidade biológica (ou a flexibilidade da vida humana) não nos fornece fio condutor para tratar das diversas situações culturais – a escassez, o trabalho, etc. Temos, portanto, necessidade de um sistema secundário de símbolos e de modelos que já não são naturais, mas culturais. A ênfase, então, não incide tanto sobre o fato de que tais símbolos e modelos são extrínsecos ao organismo, mas sobre o fato de que eles funcionam exatamente da mesma maneira que os modelos intrínsecos.

A proposição determinante dessa teoria extrínseca é que tais sistemas simbólicos se harmonizam com os outros sistemas. "O pensamento consiste em construir e em manipular sistemas simbólicos, que são utilizados como modelos para outros sistemas, físico, orgânico, social, psicológico e assim por diante, de tal modo que a estrutura desses outros sistemas [...] está, como dizemos, 'compreendida'". Nós pensamos e compreendemos opondo "os estados e os processos dos modelos simbólicos aos estados e processos do mundo ampliado" (p. 214). Se ingressarmos numa cerimônia sem conhecer as regras do ritual, todos os movimentos estarão desprovidos de sentido. Compreender é acoplar o que vemos com as regras do ritual. "Um objeto (ou um acontecimento, um ato, uma emoção) está identificado, quando está situado em relação ao pano de fundo de um símbolo apropriado" (p. 215). Nós *vemos* o movimento como aquilo que desloca uma massa, como aquilo que consuma um sacrifício, etc. O tema principal é a noção de acoplamento ou de harmonização. As formas culturais são, portanto, programas. Fornecem, diz Geertz, "um padrão ou um esquema diretor para a organização dos processos sociais e psicológicos, assim como os sistemas genéticos fornecem tal padrão para a organização dos processos orgânicos" (p. 216). O processo semiótico propõe um plano.

A análise de Geertz comporta uma implicação suplementar que, a meu ver, é a parte mais significativa de seu texto: trata-se da possibilidade de comparar uma ideologia com os procedimentos retóricos do discurso. Nisso é que talvez Geertz vá mais longe. Na primeira parte de seu artigo, Geertz critica as teorias habituais da ideologia – a ideologia como representação de certo número de interesses, a ideologia como produto de certas tensões sociopsicológicas – porque sempre pressupõem algo que não compreendem: como a liberação de uma tensão se torna um símbolo ou como um interesse se exprime numa ideia. Ele sustenta que a maior parte dos sociólogos admite como algo conhecido o que quer dizer um interesse que "se exprime" em algo distinto. No entanto, como interesses podem ser expressos? Geertz afirma que só podemos produzir uma resposta ao analisar "como os símbolos simbolizam, como eles funcionam por significações mediatas" (p. 208). "Na projeção das atitudes pessoais sob forma pública", não podemos analisar "a importância de asserções ideológicas, sem termos ideia da maneira pela qual funcionam a metáfora, a analogia, a ironia, a ambiguidade, o jogo de palavras, o paradoxo, a hipérbole, o ritmo e todos os outros elementos daquilo que inapropriadamente denominamos o 'estilo' [...]" (p. 209). Geertz dá o exemplo dos ataques dos operários sindicalizados contra a Acte Taft-Hartley, na qual enxergavam uma "lei do trabalho escravo" (p. 209). Segundo Geertz, essa metáfora não deve ser reduzida à sua significação literal, porque ela extrai o seu valor de informação precisamente do fato de que ela é uma metáfora. Sua linguagem não é somente uma distorção, pois diz o que quer dizer pelo viés da comparação e da metáfora do trabalho escravo. A expressão não é uma etiqueta literal, mas um tropo retórico (p. 210).

Particularmente interessante, aqui, é o esforço de Geertz para vincular a análise, não somente à semiologia no sentido amplo do termo, mas àquela parte da semiologia que se ocupa com figuras do discurso, a tropologia, os procedimentos retóricos que não visam necessariamente a abusar uns dos outros. A possibilidade de que a retórica seja integradora e não somente dissimuladora nos conduz a uma concepção não pejorativa da ideologia. Se seguirmos esse caminho, poderemos dizer que há algo de irredutível no conceito de ideologia. Mesmo deixando de lado os dois outros estratos da ideologia – de um lado, a ideologia como distorção, de outro, como legitimação de um sistema da ordem ou do poder –, a função de integração da ideologia, a que consiste em preservar uma identidade, permanece. É possível que nossa análise regressiva não possa ir além, pois nem o grupo nem o indivíduo são possíveis sem tal função de integração.

Descobre-se nesse passo, entre Geertz e Erik Erikson, uma similitude que dá a pensar. Permitam que eu a evoque brevemente. Na obra de Erikson – *Identity: Youth and Crisis*[35], – encontram-se vários enunciados sobre a ideologia, muito próximos de Geertz. Podemos observar que tais enunciados são inteiramente independentes da influência de Geertz, visto que a obra de Erikson é bem anterior (o próprio Geertz não faz referência a Erikson). Erikson qualifica a ideologia como guardiã da identidade. "Pois a instituição social que é a guardiã da identidade é o que denominamos ideologia" (p. 133). Mais adiante, ele escreve: "De modo mais geral, [...] um sistema ideológico é um conjunto coerente de imagens partilhadas, de ideias e de ideais que [...] fornece aos membros uma orientação geral coerente, mesmo se ela for sistematicamente simplificada, no espaço e no tempo, nos meios e nos fins" (p. 189-190). Porque Erikson suscita o problema das condições da identidade, ele afirma que precisamos ir além de uma concepção da ideologia como propaganda, onde a ideologia é "uma forma sistemática de pseudologia coletiva" (p. 190).

Com base nessa análise da ideologia como integração, eu gostaria de sublinhar três pontos. Inicialmente, ao transformar a maneira de analisar o conceito de ideologia, coloca-se a ênfase na mediação simbólica da ação, no fato de que não há ação social que já não esteja simbolicamente mediada. Logo, não se pode mais dizer que a ideologia é somente uma forma de superestrutura. A distinção entre superestrutura e infraestrutura desaparece totalmente, pois os sistemas simbólicos já pertencem à infraestrutura, à constituição fundamental do ser humano. O único aspecto da noção de superestrutura que talvez permaneça é o fato de que o simbólico é "extrínseco", no sentido de que ele não pertence à vida orgânica. Mas subsiste talvez um problema no termo "extrínseco", pois o que é assim denominado ainda é constitutivo do ser humano.

[35] Nova Iorque: Norton, 1963.

O segundo ponto é a correlação estabelecida entre a ideologia e a retórica. Habermas, de certa maneira, nos preparou para isso, visto que discutiu o problema da ideologia em termos de comunicação ou ex-comunhão. Agora, não obstante, a correlação é mais positiva porque a ideologia não é uma distorção da comunicação, mas a retórica da comunicação de base. Há uma retórica da comunicação de base porque não podemos esvaziar da linguagem os procedimentos retóricos: eles são parte integrante da linguagem ordinária. Assim também, em sua função de integração, a ideologia é básica e incontornável.

Em terceiro lugar, eu me pergunto se não estamos autorizados a falar de ideologias fora da situação de distorção e, portanto, unicamente em referência à função básica de integração. Podemos falar de ideologia a propósito das culturas que não são as da modernidade, das culturas que não ingressaram nesse processo que Mannheim descreve como o desmoronamento de um acordo universal, supondo que ele tenha alguma vez existido? Há ideologia sem conflito entre as ideologias? Se considerarmos a função de integração de uma cultura e se tal função não é contestada por uma forma alternativa para produzir integração, podemos ter ideologia? Duvido que possamos projetar ideologia nas culturas que se localizam fora da situação posterior ao Iluminismo. Situação em que todas as culturas modernas estão doravante empenhadas num processo que não é somente de secularização, mas de confronto radical em torno de ideais de base. Penso que a integração sem confronto é pré-ideológica. Todavia, ainda é muito importante descobrir as condições que tornam possíveis uma função de distorção, uma função de legitimação e, sob essa função de legitimação, uma função de integração.

Observaremos também que o processo de derivação dessas três formas de ideologia pode funcionar em sentido inverso. Como Geertz indica de modo muito preciso, a ideologia, definitivamente, sempre gira em torno do poder. "É através da construção das ideologias, das figuras esquemáticas da ordem social que o homem se faz, para bem e para mal, animal político". "A função da ideologia", prossegue ele, "é tornar possível uma política autônoma, fornecendo os conceitos que constituem autoridade e lhe conferem sentido, as imagens persuasivas pelas quais ela pode ser judiciosamente apreendida" (p. 218). Essa noção de "autoridade" é um conceito-chave pois, quando o problema da integração conduz ao problema do sistema de autoridade, o terceiro conceito de ideologia nos remete ao segundo. Não é por acaso que existe em política um lugar específico para a ideologia: a política é o lugar onde as imagens de base de um grupo definitivamente fornecem regras para o uso do poder. As questões de integração levam às questões de legitimação e estas, por sua vez, levam às questões de distorção. Somos, portanto, obrigados a varrer a hierarquia dos conceitos nos dois sentidos.

Poderíamos suscitar a questão de saber por que a ideia de Geertz, segundo a qual a ideologia produz os conceitos que "constituem autoridade" e "tornam possível uma política" autônoma, equivale necessariamente, para mim, a dizer que a ideologia gira finalmente em torno do poder político. Os conceitos que "constituem autoridade" não poderiam emanar da religião, por exemplo? Em coerência com os temas que atravessam estas aulas, eu compreendo o conceito de autoridade como uma transição entre a função integradora e a legitimação da hierarquia. Aqui, Geertz escora a minha posição, quando observa, numa nota do texto que acabo de citar:

> Claro, há ideologias morais, econômicas e mesmo estéticas, tanto quanto as especificamente políticas, porém, como um número muito pequeno delas, quando têm alguma importância social e estão isentas de implicações políticas, então é permitido encarar o problema deste ângulo restrito. Em todo caso, os argumentos desenvolvidos pelas ideologias políticas se aplicam com a mesma força às que não o são (p. 281, nota).

Fico tentado a dizer que a ideologia tem uma função mais ampla do que a política, na medida em que é integradora. Não obstante, quando a integração leva ao problema da função de "autoridade" dos modelos, a política se torna, então, o ponto de mira, e a questão da identidade se torna a ossatura. Como aprendemos com Weber, o que está em jogo afinal no processo de integração é o modo pelo qual podemos operar a passagem da noção geral de relação social às noções de dominante e dominado.

Nisso, o problema da religião ainda é muito significativo. Pode-se comparar a análise de Geertz sobre a ideologia com sua análise da religião em "Religion as a cultural system", texto que se acha igualmente em *The Interpretation of Cultures*. Não é verdade que a ideologia substitua a religião na vida moderna: Geertz não relega simplesmente a religião às sociedades do passado. Três elementos essenciais fundamentam, segundo ele, a persistência do papel da religião. Primeiramente, a religião é uma tentativa para articular um *ethos* e uma visão de mundo. Isto ele não diz jamais da ideologia. Geertz se entrega a uma longa análise do problema do sofrimento e da morte e afirma que, a respeito desse problema, a função de um sistema religioso não é eludir o sofrimento, mas nos ensinar como suportá-lo. É difícil sustentar que essa função pertença apenas às sociedades do passado porque, quando aprendemos como sofrer, a diferença entre o ético e o cósmico desaba: aprendemos, ao mesmo tempo, uma maneira de ver a vida e uma maneira de nos comportarmos. Num segundo sentido, a religião está além da oposição entre tradição e modernidade: sua função – que é criar disposições – lhe permite constituir inclinações. A religião produz uma estabilidade fundamental no nível de nossos sentimentos os mais elementares. É uma teoria dos sentimentos e, sob esse título, de novo ela se ocupa do ético e, ao mesmo tempo, do cósmico. O terceiro ponto concernente à religião é que ela põe tais sentimentos em cena através dos rituais, e disso temos alguns resíduos – talvez até tradições duráveis – nas sociedades modernas. A ideologia não nasce do desmoronamento da dimensão ritual, mas da situação abertamente conflitiva, própria à modernidade. Os sistemas – inclusive religiosos – são confrontados com outros sistemas que criam pretensões análogas de autenticidade e de legitimidade. Somos apanhados numa situação em que há, no plural, ideologias.

Pode-se dizer que o propósito de Geertz não é tanto eliminar as teorias habituais relativas à ideologia – como interesses ou como tensões – quanto o de fundamentá-las num nível mais profundo. E, no entanto, Geertz afinal se situa de preferência do lado de uma teoria da ideologia que evoca as tensões. O conceito de integração tem de ver precisamente com a ameaça de uma perda de identidade, o que Erikson enuncia nos termos psicológicos de "crise" e de "confusão". O que um grupo receia principalmente é não ser capaz de se identificar em razão de crises e confusões que engendram a tensão: a tarefa é fazer frente às tensões. Uma vez mais, a comparação com a religião é pertinente, pois o sofrimento e a morte desempenham, na vida pessoal, exatamente o mesmo papel que a crise e a confusão na esfera social. As duas análises convergem.

Outro elemento positivo concernente à ideologia como integração é que ela é portadora da integração de um grupo não somente no espaço mas também no tempo. A ideologia funciona não somente na dimensão sincrônica como na dimensão diacrônica. Neste último caso, a memória dos acontecimentos fundadores do grupo é um ato essencialmente ideológico. Tem-se uma repetição da origem. Com tal repetição começam todos os processos ideológicos no sentido patológico, pois uma comemoração segunda assume o caráter de uma reificação. A comemoração se torna, para o sistema de dominação, um procedimento que lhe permite manter o seu poder: por isso, da parte dos dirigentes, é um ato de defesa e de proteção. Podemos, no entanto, imaginar uma comunidade que não comemorasse o seu nascimento em termos mais ou menos míticos? Os franceses celebram a tomada da Bastilha, e os Estados Unidos, o 4 de julho. Em Moscou, todo um sistema político estava fundamentado no túmulo, o de Lênin: talvez seja um dos únicos casos na história, depois dos egípcios, em que um túmulo era a fonte de um sistema político. Essa memória permanente dos homens e dos acontecimentos fundadores é, portanto, uma estrutura ideológica que pode funcionar positivamente como estrutura de integração.

É possível que o ponto de vista de Geertz, porque é o de um antropólogo, seja a razão determinante da ênfase posta na integração e, portanto, numa teoria das tensões. Sob esse aspecto, a sua perspectiva é diferente da de Habermas, que é um sociólogo da sociedade industrial moderna. No tipo de sociedades das quais Geertz se ocupa – as fontes principais de seu campo de estudos são a Indonésia e o Marrocos –, a problemática não é a das sociedades industriais ou pós-industriais, mas a das sociedades em vias de desenvolvimento, em todos os sentidos do termo. Para tais sociedades, a crítica da ideologia é prematura: sua preocupação é, de preferência, a sua natureza constituinte. Quando, nessas sociedades, os intelectuais ou outros dissidentes utilizam os instrumentos da crítica da ideologia – seja no sentido de Habermas ou, de modo mais típico, no sentido de Althusser –, habitualmente eles estão aprisionados, ou ainda, serão assassinados. Os dissidentes se tornam marginais quando aplicam a uma sociedade nascente os instrumentos críticos de uma sociedade avançada. O problema metodológico consiste então em considerar em que medida o ponto de vista antropológico de Geertz o engaja numa análise que não pode ser a de Habermas.

Não obstante, talvez seja simplista dizer que os países em vias de desenvolvimento têm de se preocupar apenas com o caráter constitutivo da ideologia: com efeito, cabe a eles a árdua tarefa de encontrar a sua própria identidade num mundo já marcado pela crise das sociedades industriais. As sociedades industriais avançadas não somente acumularam e confiscaram a maior parte dos meios de desenvolvimento; engendraram uma crise da sociedade avançada que agora é um fenômeno público e mundial. Sociedades ingressam no processo de industrialização ao mesmo tempo que nações chegadas ao topo desse desenvolvimento se questionam sobre o dito processo. Países têm de integrar a tecnologia ao mesmo tempo que já começou a crítica e o processo da tecnologia. Nesses países, a tarefa que cabe aos intelectuais é particularmente difícil porque eles vivem simultaneamente em duas épocas. Vivem no início do período industrial (digamos, no século XVIII), mas fazem igualmente parte do século XX, porque resultam de uma cultura que já ingressou numa crise da relação entre as suas finalidades e a crítica da tecnologia. Por conseguinte, o conceito de ideologia agora se tornou universal, pois a crise das sociedades industriais é universal: ele faz parte da educação de todos os intelectuais onde quer que eles se encontrem. Eu me lembro de viagens, há certo número de anos, à Síria, ao Líbano e a outros países do Oriente-Médio – nas livrarias desses países, encontravam-se as obras de Simone de Beauvoir, de Sartre, etc. Cada um é agora contemporâneo de todos os outros. As pessoas que vivem nos países em vias de desenvolvimento são educadas ao mesmo tempo com os instrumentos intelectuais de sua própria cultura e com os da crise própria aos países desenvolvidos.

A ideologia, doravante, é um problema universal, mas os marxistas pretendem que o conceito de ideologia nasceu com o desenvolvimento das classes sociais. O argumento é que a ideologia não existia antes do aparecimento da estrutura de classe. Althusser chega a dizer que, antes da burguesia, não havia ideologia. Havia credos e crenças, mas somente a estrutura de classe criou essa situação na qual uma parte importante da população não partilha os valores do conjunto. Como vimos, a perspectiva marxista enfatiza os aspectos de distorção próprios à ideologia, mais do que a sua função de integração. A isso, eu responderia sustentando que o conceito primordial de ideologia como integração não pode ser utilizado na prática política, exceto para salvaguardar, inclusive nas situações conflitivas, a problemática do reconhecimento. Se eu compreendo que a função de distorção só pode aparecer ali onde já está presente a estrutura simbólica da ação, então sei ao menos que pode haver conflitos de classe em razão de um processo de integração subjacente. Os conflitos de classe nunca são situações de guerra total. A realização do caráter integrador da ideologia auxilia a manter a luta de classes em seu nível apropriado, ali onde não se trata de aniquilar o adversário, mas de efetuar o reconhecimento. Para dizê-lo em termos hegelianos, a luta é pelo reconhecimento, e não pelo poder. A função de integração subjacente à ideologia permite que se evite levar o conflito até o grau da destruição – o da guerra civil. O que nos impede de invocar a guerra civil é que temos de preservar a vida de nosso adversário: subsiste algo de um pertencimento recíproco. Mesmo o inimigo de classe não é um inimigo radical. Em certo sentido, ele ainda é um vizinho. O conceito de ideologia como integração impõe um limite à guerra social e impede que ela se torne uma guerra civil. Certos partidos comunistas europeus – notadamente na Itália e na Espanha – emitiram a ideia de que o problema é desenvolver uma sociedade melhor integrada do que na estrutura de classe. A questão é, pois, a integração efetiva, e não a supressão ou o aniquilamento do inimigo.

As bases dessa transformação podem existir já na sociedade de classes. Mesmo na sociedade de classes, operam os processos de integração: o sentido de uma linguagem comum, de uma cultura comum e de uma nação comum. As pessoas partilham no mínimo os instrumentos linguísticos e todos os meios de comunicação ligados à linguagem: por isso, temos de captar o papel da linguagem numa estrutura de classe. No início do século XX, a resolução desse problema foi um combate importante no seio do marxismo. Em certa época, Stalin teve razão contra os marxistas que afirmavam que mesmo a gramática tem uma estrutura de classe: ele sustentava que a língua pertence a toda a nação. O estatuto da nação na teoria marxista é difícil de ser elaborado porque ele cruza as clivagens de classe. Pode-se dizer que, em Geertz, o conceito de ideologia é mais apropriado para um problema desse tipo, pois o estatuto da nação não é radicalmente afetado pela estrutura de classe. Quando se tenta determinar o que é a nação, está-se diante de uma questão tão problemática quanto a definição dos papéis sexuais: é difícil delimitar o que é verdadeiramente fundamental e o que é estritamente cultural. Somente ao transformar os caracteres ou os papéis é que se descobre o que não é modificável. É interrogando os pertencimentos de classe que se pode identificar o que é constitutivo de uma comunidade, para além ou acima de sua estrutura de classe. Muitos marxistas afirmavam que, de fato, o marxismo deverá ser realizado em função das diversas situações culturais com que ele próprio estiver confrontado. Tais situações são precisamente definidas, então, pelo que Geertz denomina um sistema ideológico. Devemos nos ocupar com normas e imagens que projetam a identidade de um grupo, do mesmo modo que certos psicólogos falam da imagem do corpo. Existe uma imagem social do grupo, e essa imagem da identidade é própria a cada grupo.

Tomemos, por exemplo, a ideologia dos Estados Unidos. O primeiro problema é que ela não pode ser definida independentemente de suas relações com outros países e suas próprias figuras (*patterns*) ideológicas. Os Estados Unidos não estão numa situação de isolamento, suscetível de dispensá-los de um confronto com as outras ideologias nacionais. Como Lênin tinha consciência disso, a cena doravante é mundial. Observaremos que tal situação é relativamente recente. Antes da Primeira Guerra Mundial, os conflitos internos da Europa regulavam a situação mundial. Agora que a Europa desabou devido a suas guerras internas, o conflito se mundializou. Por exemplo, a relação entre o Terceiro Mundo e o mundo industrial é atualmente um conflito fundamental. E, portanto, a ideologia dos Estados Unidos está, em parte, determinada por suas relações exteriores.

Quando se trata de apreciar as determinações internas dessa ideologia, é mais difícil trazer uma resposta se não se estiver apoiado no conceito marxista de classe, onde um grupo constitui a classe dominante e desencadeia as ideias dominantes – a ideologia – da nação. Alguém como Mannheim é, ao mesmo tempo, muito clarividente e muito prudente sobre esse problema, porque fala sempre de estrato social. Ele nos deixa a tarefa de identificar os grupos que operam na sociedade e a maneira pela qual eles operam. De fato, a tarefa consiste precisamente em considerar os diversos agrupamentos sociais e não afastar as determinações distintas da noção de classe. Talvez a classe seja apenas uma estrutura entre outras. Consideremos, por exemplo, a questão das minorias raciais e étnicas, problema muito agudo nos Estados Unidos. Em que categoria situaremos as minorias? Não são nem classes nem nações. Devemos considerar com leveza o conceito de estrato social: talvez a conexão entre um estrato e uma ideologia ou uma utopia seja o que os unifica. É possível que, como afirmam alguns, os Estados Unidos vão de um caldeirão de culturas a um mosaico. Isso quer dizer que numerosos grupos, e, por conseguinte, numerosas ideologias concorrem para o conjunto, qualquer que seja ele. A consciência étnica doravante é um componente coletivo de uma mistura ideológica nacional mais ampla.

Não obstante, é verdade que os Estados Unidos ainda têm uma ideologia comum. Enquanto estrangeiro, estou inteiramente consciente de sua unidade e tomo aqui o termo "ideologia" em sentido neutro. Consideremos a questão do emprego. A meu ver, existe uma diferença característica entre a Europa e os Estados Unidos. Na Europa, estar no desemprego é uma injustiça: tem-se direito ao trabalho. Aqui, o fato de estar no desemprego é considerado como uma deficiência individual. Isso não constitui uma acusação contra o sistema, mas um problema pessoal. O desempregado deve contar com a assistência e com a distribuição de alimentos, o que o torna ainda mais dependente do sistema. A deficiência do desempregado é acentuada por essa dependência. Entretanto, embora o conceito de livre empresa possa ser alvo de críticas, ele é, afinal de contas, admitido. Cada um está em competição com todos os outros. Mesmo o modo pelo qual os estudantes trabalham neste país – indivíduo contra indivíduo – é inteiramente diferente do que ocorre na Europa. Esse individualismo onipresente tem consequências saudáveis, mas acarreta também que, enquanto tudo o que diz respeito à livre empresa está em boas condições, empresas públicas ferroviárias padecem. A propriedade coletiva não faz sentido. Os Estados Unidos têm algo como uma ideologia coletiva, embora, até onde vai o meu conhecimento, os que aqui vivem são mais atentos às subideologias ou às subculturas.

Para concluir esta última aula sobre a ideologia, eu vou dizer que o conceito de integração pressupõe dois outros conceitos fundamentais – a legitimação e a distorção –, mas, na realidade, ele funciona ideologicamente pelo viés desses dois outros fatores. Mais: é possível situar o nexo entre as três funções, se relacionarmos o papel da ideologia com o papel mais vasto do imaginário social. Nesse nível mais geral, minha hipótese (desenvolvida mais amplamente nas aulas consagradas à utopia) é que a imaginação trabalha em duas direções diferentes. De um lado, ela pode funcionar para garantir uma ordem: nesse caso, sua função é encenar um processo de identificação que reflete a ordem. A imaginação assume, aqui, a aparência de um palco. De outro lado, no entanto, ela pode ter uma função perturbadora: ela opera, então, à maneira de uma ruptura. Nesse caso, a sua imagem é produtiva: ela imagina algo outro, um outro lugar. Em cada um desses três papéis, a ideologia representa a primeira forma da imaginação: funciona como uma garantia, como uma salvaguarda. A utopia representa, inversamente, a segunda forma de imaginação: ela é sempre um olhar que provém de lugar nenhum. Como sugeria Habermas, talvez seja uma dimensão da própria libido projetar-se *aus* – para fora, em lugar nenhum – nesse movimento de transcendência, ao passo que a ideologia está sempre a um passo de se tornar patológica devido à sua função conservadora, tanto no bom quanto no mau sentido do termo. A ideologia mantém a identidade, mas quer também conservar o que existe: logo, ela já é um freio. Algo se torna ideológico – no sentido mais negativo do termo – quando a função de integração se petrifica, quando ela se torna retórica no mau sentido, quando a esquematização e a racionalização levam a melhor. A ideologia trabalha na charneira entre função de integração e resistência.

SEGUNDA PARTE
Utopia

Aula nº 16

Mannheim

A diferença entre o número de páginas consagradas à ideologia e a quantidade das consagradas à utopia reflete, em parte, a situação da literatura crítica sobre essas questões. Há uma literatura considerável consagrada à ideologia – sem dúvida, em razão do pensamento marxista e pós-marxista; é bem menor a que diz respeito à utopia. De início, vou me interessar precisamente pelos obstáculos que tornam tão difícil o reconhecimento da utopia como problema autônomo e como conceito ligado à ideologia.

Examinemos, antes de tudo, pontos nos quais é evidente a ausência de paralelismo entre a ideologia e a utopia. A primeira dificuldade é que os dois fenômenos são de aparência diferente. Somos tentados a reconhecer como utopias apenas aquelas que constituem um gênero literário. Há obras denominadas utopias, a primeira delas sendo *A utopia*, de Thomas Morus (1516), que forjará a palavra. A ideologia não apresenta nada de semelhante. Nenhuma obra se intitula *Ideologia*, nenhum autor pretendeu escrever ideologia. A utopia é um gênero declarado e mesmo escrito, ao passo que, por definição, a ideologia não é declarada. É sempre o outro que nos declara vítimas de nossa própria ideologia. Por isso, a ideologia é naturalmente denegada, enquanto a utopia é mais facilmente reivindicada. É uma questão de autor: fala-se das utopias de Saint-Simon, de Oewn, etc., ao passo que nenhum nome próprio está ligado à ideologia.

A ausência de paralelismo é marcada também na atitude com a qual abordamos os dois fenômenos. Abordamos a ideologia com as armas da crítica: nossa intenção é desmistificadora. Como tentei mostrar no final da aula anterior, somente ao término de um difícil processo é que podemos abordar a ideologia com uma atitude mais amistosa, como o faz Geertz. Somente nesse estágio a ideologia perde a sua mordacidade e se faz como processo de justificação. Nossa atitude para com a utopia é bastante diferente. Em certos casos, a utopia pode ter uma conotação negativa, como quando ela é designada pelos representantes dos grupos dominantes que se sentem ameaçados. Para eles, a utopia é algo de impossível e de irrealizável, ao menos no seio da ordem. Entretanto, a utopia como gênero literário inspira uma forma de cumplicidade ou de conivência do leitor bem disposto. O leitor é inclinado a acolher a utopia como uma hipótese plausível. Isso talvez pertença à estratégia literária da utopia, buscar persuadir o leitor por meio de procedimentos retóricos da ficção. Uma ficção literária é uma variação imaginária da qual o leitor assume as premissas durante algum tempo. A utopia não nos situa perante uma atitude polêmica que deveria ser desarmada por uma leitura advertida e desconfiada.

Uma terceira diferença entre ideologia e utopia limita ainda mais a comparação, e se opõe à ambição de fazer da utopia um gênero específico: as utopias (no plural) não se deixam reduzir facilmente a uma significação central que seria a da utopia (no singular). Isso decorre do fato de que as utopias específicas são o fruto de autores específicos. Já era difícil isolar um núcleo comum à ideologia como problema único. É ainda mais difícil fazê-lo para a utopia. Podemos elencar os temas da ideologia, mas uma análise do conteúdo das utopias os dispersa completamente: ela dissocia o campo a ponto de parecer que temos diante de nós apenas devaneios ou ficções sociais, sem nenhum vínculo entre elas. Claro, há certos limites a tal dispersão. A permanência de certas preocupações se acha na recorrência de certos temas, tais como a família, a propriedade, o consumo, a organização social e política, a religião, etc. Voltarei a isso na próxima aula, a propósito da discussão da utopia de Saint-Simon, que pertence à tradição das utopias socialistas. A comparação da persistência dos temas encontrados nos fornecerá a ocasião para um novo confronto com o marxismo e para uma reapropriação do socialismo utópico francês. Mas se olharmos cada tema utópico de modo mais geral, cada um deles explode em direções contraditórias. Por isso, as utopias são estateladas não somente em seus projetos e conteúdos, mas em suas próprias intenções. Em sua *História das utopias*, Lewis Mumford tenta mostrar que existem ao menos duas famílias de utopias que dificilmente podem ser ligadas entre si: ele as denomina utopias de fuga e utopias de reconstrução. Talvez seja preciso que busquemos a ligação entre as diferentes utopias na estrutura da imaginação. Mas, se se permanece nas diferenças semânticas de superfície, somos confrontados a uma pluralidade de utopias individuais que é difícil de reunir sob o mesmo nome.

Esse problema se reflete também no método de abordagem. A crítica da ideologia é sociológica, ali onde o estudo das utopias é histórico. A maior parte da literatura consagrada às utopias se compõe de histórias particulares. Há, de fato, uma afinidade entre o gênero literário da utopia e a abordagem histórica. A história (*history*) conta a estória (*story*) das estórias singulares (*stories*). Quando falamos das utopias de Saint-Simon, Fourier, Owen, Welles, Huxley e Skinner, estamos diante de uma lista de autores, e é tentador substituir monografias históricas à sociologia. Assim, num dos melhores livros consagrados à utopia, o de Raymond Ruyer, *L'Utopie et les utopies*, o autor sublinha a dificuldade de superar a série das monografias (as utopias) num síntese de conjunto (a utopia).

A quarta e talvez a maior dificuldade de nossa análise é que, no pensamento marxista, a distinção entre a utopia e a ideologia tende a desaparecer. Restaurar tal distinção é opor-se, se não ao marxismo em geral, ao menos ao marxismo ortodoxo. Nas duas últimas aulas, vou enfrentar diretamente essa questão, ao examinar duas soluções diferentes daquela do socialismo marxista, os socialismos utópicos de Saint-Simon e de Fourier. Nossa leitura de Marx permite compreender por que a distinção entre a ideologia e a utopia tende a desaparecer no marxismo. Como vimos, Marx dispõe de dois critérios diferentes para a ideologia. Antes de tudo, ele opõe a ideologia à práxis, isto é, ele a situa do lado da imaginação. Tal é a posição d'*A ideologia alemã*. Nesse estágio, ideologia e utopia são ambas conduzidas para o lado daquilo que não é real. Elas têm em comum o irreal. Todavia, chegaremos à mesma conclusão, se seguirmos o segundo critério marxista da ideologia e se opusermos a ideologia à ciência. Nesse caso, ideologia e utopia são, ambas, não científicas. Tal abordagem foi sublinhada por Engels, quando ele escreveu *Socialismo utópico e socialismo científico*. O socialismo utópico é considerado pertencente ao reino das ideologias. O marxismo considera as utopias como uma subcategoria da ideologia e aplica a elas a mesma análise da ideologia. Elas são apenas a expressão de certas camadas sociais. A monotonia dessa explicação retira toda especificidade da análise. A mesma coisa é verdadeira para Althusser, pois, para ele, tudo o que é pré-científico é ideológico. Mesmo as profecias aparecem como simples interesses disfarçados. As ideologias, assim como as utopias, são "ecos", "reflexos".

O mérito de Karl Mannheim é ter, ao mesmo tempo, vinculado a ideologia à utopia e estabelecido distinções entre elas. Vamos retomar a nossa discussão sobre Mannheim, onde a deixamos, no capítulo de *Ideologia e utopia*, intitulado "A mentalidade utópica". Vou indicar onde eu me separo de Mannheim, mas ele ao menos nos fornece um bom instrumento sociológico para abordar as dificuldades evocadas.

O estudo da utopia em Mannheim se desenrola em três etapas. Nas páginas que já lhe foram consagradas, abordei apenas a primeira, a busca de critérios da utopia e vou recordar brevemente essas análises. A segunda etapa é uma tipologia, onde Mannheim aplica um método que evoca os tipos ideais weberianos, mesmo levando em conta que descobriremos uma importante diferença. Em terceiro lugar, por fim, Mannheim busca interpretar a direção tomada pela utopia, sua dinâmica temporal. Assim, as três principais contribuições de Mannheim ao estudo da utopia são inicialmente a busca de um conceito de utopia, uma hipótese de trabalho para conduzir a pesquisa; em seguida, uma tentativa para nos orientar na multiplicidade das utopias, ultrapassando essa dispersão com o auxílio de uma tipologia; e, por fim, o esforço para dizer algo do movimento irredutível que opera nessa tipologia. A ideia principal de Mannheim é que tal processo conduz a um declínio das utopias, e, portanto, ao progressivo desaparecimento de toda forma de não-congruência com a realidade. A adaptação à realidade é sempre mais forte, e a adaptação mata a utopia. Essa situação é definitivamente a principal questão posta pelo texto de Mannheim.

Lembremos, breve e inicialmente, as análises da primeira etapa, a busca de um critério. Para Mannheim, a ideologia e a utopia têm ao mesmo tempo um ponto comum e um traço que as distingue. O ponto comum, a não-congruência, exprime uma forma de desacordo com a realidade. O traço diferencial é que a utopia é "situacionalmente transcendente", ao passo que a ideologia não o é. Como sugeri em momento anterior, o critério que permite determinar quem conhece a "realidade" de uma situação e pode assim decidir sobre o que é transcendente coloca outro problema. O segundo aspecto do caráter transcendente da utopia é que ela é fundamentalmente realizável. Isso é importante, pois um preconceito vai de encontro à utopia: ela seria somente um sonho. Ao contrário, Mannheim sustenta que ela abala a ordem estabelecida. Assim, uma utopia está sempre em vias de realizar-se. A ideologia, ao contrário, não tem de ser realizada, visto que é a legitimação daquilo que é. Há não-congruência entre a ideologia e a realidade, porque a realidade muda, ao passo que a ideologia está submetida a uma certa inércia. O traço diferencial da ideologia e da utopia se manifesta de duas maneiras, cada uma das quais é o corolário do traço comum de não-congruência. Inicialmente, as ideologias estão ligadas principalmente aos grupos dominantes; elas confortam o ego coletivo desses grupos dominantes. Em seguida, as ideologias são, de preferência, dirigidas ao passado, enquanto as utopias estão orientadas para o futuro.

A segunda etapa da análise de Mannheim é uma tipologia sociológica; o interesse metodológico reside na diferença entre essa abordagem sociológica e uma abordagem histórica. Trata-se de questão importante para a filosofia das ciências humanas. Os historiadores põem a ênfase na singularidade das obras. A inclinação maior da pesquisa histórica é consagrar-se à singularidade dos acontecimentos e desconfiar das generalizações. Tal tendência é menos acentuada em nossos dias do que na época de Mannheim, pois a história encontrou a sociologia; não obstante, a história não foi absorvida pela sociologia, a ponto de dissolver a noção de acontecimento, que é um tema central em minhas próprias reflexões. A atenção para a noção de acontecimento explica por que aqueles que escrevem a história da utopia tomam *A utopia* de Thomas Morus como modelo. Esta obra é exemplar da afinidade que existe entre o método histórico e o gênero literário. O gênero literário oferece obras singulares no curso da história. Isso implica que o historiador não pode ultrapassar conceitos descritivos, os quais, diz Mannheim, se opõem a toda inovação sistemática:

Um conceito tão "ingênuo" historicamente seria, por exemplo, o de "utopia", na medida em que, no seu emprego histórico-técnico, ele englobaria estruturas que, do ponto de vista concreto, seriam similares a *A utopia* de Thomas Morus, ou que, num sentido histórico amplo, se refeririam a "repúblicas ideais". Não é nossa intenção negar a utilidade de tais conceitos individualmente descritivos, enquanto se assume o objetivo da compreensão dos elementos individuais na história (p. 138).

Ao contrário, o esforço de Mannheim consiste em estabelecer uma sociologia da utopia. Tal sociologia segue três regras metodológicas. Ela deve, em primeiro lugar, construir o seu conceito, não no sentido de uma descrição individual, mas no sentido de uma generalização, como um conceito operatório. Seria possível perguntar-se, por exemplo: "Não existem ideias que até então eram irrealizáveis e que ultrapassam uma realidade dada"? (p. 139). É assim que Mannheim constrói o conceito de utopia. Não permanecemos passivos nessa experiência, mas, ao contrário, tentamos reconstruí-la estruturalmente. "A abstração construtiva é uma necessidade prévia à pesquisa empírica" (p. 140). A segunda regra metodológica é diferenciar as utopias segundo as camadas sociais. O problema é vincular cada forma de utopia a uma camada social, tarefa que, como veremos, não é fácil. "A chave da inteligibilidade das utopias é a situação estrutural dessa camada social que a adota em um momento qualquer" (p. 149). A utopia é o discurso de um grupo, e não uma obra literária flutuando no ar. Esta regra implica que o apagamento da individualidade dos autores. Se ela não desaparece completamente, ao menos está bastante desbotada. A terceira regra metodológica é que uma utopia não é somente um conjunto de ideias, mas uma mentalidade, um *Geist*, uma configuração de fatores que organizam o conjunto das ideias e dos sentimentos. O elemento utópico impregna todos os aspectos da existência. Não é algo que pode ser reconhecido e exposto explicitamente, mas antes para empregar a linguagem de Geertz, um sistema simbólico englobante. Mannheim fala de "desejo dominante" (p. 151), que pode ser retido como conceito metodológico, sob a condição de entendê-lo como um princípio de organização que é mais experimentado do que pensado. A mentalidade utópica nos oferece "um quadro imediatamente perceptível ou, ao menos, uma espécie de conjunto diretamente inteligível de significações" (p. 151). Esse conceito vai adquirir a sua plena significação quando Mannheim falar da morte da utopia. A morte da utopia bem poderia ser igualmente a morte de uma imagem global da realidade, que só permite uma abordagem parcial e fragmentada dos acontecimentos e das situações.

Os três critérios metodológicos – um conceito construído da utopia, uma correlação com as camadas sociais correspondentes e um desejo dominante – não se acham tão distantes dos tipos ideais de Max Weber. Todavia, essa tipologia difere da de Weber num aspecto fundamental, que vai se revelar decisivo para a sequência de nossa análise de Mannheim. Mannheim considera que o *antagonismo* entre as utopias é fundamental. Já fizemos essa observação a respeito da ideologia: talvez a ideologia só exista quando uma cultura comum estiver esfacelada. Deve haver oposições, antagonismos. É mais fácil reconhecer esse antagonismo no caso da utopia, pois, para Mannheim, toda utopia se define por meio de seu antagonismo em relação às outras. Não é por acaso que a seção seguinte do livro de Mannheim se intitula "Mudanças na *configuração* da mentalidade utópica" (p. 154; grifo nosso). Há uma configuração dessa mentalidade, porque é o sistema da utopia como um todo que dá conta da oposição entre esta utopia específica e uma outra. As utopias "nasceram e são mantidas em contrautopias mutuamente antagônicas" (p. 149). Algumas poderão ser tipicamente antiutopias, porque há um elemento de contrautopia em cada utopia. A noção de contrautopia autoriza Mannheim a situar o conservadorismo entre as utopias, o que geralmente é contestável. Segundo os seus próprios critérios, todavia, se prestarmos atenção ao fato de que o conservadorismo é uma forma que estrutura a vida, que aparece como não congruente e animado por um desejo dominante, então se está às voltas com uma utopia. Mesmo ao projetar para o futuro a restauração do passado, sempre se trata de uma utopia, pois ele se opõe a outra utopia. É essencial que as utopias estejam em relação dinâmica. "O sociólogo só pode compreender realmente essas utopias como partes de uma constelação total e em constante movimento" (p. 150).

A importância concedida à configuração opera a transição daquilo que eu denominei a tipologia de Mannheim para a dinâmica. Tal diferença está presente no próprio título da nova seção: "*Mudanças* na configuração da mentalidade utópica" (p. 154; grifo nosso). As evoluções globais do sistema, a tendência que orienta o movimento de toda constelação, tal é o objeto desta seção. Mas por enquanto vamos deixar de lado o problema da corrente que arrasta o conjunto da configuração, para enxergar, de modo mais estático, como tal configuração é construída. Um ponto de vista nos servirá de fio condutor, pois ele é recorrente na análise de Mannheim: a maneira pela qual cada utopia propõe um sentido particular de tempo histórico. "É precisamente por causa dessa importância central do sentido histórico do tempo que insistiremos particularmente nas relações existentes entre toda utopia e a perspectiva histórica do tempo correspondente" (p. 152).

A primeira utopia evocada por Mannheim não é a de Thomas Morus. No lugar dele, Mannheim começa com Thomas Münzer, o anabatista (é interessante fazer a aproximação com Ernst Bloch, que oito anos antes, em 1921, escrevera um *Thomas Münzer, teólogo da revolução*). Por que Mannheim escolhe Thomas Münzer e não Thomas Morus? Inicialmente, porque o anabatismo de Münzer figura o maior afastamento entre a ideia e a realidade – o exemplo mais forte do critério de não-congruência – e, ao mesmo tempo, o exemplo mais acabado de tentativa de realização do sonho utópico. Para Mannheim, o fato de começar a abalar a ordem estabelecida não basta para definir a utopia. O movimento de Münzer é quiliasta: ele se orienta para a realização de um reino milenar vindo do Céu. O elemento transcendente se manifesta nessa descida do Céu para a terra. O quiliasmo assegura um ponto de partida transcendente para uma revolução social fundada em motivos religiosos. Esse movimento ultrapassa a distância entre a utopia e a realidade. Notemos que essa utopia quiliasta limita o alcance da afirmação de Marx, segundo a qual a religião está necessariamente do lado da ideologia. Esta exceção é talvez o que fornece o modelo de todas as utopias, na medida em que todas elas visarão reduzir o fosso entre a ideia e a realidade.

A segunda razão pela qual Mannheim privilegia a utopia quiliasta, é que ela vincula o ideal às exigências de uma camada social oprimida. Decisiva, aqui, é a conjunção entre o pregador e a revolta dos camponeses. "Aspirações, que até então estavam ou independentes em relação a uma meta específica ou concentradas em objetivos do outro mundo, subitamente tomaram um caráter temporal. Sentia-se que eram realizáveis *hic et nunc* e penetravam no comportamento social com um fervor singular" (p. 155). Encontra-se o critério da realização possível. Para Mannheim, esse movimento representa a primeira brecha na aceitação fatalista do poder tal como ele é. Por essa razão, Mannheim não considera *As leis* de Platão, e menos ainda *A república*, como utopias. Podemos mesmo falar de utopia antes do Renascimento? Se a utopia, ao menos a utopia moderna, se define por essa conjunção entre um ideal transcendente e a rebelião de uma classe oprimida, bem se trata do nascimento da utopia. É isso que igualmente exclui Thomas Morus como ponto de partida. A escolha dessa origem se confirma por sua influência persistente e pela ameaça que ela não deixará de representar para as outras formas de utopia. A utopia quiliasta faz nascer contrautopias, que estão mais ou menos dirigidas contra a ameaça de um ressurgimento dessa utopia fundamental. As utopias conservadoras, liberais e mesmo socialistas, todas enxergarão o seu inimigo comum no anarquismo da utopia quiliasta. Para Mannheim, pode-se traçar uma linha vinculando Thomas Münzer a Bakunin, uma mesma energia que busca vincular um ideal e uma exigência terrena que provém de baixo. Mannheim sublinha que a dinâmica dessa utopia opera com "as energias orgiásticas e as explosões extáticas" (p. 157). Pode-se perguntar se tais termos foram bem escolhidos, mas com eles Mannheim designa o impulso emocional induzido pela conjunção do ideal e das aspirações de baixo, que se opõe a todos os ideais de cultura da Europa clássica, típicos da utopia liberal, cuja figura derradeira e culminante será a da *Bildung* alemã. Na utopia quiliasta há uma energia antiliberal, pois não são as ideias que fazem a história, mas as energias liberadas pela perspectiva do Reino milenar.

Qual é o sentido do tempo específico dessa utopia, e, talvez, de todas as utopias que operam um curto-circuito entre o absoluto e o aqui e o agora imediatos? Não há nenhum intervalo, nenhuma sucessão temporal entre o absoluto e o imediato. "Para o verdadeiro quiliasta, o presente se torna a brecha pela qual aquilo que antes era interior jorra subitamente, apodera-se do mundo exterior e o transforma" (p. 160). O sentimento é o de que o Reino de Deus já chegou. Há somente um tempo, que é o presente. A experiência quiliasta é oposta à separação mística do espaço e do tempo. O quiliasmo se reclama da instantaneidade da promessa contra a longa maturação desenvolvida por um conceito pedagógico da cultura, ou contra o senso de oportunidade histórica, em função das condições reais, proposto pelo pensamento marxista. Para Mannheim, o desprezo pela maturação ou pela oportunidade é característico da utopia quiliasta.

A segunda forma de utopia retida por Mannheim é a utopia liberal humanitária. Esta se funda principalmente na confiança no poder do pensamento, concebido como processo de educação e de informação. Opõe-se à ordem existente em nome de uma ideia. Todavia, não é o platonismo, que permanece como modelo ou como uma possibilidade de mudança. Em certo sentido, podemos dizer que a Universidade procede dessa utopia, pois a transformação da realidade advém por meio de um conhecimento melhor, uma educação mais elevada, etc. Tal forma é utópica enquanto denega, por vezes até ingenuamente, as verdadeiras fontes do poder que são a propriedade, o dinheiro, a violência, todas as forças que não são as da inteligência. Valoriza excessivamente a capacidade que a inteligência tem de formar. Neste sentido, ela é antiquiliasta, pois não mobiliza energias. Para Mannheim, a utopia liberal culmina no idealismo alemão, que reflete essa filosofia da educação, essa *Bildung*. Ela é ilustrada pelo combate permanente a que se entregam, do início do Renascimento ao menos até a Revolução Francesa, uma visão de mundo intelectual e racionalista e uma visão de mundo clerical e teocrática. O grupo social subjacente à primeira dessas visões de mundo era a burguesia – as pessoas "esclarecidas" – que combateu as monarquias e, depois da Revolução Francesa, o retorno a uma legitimação teocrática. O coração dessa utopia se encontra na ideia de Humanidade como ideal formador, apesar do caráter abstrato dessa noção. Tal utopia estava presente no Iluminismo francês (talvez de um modo mais político e mais imediato), assim como no Iluminismo alemão (mais como teoria da cultura), e talvez algo similar tenha operado na Inglaterra com a secularização do pietismo.

O sentido do tempo da utopia liberal é dado por sua visão da história como análoga ao desenrolar da vida individual, com uma infância e uma idade madura, todavia, sem velhice e sem morte. A ideia central é a de um crescimento no rumo da maturidade. Trata-se de uma concepção do progresso, a qual está dirigida contra a sensibilidade histórica da utopia quiliasta. A mudança não intervém em todo momento, mas no resultado de uma evolução histórica.

No lugar de centrar-se na irrupção de um *kairós*, sublinha-se o papel do crescimento e do devir. Esse mito da educação do homem é sempre antianarquista. As metáforas e os símbolos mobilizados por essa utopia estão concentrados em torno da ideia de "luz": as Luzes são, em certo sentido, um tema compartilhado pelo Renascimento e pela Reforma. *Post tenebra lux*, após as trevas vem a luz, e a luz ganha no final.

A terceira utopia discutida por Mannheim é o conservadorismo. À primeira vista, pode parecer estranho elencá-lo no número das utopias. O conservadorismo é mais uma contrautopia, mas uma contrautopia que, impelida a legitimar-se pelos ataques de que é o alvo, torna-se, de certa maneira, uma utopia. O conservadorismo descobre sua "ideia" depois dos fatos, como a coruja de Minerva de Hegel, que só levanta voo ao entardecer. Enquanto utopia, o conservadorismo desenvolve símbolos tais como o *Volksgeist*, o espírito de um povo. Seu imaginário é morfológico. A população forma uma comunidade, povo, nação ou Estado, que são partes de um todo pensado como um organismo. O crescimento não pode ser acelerado, as pessoas devem ser pacientes: as coisas tomam tempo para mudar. É um sentido da determinação histórica, análogo ao crescimento de uma planta, ao passo que as ideias flutuam no ar. Esse volteio do pensamento é, de maneira evidente, antiabstrato. Por isso, o tempo do conservadorismo está orientado prioritariamente para o passado, não um passado abolido, mas um passado que nutre o presente ao lhe fornecer as suas raízes. Contra o *kairos* da primeira utopia e contra o progresso da segunda, o conservadorismo afirma um sentido para a duração, a tradição, a ideia de que algo é transmitido e sempre vivo, e que o presente seria vazio sem esse afluxo subterrâneo.

A quarta forma de utopia é a utopia socialista-comunista. Aqui também teríamos reservas a fazer sobre a classificação de Mannheim. Mais precisamente, como podemos chamar utópico um movimento que pretende ser antiutópico? Mannheim dá duas respostas a essa questão. O movimento é utópico inicialmente em razão de suas relações com as três outras utopias, relações que não são apenas de rivalidade, mas também de síntese. Mannheim afirma que essa quarta forma está "baseada numa síntese interna das diversas formas de utopia que se manifestaram até agora [...]" (p. 197). Da utopia quiliasta, ela conserva o sentido de uma ruptura na história, o corte entre uma era da necessidade e a era da liberdade. Também conserva o melhor da tradição do progresso, a ideia de uma preparação temporal, etapas históricas. A passagem, por exemplo, da propriedade fundada na terra à propriedade do capital representa um desenvolvimento racional que torna possível, em dado momento, uma ruptura na estrutura social. Mesmo a utopia conservadora é posta para contribuir: o sentido da necessidade, a ideia de que não podemos fazer tudo em todo momento, o elemento determinista que está estranhamente associado à ideia de ruptura. (Na *Dialética da natureza*, Engels busca conciliar esses diferentes aspectos, progresso, necessidade, ruptura, ao sustentar que, em certo grau, as mudanças quantitativas produzem mudanças qualitativas). Após a revolução, a corrente conservadora desempenha um papel importante na utopia socialista: trata-se, para o partido, de preservar as conquistas da revolução. No poder, o partido elabora todas as estratégias de uma utopia conservadora. Em compensação, a outra relação da utopia socialista-comunista com as utopias precedentes é tomá-las todas por ideologias. Assim, a ideia althusseriana de um corte epistemológico poderia ser empregada para descrever a relação entre esta última utopia e as demais.

O entrelaçamento das três primeiras utopias com a quarta é particularmente reconhecível no sentido do tempo que caracteriza a utopia socialista-comunista. Mannheim estima que a contribuição decisiva dessa utopia é a maneira pela qual ela articula a relação do próximo e do distante. O distante é a construção do comunismo: será o fim da luta de classes, o fim da opressão, etc. O próximo implica as etapas necessárias à realização dessa meta, etapas que devem ser racionais. O socialismo, por exemplo, deve intervir em primeiro lugar, preceder a etapa do comunismo. A esse respeito, Mannheim fala da apreciação estratégica do tempo próprio à utopia socialista-comunista. "Aqui, o tempo é experimentado como uma série de pontos estratégicos" (p. 204). Os que frequentaram os comunistas conhecem bem essa paciência capaz de esperar o bom momento, essa capacidade de suportar o presente conservando o seu ideal para o tempo oportuno. A este respeito, Mannheim faz uma observação muito interessante: "Somente pela união de um senso da determinação com uma viva visão do futuro é possível criar um sentido histórico do tempo com mais de uma dimensão" (p. 206). O futuro se prepara no presente, mas, ao mesmo tempo, haverá mais no futuro do que no presente. "'A ideia socialista', em sua interação com os fatos 'reais', não opera como um princípio transcendente e puramente formal que regeria os acontecimentos de fora, mas, antes, como uma 'tendência' operante no seio da realidade e que se corrige continuamente em relação a esse contexto" (p. 207). Essa utopia afina a ideia de progresso ao introduzir a noção de crise, que estava mais ou menos ausente na utopia liberal, à exceção de Condorcet. Na utopia socialista-comunista, "a experiência histórica se torna um verdadeiro plano estratégico" (p. 208).

O principal problema que Mannheim encontra de agora em diante é a direção tomada pela mudança na configuração utópica. As quatro formas de utopia não são apenas antagonistas, pois a sua constelação é orientada: a natureza de seu antagonismo afeta a direção geral da mudança. (Neste ponto poderíamos fazer uma comparação interessante entre os tipos de legitimidade elaborados por Max Weber e o movimento que induz a passagem da legitimidade carismática à legitimidade tradicional, para terminar na legitimidade racional-burocrática). A ideia fundamental de Mannheim é que a história da utopia representa uma "aproximação progressiva da vida real", e, portanto, é a história de um declínio da utopia. Duvido da validade dessa tese, como veremos, e, aliás, Mannheim vai nuançar essa asserção. Como quer que seja, no início da seção consagrada ao exame de "A utopia na sociedade contemporânea", Mannheim escreve: "O próprio processo histórico nos mostra uma utopia que, num dado momento, transcendia completamente a história, descendo gradualmente para a vida real e dela se aproximando cada vez mais" (p. 209). É como se a distância utópica se achasse progressivamente reduzida. Após ter descrito essa mudança de maneira "não avaliativa", Mannheim passa a uma avaliação de seu alcance, como o fizera para a ideologia. É difícil recusar-se a tomar partido sobre a significação dessa mudança, decidir se ela segue no bom ou no mau sentido. Porque Mannheim definiu a ideologia e utopia como não congruentes com a realidade, sua conclusão é previsível. Ele deve considerar a eliminação da não-congruência como um ganho positivo. Tal "aproximação da vida real" é um bem, na medida em que exprime uma tentativa de melhor esposar a realidade social. Ela corresponde a um "domínio das condições concretas da existência" (p. 210):

O enfraquecimento geral de intensidade da atividade utópica ainda se produz em outra direção importante: cada utopia, quando ela se forma num estágio ulterior de desenvolvimento, manifesta uma aproximação mais estreita do processo histórico. Neste sentido, as ideias liberais, socialistas e conservadoras são apenas estágios diferentes e, na verdade, formas de oposição no processo que sempre e cada vez mais se afasta do quiliasmo e mais estreitamente se aproxima dos acontecimentos que se produzem no mundo (p. 211).

Cada vez mais a história moderna toma distância do quiliasmo. Entretanto, não sei o que Mannheim entende pelos "acontecimentos que se produzem no mundo", pois, além da utopia, quem conhece tais acontecimentos? É um dos pontos cegos de nossa leitura.

Mas qualquer que seja o caráter benéfico dessa evolução, ela não deixa de ser inquietante de outro ponto de vista. Mannheim pensa que o anarquismo radical desapareceu da cena política (não sei se ele poderia dizer isso de nossos dias). Ele observa com muita clareza a evolução conservadora do socialismo, a burocratização da utopia liberal, a ascensão do ceticismo que acompanha a da tolerância e, acima de tudo, a redução de todas as utopias a ideologias. Era esta, como estamos lembrados, a sua tese estudada na aula consagrada à ideologia. Agora, cada um sabe estar apanhado numa ideologia, e Mannheim sublinha que o próprio marxismo é pego nessa erosão.

Enquanto se aproxima do final do capítulo consagrado à utopia, Mannheim se mostra subitamente espantado com sua descoberta. Emite então um protesto visceral, um grito, que se traduz numa citação do poeta Gottfried Keller: "O derradeiro triunfo da liberdade será estéril" (p. 214). Mannheim aponta os sintomas dessa esterilidade: a desintegração geral das visões de mundo, a redução da filosofia à sociologia. Cada vez menos a filosofia é a matriz das perspectivas globais, e a própria sociologia, sem perspectiva filosófica para fundamentá-la, se reduz a pesquisas empíricas pontuais, sem fim: "Nesse estágio avançado de desenvolvimento, a perspectiva total tende a desaparecer em proporção do desaparecimento da utopia. Apenas, na vida moderna, os grupos de extrema esquerda e de extrema direita acreditam numa unidade no processo de evolução" (p. 217).

O sentido do tempo histórico é profundamente atingido por essa decadência da utopia. "Todas as vezes que a utopia desaparece, a história deixa de ser um processo que conduz a um fim último" (p. 218). Mannheim pensa que a categoria de totalidade não está mais em curso, e que esse é o traço característico de nossa época. Todavia, devemos comparar essa perspectiva com as de outras abordagens contemporâneas. Na cena teológica contemporânea, por exemplo, a ênfase posta na teologia do Verbo está prestes a ser suplantada por tentativas de renovar as teologias da história. As teologias da história são, com certeza, uma tentativa de reatar com a noção de totalidade e de reagir contra o desaparecimento de perspectivas de conjunto. Esse seria um argumento favorável a uma releitura de Lukács. Lukács faz parte desses marxistas dotados do sentido da totalidade, como viu Sartre, que lhe tomou emprestado essa noção em sua *Crítica da razão dialética*. Para o Lukács de *História e consciência de classe*, a totalidade não significa tanto a necessidade do determinismo quanto a capacidade de representar todos os conflitos num quadro de conjunto. É esse sentido da orientação geral que desaparece em Mannheim e acarreta consigo o desaparecimento da noção de meta. Mannheim pensa que o resultado desse apagamento é a redução de todos os acontecimentos, de todas as ações humanas, às funções oriundas das pulsões humanas. Ele credita essa ideia a Pareto e a Freud. No que concerne a este último, eu não iria nesse sentido, pois Freud sempre vincula a pulsão ao supereu, ou seja, à vida cultural. Como quer que seja, Mannheim vê nisso o triunfo de uma forma prosaica de facticidade (*Sachlichkeit*). É a vitória da falta de sentido da congruência: os indivíduos estão adaptados e, porque estão adaptados, não têm ilusões. Com as ilusões, porém, perdem também o seu senso de orientação. Mannheim pinta aqui todas as doenças da sociologia moderna.

Mas é verdadeira essa visão de um mundo sem utopia? Não somos testemunhas de uma revivescência da utopia precisamente por causa do fracasso dessa submissão ao real? O reconhecimento de que a própria ciência e a própria tecnologia podem ser ideológicas abre de novo a porta da utopia. Mannheim antecipa essa objeção até certo ponto. Faz duas observações que nuançam aquela ausência de tensão no mundo de seu tempo. "Por um lado, há camadas sociais cujas aspirações ainda não estão satisfeitas" (p. 224). E como! Hoje os problemas do subdesenvolvimento só podem contradizer totalmente a imagem de um mundo satisfeito. Nada mais falso do que a afirmação de Mannheim de que vivemos em "um mundo que não está mais a se fazer" (p. 224). Também é estranho que ele tenha escrito isso em 1929, alguns anos antes do triunfo de Hitler. Há algo de assustador nessa cegueira. É talvez o triunfo da utopia liberal que inspirou a sua sociologia, se pensarmos que essa ciência oculta uma utopia. Mas a ideia de que a *Bildung* triunfava estava prestes a ser cruelmente desmentida. A segunda nuance que traz Mannheim à sua tese é que existe outro grupo insatisfeito: os intelectuais. Nisso antecipa Marcuse e os outros representantes da Escola de Frankfurt. "Todavia, como de modo algum os intelectuais estão em harmonia com a situação existente nem suficientemente de acordo com ela para que ela não lhes coloque problemas, eles também visam superar essa situação da qual toda tensão estaria ausente" (p. 227).

Eu gostaria de concluir nossa discussão sobre Mannheim citando uma observação de grande força. No primeiro parágrafo do capítulo sobre a utopia, Mannheim explica onde chega ao fim o paralelo entre a ideologia e a utopia:

> Mas eliminar completamente de nosso mundo todos os elementos que ultrapassam a realidade nos levaria a uma facticidade [*Sachlichkeit*] que, definitivamente, significaria a ruína da vontade humana. Nisso é que se acha a diferença essencial entre os dois tipos de superação da realidade: enquanto o declínio da ideologia só representa uma crise para certas camadas sociais e a objetividade a que se chega desmascarando as ideologias sempre assume a forma de uma clarificação de si para a sociedade tomada como um todo, o completo desaparecimento do elemento utópico no pensamento e na ação do homem significaria que a natureza e a evolução humanas assumissem um caráter totalmente novo (p. 232).

Se a ideologia é a falsa consciência de nossa situação, podemos imaginar uma sociedade sem ideologia. Mas não podemos imaginar uma sociedade sem utopia, pois isso seria uma sociedade sem desígnio. A distância que nos separa de nossos fins é diferente da distorção de nossa própria imagem. "O desaparecimento das diferentes formas de utopia faria com que este último [o homem] perdesse a sua vontade de amoldar a história à sua guisa e, por isso mesmo, a sua capacidade de compreendê-la" (p. 233).

Como tentei mostrar, Mannheim pode ser criticado em muitos pontos. Podemos colocar em questão o seu método, a escolha da sociologia contra a história, a construção de sua tipologia da utopia, a maneira pela qual ele a declina em meio a utopias particulares. A tipologia de Mannheim é esquemática demais? Sua lista é completa? Por que quatro utopias, e não sete ou dez? Qual é o princípio de construção de sua tipologia? A dinâmica da utopia segundo Mannheim parece vinculada à utopia do progresso. Há também uma importante presença de Hegel, pois nos dois autores o conservadorismo vem depois da utopia liberal. Depois do Iluminismo vem a bela alma e o lamento do passado. Mannheim parece partilhar a idealização romântica do passado, que era tão forte na Alemanha. É verdade que o romantismo francês foi mais lírico, ao passo que na Alemanha ele foi mais político, no sentido de uma restauração do sangue e da terra. O próprio nazismo encontrou algumas raízes nessa tradição do povo como corpo.

Fiquei particularmente surpreso com o fato de que o texto de Mannheim não conceda lugar às utopias socialistas. Mannheim considera como utopia a forma de socialismo elaborada pelo marxismo; mas essa forma só é utópica pelos traços que ela toma de empréstimo às outras utopias. Em sua própria constituição, a meu ver, o socialismo marxista não é utópico, exceto em seus desenvolvimentos no jovem Marx, no qual se encontra uma utopia da pessoa total, da integridade da pessoa total. Também é essa categoria de totalidade que foi promovida por Lukács. Para terminar, ao nos voltarmos para dois autênticos exemplos de socialismo utópico, talvez enxerguemos que existem alternativas para as conclusões enunciadas por Mannheim. É possível escapar da tensão que é defendida por seu capítulo sobre o fim das utopias. Afinal de contas, é coerente defender a utopia em Mannheim, mas nós devemos estabelecê-la sobre novas bases. O texto de Mannheim, finalmente, é mais complexo do que se poderia pensar à primeira vista, e uma reapropriação da noção de utopia deve discernir alguns dos problemas que seu texto traz à luz do dia.

Aula nº 17

Saint-Simon

As duas últimas aulas vão abordar dois exemplos de socialismo utópico no século XIX. Eu os escolhi por três razões. Inicialmente, quero pôr à prova a tipologia das utopias proposta por Mannheim. Não estou certo de que ela seja justa em sua definição fundamental da utopia como não-congruência. Porque as comunidades utópicas podem buscar a sua realização – e elas podem existir efetivamente –, talvez seja melhor definir a utopia por sua reivindicação, que é minar a ordem estabelecida, do que pela falta de congruência. A tipologia de Mannheim se mostra igualmente incompleta porque, de fato, negligencia o papel desempenhado pelas utopias socialistas não marxistas. A segunda razão de minha escolha é que eu gostaria de dar prosseguimento à pesquisa de Mannheim sobre a relação entre as utopias individuais e a mentalidade utópica em geral. Mannheim sustenta que ele pode reduzir o elemento individual – que é o objeto da história – à estrutura social. Minha questão é a seguinte: até onde pode funcionar tal redução? Enfim, eu gostaria de perguntar se a caracterização marxista da utopia é uma representação adequada das utopias específicas. Engels forjou o conceito de "socialismo utópico", e eu me concentrarei na descrição desse tipo utópico, opondo-o aos dois exemplos específicos de socialismo utópico que vamos abordar. Na análise de Engels, vemos que nem sempre as utopias são reconhecidas como tais pelos seus partidários, mas antes que são assim designadas por seus adversários. Mannheim disse algo sobre essa questão quando observou que os grupos ascendentes promovem a utopia, ao passo que os grupos dirigentes defendem a ideologia. Como vamos descobrir, pode ser difícil identificar, por trás de certas utopias, os grupos ascendentes. Isso também constitui um bom teste para a minha teoria da utopia.

Vou partir da imputação de "utopia" que Engels atribui a esse grupo de socialistas do século XIX: vou tomar a sua caracterização como fio condutor e ver como ela funciona. A expressão "socialismo utópico" foi utilizada por Engels numa brochura publicada em 1880 sob o título *Socialismo utópico e socialismo científico*.[36] Não se trata de um texto autônomo, mas do terceiro capítulo de uma obra intitulada *Anti-Dühring*. De modo inteiramente pertinente, Engels viu que tais utopias resultavam do Iluminismo francês. Logo, a primeira questão é determinar como o Iluminismo pôde produzir utopias. O surgimento das utopias a partir do Iluminismo se afina bem com a tipologia de Mannheim, pois o segundo tipo de utopia era, como estamos lembrados, a utopia racionalista. Para o Iluminismo, apenas a razão é portadora de um protesto radical contra a dominação política e eclesiástica. A razão se torna utópica quando esse protesto contra o poder estabelecido não encontra saída histórica. De fato, tal era a situação histórica, pois a maior parte dessas utopias apareceu após o fracasso da Revolução Francesa, ou seja, quando ela se tornou uma revolução burguesa e não mais uma revolução popular.

No desenvolvimento do socialismo utópico, o gênio individual se substitui aos grupos ascendentes. É essa substituição do gênio à classe que interessa a Engels: claro, ele se levanta contra os socialistas utópicos, mas sem a brutalidade e a aspereza que reserva ao pensamento burguês. Engels afirma, de modo muito simplista, que a razão é apenas a idealização dos interesses da burguesia (p. 52). Para o pensamento marxista, portanto, houve bem cedo um curto-circuito entre a razão e os interesses. Engels acredita que a razão é a forma idealizada da dominação burguesa. Nesse processo de idealização, no entanto, não há somente o desenvolvimento de uma ideologia – isto

---

[36] ENGELS, F. *Socialisme utopique et socialisme scientifique*. Tradução francesa de E. Bottigelli. Paris: Éditions sociales, 1962.

é, a justificação da posição da classe dominante –, mas igualmente um subproduto que é a utopia. Os talentos individuais têm, então, a capacidade de fazer outra coisa além de representar pura e simplesmente os interesses dominantes.

Para Engels, a ilusão utópica reside na esperança de que a verdade será reconhecida simplesmente porque é a verdade, independentemente de todas as combinações de poder e de forças históricas (p. 54). Reencontramos, aqui, o que Mannheim dizia acerca das utopias milenaristas: a sua indiferença às circunstâncias. Sempre é o bom momento para fazer a revolução. As condições históricas não são necessárias, tampouco as condições do êxito. Tal indiferença às circunstâncias históricas é a contrapartida da explosão do gênio (p. 54), que encontra um fraco apoio para as suas posições nas forças históricas do presente. Engels sugere que, no tempo dos socialismos utópicos, a falta de maturidade da produção capitalista e a situação de classe convergiam com a imaturidade da teoria (p. 57). A teoria não estava madura, pois as classes que teriam podido conduzir um programa revolucionário ainda não estavam maduras. Essa imaturidade teórica se manifestava na crença utópica, segundo a qual a sociedade podia se transformar unicamente com base na razão. Os marxistas sempre afirmaram que o capitalismo deve chegar a certo nível para que se desenvolva uma situação revolucionária: a promoção da utopia corresponde ao estágio da imaturidade. No entanto, mesmo quando descrita negativamente como uma falta de maturidade, a utopia é reconhecida como algo específico de que não basta se desembaraçar, remetendo-a à ideologia. Mesmo o marxismo racionalista de Engels deve ter se preocupado com um modo de pensamento específico que não podia ser qualificado de ideológico. Engels não diz exatamente que tais modelos de socialismo alternativo são utopias, mas que são "antecipadamente condenados à utopia" (p. 57). Engels utiliza essa expressão porque tem em mente certo modelo utópico – as utopias do Renascimento: *A utopia*, de Thomas Morus, *A cidade do sol*, de Campanella, etc. O modelo é literário: trata-se de um modelo regressivo porque é imaginário, e tal imaginação diz respeito ao passado. O pensamento, que pretende projetar-se para a frente, é de fato um retorno a algumas grandes "fantasias" literárias e sociais do passado (p. 57). Aliás, Engels denomina "poesia social" ao menos uma forma desse pensamento utópico. Assim, Engels queria caracterizá-la de maneira negativa, mas nós podemos, ao contrário, considerar que se trata de uma boa descrição do pensamento utópico em seu conjunto, pois em nossa vida pode haver lugar para a poesia social. De fato, no final desta aula, minha questão será a de saber se, em nossos dias, não estamos prontos para ler tais utopias de modo mais favorável, pois sabemos o que Marx e Engels produziram, ao menos historicamente, em termos de socialismo de Estado. Depois desse fracasso, talvez chegue de novo o tempo da utopia.

Engels fornece três exemplos de socialismo utópico: Saint-Simon, Fourier e Owen. Vamos falar dos dois primeiros. De início Saint-Simon estará em questão; depois, Fourier. É interessante observar que esses dois pensadores escreveram entre 1801 e 1836, isto é, durante a Restauração. As utopias apareceram durante um período de restauração, o que talvez faça sentido também para a nossa época. Saint-Simon era prudentemente revolucionário durante a Revolução Francesa e, no entanto, como veremos, ele odiava a violência. Essa atitude negativa perante a violência também faz parte da mentalidade utópica: esforça-se para convencer os outros, porque é a imaginação, e não a violência, que deve operar a ruptura com o passado. Saint-Simon e Fourier representam os dois polos da utopia socialista: Saint-Simon é um racionalista radical, ao passo que Fourier é um romântico. A discussão de suas posições é uma boa abordagem da dialética interna da utopia, de seu aspecto racional e de seu aspecto emocional.

Em minha análise de ambas as figuras, vou me inspirar bastante em Henri Desroche e sua obra *Les dieux rêvés*[37]. Já o título é interessante para o nosso propósito, pois ele diz respeito à imaginação. Desroche afirma que o pensamento de Saint-Simon se desenvolveu em três etapas. Sua utopia racionalista começou próxima do Iluminismo, mas modificou-se com o tempo, até se tornar uma tentativa de fazer renascer o sonho milenarista de uma religião nova. As utopias têm essa característica impressionante: frequentemente começam com uma posição radicalmente anticlerical, ou mesmo antirreligiosa, e terminam pretendendo recriar a religião. Vamos reservar para uma

---

[37] *Les dieux rêvés*. Paris: Desclée, 1972.

discussão ulterior a questão de saber em que medida tal transformação pode constituir um critério da utopia.

O primeiro projeto utópico de Saint-Simon foi exposto numa obra intitulada *Lettres d'un habitant de Genève à ses contemporains*, escrito em 1803. O texto dá testemunho de uma orientação puramente racionalista. Sua forma é a de uma revelação, mas seu conteúdo mostra que se trata de um projeto de ciência social. A forma profética é típica das utopias, como a utilização do futuro para indicar o que *vai* advir. Essa utopia transfere o poder aos intelectuais e aos cientistas. O núcleo da utopia é o poder do conhecimento. Este foco confirma a minha hipótese inicial, apresentada na aula introdutória: todas as formas de projeto utópico querem substituir o Estado, como instância de dominação, por uma administração que não teria poder carismático e da qual o único papel seria recrutar e sustentar financeiramente um alto conselho, composto de indivíduos educados, uma organização sacerdotal. Acerca disso, Saint-Simon fala de um governo que estaria sob a égide de Newton. Ele confirma de novo a minha hipótese: as ideologias e as utopias, ambas, dizem respeito ao poder. A ideologia é sempre uma tentativa para legitimar o poder, ao passo que a utopia se esforça para substituí-lo por outra coisa. Ao mesmo tempo, essa transferência de poder na utopia é simplesmente afirmada: não se elabora nenhuma modalidade prática para realizar esse sonho. Saint-Simon diz sempre que as pessoas educadas, os cientistas, *farão* isto ou aquilo. O futuro representa o quadro do sonho, mas não o programa que permite atingi-lo. Como veremos, a última forma de utopia elaborada por Saint-Simon tentará preencher o fosso que separa o sonho e o estado presente de coisas.

Nell Eurich observa – em seu livro intitulado *Science in Utopia: a Mighty Design* – que a ideia que consiste em substituir o poder dos políticos pelo dos cientistas tem uma longa genealogia. Seu pano de fundo provém essencialmente de Francis Bacon e de sua *Nova Atlântida* (Condorcet foi o elo intermediário para os socialistas utópicos franceses). A utopia de Bacon era essencialmente uma combinação entre os recursos de uma nação esclarecida, e o poder dos cientistas, a aliança de uma nação esclarecida e do gênio individual. A ideia era substituir uma democracia política por uma democracia científica: o elemento carismático pertenceria aos cientistas, e o Estado seria a burocracia na qual estaria apoiado esse corpo de cientistas.

Entretanto, os cientistas não detêm o poder em proveito próprio: este é o ponto importante. Eles o detêm a fim de liberar a criatividade, por uma espécie de reação em cadeia. Tal insistência, que perdura de Bacon a Saint-Simon, corrobora a afirmação, à primeira vista paradoxal, de Mannheim: a utopia não é somente um sonho, mas um sonho que quer se realizar. Ele se dirige para a realidade e a esfacela. Sem dúvida, a intenção utópica é mudar as coisas, e não se pode dizer como Marx, na décima primeira tese sobre Feuerbach, que ela é somente um modo de interpretar o mundo, e não de transformá-lo. Ao contrário, o pensamento utópico quer mudar a realidade. A reivindicação da utopia racionalista é que o que denominamos a "reação em cadeia" da mudança (a expressão é de Desroche, p. 37) começa com o saber. Por isso, essa utopia é antielitista, embora coloque o poder nas mãos daqueles que sabem. Os cientistas não exercem o poder para o seu próprio bem-estar.

A grande diferença entre Bacon e Saint-Simon é a seguinte: enquanto Bacon enfatizava as ciências físicas – o domínio da terra por um bom conhecimento e, portanto, uma espécie de ideologia industrial decorrente das ciências da natureza –, Saint-Simon enfatiza as ciências sociais. Se Saint-Simon podia transportar o conceito de ciência das ciências da natureza para as ciências da sociedade, é que ele afirmava que a lei newtoniana da gravitação universal era o único princípio que rege todos os fenômenos, ao mesmo tempo físicos e morais. Para que haja uma ordem na natureza, é preciso que todas as ciências disponham do mesmo princípio fundamental.

Nessa primeira etapa – onde a ciência é a base da utopia –, podemos verificar a ideia, proposta por Mumford, segundo a qual há finalmente dois tipos de utopia: as que são evasões e as que são programas e querem se realizar. Ao falar destas últimas, Eurich mostra como elas podem engendrar contrautopias (*1984* de Orwell, *Admirável mundo novo* de Huxley). As contrautopias procedem a uma inversão da utopia baconiana. Se levarmos a utopia baconiana muito longe, ela conduz a um mundo absurdo. A utopia se autodestrói.

Precisamente para evitar que a utopia científica se torne não autodestrutiva é que Saint-Simon dá um segundo passo. Ele promove uma aliança entre os cientistas e os homens industriais. Os *industriais* podem fornecer a base prática da utopia. Podemos notar que Saint-Simon desenvolve esse argumento no início da industrialização francesa, que estava atrasada em relação à Grã-Bretanha, onde a industrialização começara ao menos cinquenta anos antes. Relativamente ao marxismo, importa também observar que Saint-Simon escreve trinta anos antes dos *Manuscritos de 1844*, e numa situação inteiramente diferente. Na Alemanha do tempo de Marx, não havia economia política e, na verdade, não havia política. Quanto a Saint-Simon, ele não toma o conceito de indústria (ou, para utilizar o vocabulário em uso hoje, o conceito de trabalho) como um conceito de classe que opõe a burguesia e a classe operária, mas, inversamente, como um conceito que engloba todas as formas de trabalho e não se opõe senão à ociosidade. Para Saint-Simon, essa é a antinomia maior. Os ociosos (o clero, os nobres) se opõem aos que trabalham (os industriais). Saint-Simon não dispõe do conceito de trabalho que Marx opõe ao capital. Segundo Engels, a razão pela qual a distinção entre o trabalho e o capital não foi produzida é que a luta de classes não estava madura (p. 56-57). Mas o que é interessante é que, na ausência dessa distinção, encontra-se outra oposição: a do trabalho (indústria) e da preguiça.

Em Saint-Simon, o conceito de produção, no sentido amplo, engloba todos os não ociosos. Para falar nos termos de Desroche, a segunda etapa do pensamento de Saint-Simon instala uma combinação entre o *homo sapiens*, representado pelo cientista, e o *homo faber*, representado pelo industrial. Os interesses de Saint-Simon aparecem claramente nos projetos concretos que ele lançou durante a sua vida. Ele se entusiasmou com o desenvolvimento das estradas de ferro e com a construção dos canais. Ele participou até de um projeto de canal que iria ligar Madrid ao Oceano! Saint-Simon estava impressionado igualmente pela América, onde servira (durante a Guerra da Independência) sob as ordens de George Washington e de Lafayette. Ele via nos Estados Unidos algo como a prefiguração da sociedade industrial: era um país de trabalhadores e de produtores. Os seus discípulos exerceram influência na construção do Canal de Suez. Todo esse período se interessava particularmente pela comunicação, pela comunicação física por todos os meios. Enquanto a imagem da ilha – uma ilha protegida pelo oceano de todas as ingerências externas – era tão importante para as utopias do Renascimento, o universo era, na época de Saint-Simon, o lugar da utopia. Hoje respondemos a essa glorificação da indústria com mais desconfiança e mais ceticismo. Mas o período saint-simoniano falava da glória do ser humano como produtor (notem que tal insistência não se referia ao homem como consumidor). Talvez esse tempo partilhasse a antiquíssima ideia de uma criação acabada, de um acabamento do mundo pela mobilização da nação trabalhadora contra os ociosos. Saint-Simon e os seus sucessores conseguiram estabelecer, na França, no início do período industrial, uma união entre cientistas, banqueiros e industriais. Na perspectiva de Saint-Simon, a utopia substitui um feudalismo eclesiástico pelo poder industrial. Encontramos em Saint-Simon certa recusa da religião, idêntica em certo sentido com a de Marx. Ambos partilham a ideia segundo a qual a religião é uma espécie de supérfluo. É interessante perguntar se em nossos dias a ênfase no divertimento pôde modificar tal perspectiva. Talvez porque se esteja satisfeito com a indústria, diz-se de uma utopia que ela é ainda mais utópica se estiver fundada na ideia de divertimento, e não na de indústria. É possível que uma concepção da religião ligada à descontração faça mais sentido atualmente, ao passo que, para Saint-Simon, a religião estava do lado do ócio e da preguiça.

Visto que me interesso igualmente pela semântica da utopia saint-simoniana, observo o seguinte: enquanto o "sonho" estava em questão na primeira etapa, a segunda se apresenta sob a forma de uma parábola denominada "parábola industrial". Vamos supor, diz Saint-Simon, que a França perca os seus cinquenta melhores físicos, químicos, poetas, banqueiros, carpinteiros, etc. O resultado é que a nação se tornaria um corpo sem alma. Por outro lado, vamos supor, prossegue ele, que a França perca os seus príncipes, duques e duquesas, conselheiros de Estado, altos magistrados, cardeais, bispos, etc. Nesse caso, conclui, "tal acidente certamente entristeceria os franceses porque eles são bons [...]. Mas a perda [...] só lhes causaria dor numa relação puramente sentimental, pois dela não resultaria nenhum mal político para o

Estado".[38] A classe dos ociosos pode ser suprimida, mas não a classe industrial. Tal hipótese é ao mesmo tempo sedutora e assustadora, porque decerto é preciso reintroduzir, em algum lugar, a função poética. Como veremos, a função poética é a terceira etapa da utopia saint-simoniana.

Outro aspecto interessante do desenvolvimento dessa utopia – que conjuga a administração pelas pessoas educadas, os cientistas e a atividade dos industriais – é que ele faz surgir o estado atual da sociedade como estado invertido. "Tais suposições fazem enxergar que a sociedade é o mundo invertido" (p. 60; cf. nota 37). Fiquei surpreso de constatar que Saint-Simon, assim como Marx, tinha a ideia de uma contrassociedade que seria a sociedade reposta em sua correta posição. A imagem, ao que parece, era corrente. Engels observa que, de fato, essa noção de reversão ou de inversão já era utilizada por Hegel. Hegel dizia que, quando a Razão governa o mundo – tal é, para Hegel, a tarefa da filosofia –, então o mundo se sustenta literalmente com a cabeça. Engels cita as *Lições sobre a filosofia da história*: "Nunca, desde que o sol começou a brilhar no firmamento e os planetas começaram a girar ao seu redor, se tinha visto que a existência do homem está centrada em sua cabeça, isto é, na ideia, e construir a realidade com a ideia" (p. 51, nota). A humanidade se sustenta supostamente na cabeça, em conformidade com a ideia. O reino da ideia é a humanidade que repousa sobre a cabeça e não sobre os seus pés. Marx podia fazer um jogo de palavras e dizer que o seu próprio argumento era que a humanidade caminha sobre os próprios pés e não de ponta cabeça. No entanto, a frase de Hegel é inteligível no sentido de que – como se diz que a ideia (ou o *Begriff*) governa a realidade – as pessoas funcionam então com a sua cabeça, e não com os seus pés. Estaríamos cegos para os esforços de Saint-Simon, se deixássemos supor que ele se contenta com inverter aquela inversão.

Na segunda etapa da utopia saint-simoniana, a meta é ainda o bem do povo. A empresa industrial não está a serviço do poder, pois a utopia recusa o valor do poder como fim em si. Antes, supostamente a indústria serve a todas as classes da sociedade. A classe

---

[38] *L'organisateur* (1819), citado por H. Desroche em *Les dieux rêvés*. Paris: Desclée, 1972, p. 60.

parasita, não são os industriais, mas os ociosos. Saint-Simon tem plena confiança no fato de que a aliança da indústria e da ciência opera no sentido do "melhoramento da condição moral e física da classe mais numerosa", ou seja, dos pobres (citado por Desroche, p. 58). Em seu breve resumo de Saint-Simon, Engels lhe dá os créditos precisamente por ter falado de um governo (diríamos, de preferência, um antigoverno), a serviço da "classe mais numerosa e mais pobre" (p. 58). Como podemos constatar, a palavra "classe" tem sentido diferente do assumido pelo marxismo ortodoxo. A distinção entre a classe dos cientistas e a dos pobres é puramente lógica: trata-se de uma subdivisão. Não se trata do conceito de classe, tal como ele existe na relação entre o capital e o trabalho. Os marxistas diriam que a oposição entre o capital e o trabalho ainda não estava constituída, mas a afirmação utópica é que a emergência histórica do conceito de classe não impede necessariamente que se perpetue essa outra noção de classe. A noção de utopia olha para uma sociedade futura que seria dirigida, por exemplo, por uma classe média. Saint-Simon não vê nenhuma contradição entre os interesses dos cientistas e as necessidades dos pobres. Bem pelo contrário: pensa que somente essa combinação vai melhorar a sociedade e, assim, tornar inútil a revolução.

Este é um componente importante no pensamento de Saint-Simon: ele acredita que a revolução sobrévém por causa do mau governo. Porque a revolução é a sanção da estupidez do governo, ela já não teria nenhuma necessidade se os líderes do progresso industrial e científico estivessem no poder. Saint-Simon experimentava grande repugnância pela Revolução: em suas Memórias, ele fala de sua aversão pela destruição. Não está muito distante do que Hegel escreve a propósito do Terror no capítulo 6 da *Fenomenologia do espírito*. Parece que o problema do Terror marcou muito essa geração (talvez como atualmente para os espanhóis que não querem repetir de modo algum a sua guerra civil). A Europa de Hegel e de Saint-Simon tinha grande asco pelo Terror, visto que as melhores cabeças políticas haviam sido cortadas.

O que faz parte igualmente da utopia saint-simoniana é a afirmação segundo a qual existe um certo isomorfismo entre os cientistas e os industriais. As ideias nascem com os cientistas, e os banqueiros – nos quais Saint-Simon via os industriais em geral – fazem circular as ideias através de seus intercâmbios financeiros. A utopia é a de uma circulação universal. A indústria vai melhorar através das ideias. As utopias estão sempre em busca da classe universal. Enquanto Hegel pensava que a burocracia seria a classe universal, para Saint-Simon, nesse momento de seu pensamento, era a conjunção dos cientistas e dos industriais.

A terceira etapa do projeto utópico de Saint-Simon é interessante, pois ela se apresenta como um novo cristianismo. O título da obra de Saint-Simon que inaugura esta etapa é exatamente *O novo cristianismo*. Nela Saint-Simon desenvolve não somente as tonalidades religiosas já presentes nas duas primeiras etapas, como também acrescenta algo novo. Quando falo de tonalidades religiosas, quero dizer que o que ele retém da tradição e da religião organizada é a necessidade de uma salvação administrativamente institucionalizada. As pessoas precisam de uma administração da salvação, e esse é o papel dos industriais e dos cientistas. Outra tonalidade religiosa se encontra na ideia saint-simoniana de uma emancipação do gênero humano, que provê a ciência e a indústria de uma meta escatológica.

Nesta terceira etapa, o passo decisivo é a introdução dos artistas no primeiro plano da cena. Certos industriais estavam assustados com o projeto saint-simoniano quando constataram que ele se encaminhava para uma espécie de capitalismo de Estado ou, ao menos, que ele não se encaminhava para um sistema de livre iniciativa. Saint-Simon ficou desencorajado por essa falta de apoio a suas ideias, e chegou ao ponto de se dar um tiro na cabeça (as balas atingiram o seu crânio de raspão e acarretaram a perda de um olho). Finalmente, porém, descobriu a importância dos artistas e decidiu que, devido a seu poder de intuição, eles deveriam assumir um papel dirigente na sociedade. Logo, a hierarquia de Saint-Simon compreendia inicialmente os artistas, depois os cientistas e por fim os industriais. Como ele relata (e como sempre, a declaração é cheia de confiança):

> Eu tinha me endereçado primeiro aos industriais, eu os havia engajado para que se colocassem à frente dos trabalhos necessários ao estabelecimento da organização social exigido pelo estado atual das luzes [...]. Novas meditações me provaram que a ordem na

qual as classes devem caminhar era: *os artistas à frente*, em seguida os cientistas, e os industriais somente depois dessas duas primeiras classes (citado por Desroche, p. 69).

Por que os artistas estão à frente? Porque trazem consigo o poder da imaginação. Saint-Simon espera que os artistas resolvam os problemas de motivação e de eficácia, o que manifestamente faz falta numa utopia composta simplesmente por cientistas e por industriais. O que falta, diz Saint-Simon, é uma paixão de conjunto.

O que é surpreendente é que ambos, Saint-Simon e Fourier, ponham ênfase no papel das paixões. Como veremos, Fourier implanta toda a sua utopia a partir de uma pesquisa em torno das paixões. Ele volta a uma antiga reflexão, já presente em Hobbes e mesmo em Hume: a ideia de que uma ordem social é construída com base nas paixões, mais do que nas ideias. Quanto a Saint-Simon, ele escreve: "*os artistas, os homens de imaginação, darão abertura à caminhada*; proclamarão o futuro da espécie humana [...], numa palavra, desenvolverão a parte poética do novo sistema [...]. Que os artistas transportem o paraíso terrestre ao futuro [...] e esse sistema se desenvolverá prontamente" (citado por Desroche, p. 72). A ideia é a de um curto-circuito no tempo; se esse tipo de incêndio ocorrer bruscamente, essa explosão de emoções criada pelos artistas, então acontecerá o que denominei a "reação em cadeia". Os artistas abrirão a via e desenvolverão "a parte poética do novo sistema".

É nesse momento que a relação ambígua de Saint-Simon com a religião chega a seu ponto de ruptura. Por um lado, Saint-Simon guarda profunda antipatia por todas as formas de clero, mas exprime, por outro lado, uma nostalgia do cristianismo primitivo. Ele pensava que a utopia para a qual ele tendia já havia sido realizada na Igreja dos primeiros cristãos. A Igreja de Jerusalém era o modelo, porque tinha o dom do Espírito Santo. O artista representava, a seus olhos, o Espírito Santo da utopia. Saint-Simon estava em busca de um equivalente ou de um substituto da religião, no interior do qual o culto e os elementos dogmáticos seriam suplantados por aquilo que ele denominava o elemento espiritual ou ético. Este era para ele o núcleo do cristianismo primitivo. O alvo de Saint-Simon era corrente em seu tempo, ao menos nas figuras e nos grupos dissidentes (Strauss, na Alemanha, era um exemplo disso). De início o cristianismo fora simplesmente uma ética, e somente mais tarde é que ele se tornou um culto, uma forma de devoção organizada e um sistema dogmático. O cristianismo foi inicialmente o entusiasmo de seus fundadores, e o seu alvo era somente ético. O paradoxo é que ninguém pode inventar uma religião, e isso é sempre um problema para a utopia. Saint-Simon devia imaginar um novo clero reduzido a tarefas didáticas, a fim de que ele não se tornasse novamente ocioso, comendo o pão do povo. O clero estaria limitado ao ensinamento da nova doutrina: os seus membros seriam funcionários do sistema, mas não o seu centro de gravidade. Eles seriam apenas os propagandistas da verdade. No cimo da utopia, encontra-se o triunvirato dos artistas, dos cientistas e dos industriais: como verdadeiros criadores de valores, eles reinam sobre os administradores. No esquema que ele propõe, Desroche descreve, como vimos, o movimento que vai do *homo sapiens* – o cientista – ao *homo faber* – os industriais. O artista, acrescenta ele, desempenha o papel do *homo ludens* (termo que Desroche empresta a Huizinga). Os artistas introduzem um elemento lúdico, ausente na ideia de indústria. O novo cristianismo provê o espaço da festa – do jogo assim como da festa organizada.

A essa altura nos aproximamos do momento em que a utopia se torna uma espécie de imaginação congelada. Tal é o problema que aborda Raymond Ruyer em seu livro, *L'utopie et les utopies*. Todas as utopias começam pela atividade criadora e terminam com o quadro congelado da última etapa (p. 70 e s.). Como analisarei mais longamente na próxima aula, é possível que a doença própria da utopia seja esse deslocamento permanente da ficção à pintura. A utopia termina com o quadro da ficção através dos modelos. Saint-Simon, por exemplo, propunha que houvesse três câmaras parlamentares e traçava o diagrama de suas funções na hierarquia: uma seria a câmara de invenção; a segunda, a da reflexão ou da crítica; e a terceira, a da realização ou da execução. Cada uma delas estaria composta por um número determinado de representantes dos grupos determinados. Assim, a câmara de invenção comportaria trezentos membros: duzentos engenheiros, cinquenta poetas ou outros inventores em literatura, vinte e cinco pintores, quinze escultores ou arquitetos e dez músicos. Tal precisão, assim como a relação obsessiva com configurações específicas e simetrias, é um traço comum da escrita utópica. A utopia se torna um quadro: o tempo parou. A utopia não começou; ao contrário, parou antes mesmo de começar. Tudo deve se conformar ao modelo: não há história após a instituição do modelo.

Se tentarmos ir além dessa significação da utopia como quadro, somos confrontados com o problema crítico suscitado pela verdadeira ideia de um novo cristianismo: como dar carne e sangue a um esqueleto racionalista? Isso requer que imputemos ao sistema, não somente uma vontade, mas uma motivação – uma motivação, um movimento e emoções. Para obter uma motivação e um movimento, a utopia deve ter emoções. A questão é, pois, a da encantação utópica: como as palavras do escritor podem tornar-se a encantação que substitui as forças históricas que o marxismo colocará precisamente no lugar de um novo cristianismo? O que está em jogo é a necessidade de uma estética política, em que a imaginação artística será uma força politicamente motivante.

O que me interessa aqui, em relação à análise de Mannheim, é que, quando a utopia racionalista é desdobrada até esse estágio, ela reinstala, afinal de contas, a componente milenarista que Mannheim sempre tomou como a célula germinal da utopia. Não é por acaso que certo vocabulário messiânico sempre acompanha essa componente. O cristianismo está morto enquanto *corpus* dogmático, mas deve ser ressuscitado enquanto paixão de conjunto. Saint-Simon fala até de uma paixão ecumênica engendrada pelos homens de imaginação.

> Trabalho para a formação de uma *sociedade livre*, que tenha por objeto propagar o desenvolvimento dos princípios que devem servir de base para um novo sistema. Os societários que serão artistas deverão empregar seus talentos para que a sociedade geral se apaixone pelo melhoramento de sua sorte (citado por DESROCHE, p. 76).

Temos aqui o papel do imaginário social. Apaixonar a sociedade é movê-la e motivá-la. "Essa empreitada", observa Saint-Simon, "tem a mesma natureza do que a fundação do cristianismo" (citado por DESROCHE, 1972).

Observaremos igualmente que Saint-Simon ainda afirma, de outra maneira, o quiliasmo utópico: ele recusa a lógica da ação.

Declara, com sua ênfase característica: "A verdadeira doutrina do cristianismo, isto é, a doutrina mais geral que pode ser deduzida do princípio fundamental da moral divina, será produzida, e tão logo cessarão as diferenças que existem nas opiniões religiosas" (citado por Desroche, p. 77). O presente é a magia do verbo: um curto-circuito entre a explosão passional e a revelação da verdade. A lógica da ação leva tempo e requer de nós a escolha entre metas incompatíveis e o reconhecimento do fato de que, quaisquer que sejam os meios escolhidos, acarretam consigo males inesperados e, sem dúvida, não desejados. Na utopia, porém, tudo é compatível com tudo. Não há conflito entre as metas. Todas são compatíveis: nenhuma delas tem contrapartida. A utopia representa, portanto, a dissolução dos obstáculos. Essa magia do pensamento é o lado patológico da utopia, e trata-se de outra vertente da estrutura do imaginário.

Com base nessa apresentação de Saint-Simon, gostaria de levantar algumas questões. Deveríamos encarar inicialmente as consequências da promoção de uma utopia do conhecimento, da ciência. Ao que parece, há duas maneiras diferentes de interpretá-la. Inicialmente, como uma religião da produtividade e da tecnocracia, e, portanto, da fundação de uma sociedade burocrática e, até, de um socialismo burocrático. Mas é possível, de outro lado, encará-la como uma adesão à ideologia mais cooperativa (ideia desenvolvida pela tendência do saint-simonismo que foi conduzida por Enfantin). Portanto, essa utopia engloba, ao mesmo tempo, o mito industrial, o mito do trabalho e da produtividade que tem sido mais ou menos desmascarado nos dias de hoje, e também a ideia de uma convergência de forças para além de seu antagonismo atual, a ideia de que esse antagonismo não é fundamental e de que certa unanimidade de todos os trabalhadores é realizável.

A orientação de Saint-Simon faz emergir igualmente a ideia de uma abolição do Estado. Talvez essa ideia nos seja mais familiar: para alguns, trata-se ainda de uma utopia atual. Saint-Simon a enuncia, ao predizer que o governo dos homens será substituído pela administração das coisas. A relação de submissão dos dominados aos dominantes será substituída por uma administração racional. Em seu comentário de Saint-Simon, Engels nota tal componente antigovernamental e diz com certa ironia que ela é algo "de que recentemente se fez muito alarde" (alusão à influência de Bakunin) (p. 59). A questão do perecimento do Estado remete, também, a Lênin. Lênin tenta situar numa ordem sucessiva o momento em que será necessário reforçar o Estado, a fim de destruir os inimigos do socialismo – é o período da ditadura do proletariado –, e o momento em que o Estado vai se apagar e desaparecer. Esta última ideia deve muito a Saint-Simon: passa pelo canal do programa de Bakunin e permanece como parte do horizonte utópico do marxismo ortodoxo. A ênfase racionalista da utopia saint-simoniana leva a uma apologia da indústria (que não é muito atraente!), mas também ao sonho de um fim do Estado. O corpo político como órgão de decisão é substituído pelo reino da inteligência e, finalmente, da razão.

Eu gostaria de levantar outra questão – bem captada igualmente por Engels – sobre o papel do gênio individual na situação utópica descrita por Saint-Simon. Para formulá-la de modo menos teatral, trata-se do papel do instrutor ou do educador político, termo que eu mesmo utilizei noutro lugar.[39] É a ideia de que a política não é somente a tarefa prática dos políticos profissionais, mas que ela implica uma espécie de maiêutica intelectual, o que Sócrates já havia pressentido. É o problema do filósofo-rei, que é inteiramente diferente do líder carismático de Weber. Não é nem um profeta religioso nem um salvador, mas um verdadeiro educador, um educador político. O próprio Saint-Simon se considerava como um espírito criador desse tipo: alguém que começa o que eu denominei uma "reação em cadeia". É em relação a este problema que se tenta inventar uma religião. Podemos dizer que tal aspiração é uma possibilidade real ou a religião será sempre o resultado de longas tradições? Pode alguém afirmar que ele funda uma religião?

A utopia saint-simoniana deve, afinal de contas, enfrentar a acusação crucial formulada por Engels: ela subestima as forças históricas reais e, por conseguinte, superestima o poder de persuasão mediante a discussão. Trata-se de uma dificuldade análoga àquela que eu encontro em Habermas, a saber: que, finalmente, o desenvolvimento da discussão bastará para mudar as coisas. Saint-Simon pensa que a

---

[39] "Tâche de l'éducateur politique". In: *Lectures I*. Paris: Seuil, 1991, p. 239-255. (Coleção "La couleur des idées").

violência estatal pode ser dissolvida pelos poetas: a poesia pode fazer que a política desapareça. Tal é talvez o resíduo último de sua utopia. A conjunção dos tecnocratas e dos poetas talvez seja o aspecto mais singular do projeto de Saint-Simon. A utopia se realiza sem os revolucionários, mas associa os tecnocratas e os espíritos apaixonados. Seria preciso notar que essa análise do papel da paixão utópica é uma preparação parcial: ela só assumirá todo o seu sentido com Fourier. Em Fourier, o elemento da paixão será, ao mesmo tempo, o ponto de partida e o foco organizador. Eu me pergunto se Bacon não foi igualmente confrontado com esse problema: como mover e animar o corpo social quando o ponto de partida é um projeto de sociedade ao qual faz falta um suporte emocional?

Nossa discussão da utopia saint-simoniana nos reconduz à minha hipótese fundamental: o que está em jogo na ideologia, assim como na utopia, é o poder. É neste ponto que se cruzam a ideologia e a utopia. Se, conforme a minha análise, a ideologia é a mais-valia que se acrescenta à falta de crença na autoridade, a utopia é o que desmascara essa mais-valia. Todas as utopias estão às voltas, finalmente, com o problema da autoridade. Tentam mostrar como é possível ser governado de outro modo que não pelo Estado, pois cada Estado é o herdeiro de outro Estado. Sempre me espantei com a pouca historicidade do poder: ele é muito repetitivo. Um poder imita o outro. Alexandre se esforçava em imitar os déspotas orientais, os imperadores romanos tentavam imitar Alexandre, os outros, imitar Roma, e assim por diante, através da história. O poder repete o poder. Em compensação, a utopia tenta substituí-lo. Tomem, por exemplo, o problema da sexualidade. Nisso também, a preocupação da utopia é o problema da relação com o poder. Para as utopias, a sexualidade não é um problema de procriação, de prazer ou de estabilidade institucional, tanto quanto de hierarquia. O elemento hierárquico é típico das piores tradições ocidentais, talvez, desde o neolítico. O problema posto permanentemente é como dar fim a isso, substituindo, com a relação de subordinação, a hierarquia dos dominantes e dos dominados. Buscam-se alternativas que operem pelo viés da cooperação e das relações igualitárias. Tal questão se estende a todos os modos de relação: da sexualidade ao dinheiro, à propriedade, ao Estado e mesmo à religião. A religião se revela como um problema do mesmo tipo, quando consideramos que as únicas religiões conhecidas têm instituições que regem a experiência religiosa através de uma estrutura e, portanto, através de certa hierarquia. Definitivamente, a desinstitucionalização das principais relações humanas é, a meu ver, o núcleo de todas as utopias. A questão que colocamos a propósito de Saint-Simon é a de saber se ela pode se realizar sob a conduta dos cientistas, dos industriais e dos artistas.

Poderíamos igualmente nos perguntar se as utopias desinstitucionalizam as relações para deixá-las tais e quais ou para reinstitucionalizá-las de um modo supostamente mais humano. Uma das ambiguidades da utopia é que existem, de fato, dois modos de resolver o problema do poder. Por um lado, o argumento é que deveríamos nos desembaraçar de todos os governantes de uma só vez. Por outro lado, que deveríamos instituir um poder mais racional. O que pode dar lugar a um sistema coercitivo, na hipótese seguinte: porque somos governados pelos melhores, pelos mais sábios, devemos nos conformar à regra. A ideia de um poder moral ou ético é extremamente sedutora. A utopia propõe, portanto, uma situação alternativa: sermos dirigidos por bons governantes – ascéticos ou éticos – ou não sermos dirigidos por governantes. Todas as utopias oscilam entre esses dois polos.

O que me interessa particularmente na noção de utopia é a essa variação do imaginário do poder. É verdade que as utopias que se reivindicam como tais se esforçam para ser coerentes, a ponto de sê-lo frequentemente de maneira obsessiva e na simetria. Como vimos em Saint-Simon, a câmara de reflexão é contrabalançada pela câmara de invenção, e assim por diante. A história não tem essa coerência e, nesse sentido, a utopia é anti-histórica. Definitivamente, no entanto, a livre variação das utopias é mais interessante do que sua reivindicação de coerência ou do que sua demanda neurótica de não contradição. O efeito produzido pela leitura de uma utopia é o questionamento do que existe no presente: ela faz que o mundo atual pareça estranho. Normalmente somos tentados a afirmar que não podemos levar outra vida além da que vivemos atualmente. A utopia, porém, introduz um senso de dúvida que faz a evidência voar em pedaços. Ela opera à maneira da *epokhé* em Husserl, quando ele fala (nas *Ideen I*) da hipótese de colocar o mundo entre parênteses – o que é uma experiência puramente mental. A *epokhé* requer a suspensão de nossas asserções sobre a realidade. Somos solicitados a supor que não há nada parecido com a causalidade, etc. e a ver onde é que nos levam tais suposições. Kant também tem essa ideia: ele se interroga sobre a consistência de um corpo, consistência que faz que às vezes ele possa ser descrito como vermelho, às vezes como preto e branco, e assim por diante. A ordem que era tida como óbvia aparece subitamente como estranha e contingente. A experiência é a contingência da ordem. Tal é, a meu ver, o valor essencial das utopias. Numa época em que tudo está bloqueado por sistemas que fracassaram, mas que não podem ser vencidos – tal é a apreciação pessimista que faço sobre o nosso tempo –, a utopia é o nosso recurso. Ela pode ser uma escapatória, mas é também a arma da crítica. É possível que certas épocas evoquem a utopia. Eu me pergunto se não é o caso de nosso presente, mas não quero profetizar: trata-se de outro caso.

Aula nº 18

Fourier

Como vimos, a utopia saint-simoniana antecipa a vida que conhecemos atualmente: para nós, o seu mundo industrial não é mais uma utopia. A única diferença maior entre a nossa época e a utopia de Saint-Simon é que ele pensava que o mundo industrial iria satisfazer principalmente os interesses dos mais necessitados, o que hoje não é o caso. Em compensação a utopia de Fourier é muito mais radical. Mais do que Charles Fourier, ninguém põe mais claramente em evidência a natureza da utopia. Ele era contemporâneo de Saint-Simon e escreveu o essencial de sua obra entre 1807 e 1836. Fourier é interessante porque persegue sua utopia não somente aquém do nível da política, mas além do próprio nível da economia: ele a enraíza nas paixões. A utopia fourierista trabalha no nível do sistema das paixões que rege todas as formas de sistema social. Em certo sentido, essa utopia poderia ser remetida a Hobbes, pois ele foi o primeiro a elaborar o que denominava uma "mecânica das paixões" e a derivar o seu sistema político dessa perspectiva. Logo, a questão posta por Fourier – como as instituições políticas estão vinculadas ao sistema das paixões sobre o qual repousa a vida social? – tem uma longa história.

A orientação utópica de Fourier é também muito sugestiva, pois ele escreve e lê na fronteira do realizável e do impossível. (Podemos encarar a realizabilidade de sua utopia nos termos dos esforços que ele próprio não deixou de perseguir e, ao mesmo tempo, nos termos dos esforços perseguidos por outros, em particular nos Estados Unidos). Fourier vive e escreve na virada crucial da utopia. Uma de minhas conclusões de conjunto a propósito da utopia será que todas as utopias são ambíguas: pretendem a realização e ao mesmo tempo são obras de ficção e reivindicam o impossível. Entre aquilo que é irrealizável no presente e o que é impossível por princípio, há uma franja intermediária, e é nisso precisamente que se pode situar a obra de Fourier.

A abordagem de Fourier é significativa também porque combina a liberdade de concepção com a rigidez dos quadros utópicos. Que uma quantidade considerável de ideias novas seja sempre expressa em quadros extremamente detalhados é um dos enigmas próprios às utopias. Em Fourier, essa compulsão toma a forma de uma obsessão ligada aos números (obsessão frequente nos pensadores utópicos). Ele faz listas exaustivas: conhece o número das paixões e dos diversos tipos de personalidade, e sabe quantas ocupações distintas haverá na cidade harmoniosa. Descreve os horários, os regimes, as horas de despertar, a alimentação comum, a construção dos edifícios: tudo é previsto nos mínimos detalhes. O problema das utopias, portanto, não é somente a margem entre o irrealizado e o impossível, mas também a margem entre a ficção (no sentido positivo do termo) e a fantasmagoria (no sentido patológico). A estrutura utópica borra nossa categorização da diferença entre o sensato e o insensato. Ela contesta que havia entre eles uma distinção estanque. Como veremos, não é fácil decidir qual das duas categorias – sensato ou insensato – deve ser aplicada à utopia do próprio Fourier.

Dominique Desanti, em *Les socialistes et l'utopie*, intitula o capítulo consagrado a Fourier: "Uma vida no imaginário". O título convém à obra de Fourier em seu conjunto. O que é característico de seu imaginário é o uso permanente da inversão. Fourier tem o desejo de inverter o que vemos na vida e de afirmar seu contrário na utopia. A utopia é a imagem invertida daquilo que vemos na "civilização", termo pejorativo que nele designa a sociedade em seu conjunto. A utopia é a inversão daquilo que, de fato, é uma sociedade invertida. A vida em civilização, que é ruim, se opõe à vida na "harmonia", que designa o mundo utópico de Fourier. Fiquei intrigado pela insistência de Fourier na noção de inversão, a qual, como vimos, parece ser um conceito e um modelo muito difundido em numerosos pensadores do século XIX. Hegel recorre a ela, Marx a utilizou contra Hegel, e os utopistas se servem dela contra a vida real. Tal característica deve ter impressionado fortemente os contemporâneos de Fourier, visto que Engels, em sua breve apresentação de Fourier, lhe credita precisamente esse poder dialético de inversão. Escreve que Fourier "maneja o método dialético com a mesma maestria que [...] Hegel" (*Socialisme utopique et socialisme scientifique*, p. 60-61). A afirmação é claríssima.

Se Fourier se distingue de Saint-Simon, não é por causa de sua visão sobre a indústria. Fourier partilhava em grande parte, com Saint-Simon, o entusiasmo por esse assunto: também ele era um "industrial", no sentido de que seu programa de emancipação das paixões – que é a sua verdadeira contribuição – repousa na hipótese da abundância (é por causa dessa hipótese, talvez, que a voz de Fourier é tão bem ouvida por certas correntes atuais). Fourier queria uma ordem industrial mais produtiva, e se preocupava igualmente com o bem-estar dos mais pobres. Sobre este último ponto, ele tinha ideias inteiramente pessoais: promovia, por exemplo, a noção de uma renda minimamente decente e antecipava a ideia de direito ao trabalho, ideia que ainda não havia sido admitida na França. Lançou igualmente a ideia de que os trabalhos deveriam ser alternados, proposição bastante próxima da concepção marxista de uma vida na qual nós faríamos várias coisas no mesmo dia. Os postos de trabalho devem ser móveis, de modo que ninguém se torne o robô de uma única tarefa. Fourier inventou uma maneira muito precisa de realizar essa organização do trabalho, combinando a livre escolha com a rotação obrigatória. Todas as suas ideias são calculadas com grande exatidão.

No entanto, o alvo de Fourier não é a indústria, mas a civilização. Para ele, há uma distinção importante entre o necessário desenvolvimento da indústria a fim de realizar certas metas e o modo de vida relacionado com elas (para nós, hoje, saber se é possível separá-las é uma questão capital). O interesse de Fourier é, para empregar termos marxistas, desenvolver novas relações de produção para as forças produtivas. É com base nesse interesse que ele descreve os horrores da civilização atual. Engels louva essa descrição de Fourier, pois vê nele o crítico da civilização. Nesse momento, Engels faz também uma observação muito interessante: ele diz que Fourier é um autor satírico (p. 60). Com tal comentário, fui tentado a relacionar a ironia, como modo de discurso, com a utopia. Na utopia há um elemento de ironia. A utopia parece dizer algo plausível, mas diz também algo de excêntrico. Ao dizer algo excêntrico, ela diz algo real. O que está de acordo com minhas observações anteriores sobre a utopia como situada à margem do realizável e do impossível, à margem do sensato (quando se trata de ficção) e do insensato (o patológico). Talvez Wayne Booth devesse dar sequência a *Rhetoric of Irony* com uma obra sobre a utopia.

Quando a crítica de Fourier se desloca do desenvolvimento industrial para o modo de vida a que ele está vinculado, trata-se da indicação de uma mudança radical no interesse da própria utopia: como eu disse à guisa de introdução, Fourier escava as camadas da autoridade política e da organização econômica, a fim de questionar o seu fundamento passional. O que ele produz é uma teoria das paixões deduzida de uma cosmologia pretensamente newtoniana. Isto já é o início de algo muito excêntrico. Ambos, Saint-Simon e Fourier, sustentam que são newtonianos. Para Saint-Simon, a lei newtoniana é a base de uma física social, e, para Fourier, a ideia-chave é a atração. Ignoro o que Fourier sabia da física e da mecânica dos astros, mas ele se fixou no termo newtoniano "atração". Para Fourier, a cosmologia da atração é o sinal de uma harmonia que deve ser reconquistada.

A cosmologia de Fourier situa a atração na raiz de todas as coisas, e sustenta que a sua utopia está, de fato, em conformidade com a natureza. O que, uma vez mais, vincula Fourier ao século XVIII: não aos enciclopedistas, mas, antes, a seu inimigo Rousseau. Fourier prossegue a herança deste último: sua tarefa é desvelar a natureza, que foi mascarada pela civilização. A ideia de Fourier é que a atração é um código divino ao qual a sociedade deve aderir (voltaremos mais tarde sobre o aspecto religioso dessa tese). A utopia pretende restaurar a lei primitiva. Ela é ao mesmo tempo, portanto, progressiva e regressiva. A progressão é, de fato, uma regressão à lei divina. Tal visão de mundo não tem nada de científico, mas é pura e simplesmente uma conexão mítica que vai da atração dos astros até um código social da *atração apaixonada*. A teoria de Fourier é um código da atração social e, sob essa rubrica, ele faz derivar códigos específicos e incrivelmente detalhados.

Esse programa é tão ambicioso que se torna impossível, mas o que permanece muito sugestivo é a sua intenção: a ideia de uma libertação das potencialidades emocionais que foram dissimuladas, reprimidas e finalmente reduzidas quanto a seu número, sua força e sua diversidade. Um dos principais aspectos da civilização é o pequeno número das paixões: o problema da utopia consiste, portanto, em abrir o leque. É aí que faz sentido a obsessão de Fourier relativa aos números. Toda a sua obra é, em certo aspecto, uma redescoberta das paixões possíveis que foram reprimidas. Assim como Marx escreve *Miséria da filosofia* em resposta à *Filosofia da miséria* de Proudhon, Fourier responde à miséria das paixões. Ele combate o empobrecimento da noção de paixão. Seu código de atração social não é um código de regras, mas, ao contrário, um código destinado a desdobrar todo o espectro das paixões na combinatória das leis da atração. Há, por exemplo, doze paixões fundamentais; elas giram em torno daquilo que ele designa como o pivô da unidade, que tem a mesma posição que a justiça na estrutura platônica. Fourier designa esse guia da unidade como "Harmonia", a paixão da harmonia. Ela integra as paixões que são, em sua maior parte, paixões sociais (exceto os cinco sentidos, que Fourier inclui entre as paixões). Três delas, as três paixões distributivas que regulam a vida social, merecem menção particular. A primeira é chamada "alternismo": é a "versátil". Ela representa a necessidade de variedade, seja numa ocupação, seja na relação com um parceiro: é a multiplicação das relações com uma multiplicação de parceiros. Fourier foi lido como um profeta do amor livre, e tal era, de fato, a sua reivindicação. A segunda paixão distributiva é chamada de paixão "compósita"; ela vincula os prazeres dos sentidos e os do espírito. A terceira paixão é a paixão "cabalista", que é o gosto da intriga, da conspiração e a raiz da discussão. Esse conjunto se apoia novamente numa teoria dos movimentos fundamentais, das orientações e das atrações.

O projeto de Fourier consiste, portanto, em revolucionar as paixões. A vida civilizada as reprimiu e reduziu o seu número. Poderíamos dizer que esse projeto é uma arqueologia das paixões esquecidas; em certa medida, é uma antecipação da descrição freudiana do isso. Em certo sentido, portanto, a obra de Fourier é uma metapsicologia do id, admitindo que isso pode infletir igualmente a política, visto que a tarefa desta última é multiplicar e ampliar os prazeres e as alegrias. A multiplicação das diversas ocupações reflete o interesse de Fourier pela ressurreição das paixões. Há um traço disso no jovem Marx, quando escreve que a humanização da natureza e a naturalização do homem serão uma ressurreição da natureza. Ulteriormente esse tema desaparece em Marx – chega mesmo a estar ausente em *A ideologia alemã* –, mas retorna em Marcuse e em certas correntes atuais do naturalismo alemão e americano. A ideia é que a natureza foi subjugada, ao mesmo tempo fora de nós e em nós: nossa tarefa e nossa possibilidade consistem, portanto, em salvá-la. Constatamos uma vez mais que tal projeto não se inscreve tanto na filiação do Iluminismo, mas na de Rousseau. No capítulo da obra que Desroche consagrou a Fourier, tal perspectiva é apresentada como o mito do jardim do Éden, o mito edênico da harmonia em conformidade com o princípio da atração. O pressuposto comum a Fourier e a Rousseau é que as paixões são virtudes e que delas a civilização fez vícios. O problema é libertar as paixões dos vícios, liberá-las da condenação moral (e mesmo do juízo moral), a fim de reconquistar as paixões subjacentes.

Importa ver o componente religioso da utopia de Fourier. Ao abordar esse problema, vamos suscitar uma questão mais ampla: não seriam todas as utopias, em certo sentido, religiões secularizadas que sempre se apoiam na pretensão de ter fundado uma nova religião? O lugar espiritual da utopia se situa entre duas religiões: uma religião institucionalizada em declínio e uma religião mais fundamental que resta descobrir. O argumento utópico é que podemos inventar uma religião fundada nos detritos da antiga, e a minha questão é, pois, a seguinte: essa combinação de uma tendência antirreligiosa e da busca por uma nova religião nas ruínas da religião clássica será um traço permanente ou acidental da utopia? Em todo caso, a componente religiosa da utopia atravessa maciçamente a obra de Fourier.

Para ele, o elemento religioso tem uma significação simultaneamente negativa e positiva. Negativamente, o seu alvo permanente é a pregação do inferno (talvez seja exato que, em sua época, essa pregação fosse central na Igreja católica, mas ignoro o que se poderia dizer hoje a esse respeito: parece que, em numerosas confissões, ela desapareceu fundamentalmente). Se ele combate essa pregação com tanta força, é porque, para ele, a ideia de Paraíso é extremamente importante. Desta última quer reter a ideia de que ela reivindica a possibilidade, para nós, de retornar a um estado anterior a essa pretensa catástrofe que é a queda. Seu problema é desenvolver uma política que teria por meta o retorno a um estado anterior à queda. Ao contrário, na pregação do inferno, ele enxerga um símbolo de toda a estrutura: não somente da religião, mas da estrutura repressiva da civilização em seu conjunto. Quando descreve a cidade moderna como um inferno, é um inferno na terra que reflete o inferno da pregação. Há dois infernos, e eles se refletem mutuamente.

Fourier considera que a religião institucional é fundamentalmente traumatizante, pois está baseada na imagem de um Deus que, no essencial, é um tirano cruel. É para responder a tal imagem que Fourier qualifica a si mesmo como ateu. Numerosas páginas são consagradas à necessidade de combinar o ateísmo e o teísmo. Mas a sua abordagem não é muito dialética, no sentido de que se trata de um puro e simples enfrentamento entre duas reivindicações enunciadas, cada qual com o mesmo vigor. Fourier é um espírito muito religioso – e pensa que a humanidade é fundamentalmente religiosa –, mas a sua perspectiva se afirma através de uma atitude ateia perante o Deus-tirano. O seu ateísmo é a recusa desse Deus que, em seu espírito, encarna a divinização da privação. Ele invoca, de maneira circunstanciada, a divinização do prazer, que, para ele, seria o Paraíso. Numa passagem satírica, escreve que o Paraíso, tal como é descrito pelos pregadores, deve ser um lugar muito mais triste do que a vida na terra, pois só oferece coisas a ver – vestidos brancos – e a ouvir – a música celeste –, mas nada a comer e nada de amor sexual! (ver Desroche, p. 119-120). O Paraíso, diz ele, não desperta grande interesse! De fato, o Paraíso da pregação é a sombra do inferno. A caracterização de Fourier é um comentário sedutor da redução histórica do simbolismo religioso, devido ao próprio fato de suas instituições.

O aspecto positivo da religião se exprime pelo fato de que, para Fourier, a atração é um código divino. A invocação de Deus é tão forte quanto a sua rejeição. Fourier fala, por exemplo, da atração como uma "bússola", uma "varinha mágica que, nas mãos de Deus, faz com que ele obtenha, pela via do amor e do prazer, o que o homem só sabe obter pela violência" (citado por Desroche, p. 102). Ele afirma que a sua acusação metodológica a respeito de Deus é a componente interna de um "fé refletida" (Desroche, p. 103). Há, nessa abordagem, algo de muito moderno. Eu mesmo tentei falar da necessária conjunção entre suspeita e rememoração[40]. Em certo sentido, Fourier é o profeta desse difícil paradoxo.

A maior parte das páginas críticas de Fourier é dirigida contra uma posição que ele denomina semiateísmo e semicrença. Tal ataque é dirigido contra os *philosophes*, não Kant ou Platão, mas os filósofos franceses – Diderot, Voltaire, etc. Porque eram deístas, os *philosophes*, para ele, eram apenas semiateus. Não iam longe o bastante. Voltaire, por exemplo, concebia Deus como um relógio. Esse Deus mecanicista é totalmente estranho a Fourier: é um aspecto do inferno. O ataque de Fourier contra o deísmo racionalista é inteiramente semelhante ao de Rousseau.

Assim também, a própria religião, tal como ele a conhecia, era somente uma *semitestemunha* – pois, segundo ele, ela esqueceu, dissimulou e traiu a revelação da destinação social da humanidade, a saber, a harmonia social. O fato de que as igrejas não pregam a harmonia social é o sinal de sua traição. A pregação das boas paixões foi substituída pelo sermão moral. Para Fourier, a moral exemplifica a infecção da fé pelo conceito de inferno. Devido a esse fato, Deus, diz ele, é rebaixado ao reino industrial dos nossos deveres. O sábio traiu e enterrou a memória da felicidade perdida. Contra uma religião da austeridade, prega uma religião do puro amor e da imaginação. A miséria da religião e a religião da miséria são uma só e mesma coisa.

A tonalidade religiosa das proclamações de Fourier coloca um problema quanto à utopia em seu conjunto: em que medida o futurismo utópico é fundamentalmente um "retorno a"? Fourier observa frequentemente que o que ele preconiza não é uma reforma, mas um "retorno", um retorno às raízes. Encontram-se nele inúmeras páginas sobre o tema do esquecimento. Tema que está igualmente presente em Nietzsche e em outros, como Heidegger: a ideia de que nós esquecemos algo e, por conseguinte, o nosso problema não é tanto inventar quanto redescobrir o que esquecemos. Em certo sentido, todos os fundadores de filosofias, de religiões e de culturas dizem produzir algo que já existe. Mesmo os gregos, que se consideravam civilizados

---

[40] *De l'interprétation. Essai sur Freud.*

e tomavam os seus predecessores por bárbaros, pensavam ter existido no passado sábios que detinham o saber. Havia na Grécia um mito a propósito do Egito: os egípcios encarnavam essa memória. Assim, quando Platão apresenta ideias novas, diz propor um *palaios logos*, um discurso antigo. O novo logos é sempre um antigo logos. Do mesmo modo, um caráter comum à atitude futurista na África (tal como eu a compreendo) é que ela está vinculada a um passado perdido, não somente em razão do colonialismo, mas através do processo civilizador. A ideia é liberar um poder perdido.

Esse processo de "retorno a" foi frequentemente acoplado ao esquema da inversão. O apagamento ou o esquecimento eram uma inversão, e devemos, então, inverter a inversão. A reviravolta é uma nova viravolta[41]. Como indiquei, essa noção de "viravolta", *die Kehre*, não é rara na filosofia moderna. Heidegger é um bom exemplo disso. Mas quando a reviravolta é apenas uma inversão, tem-se o aspecto fraco dessa conceitualização. O retorno assume a forma de uma simples reversão dos pretensos vícios em virtudes, e, assim, temos uma simples substituição pelo contrário.

A reviravolta comporta igualmente aspectos humorísticos. Encontra-se, em Fourier, uma defesa em favor do orgulho, da luxúria, da avareza, da cupidez, da cólera, etc. Há também algumas páginas curiosas sobre a ópera: ele pensa que a ópera deveria substituir o culto religioso. Enxerga na ópera a convergência da ação, do canto, da música, da dança, da pantomima, da ginástica, da pintura, etc. e isso é para ele um encontro religioso. Trata-se de uma parábola da harmonia passional, uma espécie de cerimônia do culto. Precisamos perguntar, então, se a utopia fourierista é apenas uma reviravolta no sentido literal, uma simples inversão dos vícios em virtudes, ou se ela é irônica. Como também observava Engels, não se pode minimizar a componente irônica em Fourier.

A expressão última dessa estampa religiosa que deixa a sua marca em todas as coisas é a sua invocação de um regime de prazer. Não sei se a sua visão é praticável ou destinada ao fracasso, mas ele profetiza a ideia segundo a qual o prazer pode ser religioso. A obra intitulada *O novo mundo amoroso* é uma exploração, uma especulação sobre as

---

[41] No original: "le retour est un nouveau tournant". (N.T.)

combinatórias possíveis do amor sexual sob a lei da atração passional, e essa lei, como estamos lembrados, é um código divino. Nela alguns verão uma obra pornográfica (ela chegou a ser eliminada por seus discípulos e publicada somente em 1967), mas o elemento religioso não pode ser dispensado. Nessa obra, Fourier combina a imaginação, o amor e o culto. Para transpor a expressão de Habermas, poderíamos dizer que o problema não é mais a discussão sem limites nem coação, mas a imaginação sem limites nem coação. A identificação com Deus reside no elemento do entusiasmo, o entusiasmo do amor, que Fourier denomina a "paixão da desrazão" (citado por Desroche, p. 145). Tal imagem de Deus é oposta à do Deus relojoeiro do deísmo. Deus, diz Fourier, é o inimigo da uniformidade e o amor é a primavera dessa paixão da desrazão.

A noção fourierista de paixão é particularmente interessante, pois o que parece negado ou minado por essa religião das paixões, por essa divinização das paixões, é a estrutura do poder. Essa observação nos conduz, uma vez mais, à minha hipótese. A ideologia e a utopia convergem definitivamente para um problema fundamental: a opacidade do poder. Em Fourier, o problema do poder é cortado na raiz pelo renascimento do amor, por uma ressurreição do amor. Sua utopia não fornece resposta política, mas antes recusa a ideia de que a política seja a questão última. O problema não é: como criar um bom poder estatal? O problema é: como viver sem Estado? Ou ainda: como criar um Estado inspirado pela paixão? O elemento utópico recusa a problemática do trabalho, do poder e da linguagem – domínios que são, todos eles, minados pela problemática fourierista das paixões.

Para concluir estas páginas sobre a utopia, gostaria ainda de dizer algumas palavras sobre as razões que me fizeram escolher Saint-Simon e Fourier como criadores de utopias significativas. Por que escolhi explorar suas utopias, mais práticas que outras, puramente literárias? Uma das razões de minha escolha se deve a Mannheim. Fui atraído precisamente pelo paradoxo encontrado em Mannheim: o que caracteriza a utopia não é a sua incapacidade de ser atualizada, mas a sua reivindicação de ruptura. A atitude da utopia é abrir uma brecha na espessura do real. Não escolhi examinar uma utopia como a de Thomas Morus, pois, embora ela seja uma alternativa à realidade,

Morus diz claramente que ele não tem nenhuma esperança quanto à sua realização. Enquanto veicula a ironia, a utopia pode fornecer um instrumento crítico, a fim de minar a realidade, mas ela é também um refúgio contra essa mesma realidade. Nesse caso, não podemos agir: nós escrevemos. O ato de escrever permite uma fuga que continua sendo uma das características da utopia literária. A segunda razão de tomar partido ou de escolher previamente essas utopias mais práticas do que literárias é talvez menos visível. As utopias examinadas estão em fase com os meus outros trabalhos voltados para ficção. As ficções são interessantes quando não são apenas sonhos fora da realidade, mas quando desenham uma nova realidade. Minha curiosidade, portanto, foi atraída pelo paralelo entre a polaridade do quadro e da ficção e a polaridade da ideologia e da utopia. Em certo sentido, todas as ideologias repetem o que existe ao justificá-lo, e, assim, isso fornece um quadro – um quadro deformado – daquilo que é. Em compensação, a utopia tem o poder ficcional de redescrever a vida.

*

Eu gostaria de fazer, agora, algumas últimas observações sobre o conjunto do que precede. O que torna difícil a discussão acerca da utopia é que o conceito comporta finalmente a mesma ambiguidade da ideologia e, isso, por razões análogas. Porque o conceito de utopia é um instrumento polêmico, ele pertence ao campo da retórica. A retórica continua a desempenhar um papel porque nem tudo é científico. Como diz o próprio Althusser, a maior parte de nossa vida é, de fato, ideológica – nós poderíamos dizer igualmente utópica –, no sentido de que tal elemento de desvio, de distanciamento perante a realidade, é fundamental. Assim como a ideologia trabalha em três níveis – a distorção, a legitimação e a identificação –, a utopia opera também em três níveis. Primeiramente, ali onde a ideologia é uma distorção, a utopia é fantasmagórica – totalmente irrealizável. A fantasmagoria costeia a loucura. É uma escapatória, e tem-se o exemplo da fuga em literatura. Em seguida, ali onde a ideologia é legitimação, a utopia é uma alternativa ao poder existente. Ela pode ser ou uma alternativa ao poder ou uma forma alternativa de poder. Todas as utopias, escritas ou realizadas, tentam exercer o poder de outra maneira. Mesmo nas fantasias sexuais da utopia – como em Fourier – eu enxergo uma busca que não incide tanto sobre os instintos humanos quanto sobre as possibilidades de viver sem estrutura hierárquica e num modo comunitário. O conceito de atração é anti-hierárquico. Neste segundo nível, o problema da utopia é sempre a hierarquia: como tratar a hierarquia e como lhe dar sentido? Num terceiro nível, assim como a função positiva da ideologia é preservar a identidade de uma pessoa ou de um grupo, assim também a função positiva da utopia é explorar o possível, o que Ruyer denomina "as possibilidades laterais do real". Essa função da utopia é finalmente a do "lugar nenhum". Para estar-aí, *Da-sein*, devo também poder estar em lugar nenhum. Há uma dialética do *Dasein* e do lugar nenhum. Na sétima das *Elegias de Duino*, Rilke escreve: *Hiersein ist herrlich*, é glorioso estar aqui. Devemos transformar esse sentimento e dizer ao mesmo tempo que é glorioso estar aqui e que seria melhor estar em outro lugar.

Sem fechar de um modo demasiado rápido a problemática por meio desse esquema (esquemas são muito perigosos), digamos que a polaridade da ideologia e da utopia permite ilustrar as duas correntes da imaginação. Uma das funções da imaginação é, sem dúvida alguma, conservar as coisas por meio dos retratos e dos quadros. Guardamos a memória de nossos amigos e daqueles que amamos por meio de fotografias. O quadro perpetua a identidade, ao passo que a ficção diz outra coisa. Aqui, por conseguinte, talvez esteja operando a dialética própria à imaginação, na relação entre quadro e ficção, assim como ela opera no campo social, na relação entre ideologia e utopia. É para captar esse dinamismo ampliado que eu insisti no fato de que precisamos escavar camadas nessa superfície onde as distorções da ideologia se opõem às ilusões falaciosas do fantasma. Se permanecermos nessa camada superficial, encontraremos apenas uma aparente dicotomia de forças desprovidas de interesse. Se escavarmos em profundidade, atingiremos o nível do poder. O problema do poder é, para mim, a estrutura mais fascinante da existência. É mais fácil para nós analisar a natureza do trabalho e do discurso, mas o poder permanece uma espécie de ponto cego em nossa existência. Eu partilho com Hannah Arendt uma grande atração por esse problema.

Quando escavamos mais profundamente, tocamos em nosso interesse último, que ultrapassa o nível da designação recíproca e mesmo o do poder, para atingir a profundidade onde a imaginação é constituinte. Contrariamente ao estágio da distorção, onde as expressões se excluem umas às outras, as expressões da função constitutiva não são excludentes. Quanto mais escavarmos aquém das aparências, mais nos aproximaremos de uma espécie de complementaridade das funções constitutivas. Os símbolos que regulam a nossa identidade não provêm somente de nosso presente e de nosso passado, mas também de nossas expectativas em relação ao futuro. Abrir-se aos imprevistos, aos novos encontros, faz parte de nossa identidade. A "identidade" de uma comunidade ou de um indivíduo é também uma identidade prospectiva. A identidade está em suspenso. Dela, por conseguinte, o elemento utópico é uma componente fundamental. O que denominamos "nós mesmos" é também aquilo que esperamos e aquilo que ainda não somos. Se falarmos com Geertz e outros, é o próprio caso da estrutura da identidade como uma estrutura simbólica: como assinala Geertz, podemos diferenciar os "modelos de" e os "modelos para". Os "modelos de" olham aquilo que é, mas os "modelos para" olham na direção daquilo que deveria ser em conformidade com o modelo. O modelo pode refletir o que é, mas pode igualmente abrir a via para aquilo que não é. Essa dualidade pode ser constitutiva da própria imaginação. Como eu sugeri, ela se reflete não somente como ideologia e como utopia, mas também como arte, como quadro e como ficção.

Minha análise da utopia e da ideologia é uma análise regressiva da significação. Não é uma análise dos tipos ideais, mas antes uma fenomenologia genética no sentido proposto por Husserl nas *Meditações cartesianas*. Esse método nos permite atingir o nível da descrição, sem nos situar fora das conexões que religam a ideologia e a utopia. Uma fenomenologia genética se esforça para escavar a superfície da significação aparente até as significações mais fundamentais. O esforço consiste em reconhecer a reivindicação de um conceito, que, à primeira vista, é um simples instrumento polêmico, para tentar legitimar o conceito.

No momento de concluir estas aulas sobre a ideologia e a utopia, eu gostaria de fazer algumas observações sobre o estatuto dessas reflexões e me perguntar se elas próprias podem evitar serem ideológicas e utópicas. Tal era, como vocês estão lembrados, o paradoxo enfrentado por Mannheim. Minha convicção é que sempre somos tomados nessa oscilação entre ideologia e utopia. Não há resposta ao paradoxo de Mannheim, exceto ao dizermos que devemos tentar curar a doença da utopia com o auxílio daquilo que é sadio na ideologia – o seu elemento de identidade que é, uma vez mais, uma função social da existência – e tentar curar a rigidez, a petrificação das ideologias por meio do elemento utópico. É simples demais, porém, responder que devemos preservar o encadeamento dialético. Devemos, antes, nos deixar atrair pelo círculo e dele, em seguida, tentar fazer uma espiral. Não é possível eliminar o elemento do risco de uma ética social. Apostamos num certo conjunto de valores e tentamos em seguida ser consequentes em relação a eles: a verificação é, portanto, uma questão que concerne ao conjunto de nossa vida. Disso ninguém pode escapar. Quem pretende avançar permanecendo isento de juízos de valor, não encontrará nada. Como enunciava o próprio Mannheim, quem não tiver nem projetos nem objetivos não terá nada a descrever: tampouco terá alguma ciência para a qual possa apelar. Em certo sentido, minha resposta é fideísta, mas admiti-lo, para mim, é uma confissão de simples honestidade. Não vejo como podemos afirmar que os nossos valores são melhores do que o dos outros, exceto que, arriscando toda a nossa vida neles, temos a esperança de realizar uma vida melhor, de ver e de compreender as coisas melhor que os outros.

Ao que parece, no entanto, mesmo com essa resposta ainda corremos o risco de estar inteiramente cativos, devido ao fato de que toda ideologia, qualquer que seja ela, é aquilo que nos orienta. Lembremos que, a isso, Mannheim respondia distinguindo o relativismo e o relacionismo. Afirmava não ser relativista, mas relacionista. Sua posição era que a nossa expectativa é suficientemente ampla, podemos ver como as diversas ideologias refletem pontos de vista limitados. Somente a amplitude de nossa visão nos liberta da estreiteza de uma ideologia. Como observamos, é uma espécie de reivindicação hegeliana, pois o projeto de Hegel consistia precisamente em superar as variedades da experiência humana englobando-as num todo. Cada parte da experiência assume então sentido devido a seu lugar no todo. Podemos situar uma ideologia determinada como parte do quadro de conjunto. Esta proposição, não obstante, está ligada, uma vez mais, ao problema do espectador não implicado, que é, de fato, o espírito absoluto, o *Geist*. O Saber Absoluto de Hegel se torna o espectador isento de juízos de valor. Mannheim antecipa a ideia do intelectual não engajado na luta pelo poder e que compreende tudo. Eu diria, antes, que não podemos nos retirar do círculo da ideologia, mas que tampouco estamos inteiramente condicionados por nosso lugar nesse círculo. Sabemos que o paradoxo de Mannheim existe unicamente porque temos a capacidade de refletir sobre a nossa situação: é essa capacidade que Habermas denomina *Selbstreflexion*. Por outro lado, as pessoas não estão inteiramente apanhadas numa ideologia: uma linguagem comum implica intercâmbios, uma neutralização dos preconceitos estreitos. Tal exercício da suspeita, que começou há vários séculos, já nos transformou. Somos mais prudentes em relação a nossas crenças, por vezes a ponto de uma falta de coragem. Hoje as pessoas estão mais paralisadas do que cegas. Sabemos que nossa ideologia é suscetível de nos fazer reagir como reagimos.

Em outro sentido, o paradoxo de Mannheim não é a última palavra, quando, ao considerar a história das ideias, reconhecemos que as grandes obras literárias, e as das outras disciplinas, não são pura e simplesmente a expressão de seu tempo. O que faz sua grandeza é sua capacidade de ser descontextualizadas e recontextualizadas em novos quadros. A diferença entre uma ideologia que é o puro reflexo de seu tempo e uma obra que abre para tempos novos é que esta última não é somente o espelho daquilo que existe no presente. Grande parte de nossa cultura se nutre de ideias projetivas, que não são somente a expressão, ainda que dissimulada, do tempo em que nasceram. Se podemos ler uma tragédia grega, é precisamente porque ela não é a expressão da cidade grega. Esta última não é a nossa preocupação: a economia da Atenas antiga morreu, mas as suas tragédias estão vivas. Elas têm a capacidade projetiva de falar a leituras ou a ouvintes que não são os seus contemporâneos, que não são o seu público de origem. A capacidade de endereçar-se, para além do público imediato, a um auditório desconhecido e a capacidade de falar para várias épocas provam que as ideias importantes não são apenas ecos. Não são puras reflexões no sentido de reflexos num espelho. Deveríamos aplicar o mesmo critério a nós mesmos. O elemento utópico sempre abalou o elemento ideológico.

Uma análise que se esforça para explorar a natureza da mudança histórica talvez tenha a dificuldade de progredir quando não dispõe mais da possibilidade de uma visão totalmente englobante. Para responder a essa dificuldade, Mannheim fala de um "critério de conveniência". Este critério é bastante difícil de aplicar, mas talvez seja a nossa única alternativa. Para Mannheim, o problema é que a não-congruência da ideologia e da utopia não deve ir longe demais: se tal for o caso, ou ela será distanciada pela mudança histórica, ou estará avançada demais. A ideologia é, afinal, um sistema de ideias que se torna obsoleto porque não pode dar conta da realidade presente, ao passo que as utopias são salutares unicamente na medida em que contribuem para a interiorização das mudanças. O juízo de conveniência é o modo de resolver esse problema da não-congruência. É praticamente um juízo de gosto, uma aptidão para apreciar o que é apropriado numa situação dada. No lugar de uma pretensão pseudo-hegeliana de dispor de uma visão total, a questão é a da sabedoria prática: temos a segurança do juízo, porque apreciamos o que pode ser feito em situação. Não podemos sair do círculo da ideologia e da utopia, mas o juízo de conveniência pode nos auxiliar a compreender como o círculo pode se tornar espiral.

Agradecimentos

Muitas pessoas se associaram para que esta obra de Paul Ricœur fosse publicada: todas merecem o agradecimento por sua contribuição.

Embora Paul Casey não estivesse ciente de que seus esforços seriam coroados pela publicação deste livro, ele gravou todas as conferências e depositou as fitas na Biblioteca Harper da Universidade de Chicago. Jim Burris realizou uma transcrição abreviada, baseada em sua própria gravação das conferências; os que entre nós ouviram as conferências em sua versão original sabiam de sua importância, mas as transcrições de Jim Burris tornaram a coisa ainda mais evidente. Num momento em que eram fortes os constrangimentos de minha própria falta de tempo, Judy Vaughan usou o tempo de seus próprios horários, já bastante pesados, para me auxiliar na regravação das fitas originais, a fim de facilitar a transcrição. Joel Guerra, John Monroe e Rahner James trouxeram a sua contribuição para esse trabalho técnico. Diena Luneau me ajudou nas verificações bibliográficas, e David Pellauer me deu sugestivas indicações acerca de textos inacessíveis de Ricœur. A perspicácia editorial de Candice Hoke foi, como sempre, decisiva, particularmente no início e no final de meu trabalho. Dificilmente imagino melhor editora e amiga mais próxima.

Finalmente, os meus agradecimentos vão para Paul Ricœur por ter permitido esta empreitada e por ter dispendido generosamente seu tempo para a revisão de conjunto. Aprecio, e muito, ter tido o privilégio de trabalhar com ele.

George H. Taylor

Este livro foi composto com tipografia Bembo Std e impresso em papel Off-White 80 g/m² na Formato Artes Gráficas.